독자의 1초를
아껴주는 정성을
만나보세요!

세상이 아무리 바쁘게 돌아가더라도 책까지 아무렇게나 빨리 만들 수는 없습니다.

인스턴트 식품 같은 책보다 오래 익힌 술이나 장맛이 밴 책을 만들고 싶습니다.

땀 흘리며 일하는 당신을 위해 한 권 한 권 마음을 다해 만들겠습니다.

마지막 페이지에서 만날 새로운 당신을 위해 더 나은 길을 준비하겠습니다.

길벗 IT 도서 열람 서비스

도서 일부 또는 전체 콘텐츠를 확인하고 읽어볼 수 있습니다.
길벗만의 차별화된 독자 서비스를 만나보세요.

더북(TheBook) ▶ https://thebook.io

더북은 (주)도서출판 길벗에서 제공하는 IT 도서 열람 서비스입니다.

Go 100가지 실수 패턴과 솔루션

100 Go Mistakes and How to Avoid Them

초판 발행 · 2023년 12월 18일

지은이 · 테이바 하사니

옮긴이 · 남기혁

발행인 · 이종원

발행처 · ㈜도서출판 길벗

출판사 등록일 · 1990년 12월 24일

주소 · 서울시 마포구 월드컵로 10길 56(서교동)

대표 전화 · 02)332-0931 | **팩스** · 02)323-0586

홈페이지 · www.gilbut.co.kr | **이메일** · gilbut@gilbut.co.kr

기획 및 책임편집 · 이원휘(wh@gilbut.co.kr) | **디자인** · 장기춘 | **제작** · 이준호, 손일순, 이진혁, 김우식

마케팅 · 임태호, 전선하, 차명환, 박민영, 지운집, 박성용 | **영업관리** · 김명자 | **독자지원** · 윤정아

교정교열 · 이미연 | **전산편집** · 책돼지 | **출력 · 인쇄** · 금강인쇄 | **제본** · 경문제책

▸ 잘못 만든 책은 구입한 서점에서 바꿔 드립니다.

▸ 이 책은 저작권법에 따라 보호받는 저작물이므로 무단전재와 무단복제를 금합니다.
　이 책의 전부 또는 일부를 이용하려면 반드시 사전에 저작권자와 ㈜도서출판 길벗의 서면 동의를 받아야 합니다.

ISBN 979-11-407-0760-7　93000

(길벗 도서번호 080332)

정가 38,000원

독자의 1초를 아껴주는 정성 길벗출판사

㈜도서출판 길벗 | IT교육서, IT단행본, 경제경영서, 어학&실용서, 인문교양서, 자녀교육서
www.gilbut.co.kr

길벗스쿨 | 국어학습, 수학학습, 어린이교양, 주니어 어학학습, 학습단행본
www.gilbutschool.co.kr

페이스북 · https://www.facebook.com/gbitbook

예제소스 · https://github.com/gilbutITbook/080332

100 Go Mistakes
and How to Avoid Them

Go 100가지
실수 패턴과 솔루션

테이바 하사니 지음
남기혁 옮김

내 작은 형제, 데이비 하사니,
언제나 너 자신이길
별이 너의 한계야.

- 내 사랑 멜리사 -

2019년, 내 경력의 두 번째 고 언어 프로젝트를 진행하던 당시, 고 프로그래밍 과정 중 흔히 저지르는 실수에서 일정한 패턴이 있음을 발견했다. 발견한 패턴을 글로 남겨두면 다른 개발자에게 도움이 될 수 있겠다고 생각했다.

그렇게 해서 나온 글이 "고 프로젝트 과정에서 가장 많이 저지르는 10가지 실수(The Top 10 Most Common Mistakes I've Seen in Go Projects)"라는 블로그 포스트다. 조회수는 10만을 넘었고 고랭 위클리(Golang Weekly) 뉴스레터에 2019년 최고의 글로 선정됐을뿐더러 커뮤니티에서 긍정적인 피드백을 받아서 기분이 좋았다.

그때부터 흔히 저지르는 실수 패턴의 강력함을 깨달았다. 여기에 구체적인 예제를 곁들이면 새로운 기법을 쉽고 빠르게 배울 수 있을 뿐만 아니라, 실수를 저지르기 쉬운 상황을 기억했다가 나중에 피하는 데도 도움이 되었다.

업무상 직·간접적으로 겪은 프로젝트, 오픈 소스 리포지터리, 책, 블로그, 연구 자료, 고 커뮤니티 토론 등을 비롯한 다양한 소스로부터 실수 사례를 거의 일 년 동안 수집했다. 솔직히 밝히면 이렇게 모은 실수 사례의 상당 부분은 내 경험에서 나왔다.

2020년이 끝나갈 무렵까지 모은 고 언어 관련 실수가 100개에 다다르면서, 이제 출간을 위해 출판사에 연락할 때가 됐다고 판단했다(딱 한 곳, 매닝 출판사에만 연락했다. 품질 높은 도서로 유명한 최상위 출판사로, 나에게 최고의 파트너라고 생각했다). 책이 나오기까지는 거의 2년이 걸렸다. 100가지 실수에 적절한 예제와 이를 해결하는 다양한 방법을 곁들이도록 구성하는 작업을 수없이 반복했다.

아무쪼록 이 책을 통해 여러분이 실수를 피하고 고 언어를 숙달하는 데 도움이 되길 바란다.

많은 분께 감사의 말을 전하고 싶다. 작업하는 동안 완전히 절망에 빠진 상황에도 날 밀어붙여준 부모님. 방향을 잡는 데 도움을 준 삼촌 장-폴 드몽. 엄청난 영감을 주고 나 자신을 신뢰하게 해준 피에르 고티에. 기준을 지속적으로 높이고 더 나아지도록 격려해준 다미엔 샹봉. 내 롤 모델이 되고 소통의 중요성을 깨닫게 해준 로랑 베르나르. 뛰어난 피드백을 꾸준히 해준 발렝탕 들레플라스. 내 생각을 글로 표현하는 섬세한 기술을 가르쳐준 덕 러더. 뛰어난 편집과 감수를 해준 티파니 테일러와 케이티 테넌트. 깊이 있는 기술 검토를 해준 팀 반 두르젠에게 감사드린다.

또한 내 사랑스러운 대녀 클라라 샹봉, 가장 멋진 사람인 버지니 샹봉을 비롯한 하사니 가족 모두에게 감사드리고, 내가 좋아하는 PO인 아프로디티 카티카, 뛰어난 엔지니어인 세르지오 가르세스와 캐스퍼 벤트슨, 그리고 고 커뮤니티 모두에게 감사의 말을 전한다.

마지막으로 리뷰어분들에게도 감사의 말을 남긴다. 애덤 와나다마이켄, 알렉산드로 캠피스, 앨런 구치, 앙드레 사코, 아누팜 센굽타, 보르코 주르코비치, 브래드 호록스, 카말 자카르, 찰스 M. 셸튼, 크리스 알란, 클리포드 서버, 코시모 다미아노 프레테, 데이비드 크롱카이트, 데이비드 제이콥스, 데이비드 모라벡, 프란시스 세타쉬, 지안루이지 스파뉴올로, 지세페 막시아, 히로유키 무샤, 제임스 비숍, 제롬 메이어, 조엘 홀름스, 조너선 R. 초에이트, 요르트 로덴부르흐, 키스 킴, 케빈 라이오, 레브 베이드, 마틴 더너트, 매트 웰케, 니라지 샤, 오스카 우트불트, 페이티 리, 필립 자네르트, 로버트 웨너, 라이언 버로우스, 라이언 후버, 산케트 나이크, 사타드루 로이, 션 D. 빅, 태드 메이어, 바딤 투르코프 등이 의견을 보내준 덕분에 더 좋은 품질로 출간할 수 있었다.

시스템 소프트웨어 개발 경험이 풍부해야만 깨달을 수 있는 노하우가 이 책 한 권에 잘 정리되어 있습니다. 실전 고 프로그래밍에 굉장히 유익한 내용으로 가득 차 있어서 번역하는 입장에서도 즐거웠습니다. 매번 정확한 의미 전달과 빠른 이해를 추구하지만, 원고를 다시 볼 때마다 부족한 점이 자꾸 드러납니다. 그래도 원고의 부족한 점을 간결하면서도 예리하게 집어낼 뿐만 아니라 원고를 업그레이드해주시는 이원휘 차장님 덕분에 부담을 크게 덜 수 있었습니다. 좋은 책을 만날 기회를 주시고 편집과 교정과 리뷰를 통해 멋진 책으로 나올 수 있게 해주신 길벗 출판사 관계자분들께도 감사드립니다. 마지막으로 번역 활동을 암묵적으로 지원해준 가족과 회사 동료에게도 이 자리를 빌려 감사드립니다.

남기혁

『Go 100가지 실수 패턴과 솔루션』은 고 프로그래머가 언어의 다양한 부분을 다루는 과정에서 저지르기 쉬운 실수 100가지를 소개한다. 코어 언어와 표준 라이브러리 위주로 소개하고 외부 라이브러리와 프레임워크는 다루지 않는다. 대부분 구체적인 예제를 통해 실수를 저지르는 상황을 자세히 보여준다. 이 책이 절대적인 기준을 제시하는 건 아니다. 소개하는 해결 방법마다 구체적인 적용 문맥도 함께 소개한다.

대상 독자

이 책은 고 언어를 어느 정도 알고 있는 개발자를 대상으로 한다. 문법이나 키워드 같은 기초를 설명하는 책은 아니다. 업무에서나 개인적으로 고 프로젝트를 수행한 경험이 있으면 가장 좋다. 각 주제에 대해 깊이 들어가기 전에 항상 기초부터 소개한다.

구성

『Go 100가지 실수 패턴과 솔루션』은 총 12장으로 구성됐다.

- 1장 **Go: 시작은 쉽지만 마스터하긴 어렵다:** 고 언어가 간결한데도 마스터하기 어려운 이유에 대해 설명한다. 또한 이 책에서 다룰 다양한 실수 유형도 소개한다.
- 2장 **코드와 프로젝트 구성:** 코드 베이스를, 관례를 따르면서 깔끔하고 유지하기 좋게 구성하는 데 방해되는 실수 유형을 소개한다.
- 3장 **데이터 타입:** 기본 데이터 타입과 슬라이스, 맵에 관련한 실수를 소개한다.
- 4장 **제어 구문:** 루프와 같은 제어 구문에서 흔히 저지르는 실수를 소개한다.
- 5장 **스트링:** 스트링 표현 원칙과 코드를 부정확하고 비효율적으로 만드는 실수 유형을 살펴본다.

- 6장 **함수와 메서드:** 함수와 메서드에서 흔히 발생하는 문제를 소개한다. 예를 들어, 리시버 타입 선정, defer 버그 방지 등이 있다.

- 7장 **에러 관리:** 고 언어에서 에러를 관례에 맞게 제대로 처리하는 방법을 소개한다.

- 8장 **동시성: 기본 개념:** 동시성과 관련한 기본 개념을 소개한다. 그리고 동시성이 반드시 빠른 것이 아닌 이유, 동시성과 병렬성의 차이, 워크로드 타입에 대해 소개한다.

- 9장 **동시성: 응용:** 고 언어의 채널과 고루틴을 비롯한 동시성 기본 요소를 활용하는 과정에서 저지르는 실수 유형을 구체적인 예제와 함께 살펴본다.

- 10장 **표준 라이브러리:** HTTP, JSON, time API 등 표준 라이브러리를 사용하는 과정에서 흔히 저지르는 실수를 소개한다.

- 11장 **테스팅:** 테스트와 벤치마크를 수행하는 과정에서 더 취약하고 효과와 정확도도 떨어뜨리는 실수에 대해 소개한다.

- 12장 **최적화:** 애플리케이션의 성능을 최적화하는 방법에 대해 CPU 기본 작동 원리부터 고 언어의 세부 기능에 이르기까지 다양한 관점으로 소개하면서 이 책을 마무리한다.

코드 예제

이 책은 다양한 예제를 제공하며 원본 소스 코드의 포맷을 변경한 부분이 많다. 한 페이지에 들어가도록 들여쓰기를 조정하고 줄바꿈도 추가했다. 코드에 대해 설명하는 문단이 있으면 해당 부분의 주석을 생략하기도 했으니 코드를 볼 때 이 점을 참고하기 바란다.

코드에서 중요한 개념이 들어간 부분은 번호로 표시해서 따로 설명을 추가했다.

예제 코드 내려받기

책에서 사용하는 예제 코드는 길벗출판사 웹 사이트에서 도서명으로 검색하여 내려받거나 길벗 GitHub 저장소에서 내려받을 수 있다. 또한, 저자 GitHub에서도 내려받을 수 있다.

- **길벗출판사 웹 사이트:** https://www.gilbut.co.kr
- **길벗출판사 GitHub:** https://github.com/gilbutITbook/080332
- **저자 GitHub:** https://github.com/teivah/100-go-mistakes

실습 환경

이 책의 실습을 검증한 환경은 둘로 나눌 수 있다.

(1) 시스템 독립적인 예제의 실행 환경: Go Playground

- https://go.dev/play
- 예 슬라이스 연산 등 코어 기능
- 고 언어: 1.20

(2) 시스템 종속적인 예제의 실행 환경: Go 1.20.5 / 맥OS(M1)

- 프로세서: M1(ARM 기반, darwin/arm64)
- 운영체제: macOS 12.5 Monterey
- 예 I/O, 고루틴 성능 비교 등
- 고 언어: 1.20.5

책 내용에도 포함되어 있지만 사람은 실수로부터 배우는 것이 많습니다. 하물며 누군가 이미 겪은 것을 내가 미리 알고 있다면 나의 시행착오가 줄어들 것입니다.

책에서는 특정 영역에서의 실수만 다루지 않습니다. Go 언어로 개발하는 전반적인 내용에서 발생하는 실수를 이야기합니다. Go 언어를 사용한 지 오래되었는데, 이 책에는 제가 겪어봤던 실수도, 아직 겪어보지 않은 실수도 꽤 있었습니다. 책에서 말하는 실수 100개가 많다면 많고 적다면 적겠지만, 여기에 나온 실수들만 제대로 피해가도 Go 언어 초급 개발자에서 벗어날 수 있을 것입니다. 계속 발전하는 Go 언어와 함께, 같이 발전하는 Gopher가 됩시다.

- **실습 환경:** MacOS 14.1 (Sonoma), GoLang 2023.2.4, go 1.21.3

윤병조_소프트웨어 개발자_서버 개발

실수를 통해 배우는 프로그래밍은 어렵고 복잡한 작업이지만, 이러한 과정을 거치면 프로그래밍 능력을 향상시키고 문제 해결 및 창의성을 강화할 수 있습니다. 중요한 것은 오류를 반복하지 않고 배우는 것이며, 학습 과정에서 지속적으로 개선하도록 노력하는 것입니다.

이 책은 Go 언어를 어느 정도 알고 있는 개발자를 대상으로 합니다. 특히 Go 언어로 프로젝트 수행한 경험이 있으면 금상첨화입니다. Go 언어의 다양한 영역에서 흔히 저지르는 실수 100가지를 철저히 분석하고 배움으로써 더욱 숙련된 Go 개발자가 되고 싶은 개발자에게 강력하게 추천합니다.

- **실습 환경:** MacBook Pro 14 (Sonoma), GoLang 2023.2.4, go 1.21.4

박상길_프리랜서_소프트웨어 엔지니어

'단순하다고 해서 쉬운 것은 아니다.' Go 언어의 특징을 잘 표현하는 문장입니다. 단순하고 명료함, 이것이 Go 언어의 대표적 특징이지만 그렇다고 결코 쉬운 것은 아닙니다.

실제 프로젝트를 진행하면서 경험을 통해 얻었던 노하우가 이 책에 잘 정리되어 있습니다. Go 언어만의 특징을 잘 살린 코드를 볼 수 있어 좋았습니다. 특히 에러 처리와 동시성 부분은 다른 책을 통해 배울 수 없었던 노하우를 잘 보여주고 있습니다. 성장에 목마른 Go 개발자라면 이 책이 갈증을 해소시켜줄 것입니다.

- **실습 환경:** MacOS 14.0 (Sonoma), Visual Studio Code 1.84

김동우_프리랜서_백앤드 개발자

Go를 다루는 개발자라면 반드시 읽어봐야 할 책입니다. Go의 언어적 특성이나 개발 시 발생할 수 있는 다양한 사례를 통해 오류와 개선점을 제시해주고 있습니다.

기본적으로 Go를 다룰 줄 아는 상태에서 책을 읽어야 합니다. 조금 더 심화된 문법책을 읽는다고 생각하고, 책의 내용을 여러 번 곱씹으면서 실전에 적용해본다면 아마 한 단계 더 업그레이드된 자신을 만나게 될 것입니다.

• **실습 환경:** MacOS 14.0 (Sonoma), go 1.20.5, Visual Studio Code 1.83

이장훈_3년 차 DevOps 엔지니어

가볍게 펼쳤다가 내용의 무게와 깊이에 감탄했습니다. Go의 이펙티브 책이라고 불릴 만한 책으로 Go 개발자라면 반드시 소장하고 반복해서 읽어야 할 책입니다. Go 개발 시 유의해야 할 100가지 지침을 실습과 함께 제시하고 있어서 내용을 이해하는 데 크게 도움이 됩니다. Go 문법이나 사용 팁 수준에 머무르지 않고 인코딩, 동시성/병렬성, 테스트, GC, 최적화, 리소스(CPU, 메모리) 등 CS 기반 지식까지 연결하여 다루고 있습니다. 쿠버네티스를 비롯한 클라우드 에코시스템이 Go로 개발된 사례가 많고, 현업에서도 클라우드 환경이나 사내 백엔드 환경에 Go를 사용하는 비중이 점차 늘어나고 있는 만큼, 이 책을 통해서 Go 언어에 대한 이해를 높이기를 추천합니다.

• **실습 환경:** MacOS 10.12.6 (Sierra), go 1.15.2

김삼영_ 체커_쿼리파이 개발자

3장   데이터 타입 ····· 101

10장 표준 라이브러리 ····· 343

1 ^장

Go: 시작은 쉽지만 마스터하긴 어렵다

실수는 삶의 일부다. 알버트 아인슈타인의 말처럼,

"실수를 저지른 적이 없는 사람은 새로운 것을 한 번도 시도한 적이 없는 사람이다."[1]

결국 중요한 것은 실수를 저지른 횟수가 아니라, 실수를 통해 배우는 능력이다. 이 격언은 프로그래밍에도 적용된다. 언어는 마법 같은 과정에 의해 숙달되는 것이 아니다. 수많은 시행 착오를 거치고 실수로부터 배우는 과정이 반드시 수반되어야 한다. 그것이 이 책을 쓴 이유이기도 하다. 고 (Go) 언어의 다양한 영역에서 흔히 저지르는 실수 100가지를 살펴보고, 실수로부터 배움으로써 여러분이 더욱 숙련된 고 개발자가 될 수 있게 도울 것이다.

이 장에서는 고 언어를 개략적으로 살펴보면서 고 언어가 짧은 시간에 주류 언어로 자리 잡은 이유를 알아본다. 그러면서 고 언어가 처음에 배우기는 쉽지만 미묘한 뉘앙스를 마스터하기 어려운 이유를 생각해볼 것이다. 마지막으로 이 책에서 다룰 주요 개념을 소개하겠다.

1.1 고 언어의 개요

이 책을 읽기 시작했다면 여러분은 이미 고 언어에 빠져 있을 것이다. 따라서 이 절에서는 고 언어가 강력한 이유에 대해 가볍게 훑고 지나가겠다.

소프트웨어 공학은 지난 수십 년 동안 놀라울 정도로 발전했다. 최신 시스템은 대부분 혼자가 아닌, 여러 프로그래머가 팀을 이뤄 만든다. 개발 인원이 수천 명까지는 아니더라도 수백 명에 이르기도 한다. 요즘 코드는 의미가 명확히 드러나 이해하기 쉬워야 하며 여러 해 동안 시스템이 지속될 수 있도록 유지 보수성도 좋아야 한다. 또한, 조직이나 기업에서는 급변하는 세상에서 기민함을 극대화하고 출시 일정을 앞당기는 것도 상당히 중요하다. 프로그래밍 역시 이러한 트렌드를 따라야 하며, 소프트웨어 엔지니어가 코드를 읽고 쓰고 관리하는 데 생산성을 최대한 높일 수 있도록 조직에서도 노력해야 한다.

위와 같은 요구에 대응하기 위해 구글은 2007년 고 프로그래밍 언어를 출시했다. 그 후로 많은 조직에서 고 언어를 도입하여 API, 자동화, 데이터베이스, CLI(command-line interface) 등을 비롯한 다양한 영역에 적용해왔다. 현재는 고 언어를 클라우드에 적용하려는 이들도 많다.

---

1 "A person who never made a mistake never tried anything new."

기능 측면에서 볼 때 고 언어는 타입 상속과 익셉션, 매크로, 부분 함수(partial function), 변수에 대한 지연 평가(lazy evaluation), 불변성(immutability), 연산자 오버로딩(operator overloading), 패턴 매칭 등이 없다. 왜 고 언어에서는 이런 기능을 제공하지 않을까? 고에 대한 공식 FAQ[2]를 보면 의도를 엿볼 수 있다.

여러분이 원하는 기능을 고 언어에서 제공하지 않는다면 그 기능이 고 언어에 어울리지 않거나 컴파일 속도나 설계의 명료함을 떨어뜨리거나 기반 시스템 모델을 필요 이상으로 복잡하게 만들기 때문이다.

기능의 가짓수만으로 프로그래밍 언어의 품질을 제대로 평가할 수는 없을 것이다. 적어도 고 언어가 추구하는 바는 아니다. 대신 고 언어는 몇 가지 핵심 특성을 최대한 활용하여 광범위하게 적용하는 것을 추구한다. 이를 다음과 같은 속성으로 표현할 수 있다.

- **안정성(stability)**: 고 언어는 (개선 및 보안 패치 관련) 업데이트가 빈번하지만 안정성을 유지하고 있다. 이 점을 고 언어의 가장 큰 장점으로 꼽는 사람도 있다.

- **표현력(expressivity)**: 프로그래밍 언어에서 표현력이란 코드를 자연스럽고 직관적으로 읽고 쓸 수 있는 능력을 말한다. 적은 키워드와 제한된 방법만으로 주요 문제를 해결하는 능력을 볼 때 대규모 코드베이스에서도 표현력이 뛰어나다고 말할 수 있다.

- **컴파일(compilation)**: 개발자 입장에서 애플리케이션을 테스트하기 위해 빌드가 끝나기를 기다리는 시간이 길어지는 것만큼 짜증나는 것은 없을 것이다. 언어 설계자는 한결같이 빠른 컴파일 시간을 제공하는 것을 주요 목표 중 하나로 삼고 있다. 빠른 컴파일 시간은 곧 생산성 향상으로 이어진다.

- **안전성(safety)**: 고 언어는 정적 타입 기반의 강력한 언어다. 그래서 엄격한 컴파일 규칙에 따라 타입에 안전한 코드를 생성하도록 보장한다.

고 언어는 처음부터 고루틴(goroutine)이나 채널(channel) 같은 동시성 관련 기본 요소(concurrency primitive)를 토대로 만들어졌다. 그래서 외부 라이브러리의 도움 없이 동시성 애플리케이션을 효율적으로 제작할 수 있다. 오늘날 동시성의 중요성을 제대로 이해한다면 현재뿐만 아니라 가까운 장래에 고 언어가 얼마나 적합한지 이해할 수 있다.

고 언어가 단순하다는 사람도 있다. 완전히 틀린 말은 아니다. 예를 들어, 처음 접한 사람도 며칠 안에 고 언어의 주요 기능을 다 익힐 수 있다. 고 언어가 이처럼 단순하다면 왜 굳이 실수를 다루는 책을 읽어야 할까?

---

2 https://go.dev/doc/faq

1.2 단순하다고 쉬운 것은 아니다

단순한 것과 쉬운 것 사이에는 미묘한 차이가 있다. 어떤 기술이 단순하다는 말은 배우거나 이해하기가 복잡하지 않다는 뜻이다. 반면, 쉽다는 말은 어떤 일을 많은 노력 없이 적은 힘으로 처리할 수 있다는 말이다. 고 언어는 처음 배우기는 쉽지만 그렇다고 해서 마스터하기도 쉬운 것은 아니다.

예를 들어, 동시성을 생각해보자. 2019년 동시성 버그에 대한 논문[3]이 발표되었다. 이 논문은 고 언어에서 나올 수 있는 동시성 버그를 시스템적으로 분석한 최초의 연구 결과다. 여기서는 도커(Docker), gRPC, 쿠버네티스(Kubernetes)를 비롯한 대표적인 고 언어 기반 리포지터리를 분석했다. 주요 연구 결과 중 하나를 보면 시스템을 멈추게 만드는 버그 중 대다수는 채널을 통한 메시지 전달(message passing)을 잘못 사용했기 때문이라고 지적한다. 메시지 전달이 공유 메모리에 비해 에러가 훨씬 적게 발생한다는 통념과 상반된 결과를 보여준 것이다.

이 결과를 어떻게 받아들여야 할까? 고 언어의 메시지 전달 기능의 설계가 잘못된 것일까? 아니면 현재 프로젝트에서 동시성을 메시지 전달이 아닌 다른 방식으로 처리해야 할까? 둘 다 아니다.

메시지 전달과 공유 메모리 중 어느 것이 나은가의 문제가 아니다. 고 언어 프로그래머라면 더 나은 기법이나 흔히 저지르기 쉬운 실수를 피하는 방법을 고민하기 전에, 먼저 동시성을 다루는 방법과 최신 프로세서에 미치는 영향을 확실히 이해해야 한다. 이 예는 채널이나 고루틴 같은 개념을 배우기는 쉽지만 실전에서 제대로 적용하기는 결코 쉽지 않음을 잘 보여준다.

'단순하다고 해서 쉬운 것은 아니다(simple doesn't mean easy)'라는 말은 고 언어의 다양한 영역에 적용할 수 있다. 고 언어에 능숙한 개발자가 되려면 고 언어의 다양한 측면을 철저히 이해해야 하며, 이를 위해 시간과 노력을 들이고 시행착오를 거쳐야 한다.

이 책은 고 언어와 관련된 100가지 주요 실수를 철저히 분석하여 고 언어를 마스터하는 시간을 최대한 줄이고 도움을 주는 것을 목표로 한다.

---

3 T. Tu, X. Liu, et al., "Understanding Real-World Concurrency Bugs in Go," presented at ASPLOS 2019, April 13–17, 2019.

1.3 고 프로그래밍에서 저지르기 쉬운 100가지 실수

앞서 말했듯 이 책은 고 프로그래밍에서 저지르기 쉬운 100가지 실수를 다룬다. 우리는 왜 이 책을 읽어야 할까? 여러 주제를 깊이 파헤치는 책을 읽으며 깊게 이해하는 것이 더 낫지 않을까?

2011년 신경 과학자가 발표한 한 논문에서 두뇌는 실수할 때 가장 잘 성장한다고 증명했다.[4] 누구나 한 번쯤은 경험이 있을 것이다. 실수로부터 배우고, 몇 개월 또는 몇 년이 지난 후 어떤 계기를 통해 그 사건을 떠올렸던 경험 말이다. 이에 대한 논문 결과도 있다. 우리가 이런 경험을 하는 이유는 실수에 촉진 효과(facilitative effect)가 있기 때문이다.[5] 여기서 핵심은 실수뿐만 아니라 그와 관련된 문맥까지 기억한다는 것이다. 실수로부터 배우는 것이 효율적인 이유가 바로 여기에 있다.

이러한 촉진 효과를 극대화하기 위해 이 책은 각 실수마다 최대한 실전 사례를 함께 제시한다. 이 책은 이론만 나열하는 데 그치지 않고 이를 뒷받침하는 배경을 잘 이해함으로써 실수를 더 잘 피하고 더 풍부한 지식으로 올바른 결정을 내릴 수 있도록 도와준다.

> **말해주면 잊을 것이다. 가르쳐주면 기억할 것이다. 직접 해보면 터득할 것이다.**
>
> – 무명인

이 책은 실수를 크게 일곱 가지 항목으로 분류했다.

- 버그
- 과도한 복잡도
- 낮은 가독성
- 최적이 아니거나 관례에 어긋난 구성
- API 편의성 부족
- 최적화되지 않은 코드
- 생산성 부족

각 항목을 차례대로 살펴보자.

---

4 J. S. Moser, H. S. Schroder, et al., "Mind Your Errors: Evidence for a Neural Mechanism Linking Growth Mindset to Adaptive Posterror Adjustments," Psychological Science, vol. 22, no. 12, pp. 1484–1489, Dec. 2011.

5 3 J. Metcalfe, "Learning from Errors," Annual Review of Psychology, vol. 68, pp. 465–489, Jan. 2017.

1.3.1 버그

첫 번째 실수 유형은 당연히 소프트웨어 버그다. 2020년 시놉시스(Synopsys)에서 조사한 결과에 따르면 미국에서 소프트웨어 버그로 인해 발생한 총 비용은 대략 2조 달러로 추정한다.[6]

게다가 버그는 끔찍한 결과를 초래하기도 한다. AECL(Atomic Energy of Canada Limited)에서 생산한 방사선 치료 기기인 Therac-25의 경우를 예로 들어보자. 이 기기의 소프트웨어 버그로 인해 발생한 경쟁 상태(race condition)가 허용치의 수백 배 이상의 방사선을 발생시켜 환자 세 명이 사망했다. 이처럼 소프트웨어 버그는 단순히 비용만의 문제가 아니다. 우리는 개발자로서 세상에 얼마나 큰 영향을 미치는지 항상 명심해야 한다.

이 책은 데이터 경쟁, 누수, 로직 에러 등 여러 가지 소프트웨어 버그를 발생시키는 수많은 사례를 소개한다. 엄격하게 테스트하면 이런 버그를 최대한 이른 시기에 찾아낼 수 있지만 시간이 촉박하거나 복잡도가 높다는 등의 이유로 그럴 여유가 없을 때도 있다. 따라서 고 개발자는 흔히 발생하는 버그만큼은 반드시 피하는 자세를 가져야 한다.

1.3.2 과도한 복잡도

두 번째 실수 유형은 필요 이상으로 복잡한 경우다. 소프트웨어가 복잡해지는 이유 대부분은 개발자가 가상의 미래를 상상하는 성향 때문이다. 지금 당장 주어진 구체적인 문제를 풀기보다는 미래에 발생할 수 있는 유스케이스에 대처할 수 있는 진화형 소프트웨어를 만들고 싶은 유혹에 쉽게 빠진다. 하지만 이렇게 하면 대부분 장점보다 단점이 더 많다. 코드베이스가 복잡해져서 이해하고 분석하기 힘들어지기 때문이다.

다시 고 언어로 돌아가보자. 개발자가 미래의 요구 사항과 관련하여 추상화 요소(예 인터페이스, 제네릭)를 설계하고 싶게 만드는 유스케이스는 다양하다. 이 책에서는 코드베이스의 복잡도를 필요 이상으로 높이지 않도록 주의해야 하는 부분에 대해 살펴볼 것이다.

---

6 Synopsys, "The Cost of Poor Software Quality in the US: A 2020 Report." 2020. https://news.synopsys.com/2021-01-06-Synopsys-Sponsored-CISQ-Research-Estimates-Cost-of-Poor-Software-Quality-in-the-US-2-08-Trillion-in-2020.

1.3.3 낮은 가독성

세 번째 실수 유형은 가독성을 해치는 것이다. 로버트 C. 마틴(Robert C. Martin)이 쓴 『클린 코드 (Clean Code)』에 따르면, 읽는 데 드는 시간은 쓰는 데 드는 시간의 10배 이상이라고 한다.[7] 가독성이 그리 중요하지 않은 1인 프로젝트로 프로그래밍을 시작하는 경우가 많지만 최신 소프트웨어 공학에서 프로그래밍 작업 시간은 중요하다. 개발과 유지 보수 기간이 수개월에서 수년, 심지어 수십 년에 이르는 경우도 있다.

고 언어로 프로그래밍할 때 가독성을 해치는 실수를 많이 저지를 수 있다. 대표적인 예로 중첩된 코드, 데이터 타입 표현, 일부 경우에서 결과 매개변수에 이름을 붙이지 않는 경우 등이 있다. 이 책에서는 가독성이 좋은 코드를 작성하여 (자기 자신을 포함한) 미래의 개발자를 배려하는 방법을 소개한다.

1.3.4 최적이 아니거나 관례에 어긋난 구성

네 번째 실수 유형은 코드와 프로젝트를 제대로 최적화하지 않거나 관례를 따르지 않는 것이다. 프로젝트를 새로 시작해서 그럴 수도 있고 잘못 배운 습관 때문일 수도 있는데, 이런 실수는 프로젝트를 분석하거나 유지 보수하기 어렵게 만든다. 이 책에서는 이와 관련하여 고 언어에서 저지르기 쉬운 실수도 다룰 것이다. 예를 들어, 프로젝트 구조를 정하고 유틸리티 패키지나 초기화 함수를 처리하는 방법을 소개한다. 이러한 실수를 분석하면 코드와 프로젝트를 더욱 효율적이고 관례에 맞게 구성하는 데 도움이 된다.

1.3.5 API 편의성 부족

다섯 번째로 흔히 저지르는 실수는 클라이언트를 위한 API의 편의성을 해치는 것이다. API의 사용자 편의성이 떨어지면 표현력이 떨어져서 이해하기 어렵고 에러가 발생하기 쉽다.

예를 들어, any 타입을 남용하거나 옵션을 처리하는 데 잘못된 생성 패턴을 적용하거나 객체 지향 프로그래밍의 표준 관례를 맹목적으로 적용해서 API 사용성에 영향을 미치게 하는 경우 등이 있다. 이 책에서는 사용자에게 제공하는 API의 편의성을 해치는 실수도 다룬다.

---

7   R. C. Martin, Clean Code: A Handbook of Agile Software Craftsmanship. Prentice Hall, 2008.

1.3.6 최적화되지 않은 코드

여섯 번째 실수 유형은 최적화되지 않은 코드다. 이유는 다양하다. 고 언어의 기능을 제대로 이해하지 못해서일 수도, 기초가 부족하기 때문일 수도 있다. 이 유형의 실수에 영향을 받는 부분은 다양하지만 그중에서도 성능이 가장 큰 타격을 입는다.

(정확성을 비롯한) 다른 코드 최적화 목표도 있다. 예를 들어, 이 책은 부동 소수점 연산을 정확히 수행하게 만드는 데 흔히 사용하는 기법을 몇 가지 소개한다. 이와 함께 할당 작업을 최소화하는 방법을 모르거나 데이터 정렬의 중요성을 간과해서 제대로 병렬화되지 않아 성능이 떨어지는 다양한 케이스도 소개한다. 이러한 최적화 문제를 다양한 각도로 분석해볼 것이다.

1.3.7 생산성 부족

프로젝트를 처음 시작할 때 가장 적절한 언어는 무엇일까? 바로 생산성이 가장 뛰어난 언어다. 언어에 숙달하기 위해서는 언어의 작동 방식을 제대로 이해해서 최대한 활용할 줄 알아야 한다.

이 책에서는 고 언어 프로그래밍의 생산성을 최대한 끌어내는 데 도움이 되는 다양한 사례와 예제를 소개한다. 예를 들어, 작성한 코드가 제대로 작동하는지 효율적으로 확인하는 테스트 코드를 작성하는 방법, 표준 라이브러리를 효과적으로 사용하는 방법, 프로파일링 도구와 린터(linter)를 최대한 활용하는 방법 등을 살펴본다. 그럼 지금부터 고 프로그래밍에서 저지르기 쉬운 100가지 실수에 대해 본격적으로 파고 들어보자.

1.4 요약

- 고 언어는 요즘 대다수 회사에서 요구하는 매우 중요한 특징 중 하나인, 개발자 생산성을 높이는 최신 프로그래밍 언어다.
- 고 언어는 단순해서 배우기는 쉽지만 마스터하긴 어렵다. 그래서 고 언어를 최대한 효과적으로 사용할 수 있도록 더 깊이 이해해야 한다.
- 어떤 언어든 그 언어를 숙달하려면 실수와 구체적인 예제를 통해 배우는 것이 가장 좋다. 이

책은 흔히 저지르기 쉬운 100가지 실수를 분석하면서 여러분이 고 언어를 더 빨리 숙달하도록 도와줄 것이다.

memo

2^장

코드와 프로젝트 구성

고 언어로 작성된 코드베이스를 깔끔하면서 관례도 따르고 유지보수하기도 좋게 구성하기란 결코 쉽지 않다. 코드와 프로젝트 구성에 필요한 최선의 방법을 모두 익히기 위해서는 수많은 경험과 실수를 겪어야 한다. 이 장에서는 피해야 할 문제(예 변수 가림(variable shadowing), 중첩된 코드 남발 등), 패키지 구성 방법, 유저 인터페이스, 제네릭, 초기화 함수, 유틸리티 패키지를 사용하기 적합한 시점 등 코드와 프로젝트 구성과 관련하여 흔히 저지르는 실수를 살펴본다.

2.1 / #1 의도하지 않은 변수 가림을 조심하라

변수의 **스코프(scope, 범위)**란 변수를 참조할 수 있는 위치를 말한다. 다시 말해 애플리케이션에서 주어진 이름에 대한 바인딩이 유효한 영역이다. 고 언어에서 블록 안에 선언된 변수 이름은 하위 블록에서 다시 선언할 수 있다. 이를 변수 가림(variable shadowing)이라 부르며 이 원칙과 관련하여 실수를 저지르기 쉽다.

다음 예를 보자. 변수가 가려지면서 의도하지 않은 부작용이 발생한다. 여기서는 부울 타입 변수인 tracing의 값에 따라 두 가지 HTTP 클라이언트 생성 방법 중 하나로 결정된다.

```
var client *http.Client ----------------------- ❶
if tracing {
    client, err := createClientWithTracing() --- ❷
    if err != nil {
        return err
    }
    log.Println(client)
} else {
    client, err := createDefaultClient() ------- ❸
    if err != nil {
        return err
    }
    log.Println(client)
}
// 생성된 클라이언트를 사용하는 코드
```

❶ client 변수를 선언한다.

❷ tracing이 true일 때(추적 기능이 켜진 경우) HTTP 클라이언트를 생성한다. (여기서 client 변수가 가려

진다.)

❸ 디폴트 HTTP 클라이언트를 생성한다. (이 블록에서도 client 변수가 가려진다.)

이 예에서는 가장 먼저 client 변수를 선언한다. 그리고 나서 양쪽 분기문에서 간결한 변수 선언 연산자(:=)를 이용하여 함수 호출의 결과를 client 변수에 대입하는데, 바깥 블록에 있는 client 가 아닌, 하위 블록에 있는 client 변수에 대입한다. 따라서 바깥 블록에 있는 변수는 계속 nil 상태로 남게 된다.

> Note ≡ 이렇게 작성해도 에러 없이 컴파일된다. 하위 블록의 client 변수가 로깅 호출문(log.PrintIn(client)) 에서 사용되고 있기 때문이다. 그렇지 않았다면 컴파일 에러(예 client를 선언만 하고 사용하지 않음/client declared and not used)가 발생했을 것이다.

그렇다면 원본 client 변수에 값을 대입하려면 어떻게 해야 할까? 두 가지 방법이 있다.

첫 번째 방법은 내부 블록에 다음과 같이 임시 변수를 사용하는 것이다.

```
var client *http.Client
if tracing {
    c, err := createClientWithTracing() ---- ❶
    if err != nil {
        return err
    }
    client = c ----------------------------- ❷
} else {
    // 위와 동일
}
```

❶ 임시 변수 c를 생성한다.

❷ c를 원본 변수 client에 대입한다.

이렇게 하면 실행 결과가 임시 변수인 c에 저장된다. c의 스코프는 if 블록으로 한정된다. 그리고 나서 저장된 실행 결괏값을 다시 client에 대입한다. else 부분도 이와 마찬가지로 처리한다.

두 번째 방법은 하위 블록에서 대입 연산자(=)를 사용하여 함수 결과를 client 변수에 직접 대입하는 것이다. 하지만 이렇게 하려면 error 변수를 생성해야 한다. 대입 연산자는 변수 이름이 이미 선언된 상태에서만 작동하기 때문이다. 예를 들면 다음과 같다.

```
var client *http.Client
```

```
var err error ---------------------------------- ❶
if tracing {
    client, err = createClientWithTracing() ---- ❷
    if err != nil {
        return err
    }
} else {
    // 위와 동일
}
```

❶ err 변수를 선언한다.

❷ 대입 연산자를 이용하여 *http.Client를 client 변수에 직접 대입한다.

client는 임시 변수를 거칠 필요 없이 곧바로 결과를 대입할 수도 있다.

둘 다 올바른 방법이다. 두 번째 방법은 대입을 한 번만 한다는 점이 다를 뿐이다. 이렇게 하면 이해하기 쉬울 수 있다. 또한, 두 번째 방법에 따라 작성하면 다음과 같이 에러 처리 코드를 if/else 구문 밖으로 뺄 수 있어서 두 경우에 대해 따로 작성할 필요가 없다.

```
if tracing {
    client, err = createClientWithTracing()
} else {
    client, err = createDefaultClient()
}
if err != nil {
    // 에러 처리 코드 공유
}
```

변수 가림 현상은 한 번 선언했던 변수 이름을 내부 블록에서 다시 선언할 때 발생하며 이 과정에서 실수를 저지르기 쉽다. 변수 가림을 허용하지 않는 것은 어디까지나 개인 취향이다. 때로는 에러를 가리키는 err처럼 변수 이름을 재선언하는 것이 편리할 수 있다. 하지만 대부분의 경우에는 조심해야 한다. 컴파일 에러는 발생하지 않지만 실제 값이 의도와 다를 수 있기 때문이다. 이렇게 가려진 변수를 찾아내는 방법에 대해서는 이 장의 뒷부분에서 소개한다. 이 기법은 잠재 버그를 찾는 데도 도움이 된다.

다음 절에서는 중첩 코드를 남용하지 말아야 하는 이유를 살펴본다.

2.2 #2 필요 이상으로 코드를 중첩하지 마라

소프트웨어에 대한 심성 모형(mental model)이란 시스템 동작을 머릿속에 표현한 것을 말한다. 우리가 프로그래밍하는 동안 코드에서 발생하는 전반적인 상호 작용과 함수 구현 등을 비롯한 모든 동작에 대해 각자 머릿속에 심성 모형을 만들고 관리한다. 코드 가독성은 이름, 일관성, 형식 등을 비롯한 다양한 기준을 토대로 판단한다. 코드의 가독성이 높을수록 심성 모형을 관리하는 과정에서 코드를 이해하는 데 드는 인지 노력(cognitive effort)이 적어진다. 그래서 코드를 파악하고 유지 보수하기가 더 쉬운 것이다.

중첩 수준은 가독성을 평가하는 데 중요한 요소다. 예를 들어, 프로젝트를 새로 시작할 때 다음 join 함수를 파악해야 한다고 해보자.

```go
func join(s1, s2 string, max int) (string, error) {
    if s1 == "" {
        return "", errors.New("s1 is empty")
    } else {
        if s2 == "" {
            return "", errors.New("s2 is empty")
        } else {
            concat, err := concatenate(s1, s2) ---- ❶
            if err != nil {
                return "", err
            } else {
                if len(concat) > max {
                    return concat[:max], nil
                } else {
                    return concat, nil
                }
            }
        }
    }
}

func concatenate(s1 string, s2 string) (string, error) {
    // …
}
```

❶ 구체적인 작업은 concatenate 함수로 처리하지만 에러(error)가 리턴될 수 있다.

join 함수는 스트링 두 개를 이어 붙인 뒤, 길이가 max보다 길면 리턴한다. 이 함수는 s1과 s2를 검사하고, concatenate가 에러를 리턴했는지 확인한다.

기능만 보면 정확하게 구현했다. 하지만 모든 경우를 포괄하는 심성 모형을 관리하기에는 직관적이지 않다. 중첩 단계가 너무 많기 때문이다.

이번에는 같은 기능을 좀 다르게 작성해보자.

```
func join(s1, s2 string, max int) (string, error) {
    if s1 == "" {
        return "", errors.New("s1 is empty")
    }
    if s2 == "" {
        return "", errors.New("s2 is empty")
    }
    concat, err := concatenate(s1, s2)
    if err != nil {
        return "", err
    }
    if len(concat) > max {
        return concat[:max], nil
    }
    return concat, nil
}

func concatenate(s1 string, s2 string) (string, error) {
    // …
}
```

이 코드는 기능은 이전과 같지만 심성 모형 유지에 드는 인지 노력이 훨씬 적다. 중첩 수준이 두 단계뿐이기 때문이다. 고 타임(Go Time) 팟캐스트[1]의 패널리스트인 매트 라이어(Mat Ryer)는 다음과 같이 말했다.

> 정상 경로(happy path)는 왼쪽으로 정렬한다. 그러면 첫 번째 열만 살짝 훑어봐도 예상대로 실행되는지를 쉽게 파악할 수 있다.

첫 번째 코드는 예상 실행 흐름을 한눈에 파악하기가 어려웠다. if/else문이 여러 단계로 중첩됐기 때문이다. 반면, 두 번째 코드는 첫 번째 열을 보고 정상 실행 경로를 파악할 수 있고 특수한 경

---

1 https://medium.com/@matryer/line-of-sight-in-code-186dd7cdea88

우의 익셉션 처리 방법은 두 번째 열만 보면 알 수 있다(그림 2-1).

▼ 그림 2-1 정상 경로를 표현한 열만 훑어봐도 예상 실행 흐름을 쉽게 파악할 수 있다.

```
func join(s1, s2 string, max int) (string, error) {
    if s1 == "" {
        return "", errors.New("s1 is empty")
    }
    if s2 == "" {
        return "", errors.New("s2 is empty")
    }
    condat, err := concatenate(s1, s2)
    if err != nil {
        return "", err
    }
    if len(concat) > max {
        return concat[:max], nil
    }
    return concat, nil
}
```

정상 경로   에러 경로

정리하면, 함수 구현 코드에서 중첩 단계가 많을수록 이해하기 힘들어진다. 그럼 코드의 가독성을 높이기 위해 이 원칙을 적용하는 다른 예를 몇 가지 살펴보자.

- if 블록에 리턴문이 있다면 else 블록 전체를 생략한다. 예를 들어, 다음과 같이 작성하지 말고,

    ```
    if foo() {
        // …
        return true
    } else {
        // …
    }
    ```

    다음과 같이 else 블록을 생략한다.

    ```
    if foo() {
        // …
        return true
    }
    // …
    ```

    이렇게 하면 else 블록에 있던 코드가 한 단계 위로 올라가서 훨씬 이해하기 쉽다.

- 앞에서 본 정상 경로뿐만 아니라 에러 경로에서 리턴할 때도 비슷하게 처리할 수 있다.

```
if s != "" {
    // …
} else {
    return errors.New("empty string")
}
```

여기서 s가 비어 있는 경우가 에러 상황이다. 그래서 조건을 다음과 같이 반전시킨다.

```
if s = "" { --------------------------- ❶
    return errors.New("empty string")
}
// …
```

❶ **if 조건을 반전시킨다.**

이렇게 하면 훨씬 이해하기 쉽다. 정상 경로가 왼쪽 끝(최상단)에 있어서 블록 수가 줄기 때문이다.

개발자라면 누구나 코드의 가독성을 높이도록 노력해야 한다. 이를 위한 구체적인 기법을 살펴보았다. 중첩 블록의 수를 최대한 줄이고 정상 경로를 왼쪽 끝에 맞추고 최대한 일찍 리턴하는 방법이다.

다음 절에서는 고 프로젝트에서 잘못 사용하는 경우가 많은 초기화 함수(init)에 대해 살펴보자.

2.3 / #3 init 함수를 잘못 사용하지 마라

고 언어로 작성된 애플리케이션에서 init 함수를 잘못 사용하는 경우가 종종 있다. 그러면 에러 관리가 부실해지거나 코드 흐름을 이해하기 어려워질 수 있다. 먼저 init 함수가 무엇인지부터 간단히 복습하고 나서 init 함수가 적합한 경우와 부적합한 경우에 대해 알아보자.

2.3.1 개념

init 함수는 애플리케이션 상태를 초기화하는 데 사용한다. 인수를 받지 않고 결과를 리턴하지도 않는다(func() 함수). 패키지를 초기화할 때, 그 안에 선언된 상수와 변수를 모두 평가(evaluate)하고 나서 init 함수가 호출된다. 예를 들어, 다음과 같이 main 패키지를 초기화하는 과정을 살펴보자.

```go
package main

import "fmt"

var a = func() int {
    fmt.Println("var") ------ ❶
    return 0
}()

func init() {
    fmt.Println("init") ------ ❷
}

func main() {
    fmt.Println("main") ------ ❸
}
```

❶ 가장 먼저 실행된다.

❷ 두 번째로 실행된다.

❸ 마지막에 실행된다.

이 코드를 실행하면 다음과 같이 출력된다.

```
var
init
main
```

init 함수는 패키지가 초기화될 때 실행된다. 다음 예에서는 main과 redis란 패키지를 정의한다. 이때 main은 redis에 의존한다. 먼저 main 패키지의 main.go 파일부터 보자.

```go
package main

import (
    "fmt"

    "redis"
```

```
)

func init() {
    // ...
}

func main() {
    err := redis.Store("foo", "bar") ------- ❶
    // ...
}
```

❶ redis 패키지에 의존한다.

다음으로 redis 패키지의 redis.go 파일을 보자.

```
package redis

// 임포트문

func init() {
    // ...
}

func Store(key, value string) error {
    // ...
}
```

main이 redis에 의존하기 때문에 redis 패키지의 init 함수가 가장 먼저 실행되고, 이어서 main 패키지의 init이 실행된 후, 마지막으로 main 함수가 실행되는 것이다. 이 과정을 표현하면 그림 2-2와 같다.

❤ 그림 2-2 redis 패키지의 init 함수가 가장 먼저 실행되고, 다음으로 main의 init 함수가, 마지막으로 main 함수가 실행된다.

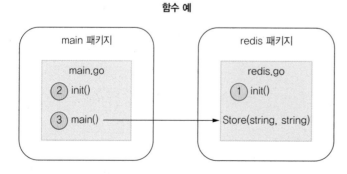

한 패키지에 init 함수를 여러 개 정의할 수도 있다. 그러면 패키지에 있는 init 함수들은 소스 파일의 알파벳 순서에 따라 실행된다. 예를 들어, 어떤 패키지가 a.go 파일과 b.go 파일로 구성되어 있고 둘 다 init 함수가 정의되어 있을 경우 a.go에 있는 init 함수가 먼저 실행된다.

패키지 안에 init 함수를 여러 개 작성할 때는 각각이 실행되는 순서에 영향을 받지 않게 작성해야 한다. 소스 파일 이름은 언제든지 바뀔 수 있고, 그러면 실행 순서도 달라지기 때문이다.

한 소스 파일 안에 init 함수를 여러 개 정의할 수도 있다. 다음과 같은 코드도 얼마든지 가능하다.

```go
package main

import "fmt"

func init() { ------------ ❶
    fmt.Println("init 1")
}

func init() { ------------ ❷
    fmt.Println("init 2")
}

func main() {
}
```

❶ 첫 번째 init 함수

❷ 두 번째 init 함수

이 코드를 실행하면 첫 번째 init 함수가 먼저 실행된다. 출력 결과는 다음과 같다.

```
init 1
init 2
```

init 함수는 부수 효과(side effect)를 발생시키는 용도로도 사용된다. 예를 들어, 다음 코드와 같이 main 패키지가 (foo의 public 함수를 직접 사용하는 부분이 없는 등) foo에 대한 의존성이 크지 않은 상황에서 다음과 같이 _ 연산자로 foo 패키지를 먼저 초기화하게 만들 수 있다.

```go
package main

import (
    "fmt"
```

```
    _ "foo" ------- ❶
)

func main() {
    // ...
}
```

❶ 부수 효과를 위해 foo를 임포트한다.

여기서는 main보다 foo 패키지를 먼저 초기화한다. 그래서 foo의 init 함수가 먼저 실행된다.
또한, init 함수는 직접 호출할 수 없다. 예를 들면 다음과 같다.

```
package main

func init() {}

func main() {
    init() -------- ❶
}
```

❶ 잘못된 참조

이 코드는 다음과 같이 컴파일 에러가 발생한다.

```
$ go build .
./main.go:6:2: undefined: init
```

이제 init 함수의 작동 방식에 대해 어느 정도 복습했으니 이 함수를 사용해야 할 때와 그렇지 않을 때를 알아보자. 다음 절을 보면 어느 정도 구분할 줄 알게 될 것이다.

2.3.2 init 함수를 사용해야 하는 경우

우선 init 함수를 잘못 사용하는 경우를 살펴보자. 여기서는 데이터베이스 커넥션 풀(connection pool, 연결 풀)을 보관하는 실수를 저질렀다. 이 코드에서 init 함수는 sql.Open을 이용하여 데이터베이스를 연다. 이 데이터베이스를 글로벌 변수에 담아서 다른 함수에서도 사용할 수 있게 만든다.

```
var db *sql.DB

func init() {
    dataSourceName :=
        os.Getenv("MYSQL_DATA_SOURCE_NAME") ------- ❶
    d, err := sql.Open("mysql", dataSourceName)
    if err != nil {
        log.Panic(err)
    }
    err = d.Ping()
    if err != nil {
        log.Panic(err)
    }
    db = d -------------------------------------- ❷
}
```

❶ 환경 변수

❷ DB 커넥션을 글로벌 변수인 db에 저장한다.

이 예제는 데이터베이스를 오픈하고, 핑(ping)을 할 수 있는지 확인한 뒤, DB 커넥션을 글로벌 변수에 저장한다. 이 코드를 어떻게 생각하는가? 우선 다음과 같이 세 가지 문제를 지적할 수 있다.

첫째, init 함수는 에러 관리 기능이 부족하다. init 함수는 에러를 리턴하지 않기 때문에 에러 발생을 알리는 유일한 방법은 비정상 동작(panic, 패닉)뿐이다. 그러면 애플리케이션 전체가 비정상 종료된다. 이 예제와 같이 간단한 코드라면 데이터베이스 오픈에 실패할 때 애플리케이션이 비정상 종료되어도 상관없겠지만 패키지 하나가 애플리케이션 전체를 중단시키는 것은 바람직하지 않다. 그보다는 다시 연결해보거나 폴백(fallback) 메커니즘을 적용하는 것이 좋다. 예제에서는 데이터베이스 오픈 작업을 init 함수에서 처리했기 때문에 클라이언트 패키지에서 에러 처리 로직을 구현할 방법이 없다.

둘째, 테스트하기 힘들다. 이 파일에 테스트 코드를 추가하더라도 (이 연결을 생성할 필요가 없는 유틸리티 함수에 대해 단위 테스트를 추가할 때처럼) init 함수가 먼저 실행하고 나서야 테스트케이스가 실행된다면 본래 의도에 어긋날 수도 있다. 따라서 이 예제의 init 함수 때문에 단위 테스트 코드를 작성하기가 힘들다.

셋째, 데이터베이스 커넥션 풀을 글로벌 변수에 저장해야 한다는 것이다. 글로벌 변수는 다음과 같은 단점이 있다.

- 패키지 안에 있는 함수라면 누구나 글로벌 변수 값을 바꿔버릴 수 있다.

- 글로벌 변수에 의존하는 함수를 격리시킬 수 없기 때문에 단위 테스트를 작성하기 까다로워진다.

변수는 글로벌로 만들기보다는 캡슐화하는 것이 대체로 바람직하다.

이런 이유로 앞의 코드에서 초기화하는 부분은 다음과 같이 일반 함수로 빼내서 처리하는 것이 좋다.

```
func createClient(dsn string) (*sql.DB, error) { --------- ❶
    db, err := sql.Open("mysql", dsn)
    if err != nil {
        return nil, err --------------------------------- ❷
    }
    if err = db.Ping(); err != nil {
        return nil, err
    }
    return db, nil
}
```

❶ 데이터 소스의 이름을 받아서 *sql.DB와 에러를 리턴한다.

❷ 에러를 리턴한다.

이 함수를 이용하면 앞서 지적한 세 가지 단점을 해결할 수 있다. 이유는 다음과 같다.

- 에러 처리의 책임을 호출자에게 줄 수 있다.
- 이 함수가 제대로 작동하는지 확인하는 통합 테스트를 작성할 수 있다.
- 커넥션 풀이 함수 안에 캡슐화되어 있다.

그렇다면 init 함수를 무조건 제거해야 할까? 꼭 그런 것은 아니다. init 함수가 유용한 경우도 꽤 있다. 예를 들어, 공식 Go 블로그[2]를 보면 정적 HTTP 설정을 init 함수에서 처리한다.

```
func init() {
    redirect := func(w http.ResponseWriter, r *http.Request) {
        http.Redirect(w, r, "/", http.StatusFound)
    }
    http.HandleFunc("/blog", redirect)
    http.HandleFunc("/blog/", redirect)

    static := http.FileServer(http.Dir("static"))
```

---

2   http://mng.bz/PW6w

```
        http.Handle("/favicon.ico", static)
        http.Handle("/fonts.css", static)
        http.Handle("/fonts/", static)

        http.Handle("/lib/godoc/", http.StripPrefix("/lib/godoc/",
            http.HandlerFunc(staticHandler)))
    }
```

이 예제에서는 init 함수에서 에러가 발생할 일이 없다(http.HandleFunc에서 죽어버릴 수 있지만 핸들러가 nil인 경우일 뿐이고 여기서는 그럴 가능성이 없다). 그리고 여기서는 글로벌 변수가 필요 없다. 그래서 단위 테스트에 영향을 주지도 않는다. 이 코드는 init 함수가 유용한 사례를 잘 보여준다.

지금까지 살펴본 내용을 정리하면, init 함수는 다음과 같은 한계가 있다.

- 에러 관리 능력이 부족하다.
- 테스트 코드를 작성하기 힘들다. (예 단위 테스트 스코프와는 직접 관련이 없는 외부 의존성이 발생할 수 있다.)
- 초기화 과정에서 상태를 설정해야 할 경우 글로벌 변수로 처리해야 한다.

init 함수는 조심해서 사용해야 한다. 앞에서 본 정적 설정처럼 유용한 경우도 있지만 대부분은 초기화 작업을 별도 함수로 만들어 처리하는 것이 좋다.

100 GO MISTAKES

2.4 #4 게터와 세터를 남용하지 마라

프로그래밍에서 말하는 데이터 캡슐화(data encapsulation)란 어떤 오브젝트의 상태나 값을 숨기는 것을 말한다. 게터(getter, 접근자)와 세터(setter, 설정자)는 익스포트(export)하지 않은(외부에서 접근하도록 드러내지 않은) 오브젝트 필드에 접근하는 메서드를 익스포트한 것이다.

고 언어는 다른 언어와 달리 게터와 세터를 자동으로 만들어주지 않는다. 게다가 게터와 세터를 쓰지 않고도 구조체 필드에 접근할 수 있다. 예를 들어, 표준 라이브러리 중에서 time.Timer 구조체(struct)처럼 필드에 직접 접근하도록 구현한 것도 있다.

```
timer := time.NewTimer(time.Second)
<-timer.C ......... ❶
```

❶ C는 <-chan Time 필드다.

추천하는 방법은 아니지만 C를 직접 수정할 수도 있다(물론 그러면 아무런 이벤트도 받지 못하게 된다). 그런데 이 예제를 보면 표준 Go 라이브러리는 필드를 수정하면 안 되는 부분에서조차 게터와 세터를 사용하지 않고 접근할 수 있다.

반면, 게터나 세터를 사용하면 다음과 같은 장점이 있다.

- 필드 값을 가져오거나 설정하는 데 관련한 동작을 캡슐화할 수 있다. 그래서 나중에 새로운 기능을 추가하기 좋다. (예 필드 값 검사, 계산된 값 리턴, 필드에 접근하는 부분을 뮤텍스로 묶기)

- 내부 표현을 숨겨주기 때문에 어느 부분을 드러낼지 유연하게 정할 수 있다.

- 속성이 변하는 시점에 디버깅 개입 지점을 제공하기 때문에 실행 시간에 디버깅하기 쉽다.

- 위의 경우에 해당하거나 상위 호환성(forward compatibility)을 보장하는 과정에서 이런 경우가 발생할 것 같다면 게터와 세터를 활용하는 것이 유리하다. 예를 들어, balance란 이름의 필드에 게터와 세터를 사용한다면 다음과 같은 명명 규칙을 따른다.

- 게터 메서드 이름은 GetBalance가 아닌, Balance로 짓는다.

- 세터 메서드 이름은 SetBalance로 짓는다.

예를 들면 다음과 같다.

```
currentBalance := customer.Balance() .......... ❶
if currentBalance < 0 {
    customer.SetBalance(0) .................... ❷
}
```

❶ 게터

❷ 세터

정리하면, 특별히 장점이 없다면 구조체마다 무조건 게터와 세터를 사용해서 코드를 복잡하게 만들지 않는다. 실용적인 관점으로 접근해 효율성과 관례 준수 사이의 균형을 잘 맞추는 것이 좋다. 이러한 이슈는 다른 프로그래밍 언어에서도 종종 논란거리가 되곤 한다.

고 언어는 간결함을 비롯한 몇 가지 특성에 주안점을 두고 설계한 언어임을 명심하자. 그러나 게터와 세터가 필요하거나, 앞서 언급한 경우처럼 상위 호환성을 보장하는 동시에 게터와 세터를 사용해야 할 상황이 조만간 발생할 것 같다면 얼마든지 사용해도 된다.

그럼 다음 절에서는 인터페이스를 남용하는 문제에 대해 알아보자.

2.5 #5 인터페이스 오염을 조심하라

고 언어에서 인터페이스는 코드 설계와 구조화의 기반이 되는 중요한 요소다. 그런데 다른 도구나 개념과 마찬가지로 남용하는 것은 바람직하지 않다. 인터페이스 오염(interface pollution)은 불필요한 추상화로 코드가 복잡해져서 이해하기 힘들게 되는 현상을 말한다. 특히 고 언어와는 관례가 다른 언어를 사용하던 개발자가 이런 실수를 저지르기 쉽다. 이 문제를 살펴보기 앞서, 먼저 고 언어에서 제공하는 인터페이스부터 간단히 복습하자. 그리고 나서 인터페이스를 사용해야 하는 경우와 그렇지 않은 경우를 알아보자.

2.5.1 개념

인터페이스(interface)는 오브젝트의 동작을 표현하는 수단을 제공한다. 인터페이스는 여러 오브젝트가 공통적으로 구현할 추상화를 정의한다. 고 언어의 인터페이스는 다른 언어와 달리 암묵적으로 정의한다. 명시적으로 어떤 오브젝트가 특정 인터페이스를 구현한다고 표시하는 키워드(CH implements)가 없다.

인터페이스의 강력함을 제대로 이해하기 위해, 표준 라이브러리에서 인기 있는 두 가지 인터페이스인 io.Reader와 io.Writer를 살펴보자. io 패키지는 입출력 관련 기본 연산을 추상화한다. io.Reader는 데이터 소스로부터 데이터를 읽는 기능을 표현하고, io.Writer는 타깃에 데이터를 쓰는 동작을 표현한다(그림 2-3 참조).

io.Reader는 다음과 같은 Read 메서드 하나를 정의한다.

```
type Reader interface {
    Read(p []byte) (n int, err error)
}
```

io.Reader 인터페이스를 직접 구현하려면 바이트 슬라이스를 받아서 그 안을 데이터로 채운 뒤, 읽은 바이트 수나 에러를 리턴하게 만들어야 한다.

▼ 그림 2-3 io.Reader는 데이터 소스에서 읽어서 바이트 슬라이스를 채우는 반면, io.Writer는 바이트 슬라이스에 담긴 내용을 타 깃에 쓴다.

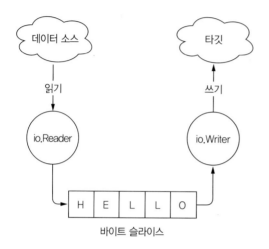

io.Reader와 io.Writer 인터페이스

반면에 io.Writer는 Write라는 메서드 하나를 정의한다.

```
type Writer interface {
    Write(p []byte) (n int, err error)
}
```

io.Writer 인터페이스를 직접 구현하려면 슬라이스에 담긴 데이터를 타깃으로 쓰고, 다 쓴 바이트 수나 에러를 리턴하게 만든다. 정리하면, 두 인터페이스 모두 다음과 같은 기본적인 추상화를 제공한다.

- io.Reader는 데이터 소스에서 데이터를 읽는다.
- io.Writer는 타깃에 데이터를 쓴다.

언어에서 두 가지 인터페이스를 제공하는 이유는 뭘까? 이렇게 추상화하는 목적이 도대체 무엇일까?

예를 들어, 어느 파일에 담긴 내용을 다른 파일로 복제하는 함수를 구현해야 한다고 생각해보자. 이를 위해 *os.File 두 개를 입력받는 함수를 만들 수도 있고, io.Reader와 io.Writer를 이용한 보다 일반화된 함수로 만들 수도 있다.

```
func copySourceToDest(source io.Reader, dest io.Writer) error {
```

```
    // …
}
```

이렇게 작성한 함수는 *os.File처럼 io.Reader와 io.Writer를 구현한 타입으로 된 매개변수를
받는 함수에서도 그대로 사용할 수 있다. 예를 들어, io.Writer가 데이터베이스에 쓰도록 커스터
마이즈하더라도 위 코드는 수정 없이 그대로 사용할 수 있다. 이처럼 인터페이스가 함수의 범용성
을 높이기 때문에 재사용성이 높아진다.

뿐만 아니라 이 함수에 대한 단위 테스트를 작성하기도 더 쉬워진다. 파일을 직접 다룰 필요 없이
strings나 bytes처럼 io.Reader와 io.Writer 인터페이스를 구현한 패키지 중에서 적절한 기능을
제공하는 것을 활용하면 되기 때문이다.

```
func TestCopySourceToDest(t *testing.T) {
    const input = "foo"
    source := strings.NewReader(input) ----------- ❶
    dest := bytes.NewBuffer(make([]byte, 0)) ------ ❷

    err := copySourceToDest(source, dest) --------- ❸
    if err != nil {
        t.FailNow()
    }

    got := dest.String()
    if got != input {
        t.Errorf("expected: %s, got: %s", input, got)
    }
}
```

❶ io.Reader를 생성한다.

❷ io.Writer를 생성한다.

❸ *strings.Reader와 *bytes.Buffer에서 copySourceToDest를 호출한다.

이 예제에서 source는 *strings.Reader 타입인 반면, dest는 *bytes.Buffer 타입이다. 여기서는
아무런 파일도 생성하지 않고 copySourceToDest의 동작을 테스트한다.

인터페이스를 설계할 때 입도(granularity, 인터페이스에서 제공하는 메서드의 개수)도 반드시 고려해야 한
다. 고 언어에서 널리 알려진 표현 중에 인터페이스의 크기에 대한 것이 있다[3].

---

3 https://www.youtube.com/watch?v=PAAkCSZUG1c&t=318s

인터페이스가 클수록 추상화는 약해진다.

- 롭 파이크

실제로 인터페이스에 메서드가 늘어날수록 재사용성은 떨어질 수 있다. io.Reader와 io.Writer는 최대한 간결하게 정의됐기 때문에 아주 강력한 추상화를 제공한다. 게다가 인터페이스와 조합하여 상위 수준의 추상화를 정의할 수도 있다. 대표적인 예가 바로 io.ReadWriter다. 이 인터페이스는 io.Reader와 io.Writer의 동작을 합친 것이다.

```
type ReadWriter interface {
    Reader
    Writer
}
```

> Note ≡ 아인슈타인은 "언제나 최대한 간결하게 만든다. 적당히 간결하게가 아니라."라고 했다. 이 원칙을 인터페이스 설계에 적용한다면 가장 적합한 입도를 찾기란 쉽지 않을 수 있다.[4]

지금부터 인터페이스를 사용하는 것이 바람직한 경우를 살펴보자.

2.5.2 인터페이스를 사용해야 하는 경우

고 언어로 인터페이스를 만들 필요가 있는 경우를 알아보자. 이를 위해 인터페이스의 효용을 느낄 수 있는 구체적인 유스케이스 세 가지를 살펴보겠다. 참고로 여기서 소개하는 경우 말고도 얼마든지 존재할 수 있다. 유스케이스가 다양할수록 특정 문맥에 대한 종속성도 커지기에 이 정도만 소개한다. 그렇지만 이 세 가지 경우만으로도 다음과 같은 공통 개념을 파악할 수 있다.

- 공통 동작(common behavior)
- 결합 분리(decoupling, 디커플링)
- 동작 제한(restricting behavior)

공통 동작

가장 먼저 살펴볼 케이스는 하나의 공통 동작을 구현하는 타입이 여러 개 있는 경우다. 이럴 때는

4　**역주** 즉, 가장 쉽고 단순한 지점까지 내려가면 좋지만 인터페이스 설계에서는 어느 수준까지 가야 할지 명확하지 않을 수 있다.

인터페이스 내부에서 공통 동작을 추출한다. 표준 라이브러리를 보면 이런 경우에 대한 예를 다양하게 찾아볼 수 있다. 예를 들어, 컬렉션을 정렬하는 작업을 다음과 같이 세 가지 메서드로 추출할 수 있다.

- 컬렉션에 담긴 원소 개수 알아내기

- 어느 한 원소가 다른 원소보다 앞에 나와야 하는 경우 알려주기

- 두 원소 맞바꾸기(swap)

따라서 sort 패키지에 다음과 같은 인터페이스가 추가되어 있다.

```
type Interface interface {
    Len() int --------------- ❶
    Less(i, j int) bool ------ ❷
    Swap(i, j int) ---------- ❸
}
```

❶ 원소 개수
❷ 두 원소 검사
❸ 두 원소 맞바꾸기

이 인터페이스는 재사용할 가능성이 매우 높다. 인덱스 기반 컬렉션이라면 어떠한 것이든 정렬하는 공통 동작을 담고 있기 때문이다.

sort 패키지 전체에서 수십 가지 구현을 볼 수 있다. 가령 정수 컬렉션을 계산해서 정렬하고 싶을 때, 군이 구현 타입까지 알아야 할까? 정렬 알고리즘이 병합 정렬(merge sort, 머지 소트)과 퀵 정렬(quicksort, 퀵 소트) 중에서 어느 것인지까지 구분할 필요가 있을까? 대부분의 경우에는 그 정도까지 알 필요가 없다. 따라서 정렬 동작을 추상화해서 sort.Interface만 신경 쓰면 되게 만들 수 있다.

동작을 추출하기에 적합한 추상화를 찾아내면 여러 장점이 따라온다. 예를 들어, sort 패키지는 sort.Interface에 의존하는 유틸리티 함수를 제공한다. 주어진 컬렉션이 정렬된 상태인지 검사하는 함수를 예로 들 수 있다.

```
func IsSorted(data Interface) bool {
    n := data.Len()
    for i := n - 1; i > 0; i-- {
        if data.Less(i, i-1) {
            return false
        }
    }
```

```
        return true
    }
```

sort.Interface에서 제공하는 추상화 수준이 적절하기 때문에 굉장히 유용하다. 그럼 인터페이스를 사용하는 또 다른 유스케이스를 살펴보자.

결합 분리

또 다른 중요 유스케이스로 코드와 구현을 분리하는 결합 분리(decoupling, 디커플링)가 있다. 구체적인 구현 대신 추상화된 코드를 작성하면 나중에 구현을 바꾸더라도 앞서 작성한 코드를 고치지 않아도 된다. 이것이 바로 리스코프 치환 원칙(LSP, Liskov Substitution Principle)이다. 『클린 코드』의 저자인 로버트 C. 마틴의 SOLID 설계 원칙 중 L이다.

결합 분리의 장점 중 하나는 단위 테스트와 연계할 수 있다는 것이다. 가령 고객을 새로 생성해서 저장하는 CreateNewCustomer 메서드를 구현하는 경우를 생각해보자. 구체적인 구현(폐 mysql. Store 구조체)을 직접 호출하도록 구현하면 다음과 같다.

```
type CustomerService struct {
    store mysql.Store  -------- ❶
}

func (cs CustomerService) CreateNewCustomer(id string) error {
    customer := Customer{id: id}
    return cs.store.StoreCustomer(customer)
}
```

❶ 특정 구현에 종속된다.

그렇다면 이 메서드는 어떻게 테스트할까? CustomerService가 Customer를 저장하는 실제 구현에 종속되어 있기 때문에 통합 테스트를 하는 수밖에 없다. 그러기 위해서는 MySQL 인스턴스 하나를 실제로 띄워야 한다(그러지 않으려면 go-sqlmock과 같은 방법을 사용해야 하는데, 이 절의 범위를 넘어서므로 이 방법은 배제한다). 통합 테스트가 좋긴 하지만 목적에 딱 맞는다고는 볼 수 없다. 좀 더 유연하게 처리하려면 CustomerService를 특정 구현과 분리해야 한다. 그러기 위해서는 다음과 같이 인터페이스를 사용하면 된다.

```
type customerStorer interface {  -------- ❶
    StoreCustomer(Customer) error
}
```

```go
type CustomerService struct {
    store customerStorer ---------------- ❷
}

func (cs CustomerService) CreateNewCustomer(id string) error {
    customer := Customer{id: id}
    return cs.storer.StoreCustomer(customer)
}
```

❶ 저장소를 추상화한다.

❷ CustomerService와 특정 구현을 분리한다.

이렇게 하면 고객을 저장하는 기능이 인터페이스를 사용하기 때문에 메서드를 훨씬 유연하게 테스트할 수 있다. 예를 들면 다음과 같다.

- 통합 테스트에서 특정 구현을 사용하게 만들 수 있다.

- 단위 테스트에서 모형(mock) 또는 테스트용 대역을 사용할 수 있다.

- 또는 위 두 가지 모두 할 수 있다.

이제 세 번째 유스케이스인 동작 제한에 대해 알아보자.

동작 제한

마지막으로 살펴볼 유스케이스는 얼핏 보면 맞지 않은 것 같다. 타입을 특정 동작으로 제한하기 때문이다. 가령 동적으로 설정하는 기능을 지원하는 커스텀 설정 패키지를 구현하는 경우를 생각해보자. int 설정에 대한 특정 컨테이너는 IntConfig 구조체를 이용하여 생성할 수 있다. 이 구조체는 Get과 Set이란 메서드도 제공한다. 코드는 다음과 같이 작성한다.

```go
type IntConfig struct {
    // ...
}

func (c *IntConfig) Get() int {
    // 설정 가져오기
}

func (c *IntConfig) Set(value int) {
    // 설정 업데이트하기
}
```

이번에는 문턱값(threshold)과 같은 특정한 설정을 담은 IntConfig를 받는 경우를 생각해보자. 그런데 설정 값을 가져오기만 해야지, 이 값을 업데이트하면 안 된다. 설정 패키지를 수정하지 않고도 이 설정 값이 읽기 전용이라는 것을 강제하려면 어떻게 해야 할까? 설정을 가져오기만 하는 인터페이스를 만들면 된다.

```go
type intConfigGetter interface {
    Get() int
}
```

그리고 나서 작성할 코드에서는 다음과 같이 특정 구현이 아닌 intConfigGetter에만 종속되도록 작성한다.

```go
type Foo struct {
    threshold intConfigGetter
}

func NewFoo(threshold intConfigGetter) Foo { ------ ❶
    return Foo{threshold: threshold}
}

func (f Foo) Bar() {
    threshold := f.threshold.Get() ---------------- ❷
    // ...
}
```

❶ 설정 값에 대한 게터를 추가한다.

❷ 설정 값을 읽는다.

위 코드에서는 설정 값을 가져오는 게터를 NewFoo 팩토리 메서드에 추가한다. 그래도 이 함수의 클라이언트에는 영향을 주지 않는다. intConfigGetter를 구현하고 있어서 IntConfig 구조체를 전달하는 것과 마찬가지이기 때문이다. 그러면 Bar 메서드에서는 설정을 수정할 수 없고 읽기만 가능하다. 이처럼 인터페이스는 구문을 강제하는 등 여러 이유에 따라 타입에 대한 동작을 제한하는 데 사용할 수 있다.

이 절에서는 공통 동작을 추출하거나 결합된 부분을 분리하거나 주어진 타입을 특정한 동작으로만 제한하는 경우와 같이 인터페이스가 유용한 세 가지 유스케이스를 살펴봤다. 앞에서 말했듯이 여기 나온 경우 말고도 얼마든지 많다. 하지만 이것만 보더라도 고 언어에서 차지하는 인터페이스의 효용을 충분히 파악할 수 있다.

이제 인터페이스 오염 문제에 대해 살펴보면서 이 절을 마무리하자.

2.5.3 인터페이스 오염

고 언어로 진행한 프로젝트에서 인터페이스를 남용하는 사례를 흔히 볼 수 있다. 아마도 코드 작성자가 C#이나 자바 같은 언어에 익숙해 구체적인 타입보다 인터페이스부터 작성하는 습관이 베어 있었을 수도 있다. 하지만 고 언어에서는 그런 식으로 작성하지 않는다.

앞에서 설명했듯이 인터페이스는 추상화를 정의하기 위한 것이다. 프로그래밍에서 **"추상화는 찾아내야지, 창조하면 안 된다"**라는 사실을 명심한다. 다시 말해, 특별한 이유 없이 추상화 코드를 새로 만들면 안 된다. 혹시 필요할지도 모른다는 생각으로 인터페이스를 설계하면 안 된다. 다르게 표현하면, 인터페이스는 당장 필요할 때 만든다. 당장 쓸 일이 없는데 나중에 필요할 거란 생각으로 미리 만들지 말라는 말이다.

인터페이스 남용으로 발생하는 가장 대표적인 문제는 코드 흐름이 매우 복잡해진다는 것이다. 간접 호출 단계(level of indirection)가 쓸데없이 늘어난다. 의미 없는 추상화는 코드를 이해하기 힘들게 할 뿐이다. 인터페이스를 추가할 이유가 특별히 없고 코드가 어떻게 나아지는지 불분명하다면 그 인터페이스의 존재 자체를 다시 생각해봐야 한다. 그냥 구현을 직접 호출하는 게 나을 수도 있다.

> Note ≡ 인터페이스를 통해 메서드를 호출하면 성능 오버헤드가 발생할 수도 있다. 인터페이스에서 가리키는 구체적인 타입을 찾기 위해 해시 테이블에서 검색하기 때문이다. 하지만 영향이 그리 크지 않기 때문에 대부분의 경우에는 문제 삼지 않는다.

정리하면, 코드에서 추상화를 새로 만들 때는 주의해야 한다. 추상화는 찾아야지, 창조하면 안 된다. 소프트웨어 개발자는 대부분 나중에 필요할지도 모른다는 생각에 추상화 단계를 결정해서 필요 이상으로 복잡하게 만드는 경향이 있다. 이런 태도는 자제해야 한다. 대부분의 경우 불필요한 추상화로 코드가 지저분해지고 이해하기 힘들어진다.

인터페이스로 설계하지 말고 찾아내라.

– 롭 파이크

추상적으로 문제를 풀지 말고 당장 해결할 문제를 푼다. 마지막으로, 앞서 설명한 사항만큼 중요한 사실을 전한다. 인터페이스로 코드를 향상시키는 효과가 불분명하다면 그냥 제거해서 코드를 간결하게 만드는 게 낫다.

이어서 다음 절에서도 인터페이스와 관련된 실수에 대해 살펴보겠다. 이번에는 제공자 측에 인터페이스를 만드는 경우를 생각해보자.

2.6 #6 제공자 측에 인터페이스를 두지 마라

앞 절에서는 인터페이스가 중요한 경우에 대해 살펴봤다. 그런데 인터페이스를 두는 위치에 대해 잘못 알고 있는 고 프로그래머가 많다.

이번 주제에 대해 본격적으로 살펴보기 전에, 먼저 용어부터 명확히 정리하고 넘어가자.

- **제공자 측**(producer side): 구체적인 구현이 있는 패키지에 인터페이스를 정의한다(그림 2-4).

- **사용자 측**(consumer side): 인터페이스를 사용하는 외부 패키지에 정의한다(그림 2-5).

▼ 그림 2-4 인터페이스가 구체적인 구현과 같은 패키지에 정의되어 있다.

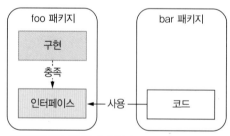

인터페이스가 제공자 측에 있다.

▼ 그림 2-5 인터페이스가 사용자 측에 정의되어 있다.

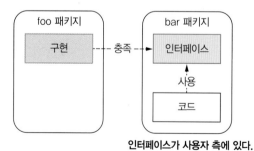

인터페이스가 사용자 측에 있다.

개발자는 대부분 인터페이스를 구체적인 구현과 함께 제공자 측에 두는 방식에 익숙하다. 특히

C#이나 자바에 익숙한 개발자들이 이런 식으로 설계하는 경향이 있다. 하지만 고 언어에서 이렇게 하는 경우는 드물다.

다음 예제를 살펴보자. 고객 데이터를 저장하고 조회하는 구체적인 패키지를 만드는데 같은 패키지에서 발생하는 호출은 모두 다음 인터페이스를 거치도록 한다.

```go
package store

type CustomerStorage interface {
    StoreCustomer(customer Customer) error
    GetCustomer(id string) (Customer, error)
    UpdateCustomer(customer Customer) error
    GetAllCustomers() ([]Customer, error)
    GetCustomersWithoutContract() ([]Customer, error)
    GetCustomersWithNegativeBalance() ([]Customer, error)
}
```

이 인터페이스를 제공자 측에 만들어야 하고 클라이언트(패키지 사용자) 코드와 실제 구현을 분리하는 방법이 좋다고 생각할 수 있다. 아니면 클라이언트가 테스트용 대역을 만드는 데 도움이 될지도 모른다. 어떤 명분을 내세워도 고 언어에서는 바람직한 방법이 아니다.

앞에서 설명했듯이 고 언어에서 인터페이스는 암묵적으로 적용된다. 인터페이스를 명시적으로 구현하는 다른 언어와 크게 다른 점이기도 하다. 대부분의 경우에는 앞 절에서 설명한 방식, 즉 '추상화는 찾아야지, 창조하면 안 된다'와 비슷한 접근 방법을 따라야 한다. 다시 말해 특정한 추상화를 모든 사용자에게 강요하는 것은 제공자의 역할이 아니다. 추상화가 필요하다고 판단하고, 필요에 맞는 최상의 추상화 수준을 결정하는 것은 바로 사용자다.

앞의 예제 코드의 경우, 패키지의 사용자 입장에서는 구현 분리 문제가 중요하지 않다. 물론 이런 방식을 선호하는 클라이언트도 분명 있겠지만 주된 관심은 GetAllCustomers 메서드에 있다. 이때 사용자는 외부 패키지에서 제공하는 Customer 구조체를 참조하는 메서드 하나로 인터페이스를 만들 수 있다.

```go
package client

type customersGetter interface {
    GetAllCustomers() ([]store.Customer, error)
}
```

그림 2-6을 보면 이러한 패키지 구성을 통해 나타나는 효과를 확인할 수 있다. 여기서 주목할 부분은 다음과 같다.

- customersGetter 인터페이스는 client 패키지에서만 사용하기 때문에 익스포트하지 않은 상태다.
- 그림을 보면 순환 의존이 발생하는 것 같지만 store는 client에 의존하지 않는다. 인터페이스가 암묵적으로 적용되기 때문이다. 인터페이스를 명시적으로 구현하는 언어에서는 이런 식으로 구성할 수 없는 이유가 바로 이 때문이다.

▼ 그림 2-6 client 패키지는 인터페이스를 직접 만드는 방식으로 필요한 추상화를 정의한다.

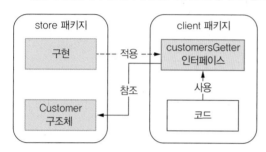

핵심은 이렇게 하면 client 패키지에서 필요한 추상화를 가장 정확하게 정의할 수 있다는 것이다(이 예제에서는 메서드 하나만 필요하다). 이는 사용자에게 필요 없는 메서드에 의존하도록 강요해서는 안 된다고 말하는, 인터페이스 분리 원칙(interface segregation principle)과 일맥상통한다(SOLID의 I가 여기에 해당한다). 따라서 이 경우에는 제공자 측에서 구체적인 구현을 드러내고, 이를 사용할지, 추상화가 더 필요한지 등은 사용자가 직접 판단하게 하는 것이 가장 좋다.

한마디 덧붙이자면, 인터페이스를 제공자 측에 두는 접근 방식은 표준 라이브러리에서도 간혹 이용한다. 예를 들어, encoding 패키지에서는 다른 하위 패키지(예 encoding/json이나 encoding/binary)에서 구현한 인터페이스를 정의한다. encoding 패키지를 잘못 구성했다고 볼 수 있을까? 절대 그렇지 않다. 이 경우는 encoding 패키지에서 정의한 추상화가 표준 라이브러리 전반에 걸쳐 사용되고 있으며, 고 언어 설계자는 이렇게 추상화를 미리 만들어두는 것이 충분히 가치 있다고 판단했기 때문이다. 다시 앞 절의 주제로 돌아가면, 미래에 필요할 것 같은 생각으로 추상화를 만들면 안 된다. 최소한 그 추상화가 올바르다고 증명할 수 없다면 만들지 않는 것이 좋다.

대부분의 경우에는 인터페이스가 사용자(클라이언트)[5] 측에 있어야 한다. 하지만 특정한 문맥(예 어떤 추상화가 상상이 아닌, 실제로 당장 고객에게 필요한 경우)에서는 제공자 측에 인터페이

---

5 역주 이 책에서 고객, 소비자, 클라이언트는 서로 다른 의미다. 고객은 Customer(코드에서 다루는 데이터 종류 중 하나인 Customer 구조체 타입), 소비자는 Consumer(생산자–소비자 패턴에서), 클라이언트는 client(서버–클라이언트 구조에서 클라이언트 측)를 말한다. 2.6절에서는 혼동을 최소화하기 위해 '사용자(클라이언트 부분 혼용)'로 통일했다. 참고로 이 절의 클라이언트/사용자는 패키지, API 등을 사용하는 '개발자'를 가리킨다.

스를 만들 수 있다. 그렇게 할 경우에는 최대한 작은 규모로 유지해야 한다. 그래야 재사용 가능성을 높이고 다른 것과 조합하기도 쉬워진다.

그럼 다음 절에서 함수 시그니처에 관련된 인터페이스에 대해 알아보자.

100 GO MISTAKES

2.7 / #7 인터페이스를 리턴하지 마라

함수 시그니처(function signature)를 설계하는 과정에서 인터페이스나 구체적인 구현을 리턴해야 하는 경우가 있다. 고 언어에서는 인터페이스를 리턴하는 것이 대체로 바람직하지 않다고 알려져 있는데, 그 이유에 대해 알아보자.

앞에서 인터페이스가 사용자 측에 있어야 할 이유에 대해 설명했다. 그림 2-7은 함수에서 구조체 대신 인터페이스를 리턴하면 의존성에 어떤 영향을 미치는지 보여준다. 이로 인해 발생하는 문제에 대해서도 살펴보겠다.

다음 두 가지 패키지를 살펴보자.

- **client**: Store 인터페이스를 담고 있다.
- **store**: Store의 구현을 담고 있다.

▼ 그림 2-7 store 패키지는 client 패키지에 의존한다.

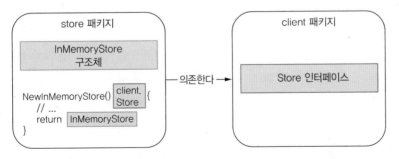

store 패키지에 Store 인터페이스를 구현하는 구조체인 InMemoryStore를 정의했다. 그리고 Store 인터페이스를 리턴하는 함수인 NewInMemoryStore를 만들었다. 이렇게 설계하면 구현 패키지가 클라이언트 패키지에 의존하는 현상이 발생해서 좀 이상해질 수 있다.

예를 들어, client 패키지에서 NewInMemoryStore 함수를 호출할 수 없게 된다. 호출하면 순환 의존 현상이 발생하기 때문이다. 이 문제는 다른 패키지에서 NewInMemoryStore 함수를 호출하고 Store 구현은 client에 주입하는 방식으로 해결할 수 있지만, 이렇게 해야 한다는 사실은 설계에 큰 문제가 있다는 것을 의미한다.

여기에 다른 클라이언트도 InMemoryStore 구조체를 사용하면 어떻게 될까? Store 인터페이스를 다른 패키지로 옮기거나 다시 구현 패키지로 되돌려야 할 것이다. 하지만 앞에서 말했듯이, 이런 식으로 처리하는 것은 대체로 바람직하지 않다. 흔히 말하는 표현으로 코드에서 악취가 날 수 있다.

일반적으로 인터페이스를 리턴하면 유연성이 떨어진다. 모든 클라이언트가 특정한 추상화만 사용해야 하기 때문이다. 이와 관련하여 포스텔 법칙(Postel's law)[6]을 참고하면 도움이 될 것이다.

> **자신이 하는 일에는 엄격하고, 다른 사람으로부터 받을 때는 관대하라.**
>
> — TCP(Transmission Control Protocol, 전송 제어 프로토콜)

이 원칙을 고 언어에 적용하면 다음과 같다.

- 인터페이스보다는 구조체로 리턴한다.

- 가능하면 인터페이스로 받는다.

물론 예외도 있다. 소프트웨어 엔지니어라면 예외 없는 규칙은 없음을 잘 안다. 대표적인 예로 error 타입을 들 수 있다. 이 인터페이스를 리턴하는 함수들이 많다. io 패키지를 통해 표준 라이브러리에서 다른 익셉션을 검사할 수도 있다.

```
func LimitReader(r Reader, n int64) Reader {
    return &LimitedReader{r, n}
}
```

이 함수는 익스포트한 구조체인 io.LimitedReader를 리턴한다. 그런데 이 함수의 시그니처는 io.Reader 인터페이스로 정의되어 있다. 왜 앞서 설명한 규칙을 지키지 않았을까? io.Reader는 선제적 성격의 추상화다. 클라이언트에서 정의한 것이 아니라 고 언어를 설계할 때 이 수준의 추상화가 (재사용성과 조합성(composability) 관점에서) 유용하다고 판단해서 반드시 지키도록 정한 것이기 때문이다.

나머지 경우는 대부분 인터페이스가 아닌 구체적인 구현을 리턴해야 한다. 그렇지 않으면 패키지 의존성이 발생하여 설계가 훨씬 복잡해지고 모든 클라이언트가 동일한 추상화를 따라야 하기 때문에 유연성이 떨어진다. 이번에도 결론은 앞 절과 비슷하다. 클라이언트에게 유용하다고 (예상하

---

6 https://datatracker.ietf.org/doc/html/rfc761

는 것이 아니라) 확신할 수 있는 추상화가 있다면, 이를 표현한 인터페이스로 리턴해도 된다. 그렇지 않다면 특정 추상화를 강요해서는 안 된다. 클라이언트가 적합한 것을 찾을 기회를 줘야 한다. 어떤 이유에서든 클라이언트에서 구현을 추상화해야 하는 경우에도 클라이언트 측에서 처리한다.

다음 절에서는 any 사용법과 관련하여 흔히 저지르는 실수에 대해 알아보자.

2.8

#8 any는 아무것도 알려주지 않는다

고 언어에서 메서드가 하나도 없는 인터페이스 타입을 빈 인터페이스(empty interface)(interface{})라고 한다. 고 1.18부터 사전 선언 타입(predeclared type)인 any를 empty 인터페이스에 대한 앨리어스로 사용하며, 따라서 interface{}가 나온 부분을 모두 any로 바꿀 수 있다. 그런데 any를 사용하는 것이 필요 이상으로 일반화하게 되는 경우가 많다. 롭 파이크(Rob Pike)의 말처럼 any는 아무런 내용도 담지 않는다[7]. 본격적인 논의에 앞서 핵심 개념을 가볍게 복습하고 나서 이로 인해 발생 가능한 문제에 대해 알아보자.

any 타입은 모든 값 타입을 담을 수 있다.

```
func main() {
    var i any

    i = 42 ----------- ①
    i = "foo" --------- ②
    i = struct { ------ ③
        s string
    }{
        s: "bar",
    }
    i = f ------------ ④

    _ = i ------------ ⑤
}
```

---

7 https://www.youtube.com/watch?v=PAAkCSZUG1c&t=7m36s

```
func f() {}
```

❶ 정수

❷ 스트링

❸ 구조체

❹ 함수

❺ 이 코드를 컴파일하기 위해 공백 식별자에 대입한다.

any 타입에 값을 대입하면 타입 정보가 모두 사라진다. 그래서 변수 i에서 유용한 정보를 얻으려
면 앞에 나온 예제처럼 타입 어써션(type assertion)이 필요하다. 그럼 다른 예제를 살펴보자. 이번
에는 any를 사용하는 부분이 정확하지 않다. 다음 코드에서는 Store 구조체와 Get/Set 메서드의
뼈대를 구현한다. 이 메서드는 Customer와 Contract라는 두 가지 구조체 타입을 저장하는 데 사
용한다.

```
package store

type Customer struct{
    // 필드
}
type Contract struct{
    // 필드
}

type Store struct{}

func (s *Store) Get(id string) (any, error) { --------- ❶
    // …
}

func (s *Store) Set(id string, v any) error { -------- ❷
    // ...
}
```

❶ any를 리턴한다.

❷ any를 받는다.

Store 코드는 문제없이 컴파일되지만 이 메서드의 시그니처에 대해 다시 생각해볼 필요가 있다.
인수와 리턴 타입으로 any를 사용하기 때문에 의도나 기능이 잘 드러나지 않는다. 나중에 다른 개

발자가 이 Store 구조체의 사용법을 알기 위해서는 별도 문서를 뒤져보거나 코드를 열심히 들여 다봐야 한다. 따라서 any 타입으로 리턴하거나 인수를 받으면 사용자가 얻을 수 있는 정보는 없 다. 또한, int 같은 엉뚱한 데이터 타입으로 호출해도 컴파일 단계에서 걸러낼 수 없다.

```
s := store.Store{}
s.Set("foo", 42)
```

any를 사용하면 고 언어의 정적 타입 특성을 제대로 활용할 수 없다. 따라서 메서드 시그니처는 any 타입 사용을 자제하고 최대한 구체적으로 지정하는 것이 좋다. 위 예제의 경우, 각 타입마다 Get과 Set을 따로 만들어야 한다.

```
func (s *Store) GetContract(id string) (Contract, error) {
    // ...
}

func (s *Store) SetContract(id string, contract Contract) error {
    // ...
}

func (s *Store) GetCustomer(id string) (Customer, error) {
    // ...
}

func (s *Store) SetCustomer(id string, customer Customer) error {
    // ...
}
```

이렇게 하면 메서드의 의도가 잘 드러나서 오해의 여지를 줄일 수 있다. 메서드 개수는 늘어나도 괜찮다. 메서드 사용자가 인터페이스를 통해 얼마든지 다른 추상화를 만들어낼 수 있기 때문이다. 예를 들어, Contract 메서드에만 관심 있는 클라이언트라면 다음과 같이 만들 수 있다.

```
type ContractStorer interface {
    GetContract(id string) (store.Contract, error)
    SetContract(id string, contract store.Contract) error
}
```

그렇다면 any는 언제 사용하면 좋을까? 표준 라이브러리에서 any 타입을 인수로 받는 메서드나 함수를 사용하는 두 가지 예를 살펴보자. 첫 번째 예는 encoding/json 패키지다. 모든 타입으로 마샬링(marshaling)할 수 있으므로, Marshal 함수는 다음과 같이 any 인수를 받는다.

```
func Marshal(v any) ([]byte, error) {
    // ...
}
```

두 번째 예는 database/sql 패키지다. 매개변수화된 질의(예 SELECT * FROM FOO WHERE id = ?)에서 매개변수는 어떠한 타입으로도 나올 수 있다. 따라서 any 인수를 사용한다.

```
func (c *Conn) QueryContext(ctx context.Context, query string,
    args ...any) (*Rows, error) {
    // ...
}
```

정리하면, any는 정말로 모든 타입을 받거나 리턴해야 할 경우(예 마샬링 또는 포맷팅이 필요한 경우)에만 유용하다. 코드의 과도한 일반화는 무조건 피한다. 때로는 코드 중복이 약간 발생하는 것이 코드 표현력 측면에서 더 나을 수 있다.

그럼 또 다른 추상화 타입인 제네릭에 대해 알아보자.

2.9 / #9 제네릭이 필요한 시점을 파악하라

제네릭(generics)은 고 1.18부터 추가됐다. 간단히 말해 제네릭은 나중에 구체적인 타입이 필요한 시점에 지정해서 인스턴스로 만들 때 이용된다. 하지만 어떤 경우에 제네릭이 적합한지 명확히 판단하기 힘들 수 있다. 이 절에서는 먼저 고 언어에서 제공하는 제네릭의 개념을 살펴보고, 대표적인 사용법과 실수 사례를 알아본다.

2.9.1 개념

다음과 같이 map[string]int 타입에서 키를 모두 추출하도록 정의한 함수를 살펴보자.

```
func getKeys(m map[string]int) []string {
    var keys []string
    for k := range m {
        keys = append(keys, k)
```

```
        }
        return keys
    }
```

이때 map[int]string 같은 다른 맵 타입에도 이와 비슷한 기능이 필요하다면 어떻게 해야 할까? 제네릭이 도입되기 전에는 코드를 생성하거나 리플렉션을 이용하거나 비슷한 코드를 중복해서 만드는 방법 등이 있었다. 예를 들어, 두 가지 맵 타입마다 함수를 따로 만들거나 다양한 맵 타입을 인수로 받도록 getKeys를 확장하는 것이다.

```
func getKeys(m any) ([]any, error) { ------------------------- ❶
    switch t := m.(type) {
    default:
        return nil, fmt.Errorf("unknown type: %T", t) -------- ❷
    case map[string]int:
        var keys []any
        for k := range t {
            keys = append(keys, k)
        }
        return keys, nil
    case map[int]string:
        // 기존 추출 로직을 여기에 복제한다.
    }
    return nil, nil
}
```

❶ 인수와 리턴 값을 any 타입으로 처리한다.

❷ 타입이 구현되지 않았을 때에 대한 런타임 에러를 처리한다.

이 예제에서 몇 가지 문제점을 볼 수 있다. 첫째, 보일러플레이트 코드(boilerplate code)[8]가 늘어난다. 실제로 케이스를 하나 추가할 때마다 range 루프를 복제해야 한다. 둘째, 함수가 인수를 any 타입으로 받기 때문에 고 언어의 타입 관련 기능을 활용할 기회를 놓치게 된다. 지원되는 타입인지를 컴파일 시간이 아닌, 런타임에 검사해야 한다. 따라서 주어진 타입을 알 수 없다면 에러를 리턴하도록 만들어야 한다. 마지막으로, 키 타입이 int일 수도 있고 string일 수도 있기 때문에 리턴 값을 표현할 타입을 any 타입 슬라이스로 지정할 수밖에 없다. 이렇게 하면 클라이언트 측에서 해야 할 일이 많아진다. 클라이언트에서 키 타입을 검사하고, 필요에 따라 적절히 타입을 변환해야 하기 때문이다. 하지만 제네릭을 사용하면 타입 매개변수를 이용하여 이러한 문제를 해결할 수 있다.

---

8   https://www.youtube.com/watch?v=PAAkCSZUG1c&t=318s

타입 매개변수(type parameter)란 함수와 타입에서 사용할 수 있는 제네릭 타입이다. 예를 들어, 다음 함수는 타입 매개변수를 인수로 받는다.

```
func foo[T any] (t T) {  --------- ❶
    // …
}
```

❶ 여기 나온 T가 타입 매개변수다.

이렇게 정의한 foo를 호출할 때 any 타입으로 된 타입 인수를 전달한다. 이처럼 타입 인수를 전달하는 작업은 컴파일 시간에 처리되며, 이를 인스턴스화(instantiation)라고 부른다. 이렇게 하면 코어 언어 기능을 통해 타입 안전성을 보장하고 런타임 오버헤드를 줄일 수 있다.

다시 앞에서 본 getkeys 함수로 돌아가서 타입 매개변수를 이용해 맵의 타입을 임의로 지정할 수 있는 범용 버전을 만들어보자.

```
func getKeys[K comparable, V any](m map[K]V) []K {  ------- ❶
    var keys []K  ----------------------------------------- ❷
    for k := range m {
        keys = append(keys, k)
    }
    return keys
}
```

❶ 키는 비교 가능하지만(comparable), 값은 any 타입이다.
❷ 키에 대한 슬라이스를 만든다.

맵을 다루기 위해 두 가지 타입 매개변수를 정의한다. 값은 any 타입으로 지정한다(V any). 그런데 고 언어에서는 맵의 키를 any 타입으로 지정할 수 없다. 가령 슬라이스를 사용할 수 없다.

```
var m map[[]byte] int
```

이렇게 작성하면 컴파일 에러(invalid map key type []byte)가 발생한다. 따라서 키 타입을 any로 지정하지 말고, 키 타입이 특정한 요구 사항을 만족하도록 타입 인수를 제한해야 한다. 여기서 요구 사항이란 키 타입은 반드시 비교 가능(comparable)해야 한다는 것이다(즉, ==나 != 등을 적용할 수 있어야 한다). 그래서 K를 any가 아닌, comparable로 정의한다.

타입 인수가 특정 요구 사항을 만족하도록 제한하는 것을 제약(constraint)이라고 부른다. 제약은 일종의 인터페이스 타입이며, 다음 요소로 구성된다.

- 동작 집합(메서드)

- 임의의 타입

그럼 타입을 제한하는 경우에 대한 예를 구체적으로 살펴보자. map의 키 타입에 대해 comparable 타입을 받지 않는다고 생각해보자. 예를 들어, 타입이 int와 string이어야 한다. 이럴 때는 다음과 같이 커스텀 제약을 정의한다.

```
type customConstraint interface {
    ~int | ~string --------------------- ❶
}

func getKeys[K customConstraint, -------- ❷
        V any](m map[K]V) []K {
    // 구현은 이전과 같다.
}
```

❶ 타입을 int와 string으로만 제한하는 커스텀 타입을 정의한다.

❷ 타입 매개변수 K를 customConstraint 타입으로 변경한다.

먼저 타입이 int나 string으로 제한하도록 유니온 연산자(|)를 사용하여 customConstraint 인터페이스를 정의한다(~ 사용법은 뒤에서 설명한다). 그러면 comparable 타입이던 K는 customConstraint 타입이 된다.

getKeys의 시그니처를 보면 값 타입은 여전히 any지만 키 타입은 반드시 int나 string 중 하나여야 한다. 예를 들어, 다음과 같이 호출할 수 있다.

```
m = map[string]int{
    "one": 1,
    "two": 2,
    "three": 3,
}
keys := getKeys(m)
```

여기서 고 언어는 getKeys가 string 타입 인수에 대해 호출됐다는 사실을 추론할 수 있다. 앞의 호출문은 다음과 같다.

```
keys := getKeys[string](m)
```

~int vs. int

제약에서 ~int라고 적는 것과 그냥 int라고 적는 것은 어떤 차이가 있을까? int라고 지정하면 int 타입으로 제한하는 반면, ~int는 내부 타입이 int인 모든 타입으로 제한한다. 예를 들어, String() string 메서드를 구현한 모든 int 타입으로 제한하려면 다음과 같이 지정한다.

```
type customConstraint interface {
    ~int
    String() string
}
```

이렇게 정의한 제약으로 타입 인수를 커스텀 타입으로 제한한다. 예를 들면 다음과 같다.

```
type customInt int

func (i customInt) String() string {
    return strconv.Itoa(int(i))
}
```

customInt는 int 타입인 동시에 String() string 메서드를 구현하므로 주어진 제약을 만족한다. 하지만 이 제약의 정의에서 ~int를 int로 변경하면 customInt 부분에서 컴파일 에러가 발생한다. int 타입은 String() string을 구현하지 않기 때문이다.

지금까지 함수에 제네릭을 사용하는 방법을 예제로 살펴봤다. 그런데 제네릭은 데이터 구조에도 적용할 수 있다. 예를 들어, any 타입 값으로 구성된 링크드 리스트를 만들 수 있다. 이 리스트에 노드를 추가하는 Add 메서드를 다음과 같이 추가한다.

```
type Node[T any] struct { ------------------- ❶
    Val T
    next *Node[T]
}

func (n *Node[T]) Add(next *Node[T]) { ----- ❷
    n.next = next
}
```

❶ 타입 매개변수를 사용한다.

❷ 타입 수신자를 인스턴스화한다.

이 예제에서는 타입 매개변수를 이용하여 T를 정의하고 Node에서 두 필드를 모두 사용한다. 이 메서드에서 수신자(receiver)는 인스턴스화한다. Node가 제네릭이기 때문에 앞서 정의한 타입 매개변수를 따라야 한다.

타입 매개변수에 대해 마지막으로 짚고 넘어갈 부분은 메서드 인수로 사용할 수 없고 함수 인수나 메서드 수신자로만 사용할 수 있다는 점이다. 예를 들어, 메서드를 다음과 같이 작성하면 컴파일 에러가 발생한다.

```
type Foo struct {}

func (Foo) bar[T any](t T) {}

./main.go:29:15: methods cannot have type parameters
```

메서드에서 제네릭을 사용하려면 메서드의 수신자를 타입 매개변수로 만들어야 한다.

다음으로 제네릭을 사용하기에 적합한 경우와 그렇지 않은 경우에 대해 구체적으로 살펴보자.

2.9.2 주요 사용 사례와 잘못 사용하는 경우

제네릭은 언제 필요할까? 제네릭을 사용하는 것이 바람직한 경우에 대해 알아보자.

- **데이터 구조**: 바이너리 트리(binary tree, 이진 트리), 링크드 리스트(linked list, 연결 리스트), 힙 (heap) 등과 같은 데이터 구조를 구현할 때 원소 타입을 추출하는 데 제네릭을 이용하면 좋다.

- **슬라이스, 맵, 채널을 다루는 함수**: 예를 들어, 두 채널을 합치는 함수는 임의의 채널 타입을 다루게 된다. 따라서 타입 매개변수를 이용하여 채널 타입을 추출할 수 있다.

  ```
  func merge[T any] (ch1, ch2 <-chan T) <-chan T {
      // …
  }
  ```

- **타입 대신 동작 추출하기**: 예를 들어, sort 패키지는 sort.Interface라는 인터페이스에 다음 과 같이 세 가지 메서드를 정의하고 있다.

  ```
  type Interface interface {
      Len() int
      Less(i, j int) bool
      Swap(i, j, int)
  }
  ```

  이 인터페이스는 sort.Ints나 sort.Float64s 같은 다양한 함수에서 사용된다. 타입 매개변 수를 이용하면 정렬 동작을 추출할 수 있다(🔢 슬라이스 하나와 비교 함수 하나로 구성된 구조체를 정의하면 된다).

```go
type SliceFn[T any] struct {   ---------- ❶
    S []T
    Compare func(T, T) bool ---------- ❷
}

func (s SliceFn[T]) Len() int          { return len(s.S) }
func (s SliceFn[T]) Less(i, j int) bool { return s.Compare(s.S[i], s.S[j]) }
func (s SliceFn[T]) Swap(i, j int)      { s.S[i], s.S[j] = s.S[j], s.S[i] }
```

❶ 타입 매개변수를 사용한다.

❷ T 타입 원소 두 개를 비교한다.

이렇게 하면 SliceFn 구조체가 sort.Interface를 구현하기 때문에 주어진 슬라이스를
sort.Sort(sort.Interface) 함수로 정렬할 수 있다.

```go
s := SliceFn[int]{
    S: []int{3, 2, 1},
    Compare: func(a, b int) bool {
        return a < b
    },
}
sort.Sort(s)
fmt.Println(s.S)

[1 2 3]
```

이 예제에서는 동작을 추출하기 때문에 타입마다 하나씩 함수를 만들 필요가 없다.

그렇다면 제네릭을 사용하면 안 되는 경우는 언제일까?

- **타입 인수의 메서드를 호출할 때**: io.Writer 하나를 인수로 받아서 Write 메서드를 호출하는
  함수가 있다고 하자.

  ```go
  func foo[T io.Writer](w T) {
      b := getBytes()
      _, _ = w.Write(b)
  }
  ```

여기서 제네릭을 사용하더라도 코드가 더 좋아지지 않는다. w 인수는 io.Writer 타입으로
바로 사용해야 한다.

- **코드가 더 복잡해질 때:** 제네릭은 필수 사항이 아니다. 반드시 사용할 필요가 없다. 고 언어 개발자는 제네릭이 없던 초창기부터 지금까지 문제없이 지냈다. 제네릭 함수나 구조체를 만들었는데 딱히 코드가 좋아지지 않는다면, 꼭 필요한지 따져봐야 한다.

제네릭이 유용한 경우가 분명 있지만 사용하는 것이 좋을 때와 그렇지 않은 때를 잘 구분해야 한다. 일반적으로 제네릭을 사용하면 안 되는 상황인지 판단할 때, 인터페이스를 사용하면 안 되는 경우인지 따져보면 도움이 된다. 사실 제네릭은 일종의 추상화 수단이다. 따라서 불필요한 추상화는 복잡도만 높인다는 원칙이 그대로 적용된다.

여러 차례 강조했지만, 꼭 필요하지 않은 추상화로 코드를 괜히 지저분하게 만들지 말고 당장 해결할 구체적인 문제에 집중하는 것이 좋다. 다시 말해 타입 매개변수를 섣불리 사용하면 안 된다. 제네릭을 사용할 필요가 있는 보일러플레이트 코드를 작성하기 전까지 최대한 기다리는 것이 좋다.

다음 절에서는 타입 임베딩을 사용하는 과정에서 발생할 수 있는 문제에 대해 알아보자.

2.10 #10 타입 임베딩을 제대로 하라

고 언어에서 구조체를 생성할 때 타입을 임베딩하는 방법이 몇 가지 있다. 하지만 타입 임베딩으로 인해 발생할 수 있는 효과를 제대로 파악하지 못하면 예상치 못한 동작이 발생할 수 있다. 이 절에서는 타입을 임베딩하는 방법과 타입을 임베딩하면 좋은 점, 이로 인해 발생할 수 있는 문제점에 대해 알아보자.

고 언어의 구조체에서 이름 없이 선언한 필드를 임베디드 필드(embedded field)라고 표현한다. 예를 들면 다음과 같다.

```
type Foo struct {
    Bar ---------- ❶
}

type Bar struct {
    Baz int
}
```

❶ 임베디드 필드

위에서 정의한 Foo는 Bar라는 타입을 이름 없이 선언했다. 따라서 임베디드 필드다.

타입 임베딩은 이러한 임베디드 필드나 메서드를 격상(promote)시키는 용도로 사용한다. 여기서 Bar의 필드인 Baz는 Foo의 필드로 격상된다(그림 2-8 참조). 따라서 Foo에서 Baz를 직접 참조할 수 있다.

```
foo := Foo{}
foo.Baz = 42
```

참고로 Baz는 두 가지 경로로 사용할 수 있다. 하나는 Foo.Baz와 같이 격상된 버전을 사용하는 것이고, 다른 하나는 Bar, Foo.Bar.Baz와 같이 본래 형식대로 사용하는 것이다. 둘 다 동일한 필드를 가리킨다.

❤ 그림 2-8 baz가 격상됐기 때문에 S에서 직접 접근할 수 있다.

```
Foo struct {              Bar struct {
   Bar                        Baz int
 [Baz int]  ◄----- 격상 -----  }
}
```

인터페이스와 임베딩

임베딩(embedding)은 인터페이스 안에서 다른 대상에 대한 인터페이스를 만드는 데 사용된다. 다음 코드를 보면 io.ReadWriter는 io.Reader와 io.Writer로 구성된다.

```
type ReadWriter interface {
    Reader
    Writer
}
```

이 절에서는 구조체의 임베디드 필드에 관련된 것만 소개한다.

이제 임베디드 타입의 개념에 대해 복습했으니, 다음으로 임베딩을 잘못 활용하는 경우를 살펴보자. 다음 예제는 인메모리 데이터를 보유하는 구조체를 구현한다. 이 구조체는 뮤텍스를 이용하여 동시 접근을 방지하고자 한다.

```
type InMem struct {
    sync.Mutex ----------- ❶
    m map[string] int
}
```

```
func New() *InMem {
    return &InMem{m: make(map[string]int)}
}
```

① 임베디드 필드

여기 나온 맵은 익스포트하지 않았다. 따라서 클라이언트는 맵을 직접 조작할 수 없고 익스포트된
메서드를 통해서만 사용할 수 있다. 한편 뮤텍스 필드는 임베딩했다. 따라서 Get 메서드를 다음과
같이 구현할 수 있다.

```
func (i *InMem) Get(key string) (int, bool) {
    i.Lock() ---------------- ①
    v, contains := i.m[key]
    i.Unlock() --------------- ②
    return v, contains
}
```

① Lock 메서드에 직접 접근한다.

② Unlock 메서드도 마찬가지다.

뮤텍스를 임베딩했기 때문에 i를 통해 Lock과 Unlock 메서드에 직접 접근할 수 있다.

타입 임베딩을 이렇게 사용하는 것은 바람직하지 않다고 설명했다. 그렇다면 왜 바람직하지 않은
것일까? sync.Mutex는 임베디드 타입이기 때문에 Lock과 Unlock 메서드가 격상된다. 따라서 두
메서드 모두 외부 클라이언트가 InMem을 통해 접근할 수 있게 된다.

```
m := inmem.New()
m.Lock()                  // ??
```

이렇게 격상되는 것은 바람직하지 않다. 뮤텍스는 구조체 안에 캡슐화해서 외부 클라이언트가
볼 수 없게 만드는 것이 일반적이다. 따라서 이 예제와 같은 상황에서는 뮤텍스를 임베딩하면 안
된다.

```
type InMem struct {
    mu sync.Mutex -------- ①
    m map[string] int
}
```

① sync.Mutex 필드를 임베딩하지 않았다.

이렇게 하면 뮤텍스를 임베딩하지 않고 익스포트도 하지 않았기 때문에 외부 클라이언트에서 접근할 수 없다. 다음으로 임베딩하는 것이 적합한 경우를 살펴보자.

io.WriteCloser를 담고 있는 커스텀 로거를 만들려고 한다. 이때 Write와 Close란 두 메서드를 외부에 드러낸다. io.WriteCloser가 임베딩되지 않았기 때문에 다음과 같이 작성해야 한다고 생각할 수 있다.

```go
type Logger struct {
    writeCloser io.WriteCloser
}

func (l Logger) Write(p []byte) (int, error) {
    return l.writeCloser.Write(p) ---------- ❶
}

func (l Logger) Close() error {
    return l.writeCloser.Close() ---------- ❶
}

func main() {
    l := Logger{writeCloser: os.Stdout}
    _, _ = l.Write([]byte("foo"))
    _ = l.Close()
}
```

❶ 이 호출을 writeCloser에게 넘긴다.

그러면 Logger에서 Write와 Close 메서드를 추가해야 하는데 그 안에서는 io.WriteCloser를 다시 호출하기만 할 뿐이다. 하지만 필드를 임베딩하면 다음과 같이 단순히 전달만 하는 메서드를 제거할 수 있다.

```go
type Logger struct {
    io.WriteCloser ---------- ❶
}

func main() {
    l := Logger{WriteCloser: os.Stdout}
    _, _ = l.Write([]byte("foo"))
    _ = l.Close() }
```

❶ io.Writer를 임베딩한다.

그래도 클라이언트는 여전히 Write와 Close 메서드에 접근할 수 있다. 하지만 이전과 달리 호출을 단순히 전달만 하는 메서드를 추가할 필요가 없어졌다. 또한, Write와 Close가 격상됐기 때문에 Logger는 io.WriteCloser 인터페이스를 충족하게 됐다.

임베딩 vs. OOP 서브클래싱

임베딩과 OOP의 서브클래싱을 구분하기 힘들 수 있다. 가장 큰 차이는 메서드 수신자(receiver)의 ID와 관련이 있다. 다음 그림을 통해 살펴보자. 왼쪽은 X란 타입이 Y에 임베딩된 반면, 오른쪽은 Y가 X를 확장(상속)한 것이다.

❤ 그림 2-9 임베딩을 사용하면 임베디드 유형은 메서드의 수신자로 남는다. 반대로 서브클래싱을 사용하면 서브클래스가 메서드의 수신자가 된다.

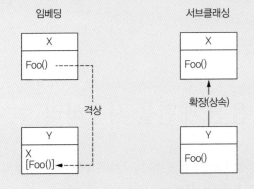

임베딩을 이용하면 X를 Foo의 수신자로 유지할 수 있는 반면, 서브클래싱에서는 서브클래스인 Y가 Foo의 수신자가 된다. 임베딩은 조합(composition)할 뿐 상속하지는 않는다.

이제 지금까지 설명한 타입 임베딩에 대해 정리해보자. 가장 먼저 기억할 점은 타입 임베딩은 필수가 아니라는 것이다. 어떠한 유스케이스가 주어지더라도 타입 임베딩을 사용하지 않는 해결 방법을 찾을 수 있다. 타입 임베딩은 편의를 위해 사용하는 경우가 대부분이다. 주로 동작을 격상하는 용도로 사용한다. 타입 임베딩을 사용한다면 다음과 같은 두 가지 제약 사항을 명심한다.

- 필드를 간단히 접근하기 위한 편의 구문(syntactic sugar)을 만들기 위한 용도로 사용하면 안된다(에 Foo.Bar.Baz( )를 Foo.Baz( )로 접근하기 위한 용도). 만약 편의 구문만을 위해 타입 임베딩을 사용한다면 내부 타입(inner type)을 임베딩하지 말고 필드를 사용하자.

- 외부에서 볼 수 없게 만들 데이터(필드)나 동작(메서드)은 격상시키면 안 된다. 만약 그랬다면 구조체에 private 상태로만 있어야 할 잠금 동작을 클라이언트가 사용할 수 있게 되어 버린다.

이러한 제약 사항을 염두에 두고 타입 임베딩을 주의해서 사용하면 포워딩 메서드가 추가된 보일러플레이트 코드를 방지하는 데 도움이 된다. 하지만 미적인 이유만으로 임베딩하거나 숨겨진 상태에 있어야 할 요소를 격상시키지 않도록 주의해야 한다.

다음 절에서는 옵션 타입 설정(optional configuration)을 다루는 주요 패턴에 관련된 이슈를 살펴보자.

2.11 / #11 함수형 옵션 패턴을 사용하라

API를 설계할 때 설정 옵션을 처리하는 방법이 고민스러울 것이다. 이 문제를 효율적으로 해결하면 API의 편의성을 크게 높일 수 있다. 이 절에서는 구체적인 예제를 통해 설정 옵션을 처리하는 다양한 방법을 살펴본다.

HTTP 서버를 생성하는 함수를 제공하는 라이브러리를 설계하는 경우를 생각해보자. 이 함수는 주소와 포트를 입력으로 받는다. 함수의 골격은 다음과 같다.

```
func NewServer(addr string, port int) (*http.Server, error) {
    // …
}
```

이렇게 설계한 라이브러리의 클라이언트는 이 함수를 문제없이 사용할 것이다. 하지만 시간이 흘러 기능과 매개변수 종류가 부족하다고 불만이 나오게 되었다. 가령 만료 시간(timeout)이나 연결 문맥(connection context)에 대한 매개변수도 필요하다고 생각할 수 있다. 하지만 이 함수에 매개변수를 새로 추가하면 호환성이 깨질 수 있다. 클라이언트가 NewServer를 호출하는 방식이 바뀌기 때문이다. 이와 별개로 포트 관리 방식도 다음과 같이 개선할 필요가 있다(그림 2-9).

- 포트를 지정하지 않았다면 디폴트 포트를 사용한다.
- 지정한 포트 번호가 음수면 에러를 리턴한다.

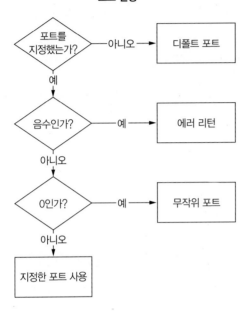

- 지정한 포트 번호가 0이면 무작위로 고른 포트로 설정한다.

- 나머지 경우는 클라이언트가 지정한 포트로 설정한다.

▼ 그림 2-10 포트 옵션 처리 로직

포트 설정

이 함수를 어떻게 해야 API와 어울리게 만들 수 있을까? 몇 가지 방법을 살펴보자.

2.11.1 Config 구조체

고 언어는 함수 시그니처에서 옵션 타입 매개변수(optional parameter)를 지정할 수 없다. 따라서 다른 방법을 찾아야 하는데, 그중 첫 번째는 설정 구조체에 필수 사항과 옵션 사항을 담는 것이다. 예를 들어, 필수 매개변수는 함수 매개변수로 두고, 옵션 타입 매개변수는 Config 구조체로 전달하는 것이다.

```
type Config struct {
    Port    int
}

func NewServer(addr string, cfg Config) {
}
```

이렇게 하면 호환성이 깨지는 문제는 해결할 수 있다. 옵션을 새로 추가하더라도 클라이언트 측 코드를 수정하지 않아도 된다. 하지만 포트 관리 방법과 관련된 문제는 여전하다. 또한 구조체의 필드를 지정하지 않으면 다음과 같이 타입마다 0에 해당하는 값으로 초기화된다.

- **정수**: 0

- **부동 소수점 타입**: 0.0

- **스트링**: " "

- **슬라이스, 맵, 채널, 포인터, 인터페이스, 함수**: Nil

다음 예에 나온 두 구조체는 같다.

```
c1 := httplib.Config{
    Port: 0, ---------- ❶
}
c2 := httplib.Config{
--------------------- ❷
}
```

❶ Port를 0으로 초기화한다.

❷ Port가 없다. 따라서 0으로 초기화된다.

이때 포트를 명시적으로 0으로 설정한 경우와 그렇지 않은(nil 포인터인) 경우를 구분할 필요가 있다. 한 가지 방법은 다음과 같이 설정 구조체에 담길 매개변수를 모두 포인터로 처리하는 것이다.

```
type Config struct {
    Port    *int
}
```

정수 포인터를 사용하면 0이란 값으로 지정한 경우와 그렇지 않은(nil 포인터인) 경우를 다르게 표현할 수 있다.

하지만 몇 가지 문제가 있다. 첫째, 클라이언트가 정수 포인터를 제공하기 쉽지 않다. 클라이언트는 먼저 변수를 생성한 뒤 포인터를 다음과 같이 전달해야 한다.

```
port := 0
config := httplib.Config{
    Port: &port, ---------- ❶
}
```

① 정수 포인터를 제공한다.

버그는 아니지만 API의 편의성이 좀 떨어진다. 또한 옵션을 추가할수록 코드가 더욱 복잡해진다.

둘째, 이 라이브러리를 사용하는 클라이언트가 디폴트 설정을 사용하는 경우에도 다음과 같이 빈 구조체를 전달해야 한다.

```
httplib.NewServer("localhost", httplib.Config{})
```

이렇게 하면 코드가 좀 지저분해진다. 코드를 읽다가 이렇게 특이하게 생긴 구조체가 여기에 나온 이유를 파악하는 데 시간을 쓰게 된다.

또 다른 방법은 고전적인 빌더 패턴(builder pattern)을 사용하는 것이다. 다음 절에서 자세히 알아보자.

2.11.2 빌더 패턴

GoF(Gang of Four)가 처음 제시한 디자인 패턴 중에 빌더 패턴(builder pattern)이 있다. 다양한 오브젝트 생성 문제를 유연하게 처리하도록 고안한 것이다. Config를 만드는 과정은 Config 구조체 코드와 분리하여 ConfigBuilder란 구조체를 별도로 정의한다. 이 구조체는 Config를 설정하는 메서드와 생성하는 메서드를 받는다.

그럼 구체적인 예를 통해 포트 관리를 비롯한 모든 요구 사항을 충족하면서 사용하기도 편한 API를 디자인하는 데 이 패턴이 얼마나 도움이 되는지 알아보자.

```
type Config struct { ------------------------------- ❶
    Port int
}

type ConfigBuilder struct { --------------------------- ❷
    port *int
}

func (b *ConfigBuilder) Port(
    port int) *ConfigBuilder { ---------------------- ❸
    b.port = &port
    return b
}
```

```go
func (b *ConfigBuilder) Build() (Config, error) {  ----- ❹
    cfg := Config{}

    if b.port == nil {  ------------------------------- ❺
        cfg.Port = defaultHTTPPort
    } else {
        if *b.port == 0 {
            cfg.Port = randomPort()
        } else if *b.port < 0 {
            return Config(), errors.New("port should be positive")
        } else {
            cfg.Port = *b.port
        }
    }

    return cfg, nil
}

func NewServer(addr string, config Config) (*http.Server, error) {
    // ...
}
```

❶ Config 구조체

❷ ConfigBuilder 구조체(옵션으로 지정할 수 있는 포트를 담고 있음)

❸ 포트를 설정하는 public 메서드

❹ Config 구조체를 생성하는 Build 메서드

❺ 포트 관리를 처리하는 메인 로직

ConfigBuilder 구조체는 클라이언트의 설정 사항을 담고 있다. 포트를 설정하는 Port 메서드도 제공한다. 일반적으로 이러한 설정 메서드는 메서드 체이닝(method chaining)(예 builder.Foo("foo").Bar("bar"))을 할 수 있도록 빌더 전체를 리턴한다. 또한 포트 값 초기화 로직(예 포인터가 nil인지 여부 등)을 담고 생성된 Config 구조체를 리턴하는 Build 메서드도 제공한다.

> Note ≡   빌더 패턴을 구현하는 방법은 다양하다. 예를 들어, 최종 포트 값을 Build 메서드가 아닌 Port 메서드 안에서 저장하는 로직으로 구현할 수도 있다. 이 절에서는 빌더 패턴의 기본 개념만 소개하므로 다양한 구현 방법을 모두 다루지는 않는다.

이렇게 빌더 기반으로 API를 구성하면 클라이언트는 다음과 같이 사용할 수 있다. (다음 코드는 httplib 패키지에 담긴다고 가정한다.)

```
builder := httplib.ConfigBuilder{} ------------------- ❶
builder.Port(8080) ---------------------------------- ❷
cfg, err := builder.Build() -------------------------- ❸
if err != nil {
    return err
}

server, err := httplib.NewServer("localhost", cfg) ---- ❹
if err != nil {
    return err
}
```

❶ 빌더 설정(ConfigBuilder) 오브젝트를 생성한다.

❷ 포트를 설정한다.

❸ 설정 구조체를 생성한다.

❹ 설정 구조체를 전달한다.

클라이언트는 가장 먼저 ConfigBuilder 오브젝트를 생성해서 포트 등과 같은 옵션 필드를 설정한다. 그러고 나서 Build 메서드를 호출하고 에러를 검사한다. 문제없다면 설정한 내용을 NewServer에 전달한다.

이렇게 하면 포트 관리를 간편하게 처리할 수 있다. 이전처럼 정수 포인터를 전달할 필요가 없다. Port 메서드가 정수를 인수로 받기 때문이다. 하지만 클라이언트가 디폴트 설정을 사용하려면 여전히 빈 구조체를 전달해야 한다.

```
server, err := httplib.NewServer("localhost", nil)
```

또 다른 문제로 에러 관리에 관련된 이슈가 발생할 수 있다. 익셉션을 지원하는 프로그래밍 언어라면 Port 같은 빌더 메서드에서 주어진 입력에 문제가 있을 때 익셉션을 던진다. 연쇄 호출(메서드 체이닝) 기능을 유지하려면 에러를 리턴하면 안 된다. 따라서 Build 메서드에서 검증 작업을 미룰 수밖에 없다. 클라이언트가 전달하는 여러 옵션 중에서 포트만 검사하고 싶다면 에러 처리 과정이 복잡해진다.

다음으로 가변 인수(variadic argument)를 사용하는 함수형 옵션 패턴에 대해 알아보자.

2.11.3 함수형 옵션 패턴

마지막으로 살펴볼 방법은 함수형 옵션 패턴(functional options pattern)이다(그림 2-10). 살짝 변형된 버전이 많이 나와 있지만 기본은 다음과 같다.

- 익스포트하지 않은 구조체(options)에 설정을 담는다.
- 각 옵션은 다음과 같이 동일한 타입을 리턴하는 함수(type Option func(options *options) error)로 구성된다. 예를 들어, WithPort는 포트를 표현하는 int 타입 인수를 받아서 options 구조체의 업데이트 방법을 담은 Option 타입을 리턴한다.

❤ 그림 2-11 WithPort 옵션은 마지막 options 구조체를 업데이트한다.

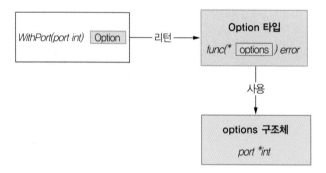

이렇게 정의한 options 구조체와 Option 타입과 WithPort 옵션을 구현한 코드는 다음과 같다.

```go
type options struct { -------------------------- ❶
    port *int
}

type Option func(options *options) error ------- ❷

func WithPort(port int) Option { -------------- ❸
    return func(options *options) error {
        if port < 0 {
            return errors.New("포트는 양수로 지정해야 합니다.")
        }
        options.port = &port
        return nil
    }
}
```

❶ 설정 구조체

② 설정 구조체를 업데이트하는 함수 타입을 표현한다.

③ 포트를 업데이트하는 설정 함수

코드를 보면 WithPort는 클로저를 리턴한다. 클로저(closure)란 익명 함수로서 본문 밖 변수를 참조할 수 있다. 여기서는 port 변수를 참조한다. 이 클로저는 Option 타입을 표현하며 포트 검증로직을 구현한다. 각 설정 필드마다 이와 비슷한 로직(필요하다면 입력을 검사하고 설정 구조체를 업데이트하는 로직)을 담은 public 함수를 생성해야 한다. (이때 public 함수는 관례에 따라 With 접두어를 붙인다.)

이제 제공자(provider) 측에 구현할 마지막 부분인 NewServer를 살펴보자. 앞에서 정의한 옵션은 가변 인수로 전달된다. 따라서 옵션에 대해 반복하면서 options 설정 구조체를 변경한다.

```
func NewServer(addr string, opts ...Option) (  ----- ❶
    *http.Server, error) {
    var options options  -------------------------- ❷
    for _, opt := range opts {  -------------------- ❸
        err := opt(&options)  ---------------------- ❹
        if err != nil {
            return nil, err
        }
    }

    // 이 지점에서 options 구조체가 생성되어 설정 사항을 담고 있다.
    // 따라서 포트 설정 로직을 구현할 수 있다.
    var port int
    if options.port == nil {
        port = defaultHTTPPort
    } else {
        if *options.port == 0 {
            port = randomPort()
        } else {
            port = *options.port
        }
    }

    // ...
}
```

❶ 가변 인수인 Option을 받는다.

❷ 빈 options 구조체를 생성한다.

❸ 입력된 모든 options에 대해 반복한다.

❹ 각 옵션을 호출하여 공통 options 구조체를 수정한다.

먼저 빈 options 구조체부터 생성한다. 그러고 나서 각 Option 인수마다 루프를 돌면서 options 구조체를 변경한다(Option 타입은 함수임을 명심하자). options 구조체가 만들어졌다면 포트 관리에 대한 최종 로직을 구현할 수 있다.

NewServer는 가변 Option 인수를 받기 때문에 클라이언트는 필수 인수인 주소 뒤에 여러 옵션을 덧붙여서 이 API를 호출할 수 있다. 예를 들면 다음과 같다.

```
server, err := httplib.NewServer("localhost",
        httplib.WithPort(8080),
        httplib.WithTimeout(time.Second))
```

그런데 클라이언트가 디폴트 설정을 사용하더라도 인수를 지정할 필요가 없다. 가령 이전처럼 빈 구조체를 전달하지 않아도 된다. 이제 클라이언트는 다음과 같이 작성할 수 있다.

```
server, err := httplib.NewServer("localhost")
```

이 패턴이 바로 함수형 옵션 패턴이다. 옵션을 간편하고 사용하기 편한 방식으로 처리할 수 있다. 빌더 패턴이 올바른 방식이긴 하지만 몇 가지 자잘한 문제가 있기 때문에 고 언어에서는 이런 문제를 처리하는 데 함수형 옵션 패턴을 관용구처럼 사용한다. 또한 이 패턴은 gRPC와 같은 고 언어로 된 라이브러리에서도 사용되고 있다.

다음 절에서는 프로젝트를 잘못 구성하는 실수에 대해 살펴본다.

2.12 / #12 프로젝트를 제대로 구성하라

고 프로젝트를 구성하는 작업은 결코 쉽지 않다. 고 언어는 패키지와 모듈 디자인에 상당한 자유를 부여하기 때문에 한 가지 모범 관례(best practice)로 정립되기 어렵다. 이 절에서는 프로젝트를 구성하는 기본 방법을 소개한 후, 몇 가지 모범 관례를 소개하면서 프로젝트 구성을 향상시키는 방법에 대해 알아본다.

2.12.1 프로젝트 구조

고 언어 메인테이너는 프로젝트 구성에 대해 특별히 관례를 두지 않는다. 그래도 project-layout 이란 방식이 제안된 적은 있다.[9]

프로젝트 규모가 파일 몇 개 정도로 작거나 조직에서 따로 정립한 방식이 있다면 project-layout 을 따를 필요가 없지만, 나머지 경우는 이 방식을 한번 고려해보면 좋다. 그럼 이 레이아웃에 대해 메인 디렉터리부터 살펴보자.

- **/cmd**: 메인 소스 파일이 있는 곳이다. 가령 foo 애플리케이션의 main.go의 위치는 /cmd/ foo/main.go다.
- **/internal**: 다른 애플리케이션이나 라이브러리에서 임포트하지 못하는 사설(private) 코드 를 여기에 둔다.
- **/pkg**: 외부에 드러내고 싶은 공용(public) 코드가 있는 곳이다.
- **/test**: 외부 테스트 코드나 테스트 데이터를 두는 곳이다. 고 언어에서 단위 테스트는 소스 파일과 같은 패키지에 둔다. 하지만 공용 API 테스트나 통합 테스트 등은 /test에 둔다.
- **/configs**: 설정 파일을 두는 곳이다.
- **/docs**: 디자인 및 사용자 문서를 두는 곳이다.
- **/examples**: 현재 애플리케이션에 대한 예 또는 공용 라이브러리를 둔다.
- **/api**: API 계약 파일(contract file)(예 스웨거(Swagger), 프로토콜 버퍼(Protocol Buffer) 등)을 두는 곳이다.
- **/web**: 웹 애플리케이션에 특화된 애셋(정적 파일 등)을 여기에 둔다.
- **/build**: 패키지 구성 및 연속 통합(CI, Continuous Integration)에 대한 파일을 두는 곳이다.
- **/scripts**: 분석, 설치 등에 대한 스크립트 파일을 둔다.
- **/vendor**: 애플리케이션 의존성 관련 파일을 둔다(예 고 모듈 의존성).

다른 언어와 달리 /src 디렉터리는 없다. 너무 범용적이기 때문이다. 이 레이아웃은 /src보다는 /cmd, /internal, /pkg 등을 선호한다.

---

9 https://github.com/golang-standards/project-layout

그럼 고 리포지터리의 메인 로직을 구성하는 방법에 대해 알아보자.

2.12.2 패키지 구성

고 언어에는 서브패키지라는 개념이 없다. 하지만 패키지 안에 서브디렉터리를 만들 수는 있다. 표준 라이브러리를 보면 net 디렉터리가 다음과 같이 구성되어 있다.

```
/net
    /http
        client.go
        ...
    /smtp
        auth.go
        ...
    addrselect.go
    ...
```

net은 패키지이기도 하고 다른 패키지를 담은 디렉터리이기도 하다. 하지만 /net/http는 net을 상속하거나 net 패키지에 특별한 접근 권한을 부여하지 않는다. net/http 내부에 있는 요소는 net 요소 중에서도 익스포트된 것만 볼 수 있다. 서브디렉터리의 주된 장점은 패키지를 한곳에 두어 응집도를 높일 수 있다는 것이다.

전반적인 구성에 대해서는 다양한 방식이 존재한다. 예를 들어, 애플리케이션을 문맥(context)을 기준으로 구성할 수도 있고 계층(layer)을 기준으로 구성할 수도 있다. 전적으로 선호도에 따라 결정된다. 문맥(메 고객 문맥, 계약 문맥 등)에 따라 코드를 묶는 것을 선호할 수도 있고 헥사고날 아키텍처 원칙에 따라 기술 계층별로 묶을 수도 있다. 결정 사항이 유스케이스에 잘 맞고 이를 일관성 있게 지킨다면 잘못된 결정이라고 볼 수 없다.

패키지의 경우, 따를 만한 모범 관례가 몇 가지 있다. 먼저, 섣불리 패키지로 만들면 안 된다. 프로젝트가 쓸데없이 복잡해질 수 있기 때문이다. 때로는 간결하게 구성하는 것이 좋다. 한 번에 완벽한 구조로 만들기보다는 이해도가 높아짐에 따라 서서히 진화하는 방식이 좋다.

구체화 수준(granularity, 입도)도 반드시 고려한다. 파일 한두 개만 담긴 미니 패키지(일명 나노(nano) 패키지) 수십 개로 구성하는 방식은 바람직하지 않다. 패키지 사이의 논리적 연관성이 없을 때 이런 경우가 많다. 그러면 프로젝트 구조를 파악하기 힘들어진다. 반대로 패키지가 너무 비대해져도 안 된다.

패키지 이름도 신중하게 지어야 한다. 개발자라면 누구나 인정하듯이 이름 짓기란 참 쉽지 않다. 클라이언트가 고 프로젝트를 쉽게 파악하려면 패키지 이름을 구성 요소가 아닌, 제공하는 기능을 기준으로 지어야 한다. 또한 이름에 의미가 잘 드러나야 한다. 따라서 패키지 이름은 짧고 간결하면서도 표현력 있고 관례에 따라 소문자 단어 하나로 표현해야 한다.

익스포트 대상을 결정하는 기준은 단순하다. 익스포트할 대상은 최대한 줄여야 한다. 그래야 패키지 사이의 결합도(coupling)를 낮추고 숨겨야 할 요소가 쓸데없이 드러나지 않게 할 수 있다. 어느 요소를 익스포트할지 불분명하다면 익스포트하지 않는다. 나중에 익스포트해야 할 필요성이 명백할 때 코드를 수정하면 된다. 또한 몇 가지 예외도 있다는 것을 명심한다. 가령 구조체가 encoding/json으로 마샬링되지 않도록 필드를 익스포트할 수 있다.

프로젝트 구성은 결코 간단하지 않지만 지금까지 소개한 규칙을 따르면 프로젝트 구성을 관리하기가 한결 쉬워질 것이다. 하지만 관리를 쉽게 하기 위해서는 반드시 일관성을 지켜야 한다는 점을 명심하자. 코드베이스를 최대한 일관성 있게 유지하도록 노력해야 한다.

다음 절에서는 유틸리티 패키지에 대해 알아보겠다.

2.13 / #13 유틸리티 패키지 생성 관련 실수

이 절에서는 utils, common, base 등과 같은 공유 패키지 생성과 관련하여 저지르기 쉬운 나쁜 습관에 대해 살펴보자. 먼저 관련 문제점들을 살펴본 뒤, 프로젝트 구성을 향상시키는 방법을 알아본다.

먼저 공식 고 블로그에서 참고한 집합 데이터 구조(값이 없는 맵)를 구현하는 예제를 살펴보자. 이를 고 언어로 구현할 때 흔히 사용하는 방법은 map [K] struct{} 타입을 이용하는 것이다. 여기서 K는 맵에서 키로 사용할 타입을 가리키고 맵의 값은 struct{} 타입이다. 맵에서 값을 struct{} 타입으로 지정했다는 것은 값 자체에는 관심이 없다는 것을 의미한다. 여기서 util 패키지에 다음과 같이 두 가지 메서드를 공개한다.

```go
package util

func NewStringSet(...string) map[string]struct{} { ------- ❶
    // ...
}

func SortStringSet(map[string]struct{}) []string { ------- ❷
    // ...
}
```

❶ 스트링 집합을 생성한다.

❷ 키에 대해 정렬한 리스트를 리턴한다.

클라이언트는 이 패키지를 다음과 같이 사용할 수 있다.

```go
set := util.NewStringSet("c", "a", "b")
fmt.Println(util.SortStringSet(set))
```

여기서 문제는 util이란 이름이 어울리지 않는다는 것이다. common이나 shared, base 등으로 불러도 되지만 이 패키지가 실제로 제공하는 내용과 관련 없는 util이란 이름은 무의미하다.

유틸리티 패키지라고 부르지 말고 stringset과 같이 좀 더 구체적인 이름으로 정하는 것이 좋다. 예를 들면 다음과 같다.

```go
package stringset

func New(...string) map[string]struct{} { ... }
func Sort(map[string]struct{}) []string { ... }
```

이렇게 NewStringSet과 SortStringSet에서 접미어를 제거해서 New와 Set으로 이름을 변경했다. 그러면 클라이언트에서는 다음과 같이 사용할 수 있다.

```go
set := stringset.New("c", "a", "b")
fmt.Println(stringset.Sort(set))
```

Note ☰   앞 절(2.12)에서 설명했듯이 파일 한두 개로만 구성된 나노 패키지 수십 개로 애플리케이션을 구성하면 코드가 복잡해져서 실행 흐름을 파악하기 힘들어진다. 그런데 나노 패키지 자체가 나쁜 것이 아니다. 특별히 속하는 곳이 없으면서 응집도가 높은 소규모 코드 덩어리는 패키지로 묶어도 아무런 문제가 없다. 절대 어기면 안 되는 규칙은 없다. 오히려 균형을 잘 잡는 것이 중요하다.

여기서 한 단계 더 나아가도 된다. 유틸리티 함수를 공개하는 대신 타입을 정의한 뒤 Sort를 메서드로 공개하는 방법도 있다.

```
package stringset

type Set map[string]struct{}
func New(...string) Set { … }
func (s Set) Sort() []string { … }
```

이렇게 하면 클라이언트에서 코드를 더욱 간결하게 작성할 수 있다. stringset 패키지를 단 한 번만 참조해도 된다.

```
set := stringset.New("c", "a", "b")
fmt.Println(set.Sort())
```

이렇게 살짝 리팩터링하면 의미가 불분명한 패키지 이름을 제거해서 API를 좀 더 이해하기 쉽게 만들 수 있다. 고 프로젝트 멤버인 데이브 체니(Dave Cheney)도 말했듯이, 여러 유틸리티 패키지끼리 기능이 서로 겹치는 경우는 흔하다. 가령 클라이언트와 서버 패키지를 하나씩 만들 때 서로 공통적으로 사용하는 타입은 어디에 정의해야 할까? 한 가지 방법은 클라이언트와 서버를 하나로 묶어서 공통 코드를 단일 패키지로 만드는 것이다.

패키지 이름 짓기는 애플리케이션 디자인에서 매우 중요한 단계다. 따라서 이름 짓는 데 신중해야 한다. 경험칙에 의하면 공유 패키지 이름을 본래 의미와 어울리지 않게 짓는 것은 바람직하지 않다. 대표적인 예로 utils, common, base 등과 같은 유틸리티 패키지가 있다. 또한 패키지 이름은 그 안에 담긴 내용물이 아닌, 그 패키지가 제공하는 기능에 맞게 지어야 이해하기 쉽다는 점을 명심하자.

다음 절에서는 패키지 이름이 충돌하는 경우에 대해 살펴보자.

2.14 / #14 패키지 이름 충돌 관련 실수

패키지 충돌(package collision)은 변수 이름이 현재 사용 중인 패키지 이름과 충돌해서 그 패키지를 재사용할 수 없게 되는 현상을 말한다. 예를 들어, 다음과 같이 레디스(Redis) 클라이언트를 제공하는 라이브러리가 있다고 하자.

```
package redis

type Client struct { ... }

func NewClient() *Client { ... }

func (c *Client) Get(key string) (string, error) { … }
```

이 라이브러리를 이용하는 클라이언트 코드는 다음과 같다. 패키지 이름으로 이미 redis를 사용하고 있더라도 고 언어에서는 redis란 이름의 변수를 얼마든지 새로 만들 수 있다.

```
redis := redis.NewClient() ---------- ❶
v, err := redis.Get("foo") ---------- ❷
```

❶ redis 패키지의 NewClient를 호출한다.

❷ redis 변수를 사용한다.

redis란 이름의 변수는 redis 패키지와 이름이 같아서 충돌이 발생한다. 고 언어의 문법에 어긋나지는 않지만 이렇게 사용하면 안 된다. redis 변수 스코프 안에서 redis 패키지를 사용할 수 없기 때문이다.

가령 한정자가 함수 안에서 변수 이름과 패키지 이름을 둘 다 참조한다고 해보자. 이 경우 코드를 읽을 때 해당 한정자가 가리키는 대상이 무엇인지 불분명할 수 있다. 이런 충돌을 피하려면 어떻게 해야 할까? 첫 번째 방법은 변수 이름을 다르게 정하는 것이다. 예를 들면 다음과 같다.

```
redisClient := redis.NewClient()
v, err := redisClient.Get("foo")
```

이 방법이 아마 가장 쉬울 것이다. 하지만 어떤 이유로 변수 이름을 꼭 redis라고 써야 하고 redis란 패키지도 임포트해야 한다면? 이럴 때는 앨리어스(alias)를 이용하여 redis 패키지를 참조하는 한정자를 변경할 수 있다. 예를 들면 다음과 같다.

```
import redisapi "mylib/redis" ---------- ❶

// ...

redis := redisapi.NewClient() ---------- ❷
v, err := redis.Get("foo")
```

❶ redis 패키지에 대한 앨리어스를 생성한다.

❷ redisapi란 앨리어스로 패키지에 접근한다.

여기서 redisapi란 임포트 앨리어스를 이용하여 redis 패키지를 참조했다. 따라서 변수 이름으로 쓴 redis를 바꾸지 않고 그대로 사용할 수 있다.

> Note ≡ 또 다른 방법으로 닷 임포트(dot import)를 이용하여 패키지 한정자를 사용하지 않고 패키지의 모든 공개 요소에 접근하는 방법도 있다. 하지만 이렇게 하면 이해하기 복잡할 수 있기 때문에 가능하면 피하는 것이 좋다.

또한 변수와 내장 함수 사이에 이름이 충돌하지 않도록 주의해야 한다. 예를 들면 다음과 같다.

```
copy := copyFile(src, dst) ---------- ❶
```

❶ copy 변수 이름이 copy라는 내장 함수 이름과 충돌한다.

여기서 copy 변수의 스코프 안에서는 copy란 내장 함수에 접근할 수 없다. 정리하면, 변수 이름 충돌이 발생하지 않게 작성해야 코드의 의미를 명확하게 표현할 수 있다. 만약 충돌이 발생하면 다른 이름으로 바꾸거나 임포트 앨리어스를 이용하자.

다음 절에서는 코드 문서화와 관련하여 흔히 저지르는 실수를 살펴본다.

2.15 #15 코드 문서화 관련 실수

100 GO MISTAKES

문서화는 코딩에서 매우 중요한 요소다. 문서화를 통해 클라이언트가 API를 쉽게 사용할 수 있을 뿐만 아니라 프로젝트를 유지/관리하는 데도 도움이 된다. 고 언어 코드를 관례에 맞게 작성하기 위한 규칙이 몇 가지 있는데, 지금부터 하나씩 살펴보자.

먼저, 익스포트한 요소는 모두 문서화한다. 익스포트한 대상이 구조체든, 인터페이스나 함수든, 아니면 그 밖의 다른 요소라도 일단 익스포트했다면 무조건 문서화한다. 해당 요소에 주석을 추가하는 것이 관례다. 이때 주석은 익스포트한 요소의 이름으로 시작한다. 예를 들면 다음과 같다.

```
// Customer는 고객을 표현한 것이다.
type Customer struct{}

// ID는 고객 ID를 리턴한다.
func (c Customer) ID() string { return "" }
```

관례에 따라 각 주석은 마침표로 끝나는 완전한 문장으로 작성한다. 또한 함수나 메서드에 대해 문서화할 때는 그 함수의 처리 방식이 아니라, 목적과 기능을 중심으로 표현한다. 처리 방식은 함수 내부 코드와 주석에 표현할 내용이다. 문서화의 주된 대상이 아니다. 게다가 문서화는 사용자가 코드를 보지 않고도 익스포트한 요소를 사용할 수 있을 정도로 정보를 충분히 제공해야 한다.

> **Note ≡ 폐기된 요소**
>
> 익스포트했던 요소를 폐기(deprecated)할 때는 다음과 같이 '// Deprecated:' 형식의 폐기 주석을 추가한다.
>
> ```
> // ComputePath는 두 점 사이의 가장 빠른 경로를 리턴한다.
> // Deprecated: 이 함수에서 가장 빠른 경로를 계산하는 데 사용하는 방법은 폐기됐다.
> // 이 함수 대신 ComputeFastestPath를 사용하기 바란다.
> func ComputePath() {}
> ```
>
> 그러면 개발자가 ComputePath 함수를 사용할 때 경고 메시지가 뜬다. (IDE라면 대부분 이러한 폐기 주석에 대해 적절히 대응하는 기능을 갖추고 있다.)

변수나 상수를 문서화할 때는 목적과 내용이라는 두 가지 사항에 신경 써야 한다. 목적은 외부 고객에게 도움이 되므로 코드 문서에 있어야 하는 반면, 내용은 굳이 외부에 공개할 필요가 없다. 예를 들면 다음과 같다.

```
// DefaultPermission은 스토어 엔진에서 사용하는 디폴트 권한이다.
const DefaultPermission = 0o644 // 읽기와 쓰기 권한이 필요하다.
```

이 상수는 디폴트 권한을 표현한 것이다. 코드를 문서화할 때는 상수의 용도를 명시하고, 실제 내용(읽기와 쓰기 권한)에 대한 주석은 상수 옆에 적는다.

클라이언트나 코드 관리자가 패키지에서 다루는 범위를 쉽게 파악할 수 있도록 패키지 단위로 문서화해야 한다. 작성 관례는 다음과 같이 '// Package 패키지_이름' 형식의 패키지 주석을 단다.

```
// Package math는 기본적인 상수와 수학 함수를 제공한다.
//
// 이 패키지의 실행 결과는 아키텍처에 따라 비트 단위의 값이 다를 수 있다.
package math
```

패키지 주석에서 첫 줄은 간결하게 작성한다. 그림 2-11처럼 패키지 주석에 표시되는 문장이기 때문이다. 그 뒤에 상세 정보가 나온다.

▼ 그림 2-11 고 표준 라이브러리의 생성 예

Name	Synopsis
archive	
tar	Package tar implements access to tar archives.
zip	Package zip provides support for reading and writing ZIP archives.
bufio	Package bufio implements buffered I/O. It wraps an io.Reader or io.Writer object, creating another object (Reader or Writer) that also implements the interface but provides buffering and some help for textual I/O.
builtin	Package builtin provides documentation for Go's predeclared identifiers.
bytes	Package bytes implements functions for the manipulation of byte slices.

패키지에 대한 문서화 작업은 모든 고 파일에서 할 수 있으며 따로 정해둔 규칙은 없다. 일반적으로 패키지 문서는 그 패키지와 동일한 이름의 파일에 작성하거나 doc.go와 같이 특정한 파일에 한다.

패키지 문서화와 관련하여 마지막으로 언급할 사항은, 선언문에 붙어 있지 않은 주석은 생략한다는 것이다. 예를 들어, 다음과 같은 저작권 관련 주석은 생성된 문서에 나타나지 않는다.

```
// Copyright 2009 The Go Authors. All rights reserved.
// Use of this source code is governed by a BSD-style
// license that can be found in the LICENSE file.
// Package math는 기본적인 상수와 수학 함수를 제공한다.
// ------------------------------------------------------------------- ❶
// 이 패키지의 실행 결과는 아키텍처에 따라 비트 단위의 값이 다를 수 있다.
package math
```

❶ 빈 줄. 그 전에 나온 주석은 문서에 포함되지 않는다.

정리하면, 익스포트한 요소는 모두 문서화 대상이라는 점을 명심한다. 코드 문서화에 거리낌이 없어야 한다. 여러분이 작성한 코드의 목적을 클라이언트나 코드 관리자가 쉽게 이해할 수 있는 좋은 기회다.

다음은 이 장의 마지막 절로 도구와 관련된 실수, 그중에서도 린터를 사용하지 않는 실수에 대해 소개한다.

#16 린터를 활용하라

린터(linter)란 코드를 분석해서 에러를 잡아내주는 도구다. 이 절에서 현재 나와 있는 린터를 모두 나열하지는 않을 것이다. 시간이 지나면서 사라지거나 새로 등장하는 도구가 생겨서 이 절을 매번 고쳐 써야 하기 때문이다. 그보다는 고 프로젝트에서 린터가 꼭 필요한 이유를 제대로 이해하는 것이 더 중요하다.

린터의 중요성을 제대로 이해할 수 있도록 구체적인 예제 하나를 살펴보자. 실수 #1 "의도하지 않은 변수 가림을 조심하라"에서 변수 가림(variable shadowing)과 관련하여 발생할 수 있는 에러에 대해 설명한 적이 있다. 고 언어 공식 툴셋에서 제공하는 표준 린터인 vet과 shadow를 이용하면 가려진 변수를 찾아낼 수 있다.

```
package main

import "fmt"

func main() {
    i := 0
    if true {
        i := 1 ----------- ❶
        fmt.Println(i)
    }
    fmt.Println(i)
}
```

❶ 가려진 변수

vet은 고 언어에서 기본으로 제공하므로 shadow부터 설치한 뒤, 이를 vet과 연결해야 위 코드를 실행할 수 있다.

```
$ go install \
```

```
golang.org/x/tools/go/analysis/passes/shadow/cmd/shadow ------- ❶
$ go vet -vettool=$(which shadow) ------------------------------ ❷
./main.go:8:3:
    declaration of "i" shadows declaration at line 6 ------------ ❸
```

❶ shadow를 설치한다.

❷ 명령형 인수인 vettol로 vet에 연결한다.

❸ vet이 가려진 변수를 찾아낸다.

이처럼 vet은 변수 i가 가려진다는 사실을 알려준다. 적절한 린터를 이용하면 코드를 더욱 견고하게 만들고 잠재 에러를 걸러내는 데 도움이 된다.

> Note ☰   이 책에서 언급하는 모든 실수를 린터로 잡아낼 수는 없으니 멈추지 말고 이 책을 계속 읽기 바란다.

이 절에 현존하는 린터를 모두 나열할 의도는 없지만 린터에 익숙하지 않은 독자를 위해 몇 가지 도구를 추천하면 다음과 같다.

- **표준 Go 분석기**: https://golang.org/cmd/vet

- **에러 검사기**: https://github.com/kisielk/errcheck

- **순환 복잡도 분석기**(cyclomatic complexity analyzer)**:** https://github.com/fzipp/gocyclo

- **반복 스트링 상수 분석기**: https://github.com/jgautheron/goconst

코드 스타일을 고쳐주는 코드 포맷터(code formatter)도 린터와 함께 이용하면 좋다. 다음 몇 가지를 추천한다.

- **표준 Go 코드 포맷터**: https://golang.org/cmd/gofmt

- **표준 Go 임포트 포맷터**: https://godoc.org/golang.org/x/tools/cmd/goimports

golangci-lint[10]도 참고하기 바란다. 여러 유용한 린터나 포맷터 위에서 파사드 역할을 하는 린터다. 린터를 병렬로 실행하여 분석 속도를 높일 수 있어서 유용하다.

린터와 포맷터는 코드베이스의 품질과 일관성을 향상시키기 위한 강력한 도구다. 어느 도구가 적합한지 (CI나 깃의 프리커밋 훅(precommit hook)과 같은) 자동 실행 기능을 활용할 수 있을지 따로 시간을 내서 파악하기 바란다.

---

10 https://github.com/golangci/golangci-lint

2.17 / 요약

- 가려진 변수를 제거하면 엉뚱한 변수를 참조하거나 코드를 잘못 해석하는 실수를 방지할 수 있다.

- 중첩 수준을 깊지 않게 유지하고 정상 경로는 항상 왼쪽으로 정렬하면 코드에 대한 심상 모델을 이해하기 쉽게 만들 수 있다.

- 변수를 초기화할 때 init 함수는 에러를 처리하고 상태를 관리하며 테스팅을 수행하는 데 한계가 있다는 사실을 명심한다. 웬만하면 초기화는 별도 함수를 이용하여 처리한다.

- 게터와 세터를 강제로 사용하는 것은 고 언어의 관례가 아니다. 실용적인 관점으로 접근하여 효율성과 특정 관례 준수 사이의 적절한 균형점을 찾는 것이 중요하다.

- 추상화는 찾아내야지 새로 만들면 안 된다. 쓸데없는 복잡도가 증가하지 않도록 인터페이스는 미리 만들어두지 말고 필요한 상황이 발생하거나 최소한 올바른 추상화를 제시할 수 있을 때 만든다.

- 인터페이스를 클라이언트 측에 두면 불필요한 추상화를 줄일 수 있다.

- 유연성 관점에서만 보면, 함수에서 인터페이스보다는 구체적인 구현을 리턴하는 것이 바람직한 경우가 많다. 반대로 함수는 대부분 인터페이스를 받을 수 있어야 한다.

- json.Marshal 등과 같은 모든 유형의 타입을 인수로 허용하거나 리턴할 때만 any를 사용한다. 나머지 경우 any만으로는 특별히 의미 있는 정보를 제공할 수 없으며 호출자가 임의의 데이터 타입으로 메서드를 호출할 수 있게 만들면 컴파일 시간에 문제가 발생할 수 있다.

- 제네릭과 타입 매개변수를 이용하면 보일러플레이트 코드를 작성할 필요 없이 특정 요소나 동작을 떼어낼 수 있다. 하지만 타입 매개변수를 섣불리 사용하지 말고 꼭 필요한 상황에만 사용한다. 그렇지 않으면 쓸데없이 추상화만 늘어나고 복잡도가 높아진다.

- 타입 임베딩도 보일러플레이트 코드를 제거하는 데 도움이 된다. 하지만 일부 필드를 공개하면 안 되는 상황에서 가시성 관련 문제가 발생할 가능성도 있다.

- 옵션을 편리하면서 API와 어울리는 방식으로 처리하려면 함수형 옵션 패턴을 적용한다.

- Go 프로젝트를 처음 구조화하는 데는 project-layout과 같은 특정 레이아웃을 따르는 것이 도움이 된다. 특히 새로운 프로젝트를 표준화하는 기존 규칙을 원한다면 더욱 그렇다.

- 이름 짓기 역시 애플리케이션 디자인에서 핵심 역할을 한다. 패키지를 common, util, shared 같은 이름으로 만들면 사용자에게 별로 도움이 안 된다. 이런 이름을 가진 패키지는 좀 더 의미 있고 구체적인 이름으로 리팩터링한다.

- 변수와 패키지 사이에서 이름이 충돌해 코드를 해석하기 힘들어지거나 버그가 발생할 수 있으므로 각각 고유한 이름을 갖도록 하는 것이 좋다. 여의치 않다면 임포트 앨리어스를 이용하여 변수 이름과 패키지 이름을 구분할 수 있도록 한정자를 변경하거나 더 좋은 이름으로 바꾼다.

- 클라이언트와 코드 관리자가 여러분이 작성한 코드를 쉽게 이해할 수 있도록 익스포트한 요소는 반드시 문서화한다.

- 린터와 포맷터를 이용하여 코드 품질과 일관성을 높인다.

memo

3^장

데이터 타입

이 장에서 다룰 내용

- 기본 타입에 대해 흔히 저지르는 실수
- 슬라이스와 맵을 이용하여 잠재적인 버그나 누수, 불분명한 부분을 제거하는 방법
- 값 비교하기

소프트웨어 엔지니어라면 데이터 타입을 다룰 일이 많다. 이 장에서는 기본 타입과 슬라이스, 맵과 관련하여 흔히 저지르는 실수에 대해 알아보자. 스트링에 대해서는 여기서 다루지 않고 나중에 별도로 설명한다.

3.1 / #17 8진수 리터럴을 명확하게 표기하라

가장 먼저 생각해볼 문제는 8진수 리터럴이 코드를 헷갈리게 하거나 심지어 버그를 발생시킨다는 오해다. 예를 들어, 다음 코드의 출력 값은 뭘까?

```
sum := 100 + 010
fmt.Println(sum)
```

얼핏 보면 100 + 10 = 110이라고 생각하기 쉽다. 하지만 108이 출력된다. 왜 그럴까?

고 언어에서 0으로 시작하는 정수 리터럴은 8진수로 처리한다. 따라서 8진수로 10은 10진수로 8과 같다. 그러므로 위 코드의 결과는 100 + 8 = 108이다. 코드에서 정수 리터럴 부분을 읽을 때 이 점을 반드시 명심한다.

8진수 정수의 용도는 다양하다. 예를 들어, os.OpenFile로 파일을 여는 경우가 있다. 이 함수는 uint32 타입의 접근 권한을 인수로 받는데, 10진수 대신 8진수로 리눅스의 접근 권한을 작성하면 읽기 편하다.

```
file, err := os.OpenFile("foo", os.O_RDONLY, 0644)
```

여기서 작성한 0644는 리눅스에서 사용하는 접근 권한 포맷으로, 누구나 읽을 수 있지만 특정 사용자만 쓸 수 있다는 뜻이다. 또한 0 뒤에 o(알파벳 소문자)를 붙여도 된다.

```
file, err := os.OpenFile("foo", os.O_RDONLY, 0o644)
```

0 대신 0o를 붙이면 의미는 그대로지만 가독성은 높아진다.

> Note ≡ 소문자 대신 대문자 O로 적어도 된다. 하지만 0O644라고 적으면 폰트 종류에 따라 0과 O가 똑같이 보일 수 있다.

다른 정수 리터럴에 대해서도 다음과 같이 표기할 수 있다.

- **2진수**(binary): 0b나 0B를 앞에 붙인다. (**예** 0b100은 10진수 4와 같다.)

- **16진수**(hexadecimal): 0x나 0X를 앞에 붙인다. (**예** 0xF는 10진수 15와 같다.)

- **허수**(imaginary): i를 뒤에 붙인다. (**예** 3i)

마지막으로 언더스코어(_)를 사용하면 가독성을 높일 수 있다. 예를 들어, 10억을 1_000_000_000 과 같이 표기할 수 있다. 당연히 10진수 말고도 적용할 수 있다. (**예** 0b00_00_01)

정리하면, 고 언어는 2진수, 16진수, 허수, 8진수 등을 다룰 수 있다. 8진수는 0으로 시작하지만 나중에 코드를 읽는 사람이 실수하지 않도록 0o 접두어를 이용하여 가독성을 높이는 것이 좋다.

다음 절에서도 정수와 관련하여 흔히 저지르는 실수인 오버플로 처리에 대해 알아보자.

3.2 / #18 정수 오버플로를 무시하지 마라

고 언어에서 정수 오버플로를 처리하는 방식을 제대로 이해하지 않으면 심각한 버그가 발생할 수 있다. 이에 대해 자세히 알아보자. 본격적으로 살펴보기 전에 정수에 관련된 몇 가지 개념부터 복습해보겠다.

3.2.1 개념

고 언어에서 제공하는 정수 타입은 모두 열 가지다. 다음 표에 나온 것처럼 부호 있는 정수 타입과 부호 없는 정수 타입은 각각 네 가지가 있다.

부호 있는 정수	부호 없는 정수
int8 (8비트)	uint8 (8비트)
int16 (16비트)	uint16 (16비트)
int32 (32비트)	uint32 (32비트)
int64 (64비트)	uint64 (64비트)

표의 여덟 가지를 제외한 나머지 두 가지 정수 타입은 우리가 흔히 사용하는 int와 uint이다. 이 두 타입의 크기는 시스템마다 다르다. 32비트 시스템에서는 32비트고, 64비트 시스템에서는 64비트다.

다음으로 오버플로(overflow)에 대해 알아보자. 다음과 같이 int32를 최댓값으로 초기화한 뒤, 값을 하나 증가시키도록 코드를 작성했다. 실행하면 어떤 결과가 나올까?

```
var counter int32 = math.MaxInt32
counter++
fmt.Printf("counter=%d\n", counter)
```

이 코드는 문제없이 컴파일될 뿐만 아니라 실행할 때도 이상한 점은 없다. 하지만 counter++에서 정수 오버플로가 발생한다.

```
counter=-2147483648
```

정수 오버플로(integer overflow)는 산술 연산 과정에서 지정된 바이트 수로 표현할 수 있는 범위를 벗어날 때 발생한다. int32는 32비트로 표현된다. 따라서 int32가 표현할 수 있는 최댓값(math.MaxInt32)은 다음과 같다.

```
01111111111111111111111111111111
¦-----31개 비트가 1로 설정------¦
```

int32는 부호가 있는 정수이므로 양수일 때는 부호를 표시하는 왼쪽 끝 비트가 0이고, 음수일 때는 1이다. 이 값을 하나 증가시키면 그 결과를 표현할 비트가 모자라기 때문에 정수 오버플로가 발생한다. 이 상태를 비트로 표현하면 다음과 같다.

```
10000000000000000000000000000000
¦----31개 비트가 0으로 설정----¦
```

여기서 볼 수 있듯이 부호 비트가 음수를 의미하는 1로 바뀐다. 이 값은 32비트로 표현할 수 있는 부호 있는 정수 중에서 가장 작은 값에 해당한다.

> Note ≡ 음수 중에서 가장 작은 값은 11111111111111111111111111111111이 아니다. 대다수의 시스템은 이진수를 (모든 비트를 반전시킨 뒤 1을 더하는) 2의 보수로 표현한다. 주어진 x의 값에 관계없이 x + (−x)를 0으로 만들기 위해 나온 방식이다.

고 언어에서는 컴파일 시간에 발견할 수 있는 정수 오버플로에 대해 다음과 같이 컴파일 에러를 발생시킨다. 예를 들면 다음과 같다.

```
var counter int32 = math.MaxInt32 + 1

constant 2147483648 overflows int32
```

그러나 실행 시간에는 정수 오버플로나 정수 언더플로가 발생하더라도 아무런 경고 메시지가 나오지 않고 겉으로 드러나지 않게 조용히 실행된다. 그래서 버그가 조용히 숨어 있을 가능성이 있음을 반드시 명심해야 한다(예 정수 값을 증가시키거나 다른 값과 더하면 결과가 갑자기 음수가될 수 있다).

흔히 사용하는 연산에서 정수 오버플로를 감지하는 방법을 자세히 살펴보기 전에, 언제 이 문제를 신경 써야 하는지부터 알아보자. 요청 횟수나 기본 덧셈/곱셈 연산을 처리하는 경우를 비롯한 대다수 상황에서는 정수 타입이 딱 맞지 않더라도 크게 문제될 일은 없다. 하지만 메모리에 제약이 있어서 크기가 작은 정수 타입을 사용해야 하는데 큰 값을 다루거나 값을 변환할 때는 항상 오버플로 발생 가능성을 따져봐야 한다.

> Note ≡ 1996년 아리안 5(Ariane 5) 로켓은 발사에 실패했다[1]. 이 사고의 원인은 64비트 부동 소수점 수를 16비트 부호 있는 정수로 변환하는 과정에서 오버플로가 발생했기 때문이다.

3.2.2 값 증가 연산에서 발생하는 정수 오버플로 잡아내기

크기가 정해진 타입(int8, int16, int32, int64, uint8, uint16, uint32, uint64)으로 증가 연산을 수행하는 과정에서 발생하는 정수 오버플로를 잡아내려면, math 상수를 이용하여 값을 검사하면 된다. 예를 들어, int32를 사용할 때는 다음과 같이 처리할 수 있다.

```
func Inc32(counter int32) int32 {
    if counter == math.MaxInt32 { ---------- ❶
        panic("int32 overflow")
    }
    return counter + 1
}
```

---

1 https://www.bugsnag.com/blog/bug-day-ariane-5-disaster

❶ math.MaxInt32와 비교한다.

이 함수는 입력으로 주어진 값이 math.MaxInt32와 같은지 검사한다. 이렇게 하면 증가 연산을 수행할 때 오버플로가 발생하는지 알아낼 수 있다.

그렇다면 int와 uint도 이렇게 처리할 수 있을까? 고 1.17 이전에는 이러한 상수를 직접 만들어야 했다. 하지만 이제는 math 패키지를 통해 math.MaxInt와 math.MinInt, math.MaxUint 등이 제공된다. 따라서 int 타입에 대해 오버플로를 검사하려면 다음과 같이 math.MaxInt를 사용하면 된다.

```go
func IncInt(counter int) int {
    if counter == math.MaxInt {
        panic("int overflow")
    }
    return counter + 1
}
```

uint도 마찬가지다. math.MaxUint로 처리하면 된다.

```go
func IncUint(counter uint) uint {
    if counter == math.MaxUint {
        panic("uint overflow")
    }
    return counter + 1
}
```

지금까지 증가 연산에서 정수 오버플로가 발생하는지 알아내는 방법을 살펴봤다. 이어서 덧셈 연산에서 오버플로를 잡아내는 방법을 살펴보자.

3.2.3 덧셈 연산에서 발생하는 정수 오버플로 잡아내기

덧셈 연산에서 발생하는 정수 오버플로를 검사하려면 어떻게 해야 할까? 이번에도 math.MaxInt를 사용하면 된다.

```go
func AddInt(a, b int) int {
    if a > math.MaxInt-b {  ---------- ❶
        panic("int overflow")
    }
```

```
    return a+b
}
```

❶ 정수 오버플로가 발생하는지 검사한다.

이 예제에서 a와 b는 피연산자다. a가 math.MaxInt − b보다 크면 정수 오버플로가 발생한다. 다음
으로 곱셈 연산에서 발생하는 오버플로를 감지하는 방법을 알아보자.

3.2.4 곱셈 연산에서 발생하는 정수 오버플로 잡아내기

곱셈에서 오버플로를 잡아내는 방법은 좀 복잡하다. 최솟값(math.MinInt)에 대해 검사해야 하기
때문이다.

```
func MultiplyInt(a, b int) int {
    if a == 0 || b == 0 { ------------------------ ❶
        return 0
    }

    result := a * b
    if a == 1 || b == 1 { ---------------------- ❷
        return result
    }
    if a == math.MinInt || b == math.MinInt {  ----- ❸
        panic("integer overflow")
    }
    if result/b !=a { ---------------------------- ❹
        panic("integer overflow")
    }

    return result
}
```

❶ 두 피연산자 중 어느 하나가 0이면 0을 리턴한다.

❷ 두 피연산자 중 어느 하나가 1인지 검사한다.

❸ 두 피연산자 중 어느 하나가 math.MinInt인지 검사한다.

❹ 곱셈을 수행하면 정수 오버플로가 발생하는지 검사한다.

곱셈에서 발생하는 정수 오버플로를 검사하려면 여러 단계를 거쳐야 한다. 가장 먼저 피연산자 중에서 0, 1, math.MinInt가 있는지 검사한다. 그러고 나서 곱셈 결과를 b로 나눠서 a가 나오지 않으면 정수 오버플로가 발생한 것이다.

정리하면, 고 언어에서는 정수 오버플로와 언더플로가 발생하더라도 겉으로 드러나지 않는다. 이렇게 숨은 에러가 발생하지 않도록 오버플로를 검사하려면, 이 절에서 소개한 것처럼 유틸리티 함수를 만들어 사용하면 된다. 또한 고 언어는 큰 숫자를 다루는 math/big 패키지를 제공한다. int만으로 부족하다면 이 패키지를 활용하자.

다음으로 부동 소수점 타입에 관련된 문제를 살펴보겠다.

3.3 #19 부동 소수점을 정확하게 이해하라

고 언어에서 부동 소수점 타입은 (허수를 제외하면) float32와 float64라는 두 가지 타입이 있다. 부동 소수점은 정수 분수를 표현할 수 없다는 심각한 한계를 해결하기 위해 개발된 것이다. 문제를 겪고 나서야 깨닫지 않게 하기 위해 미리 알려주면, 부동 소수점 연산은 실제 산술 연산에 대해 근사치를 구하는 것이다. 이러한 근사 연산이 어떤 영향을 미치는지, 그리고 근사의 정확도를 높이려면 어떻게 해야 하는지 알아보겠다. 예를 들어, 다음과 같은 곱셈 코드를 살펴보자.

```
var n float32 = 1.0001
fmt.Println(n * n)
```

이 코드를 실행하면 1.0001 × 1.0001 = 1.00020001이 출력될 거라고 생각하기 쉽다. 하지만 대다수의 x86 프로세서는 1.0002를 출력한다. 그 이유를 이해하려면 부동 소수점 연산에 대해 알아야 한다.

float64 타입을 예로 들어보자. 실수에서 math.SmallestNonzeroFloat64(float64의 최솟값)보다 크고, math.MaxFloat64(float64의 최댓값)보다 작은 수는 무한하다. 하지만 float64 타입을 표현하는 비트 수는 64개로 유한하다. 무한 개의 값을 유한 공간에 끼워 넣을 수는 없기 때문에 근사값을 계산하는 것이다. 그래서 정밀도가 떨어지게 된다. float32 타입도 마찬가지다.

고 언어의 부동 소수점 타입은 IEEE-754 표준을 따른다. 즉, 소수를 표현하는 비트와 지수를 표현하는 비트로 구성된다. 소수부(mantissa)는 기본 값인 반면, 지수부(exponent)는 소수부에 적용할 배수다. 단정밀도(single-precision) 부동 소수점 타입(float32)에서 8비트는 지수를 나타내고, 23비트는 소수를 나타낸다. 배정밀도(double-precision) 부동 소수점 타입(float64)의 경우 지수부에 11비트를, 소수부에 52비트를 사용한다. 나머지 비트는 부호를 표현한다. 부동 소수점 수를 10진수로 변환하려면 다음과 같은 공식에 따라 계산한다.

$$부호 \times 2^{지수} \times 소수$$

그림 3-1은 1.0001을 float32 타입으로 표현한 예다. 여기서 지수는 8비트 초과/편향(excess/bias) 표기법을 따른다. 가령 01111111은 2^0을 의미한다. 한편 소수는 1.000100016593933과 같다(변환 방법에 대해서는 설명하지 않는다). 따라서 10진수로 $1 \times 2^0 \times 1.000100016593933$과 같다. 결론적으로 단정밀도 부동 소수점으로 저장된 값은 1.0001이 아니라 1.000100016593933이다. 낮은 정밀도는 저장된 값의 정확도에 영향을 미친다.

▼ 그림 3-1 float32 타입으로 1.0001을 표현한 모습

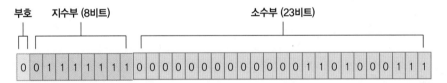

float32와 float64가 근사치라는 사실과 관련하여 개발 과정에서 어떤 점을 주의해야 할까? 먼저, 비교 연산에서 주의해야 한다. 부동 소수점 수 두 개를 == 연산자로 비교한 결과는 엄밀히 말해서 정확하지 않다. 그래서 오차가 일정 수준 이하임을 확인하려면 두 값을 뺀 결과를 확인해야 한다. 예를 들어, testify[2]라는 테스팅 라이브러리에 있는 InDelta 함수를 이용하면 주어진 두 값의 차이가 일정한 범위 안에 있는지 확인할 수 있다.

또한 부동 소수점 연산의 결과는 프로세서마다 달라질 수 있다는 점에 주의한다. 대부분은 부동 소수점 유닛(FPU, Floating-Point Unit)을 통해 처리한다. 하지만 FPU의 종류가 다른 프로세서의 실행 결과는 서로 다를 수 있다. 이럴 때는 두 값의 차이를 비교하는 방법을 이용하면 프로세서의 종류에 무관하게 처리할 수 있다.

---

2 https://github.com/stretchr/testify

지금까지 설명한 것처럼 10진수를 부동 소수점 수로 변환하면 정확도가 떨어진다. 변환 과정에서 발생하는 오차 때문에 그렇다. 여러 부동 소수점 연산을 연속해서 수행하면 이러한 오차가 누적된다는 사실을 명심하기 바란다.

그럼 동일한 연산을 다른 순서로 수행하는 두 함수의 예제를 살펴보자. f1은 먼저 float64를 10,000으로 초기화하고, 매번 연산을 수행한 결과에 1.0001을 (n번) 더한다. f2는 이와 반대로 (마지막에 10,000을 더하는 방식으로) 수행한다.

```
func f1(n int) float64 {
    result := 10_000.
    for i := 0; i < n; i++ {
        result += 1.0001
    }
    return result
}

func f2(n int) float64 {
    result := 0.
    for i := 0; i < n; i++ {
```

110

```
        result += 1.0001
    }
    return result + 10_000.
}
```

이제 이 함수를 x86 프로세서에서 실행한 결과를 살펴보자. 여기서는 n을 다양하게 적용해보겠다.

n	정확한 결과	f1	f2
10	10010.001	10010.000999999993	10010.001
1k	11000.1	11000.099999999293	11000.099999999982
1m	1.0101e+06	1.0100999999761417e+06	1.01009999999766762e+06

n이 커질수록 정확도가 떨어지는 것을 알 수 있다. 그리고 f2의 정확도가 f1보다 높다. 부동 소수점 연산에서 실행 순서도 결과의 정확도에 영향을 미칠 수 있다는 점을 기억해두자.

덧셈과 뺄셈을 연달아 수행할 때는 자릿수가 다른 값끼리 더하거나 빼기 전에, 자릿수가 비슷한 값끼리 더하거나 빼는 연산을 먼저 실행하도록 묶어야 한다. f2는 10,000을 더하기 때문에 최종 결과의 정확도는 f1보다 높아진다.

그렇다면 곱셈과 나눗셈은 어떨까? 예를 들어, 다음과 같은 식을 계산한다고 생각해보자.

$$a \times (b + c)$$

이 식은 다음과 같다.

$$a \times b + a \times c$$

여기서 a의 자릿수가 b나 c와는 다른 경우를 살펴보자.

```
a := 100000.001
b := 1.0001
c := 1.0002

fmt.Println(a * (b + c))
fmt.Println(a*b + a*c)

200030.00200030004
200030.0020003
```

정확한 계산 결과는 200,030.002다. 따라서 첫 번째 계산 결과의 정확도가 가장 낮다. 실제로 덧셈과 뺄셈, 곱셈과 나눗셈으로 구성된 부동 소수점 계산을 수행할 때 곱셈과 나눗셈부터 계산해야 정확도를 높일 수 있다. 때로는 계산 순서가 실행 시간에도 영향을 미친다(앞 예의 경우 연산을 두 번 하는 것보다 세 번 하는 방식이 빠르다). 따라서 정확도와 실행 시간 중 하나를 적절히 선택해야 한다.

고 언어에서 float32와 float64는 근사치를 표현한다. 따라서 다음과 같은 규칙을 염두에 두어야 한다.

- 부동 소수점 수 두 개를 비교할 때는 두 값의 차이가 일정한 범위 이내에 있는지 확인한다.
- 덧셈이나 뺄셈이나 그룹 연산을 수행할 때는 비슷한 자릿수끼리 계산해야 정확도가 높아진다.
- 속도보다는 정확도가 중요하다면 덧셈, 뺄셈, 곱셈, 나눗셈 중에서 곱셈과 나눗셈부터 수행한다.

다음 절에서는 슬라이스와 관련된 문제를 살펴본다. 슬라이스의 길이와 용량이라는 두 가지 핵심 개념에 초점을 맞춰 설명하겠다.

3.4 / #20 슬라이스의 길이와 용량을 정확하게 이해하라

슬라이스의 길이(length)와 용량(capacity)의 개념을 제대로 이해하지 않아서 둘 사이의 차이를 구분하지 못하는 고 프로그래머가 꽤 있다. 슬라이스 초기화, append를 이용한 원소 추가, 슬라이스 복제, 슬라이싱 등과 같은 핵심 연산을 효율적으로 처리하려면 두 개념을 확실히 이해해야 한다. 개념을 잘못 알고 있으면 슬라이스 관련 성능이 떨어지거나 (뒤의 절에서 설명하는) 메모리 누수가 발생할 수 있다.

고 언어에서 슬라이스는 배열을 기반으로 제공된다. 즉, 슬라이스에 추가되는 데이터는 배열에 연속적으로 저장된다. 또한 슬라이스는 내부 배열(backing array)이 가득 차면 공간을 늘리거나 내부 배열이 거의 빈 상태라서 공간을 축소하는 로직도 처리한다.

내부적으로 슬라이스는 배열에 대한 포인터, 길이, 용량에 대한 정보를 갖고 있다. 길이(length)는 슬라이스에 담긴 원소의 개수를 가리키고, 용량(capacity)은 내부 배열의 크기를 말한다. 구체적인 예를 통해 더 확실하게 알아보자. 먼저 다음과 같이 지정한 길이와 용량으로 슬라이스를 초기화한다.

```
s := make([]int, 3, 6) ---------- ❶
```

❶ 길이는 3이고 용량은 6이다.

길이를 나타내는 첫 번째 인수는 반드시 지정해야 한다. 하지만 용량을 나타내는 두 번째 인수는 생략해도 된다. 위 코드를 실행한 후의 메모리 상태를 그림으로 표현하면 그림 3-2와 같다.

❥ 그림 3-2 길이는 3이고 용량은 6인 슬라이스

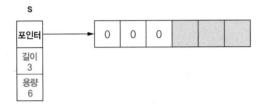

여기서 make는 원소가 여섯 개인 (즉, 용량이 6인) 배열을 생성한다. 길이는 3으로 지정했기 때문에 첫 세 원소만 초기화한다. 또한 슬라이스 타입이 []int이므로, 첫 세 원소는 int에서 0에 해당하는 값(0)으로 초기화된다. 회색으로 표시한 부분은 메모리에 할당은 됐지만 아직 사용하지 않은 영역이다.

이 슬라이스를 화면에 출력하면 길이 범위 내의 원소([0, 0, 0])를 볼 수 있다. s[1]을 1로 지정하면 슬라이스의 두 번째 원소는 이에 맞게 업데이트된다. 이때 슬라이스의 길이나 용량에는 영향을 미치지 않는다(그림 3-3).

❥ 그림 3-3 슬라이스의 두 번째 원소 업데이트: s[1] = 1

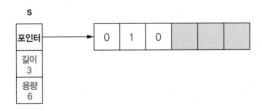

그러나 길이를 벗어나는 원소에 접근할 수는 없다. 메모리에 할당된 상태라도 그렇다. 예를 들어, s[4] = 0으로 지정하면 다음과 같은 에러가 발생한다.

```
panic: runtime error: index out of range [4] with length 3
```

슬라이스의 빈 공간을 사용하려면 어떻게 해야 할까? 내장 함수인 append를 사용하면 된다.

```
s = append(s, 2)
```

이 코드는 기존 s 슬라이스에 원소 하나를 새로 추가한다. 그러면 (할당만 되고 사용하지는 않은) 회색 영역 중 첫 번째에 원소 2를 저장한다(그림 3-4).

▼ 그림 3-4 s에 원소 하나 추가하기

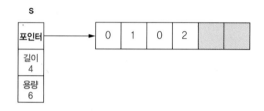

그러면 슬라이스 길이는 3에서 4로 바뀐다. 원소가 모두 네 개이기 때문이다. 이 상태에서 내부 배열의 남은 공간보다 많은, 원소 세 개를 더 추가하면 어떻게 될까?

```
s = append(s, 3, 4, 5)
fmt.Println(s)
```

이 코드를 실행하면 다음과 같이 요청한 대로 처리하는 것을 볼 수 있다.

```
[0 1 0 2 3 4 5]
```

배열의 크기는 고정되어 있기 때문에 원소 4까지는 저장할 수 있다. 하지만 5를 추가할 시점에는 배열이 꽉 차 있기 때문에 고 언어 런타임은 내부적으로 배열을 새로 만들어서 용량을 두 배로 늘린 다음, 기존 원소를 모두 복제하고 나서 5를 추가한다(그림 3-5).

▼ 그림 3-5 초기에 할당했던 내부 배열이 꽉 찼기 때문에 고 언어 런타임은 또 다른 배열을 만들어서 원소를 모두 복제한다.

이제 s 슬라이스는 새로 만든 내부 배열을 참조한다. 그렇다면 기존 내부 배열은 어떻게 될까? 아무도 참조하지 않은 힙 메모리는 나중에 가비지 컬렉터(GC, Garbage Collector)가 제거한다. (힙 메모리에 관련된 실수는 #95 "스택과 힙의 차이에 대해 완전히 이해하라"에서, GC 작동 방식에 대해서는 #99 "GC 작동 방식에 대해 완전히 이해하라"에서 소개한다.)

다음으로 슬라이싱 연산에 대해 알아보자. 슬라이싱(slicing)은 배열이나 슬라이스에 대한 반개방 구간(half-open range) 연산이다. 다시 말해 첫 번째 인덱스는 포함하고 두 번째 인덱스는 제외한다. 다음 코드를 보면서 구체적으로 알아보자. 실행 후 메모리 상태는 그림 3-6과 같다.

```
s1 := make([]int, 3, 6) ------ ❶
s2 := s1[1:3] ---------------- ❷
```

❶ 길이는 3이고 용량은 6인 슬라이스

❷ 인덱스 1부터 3까지 슬라이싱한다.

▼ 그림 3-6 슬라이스 s1과 s2는 동일한 내부 배열을 가리키고 있지만, 길이와 용량은 서로 다르다.

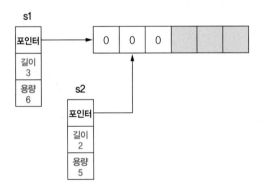

먼저 s1을 길이가 3이고 용량이 6인 슬라이스로 생성한다. s1을 슬라이싱 연산하여 s2를 만든다. 이때 두 슬라이스는 모두 동일한 내부 배열을 참조한다. 하지만 s2는 인덱스 1부터 시작하기 때문에 길이와 용량이 s1과 다른 2와 5가 된다. s1[1]이나 s2[0]을 업데이트하면 동일한 내부 배열에 결과가 반영되기 때문에 두 슬라이스 모두 해당 원소가 변경된다(그림 3-7).

▼ 그림 3-7 s1과 s2는 동일한 내부 배열을 사용하기 때문에 두 슬라이스에 동시에 포함된 원소를 변경하면 결과도 두 슬라이스에 똑같이 반영된다.

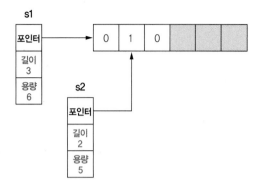

그렇다면 s2에 원소를 추가하면 어떻게 될까? 다음과 같이 실행하면 s1도 바뀔까?

```
s2 = append(s2, 2)
```

이번에는 s2의 길이만 바뀐다. 그림 3-8은 s2에 원소 하나를 추가한 상태를 보여준다.

s1은 여전히 길이가 3이고 용량이 6인 슬라이스이기 때문에, s1과 s2를 화면에 출력하면 s2에서만 추가된 원소를 볼 수 있다.

```
s1=[0 1 0], s2=[1 0 2]
```

append를 사용할 때 실수하지 않으려면 이러한 작동 방식을 반드시 알고 있어야 한다.

▼ 그림 3-8 s2에 원소 추가하기

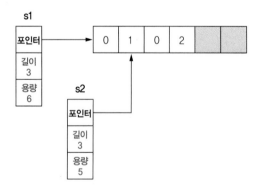

Note ≡ 지금까지 살펴본 예에서 내부 배열은 고 프로그래머가 직접 볼 수 없다. 단, 기준 배열에서 슬라이싱하여 생성한 슬라이스는 그렇지 않다.

마지막으로 한 가지 주의할 점이 있다. s2의 내부 배열이 꽉 찰 때까지 원소를 계속 추가하면 어떻게 될까? 메모리 관점에서 볼 때 어떤 상태에 도달할까? 구체적으로 살펴보기 위해 s2의 내부 배열 용량을 초과하도록 원소 세 개를 더 추가해보자.

```
s2 = append(s2, 3)
s2 = append(s2, 4)
s2 = append(s2, 5) ---------- ❶
```

❶ 이 시점에서 내부 배열은 이미 꽉 찬 상태다.

이 코드를 실행하면 그림 3-9와 같이 내부 변수가 새로 생성된다.

▼ 그림 3-9 내부 배열이 꽉 찰 때까지 s2에 원소 추가하기

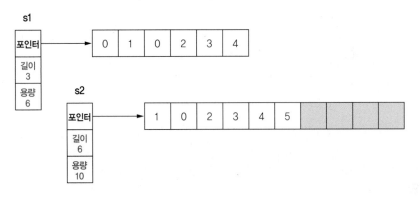

이 시점에서 s1과 s2는 서로 다른 배열을 참조하게 된다. s1은 여전히 길이가 3이고 용량이 6이기 때문에 공간에 여유가 있다. 따라서 처음 만든 배열을 그대로 사용한다. 새로 생성된 배열은 처음 생성된 배열에서 s2의 첫 번째 인덱스부터 복제한 것이다. 그래서 새 배열은 원소가 0이 아닌 1부터 시작한다.

정리하면, 슬라이스 길이는 슬라이스에 담긴 원소의 개수, 슬라이스 용량은 내부 배열에 담을 수 있는 원소의 개수다. 슬라이스가 꽉 찬 상태(길이 == 용량)에서 원소를 더 추가하면 새로운 용량으로 내부 배열을 새로 만들고, 기존 배열에 담긴 원소를 모두 새 배열로 복제한 뒤, 슬라이스의 배열 포인터도 새 배열로 바꾼다.

다음 절에서는 슬라이스를 초기화하는 과정에서 길이와 용량에 관련된 이슈를 살펴보자.

3.5 #21 비효율적인 슬라이스 초기화 관련 실수

슬라이스를 make로 초기화하면 길이를 반드시 지정해야 한다(용량은 생략해도 된다). 두 매개변수에 적합한 값을 지정하는 것을 깜빡하는 실수를 저지르기 쉬운데, 구체적으로 어떤 경우에 값을 지정해야 하는지 예를 통해 살펴보자.

Foo 타입 슬라이스를 Bar 타입 슬라이스로 매핑하는 convert 함수를 구현한다고 하자. 이때 두 슬라이스의 원소 개수는 동일하다. 첫 번째 버전으로 다음과 같이 구현할 수 있다.

```go
func convert(foos []Foo) []Bar {
    bars := make([]Bar, 0) -------------------- ❶

    for _, foo := range foos {
        bars = append(bars, fooToBar(foo)) ----- ❷
    }
    return bars
}
```

❶ 결과를 담을 슬라이스를 생성한다.

❷ Foo를 Bar로 변환해서 결과 슬라이스에 추가한다.

먼저 make([]Bar, 0)을 이용하여 Bar 타입 원소로 구성되는 빈 슬라이스를 하나 초기화한다. 그러고 나서 append를 이용하여 Bar 원소를 추가한다. 처음에는 bars가 비어 있기 때문에 첫 번째 원소를 추가하면 내부 배열에 크기 1만큼을 차지한다. 앞 절에서 설명했듯이 내부 배열이 가득 찰 때마다 고 런타임은 기존보다 용량이 두 배인 배열을 새로 만든다.

현재 배열이 가득 차서 새 배열을 생성하는 이 과정은 세 번째, 다섯 번째, 아홉 번째 원소를 추가할 때마다 반복된다. 이 알고리즘에 따르면 입력 슬라이스의 원소가 1,000개 이상일 때 내부 배열 10개를 할당하고 기존 배열에서 새 배열로 원소 1,000개 이상을 복제한다. 이렇게 하면 임시로 생성했던 배열을 모두 정리하는 데 GC가 추가로 작업을 해야 한다.

성능 측면에서 고 런타임을 도와줘야 한다. 방법은 두 가지다. 하나는 기존 코드를 재사용하되, 지정한 용량만큼 슬라이스를 할당하는 것이다.

```go
func convert(foos []Foo) []Bar {
    n := len(foos)
    bars := make([]Bar, 0, n) ------------------ ❶

    for _, foo := range foos {
        bars = append(bars, fooToBar(foo)) ----- ❷
    }
    return bars
}
```

❶ 길이는 0이고 용량은 n으로 초기화한다.

❷ bars에 새 원소를 추가하도록 업데이트한다.

유일하게 바뀐 부분은 bars를 생성할 때 용량을 foos의 길이인 n으로 지정한 것이다.

내부적으로 고 런타임은 원소 n개로 구성되는 배열을 미리 할당한다. 따라서 원소 n개를 추가하면 기존 내부 배열을 재사용하므로 할당 작업을 크게 줄일 수 있다.

다른 하나는 bars의 길이를 지정하는 것이다.

```go
func convert(foos []Foo) []Bar {
    n := len(foos)
    bars := make([]Bar, n) ---------- ❶

    for i, foo := range foos {
        bars[i] = fooToBar(foo) ----- ❷
    }
    return bars
}
```

❶ 길이를 n으로 초기화한다.

❷ bars 슬라이스의 i번째 원소를 설정한다.

bars의 길이는 n으로 설정되었고, 내부적으로 n개의 원소는 Bar의 초깃값으로 초기화되어 있다. 따라서 원소를 설정하려면 append가 아니라 bars[i]를 사용해야 한다.

지금까지 살펴본 세 방법 중 어느 것이 가장 좋을까? 각 방법에 백만 원소로 구성된 슬라이스를 입력해서 벤치마크를 돌려보면 다음과 같다.

```
BenchmarkConvert_EmptySlice-4          22      49739882 ns/op --------- ❶
BenchmarkConvert_GivenCapacity-4       86      13438544 ns/op --------- ❷
BenchmarkConvert_GivenLength-4         91      12800411 ns/op --------- ❸
```

❶ 빈 슬라이스를 적용하는 첫 번째 방법

❷ 용량을 지정하고 append를 사용하는 두 번째 방법

❸ 길이를 지정하고 bars[i]를 사용하는 세 번째 방법

보다시피 첫 번째 방법의 성능이 가장 나쁘다. 내부 배열을 계속 할당하고 원소 복제를 반복하면서 실행 시간이 다른 두 방법보다 거의 네 배나 느리다. 두 번째 방법과 세 번째 방법을 비교하면 내장 함수인 append를 호출하면 직접 대입하는 것보다 오버헤드가 약간 증가하기 때문에 세 번째 방법이 두 번째 방법에 비해 4%가량 빠르다.

용량을 지정하고 append를 사용하는 방법이, 길이를 지정하고 인덱스로 원소를 직접 대입하는 것보다 성능이 살짝 떨어진다. 그런데도 고 프로젝트에서 이 방식을 사용하는 이유는 뭘까? 카크로치 랩(Cockroach Labs)에서 개발한 오픈 소스 키-밸류 스토어인 페블(Pebble, https://github.com/cockroachdb/pebble)의 사례를 통해 구체적으로 살펴보자.

collectAllUserKeys 함수는 특정 바이트 슬라이스를 포맷하기 위해 구조체에 대한 슬라이스를 기준으로 루프를 돌아야 한다. 그 결과로 나오는 슬라이스의 길이는 입력 슬라이스의 두 배가 된다.

```
func collectAllUserKeys(cmp Compare,
    tombstones []tombstoneWithLevel) [][]byte {
    keys := make([][]byte, 0, len(tombstones)*2)
    for _, t := range tombstones {
        keys = append(keys, t.Start.UserKey)
        keys = append(keys, t.End)
    }
    // ...
}
```

여기서는 용량을 지정하고 append를 사용하는 방식으로 구현했다. 이유가 뭘까? 용량 대신 길이를 지정하는 방식을 사용한다면 코드는 다음과 같이 작성해야 한다.

```
func collectAllUserKeys(cmp Compare,
    tombstones []tombstoneWithLevel) [][]byte {
    keys := make([][]byte, len(tombstones)*2)
    for i, t := range tombstones {
        keys[i*2] = t.Start.UserKey
        keys[i*2+1] = t.End
```

```
        }
        // ...
    }
```

이 코드를 보면 슬라이스 인덱스를 다루는 과정에서 코드가 더 복잡해지는 것을 알 수 있다. 이 함수가 성능에 크게 민감하지 않다는 점을 감안해서 가독성이 더 높은 방식을 선택한 것이다.

슬라이스와 조건문

만약 슬라이스 길이를 미리 알 수 없다면 어떻게 해야 할까? 예를 들어, 출력 슬라이스의 길이가 조건에 따라 달라지는 경우가 있다.

```
func convert(foos []Foo) []Bar {
    // bars를 초기화한다.

    for _, foo := range foos {
        if something(foo) { --------- ❶
            // bar 원소를 추가한다.
        }
    }
    return bars
}
```

❶ 일정한 조건을 만족할 때만 Foo 타입 원소를 추가한다.

여기서는 특정한 조건을 만족할 때만(if something(foo)) Foo 타입 원소를 Bar 타입으로 변환해서 슬라이스에 추가한다. 그렇다면 bars를 빈 슬라이스로 초기화해야 할까? 아니면 길이나 용량을 지정해야 할까?

어느 방법이 확실히 좋다고 말하기 힘들다. 소프트웨어와 관련하여 오래전부터 존재하던 문제(예 CPU와 메모리 중 어느 쪽을 희생할 것인가)다. 99%의 경우, something(foo)가 참이라면 bars에 길이나 용량을 지정해서 초기화하는 것이 좋다. 즉, 각자 주어진 상황에 적합한 결정을 내려야 한다.

고 프로그래밍을 하다 보면 슬라이스 타입을 변환하는 일이 잦다. 지금까지 살펴본 것처럼 슬라이스의 길이를 미리 알고 있다면 빈 슬라이스를 할당하지 말고 길이나 용량을 지정하는 것이 좋다. 그중에서도 길이를 지정하는 것이 약간 더 빠르다는 것을 확인했다. 하지만 용량을 지정하고 append를 사용하는 방식이 코드를 작성하거나 읽기에는 더 쉽다.

다음 절에서는 nil과 빈 슬라이스의 차이를 살펴보고 고 프로그래머가 이 둘을 구분할 줄 알아야 하는 이유에 대해 알아본다.

3.6 #22 nil과 빈 슬라이스를 혼동하지 마라

고 프로그래머 중에서 nil과 빈 슬라이스를 헷갈리는 사람이 많다. 그런데 상황에 따라 둘 중 하나가 더 적합할 수 있다. 참고로 라이브러리는 nil과 빈 슬라이스를 명확히 구분한다. 슬라이스를 능숙하게 다루기 위해서는 개념을 제대로 이해하고 둘 사이를 명확히 구분할 필요가 있다. 예제를 살펴보기 전에 몇 가지 정의부터 보자.

- 슬라이스의 길이가 0이면 빈 슬라이스(empty slice)다.

- 슬라이스가 nil과 같으면 nil 슬라이스다.

그럼 슬라이스를 초기화하는 다양한 방법을 살펴보겠다. 다음 코드를 실행하면 어떤 결과가 나오는지 맞춰보자. 네 방법 모두 empty와 nil 중 하나로 출력된다.

```
func main() {
    var s []string ---------- ❶
    log(1, s)

    s = []string(nil) -------- ❷
    log(2, s)

    s = []string{} ---------- ❸
    log(3, s)

    s = make([]string, 0) ---- ❹
    log(4, s)
}

func log(i int, s []string) {
    fmt.Printf("%d: empty=%t\tnil=%t\n", i, len(s) == 0, s == nil)
}
```

❶ 방법 1 (0 값)

❷ 방법 2

❸ 방법 3

❹ 방법 4

이 코드를 실행한 결과는 다음과 같다.

```
1: empty=true nil=true
2: empty=true nil=true
3: empty=true nil=false
4: empty=true nil=false
```

네 슬라이스 모두 empty, 즉 길이가 0이다. 따라서 nil 슬라이스는 모두 empty 슬라이스다. 하지만 nil 슬라이스는 첫 번째와 두 번째뿐이다. 이처럼 다양한 초기화 방법 중에서 어느 것이 좋은 것일까? 이와 관련하여 두 가지 사항을 주목해야 한다.

- nil 슬라이스와 empty 슬라이스의 가장 큰 차이는 할당 방식에 있다. nil 슬라이스로 초기화하면 할당할 필요가 없지만, empty 슬라이스는 할당을 해야 한다.
- 슬라이스의 nil 여부와 관계없이 내장 함수인 append를 호출할 수 있다. 예를 들면 다음과 같다.

```
var s1 []string
fmt.Println(append(s1, "foo")) // [foo]
```

결론적으로 슬라이스를 리턴하는 함수를 작성할 경우 다른 언어와 달리 안전을 위해 nil이 아닌 컬렉션을 리턴하는 방식으로 처리하면 안 된다. nil 슬라이스는 할당을 하지 않아도 되기 때문에 empty 슬라이스보다는 nil 슬라이스를 리턴하는 것이 좋다. 스트링 슬라이스를 리턴하는 함수 예를 보자.

```
func f() []string {
    var s []string
    if foo() {
        s = append(s, "foo")
    }
    if bar() {
        s = append(s, "bar")
    }
    return s
}
```

foo와 bar 모두 false면 빈 슬라이스를 리턴한다. 특별한 이유 없이 빈 슬라이스가 할당되지 않도록 방법 1(var s []string)을 사용하는 것이 좋다. 길이가 0인 스트링을 이용하는 방법 4(make([]string, 0))도 가능하지만, 방법 1보다 특별히 나은 점은 없고 할당까지 해야 한다.

그러나 생성할 슬라이스의 길이를 아는 경우에는 방법 4(make([]string, length))를 이용해야 한다. 예를 들면 다음과 같다.

```go
func intsToStrings(ints []int) []string {
    s := make([]string, len(ints))
    for i, v := range ints {
        s[i] = strconv.Itoa(v)
    }
    return s
}
```

#21 "비효율적인 슬라이스 초기화 관련 실수"에서 설명했듯이, 지금과 같은 경우에는 필요 이상으로 할당하고 복제하지 않도록 길이나 용량을 지정해야 한다. 다음으로 슬라이스를 초기화하는 나머지 두 가지 방법(2, 3)을 살펴보자.

- **방법 2**: s := []string(nil)
- **방법 3**: s := []string{}

방법 2는 널리 사용되지는 않는다. 하지만 편의 구문(syntactic sugar)으로는 유용하다. append 같은 함수를 이용할 때 nil 슬라이스를 단 한 줄에 전달할 수 있기 때문이다.

```go
s := append([]int(nil), 42)
```

방법 1(var s []string)을 이용했다면 두 줄로 작성할 수밖에 없다. 가독성을 높이는 데 꼭 필요한 것은 아니지만, 알아두면 좋다.

> Note ≡   #24 "부정확한 슬라이스 복제 관련 실수"에서 nil 슬라이스에 추가하는 것이 좋은 이유를 소개한다.

이번에는 방법 3(s := []string{})에 대해 알아보자. 이 방법은 슬라이스를 생성할 때 초깃값을 넣을 경우 적합하다.

```go
s := []string{"foo", "bar", "baz"}
```

하지만 생성할 때 초깃값을 넣을 필요가 없는 경우에는 이 방법을 사용하면 안 된다. 슬라이스가 nil이 아닌 경우를 제외하면, 방법 1과 차이가 없다. 그래서 할당이 발생한다. 결론적으로 초깃값이 없는 경우에는 방법 3을 사용하지 않는다.

> Note ≡   린터 중에는 초깃값이 없는데 방법 3을 사용하는 경우를 찾아내서 방법 1로 바꾸도록 권장하는 것도 있다. 하지만 이렇게 하면 nil이 아닌 슬라이스가 nil 슬라이스로 바뀌면서 의미도 변한다는 점을 명심해야 한다.

또한 어떤 라이브러리는 nil 슬라이스와 empty 슬라이스를 구분한다. 예를 들면 encoding/json 패키지가 그렇다. 다음 코드는 두 구조체를 마샬링하는데, 하나는 nil 슬라이스를 담고 있고 다른 하나는 nil이 아닌 empty 슬라이스를 담고 있다.

```go
var s1 []float32 ----------------- ❶
    customer1 := customer{
    ID: "foo",
    Operations: s1,
}
b, _ := json.Marshal(customer1)
fmt.Println(string(b))

s2 := make([]float32, 0) --------- ❷
    customer2 := customer{
    ID: "bar",
    Operations: s2,
}
b, _ = json.Marshal(customer2)
fmt.Println(string(b))
```

❶ nil 슬라이스

❷ nil이 아닌 empty 슬라이스

이 예제를 실행하면 두 구조체에 대한 마샬링 결과가 다르다는 점에 주목하자.

```
{"ID":"foo","Operations":null}
{"ID":"bar","Operations":[]}
```

여기서 nil 슬라이스는 null 원소로 마샬링되는 반면, nil이 아닌 empty 슬라이스는 빈 배열로 마샬링된다. null과 []를 엄격히 구분하는 JSON 클라이언트 문맥에서 처리할 때는 이러한 차이를 명심해야 한다.

표준 라이브러리에서 nil과 nil이 아닌 empty 슬라이스를 구분하는 패키지는 encoding/json 말고도 더 있다. 예를 들어, reflect.DeepEqual은 nil 슬라이스와 nil이 아닌 empty 슬라이스를 비교하면 false를 리턴한다. 이러한 점은 단위 테스트 같은 문맥에서 반드시 구분해야 한다. 표준 라이브러리나 외부 라이브러리 중에서 어떤 것을 사용하더라도, 오류를 예방하려면 그 라이브러리의 방식을 확실히 따르는 것이 중요하다.

정리하면, 고 언어에서 nil 슬라이스와 empty 슬라이스는 엄연히 다르다. nil 슬라이스는 nil과 같지만, empty 슬라이스는 길이가 0인 빈 슬라이스다. nil 슬라이스도 비어 있어서 empty 슬라이스라고 볼 수 있지만, 반대로 empty 슬라이스는 nil이 아닐 수도 있다. 또한 nil 슬라이스는 할당되지 않는다. 이 절에서는 다음과 같이 문맥에 따라 슬라이스를 할당하는 다양한 방법을 살펴봤다.

- `var s []string`: 최종 길이를 모르고 슬라이스가 빌 수도 있는 경우

- `[]string(nil)`: nil 슬라이스이면서 empty 슬라이스를 생성하는 편의 구문

- `make([]string, length)`: 최종 길이를 아는 경우

마지막 방법인 `[]string{}`은 초깃값 없이 생성할 때는 사용하지 않는 것이 좋다. 마지막으로 현재 사용하는 라이브러리가 nil 슬라이스와 empty 슬라이스를 엄격하게 구분하는지 확인한다. 그래야 의도하지 않은 동작이 발생하는 일을 막을 수 있다.

다음 절에서는 함수를 호출한 후에 슬라이스가 비었는지 확인하는 가장 좋은 방법에 대해 계속해서 알아보자.

3.7 #23 슬라이스가 비었는지 제대로 확인하라

앞 절에서는 nil 슬라이스와 empty 슬라이스가 서로 다르다는 것을 설명했다. 이러한 차이점을 감안할 때 슬라이스에 원소가 있는지 확인하는 코드는 어떻게 작성해야 할까? 명확한 방법을 정하지 않으면 미묘한 버그가 발생할 수 있다.

이번에는 float32 타입 슬라이스를 리턴하는 getOperations 함수를 호출하는 경우를 살펴보자. 슬라이스에 원소가 있는 경우에만 handle 함수를 호출한다. (오류가 있는) 첫 번째 버전부터 살펴보자.

```go
func handleOperations(id string) {
    operations := getOperations(id)
    if operations != nil { -------------------- ①
        handle(operations)
    }
}

func getOperations(id string) []float32 {
```

```
    operations := make([]float32, 0) ----------- ❷

    if id == "" {
        return operations --------------------- ❸
    }

    // operations에 원소를 추가한다.

    return operations
}
```

❶ operations 슬라이스가 nil인지 확인한다.

❷ operations 슬라이스를 초기화한다.

❸ 주어진 id가 비어 있다면 operations를 리턴한다.

operations 슬라이스가 nil인지 확인하는 방식으로 슬라이스에 원소가 있는지 검사했다. 하지만 이렇게 하면 문제가 발생한다. getOperations는 nil 슬라이스가 아닌 empty 슬라이스를 리턴하고, 따라서 operations != nil을 검사하면 항상 true가 된다.

그럼 어떻게 바꿔야 할까? 한 가지 방법은 id가 비어 있으면 getOperations가 nil 슬라이스를 리턴하게 만드는 것이다.

```
func getOperations(id string) []float32 {
    operations := make([]float32, 0)

    if id == "" {
        return nil --------------------- ❶
    }

    // operations에 원소를 추가한다.

    return operations
}
```

❶ operations가 아닌 nil을 리턴한다.

id가 비었을 때 operations 대신 nil을 리턴하게 바꾸면 슬라이스가 nil과 동등한지 확인하는 코드를 작성할 수 있다. 하지만 이렇게 하더라도 문제가 발생하는 경우가 있다. 호출 대상을 변경할 수 없는 경우가 있기 때문이다. 예를 들어, 외부 라이브러리를 사용하는 경우에는 empty 슬라이스를 nil로 바꾸도록 수정할 수 없다.

그렇다면 슬라이스가 비었는지 아니면 전체가 nil인지 검사하려면 어떻게 해야 할까? 다음과 같이 길이를 검사하면 된다.

```go
func handleOperations(id string) {
    operations := getOperations(id)
    if len(operations) != 0 {  ------------- ❶
        handle(operations)
    }
}
```

❶ 슬라이스 길이를 검사한다.

앞 절에서 빈 슬라이스는 본래 정의에 의해 길이가 0이라고 설명했다. 참고로 nil 슬라이스도 항상 비어 있다. 그래서 슬라이스 길이를 검사하면 모든 경우를 걸러낼 수 있다.

- 슬라이스가 nil이고 len(operations) != 0이면 false
- 슬라이스가 nil은 아니지만 비어 있고, len(operations) != 0인 경우에도 false

따라서 길이를 검사하는 방법이 가장 바람직하다. 우리가 호출하는 함수를 항상 수정할 수 있는 것은 아니기 때문이다. 고 언어의 공식 문서에서는 인터페이스를 디자인할 때 nil 슬라이스와 empty 슬라이스를 구분하는 방식은 피하라고 권장한다. 미묘한 에러를 발생시킬 수 있기 때문이다. 리턴하는 슬라이스가 nil인지, 아니면 비어 있는지에 따라 의미나 구문이 달라지면 안 된다. 호출하는 입장에서 볼 때 두 경우 모두 의미는 같기 때문이다. 이 원칙은 맵에도 똑같이 적용된다. 맵이 비어 있는지 검사하려면 nil 여부를 확인하지 말고 길이를 확인한다.

다음 절에서는 슬라이스를 제대로 복제하는 방법에 대해 알아보자.

3.8 #24 부정확한 슬라이스 복제 관련 실수

내장 함수인 copy를 이용하면 원본 슬라이스의 원소를 대상 슬라이스로 복제할 수 있다. 꽤 유용한 함수지만 이 기능을 잘못 이해하는 경우가 많다. 그중에서도 가장 많이 하는 실수는 복제하는 원소 개수를 착각하는 경우다.

다음 코드는 슬라이스를 생성한 뒤, 그 안에 있는 원소를 다른 슬라이스로 복제한다. 코드를 실행하면 어떤 결과가 나올까?

```go
src := []int{0, 1, 2}
var dst []int
copy(dst, src)
fmt.Println(dst)
```

이 코드를 실행하면 [0 1 2]가 아닌, []이 출력된다. 어디서 잘못됐을까?

copy 함수를 제대로 사용하려면 대상 슬라이스로 복제되는 원소의 개수가 다음 두 값 중 적은 쪽 (최솟값)에 맞춰진다는 점을 명심해야 한다.

- 원본 슬라이스의 길이
- 대상 슬라이스의 길이

앞에서 src 슬라이스의 길이는 3인 반면, dst 슬라이스는 비어 있기 때문에 길이가 0이다. 따라서 copy 함수가 복제할 원소 개수는 3과 0의 최솟값인 0이 된다. 그래서 빈 슬라이스란 결과가 나오는 것이다.

제대로 복제하게 만들려면 대상 슬라이스의 길이가 반드시 원본 슬라이스의 길이보다 크거나 같아야 한다. 이를 위해 다음과 같이 원본 슬라이스의 길이를 지정한다.

```go
src := []int{0, 1, 2}
dst := make([]int, len(src)) ········ ❶
copy(dst, src)
fmt.Println(dst)
```

❶ dst 슬라이스에 길이를 지정해서 생성한다.

이렇게 하면 dst는 길이가 3으로 초기화되기 때문에 원소 세 개가 복제된다. 이 코드를 실행하면 [0 1 2]란 결과가 나온다.

> Note ≡ 흔히 저지르는 또 다른 실수로, copy를 호출할 때 인수의 순서를 바꿔 쓰는 경우가 있다. 인수에서 항상 대상 슬라이스를 먼저 지정하고, 그 뒤에 원본 슬라이스를 가리키는 인수를 지정한다는 점을 명심하자.

슬라이스 원소를 복제하는 방법은 내장 함수인 copy를 사용하는 방법 말고도 다양하다. 그중에서도 가장 널리 사용되는 방법을 한 가지 더 소개하자면 다음과 같이 append를 사용하는 것이다.

```
src := []int{0, 1, 2}
dst := append([]int(nil), src…)
```

여기서는 원본 슬라이스 뒤에 nil 슬라이스를 추가했다. 이렇게 하면 길이가 3이고 용량도 3인 슬라이스가 복제되어 생성된다. 이 방법은 한 줄에 처리할 수 있다는 장점이 있지만 copy를 사용하는 것이 더 잘 알려져 있고 관용적으로 사용되기 때문에 한 줄 더 작성하더라도 이해하기 쉽다.

한 슬라이스에서 원소를 복제하는 건 꽤 흔한 작업이다. copy로 처리할 때 대상에 복제하는 원소의 수는 두 슬라이스 길이 중 최솟값에 따른다고 앞에서 설명했다. 또한 슬라이스를 복제하는 방법은 여러 가지라는 사실도 항상 염두에 둔다면 코드를 읽다가 다른 방식으로 복제하는 구문을 보더라도 쉽게 이해할 수 있을 것이다.

다음 절에서도 계속해서 슬라이스에서 append를 사용할 때 흔히 저지르는 실수에 대해 알아보자.

3.9 #25 슬라이스 append 연산과 관련된 예상치 못한 부작용

이번에는 append를 사용할 때 흔히 저지르는 실수에 대해 알아보자. 상황에 따라 예상치 못한 부작용이 발생할 수도 있다. 다음 예제에서는 s1 슬라이스를 초기화한 뒤, s1을 슬라이싱해서 s2를 생성하고, 다시 s2 뒤에 원소 하나를 추가해서 s3를 만든다.

```
s1 := []int{1, 2, 3}
s2 := s1[1:2]
s3 := append(s2, 10)
```

s1은 원소 세 개로 초기화하고, 이렇게 만든 s1을 슬라이싱해서 s2를 만든다. 그리고 나서 append를 이용하여 s3를 만든다. 이 코드가 실행을 마쳤을 때 세 슬라이스의 상태가 어떨지 한번 맞춰보자.

위 코드에서 두 번째 줄을 실행하고 나면 s2가 생성되는데 이때 s1과 s2의 메모리 상태를 그림으로 표현하면 그림 3-10과 같다. s1은 길이와 용량이 3이고, s2는 길이는 1이고 용량은 2다. 앞 절에서 설명했듯이 둘 다 내부 배열은 같다. append를 이용하여 원소 하나를 추가하면 먼저 해당 슬라이스가 가득 찼는지('길이 == 용량'인지) 검사한다. 가득 차지 않았다면 append는 해당 원소를 포함하도록 내부 배열을 업데이트하는 방식으로 원소를 추가하고, 그 결과로 나오는 슬라이스를 리턴하면서 길이를 1만큼 증가시킨다.

▼ 그림 3-10 두 슬라이스 모두 동일한 배열을 참조하지만 길이와 용량은 각각 다르다.

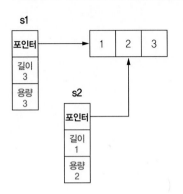

여기서는 s2가 가득 차지 않은 상태다. 원소 하나를 더 추가할 수 있다. 그림 3-11은 위 코드를 모두 실행한 후 세 슬라이스의 상태를 나타낸 것이다.

▼ 그림 3-11 모두 동일한 내부 배열을 사용한다.

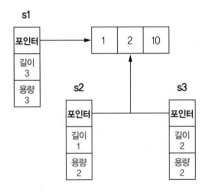

내부 배열을 보면 마지막 원소가 10이 되도록 업데이트되었다. 따라서 세 슬라이스를 화면에 출력하면 다음과 같은 결과를 볼 수 있다.

    s1=[1 2 10], s2=[2], s3=[2 10]

s1 슬라이스의 내용이 변했다. s1[2]나 s2[1]을 직접 업데이트하지 않았는데도 말이다. 이러한 특성을 명심해서 의도하지 않은 결과가 나오지 않도록 주의해야 한다.

그럼 이러한 특성이 슬라이싱 연산 결과를 다른 함수에 전달할 때 어떤 영향을 미치는지 알아보자. 다음 코드를 보면 슬라이스 하나를 원소 세 개로 초기화한 뒤, 첫 번째와 두 번째 원소만 함수 호출에 전달한다.

```go
func main() {
    s := []int{1, 2, 3}

    f(s[:2])
    // s를 사용한다.
}

func f(s []int) {
    // s를 업데이트한다.
}
```

여기서 f가 첫 번째 원소와 두 번째 원소를 업데이트하면 그 결과를 main에 있는 슬라이스에서도 볼 수 있다. 하지만 f가 append를 호출하면 첫 번째와 두 번째 원소만 전달하더라도 세 번째 원소까지 업데이트된다. 예를 들면 다음과 같다.

```go
func main() {
    s := []int{1, 2, 3}

    f(s[:2])
    fmt.Println(s) // [1 2 10]
}

func f(s []int) {
    _ = append(s, 10)
}
```

안전을 위해 세 번째 원소를 보호하고 싶다면, 즉 f가 s를 바꾸지 못하게 하려면 두 가지 방법을 고려할 수 있다.

첫 번째 방법은 슬라이스의 복제본을 전달한 뒤, 결과 슬라이스를 만드는 것이다.

```go
func main() {
    s := []int{1, 2, 3}
    sCopy := make([]int, 2)
    copy(sCopy, s) ---------------------- ❶

    f(sCopy)
    result := append(sCopy, s[2]) ------- ❷
    // s를 사용한다.
}
```

```
func f(s []int) {
    // s를 업데이트한다.
}
```

❶ 첫 번째와 두 번째 원소를 sCopy로 복제한다.

❷ s[2]를 sCopy 뒤에 추가해서 결과 슬라이스를 생성한다.

f에 전달한 것은 복제본이기 때문에 이 함수가 append를 호출하더라도 첫 번째와 두 번째 원소의 범위를 벗어나는 곳에 부작용이 발생하지 않는다. 그러나 이 방법은 코드가 좀 복잡해져서 가독성이 떨어지고, 복제 연산이 추가되기 때문에 슬라이스가 크면 성능에 영향을 미친다.

두 번째 방법은 부작용이 발생할 수 있는 범위를 첫 번째와 두 번째 원소에만 국한시키는 것이다. 이 방법을 사용하려면 s[low:high:max] 형식의 완전한 슬라이스 표현식(full slice expression)으로 작성해야 한다. 이 방식은 s[low:high]로 만들 때와 비슷하지만 결과로 나오는 슬라이스의 용량이 max - low라는 점이 다르다. 예를 들어, f를 호출하는 방법은 다음과 같다.

```
func main() {
    s := []int{1, 2, 3}

    f(s[:2:2]) ----------- ❶
    // s를 사용한다.
}

func f(s []int) {
    // s를 업데이트한다.
}
```

❶ 부분 슬라이스를 완전한 슬라이스 표현식으로 전달한다.

여기서 f에 전달한 슬라이스는 s[:2]가 아니라 s[:2:2]다. 따라서 이 슬라이스의 용량은 2 - 0 = 2가 된다. 그림으로 표현하면 그림 3-12와 같다.

▼ 그림 3-12 s[0:2]는 길이가 2이고 용량이 3인 슬라이스를 생성하는 반면, s[0:2:2]는 길이가 2이고 용량이 2인 슬라이스를 생성한다.

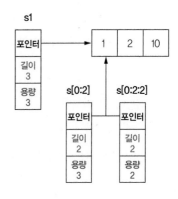

3.10 #26 슬라이스와 메모리 누수 관련 실수

이번에는 기존 슬라이스나 배열을 슬라이싱할 때 메모리 누수(memory leak)가 발생하는 경우에 대해 알아보자. 여기서는 두 가지 경우를 소개한다. 하나는 용량이 새는 경우이고, 다른 하나는 포인터와 관련된 경우다.

3.10.1 용량 누수

먼저 용량 누수(capacity leakage)가 발생하는 경우다. 이를 위해 직접 정의한 바이너리 프로토콜을 구현하는 예를 살펴보자. 메시지는 백만 바이트까지 담을 수 있고, 첫 5바이트는 메시지 타입을 가리킨다. 이 형식에 따라 작성된 메시지를 받은 뒤, 감시 목적으로 최근 1,000가지 메시지 타입을 메모리에 저장하려고 한다. 이를 처리하는 함수의 골격은 다음과 같다.

```go
func consumeMessages() {
    for {
        msg := receiveMessage() -------------------- ❶
        // msg를 처리하는 작업을 수행한다.
        storeMessageType(getMessageType(msg)) ----- ❷
    }
}

func getMessageType(msg []byte) []byte { ---------- ❸
    return msg[:5]
}
```

❶ []byte 슬라이스를 받아서 msg에 새로 할당한다.

❷ 최근 1,000가지 메시지 타입을 메모리에 저장한다.

❸ msg를 슬라이싱해서 메시지 타입을 추출한다.

getMessageType 함수는 입력 슬라이스를 슬라이싱하는 방식으로 메시지 타입을 추출한다. 구현한 코드를 테스트해보면 정상 작동한다. 그런데 애플리케이션을 배포했더니 메모리를 1GB나 사용하는 것을 발견했다. 원인이 뭘까?

msg[:5]를 이용하여 msg를 슬라이싱하면 길이가 5인 슬라이스를 생성한다. 그런데 용량은 본래 슬라이스와 동일하게 유지된다. 나머지 원소는 여전히 메모리에 남아 있다. msg를 참조하지 않아도 그렇다. 길이가 백만 바이트인 메시지를 이용하여 위 코드를 한번 테스트해보자. 그림으로 표현하면 3–13과 같다.

❤ 그림 3–13 루프를 새로 돌고 나면 msg는 더 이상 사용하지 않는다. 하지만 내부 배열은 여전히 msg[:5]에서 사용된다.

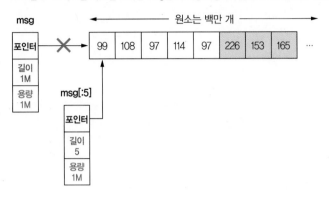

슬라이싱 연산을 수행한 후에도 슬라이스의 내부 배열에는 여전히 백만 바이트가 담겨 있다. 따라서 메시지 타입 1,000개를 메모리에 저장하면 5KB를 차지하는 것이 아닌 1GB 메모리를 차지한다.

이 문제를 어떻게 해결할 수 있을까? 다음과 같이 msg를 슬라이싱하지 않고, 복제본을 만드는 방법이 있다.

```
func getMessageType(msg []byte) []byte {
    msgType := make([]byte, 5)
    copy(msgType, msg)
    return msgType
}
```

복제 방식으로 처리하기 때문에 msgType은 입력된 메시지의 크기에 관계없이 항상 길이와 용량이 5다. 따라서 메시지 타입마다 5바이트만 차지한다.

완전한 슬라이스 표현식과 용량 누수

완전한 슬라이스 표현식으로 이 문제를 해결할 수는 없을까? 예를 들어, 다음 코드를 살펴보자.

```
func getMessageType(msg []byte) []byte {
    return msg[:5:5]
}
```

◐ 계속

여기서 getMessageType은 초기 슬라이스를 길이와 용량이 5인 슬라이스로 압축한 버전을 리턴한다. 하지만 그러면 5바이트를 벗어난 영역의 메모리를 GC가 회수하지 않을까? 고 언어 규격에 따르면 이런 동작은 공식적으로 정의되어 있지 않다. 하지만 runtime.Memstats를 이용하면 메모리 할당자의 통계(☒ 힙에 할당된 바이트 수 등)를 기록할 수 있다.

```
func printAlloc() {
    var m runtime.MemStats
    runtime.ReadMemStats(&m)
    fmt.Printf("%d KB\n", m.Alloc/1024)
}
```

getMessageType을 호출한 후에 이 함수를 호출하고 runtime.GC()를 호출해서 강제로 가비지 컬렉션을 수행하게 만들면, 접근할 수 없는 영역을 회수하지 않는 것을 알 수 있다. 내부 배열 전체가 여전히 메모리에 그대로 남는다. 따라서 (나중에 고 언어에서 이 문제를 해결하지 않는 한) 완전한 슬라이스 표현식을 사용하는 것은 바람직한 방법이 아니다.

정리하면, 거대한 슬라이스나 배열을 슬라이싱하면 메모리 소비가 매우 커질 수 있다는 점을 기억하자. 나머지 공간을 GC가 회수하지 않기 때문에 실제로 사용하는 원소가 적더라도 내부 배열이 아주 커질 수 있다. 슬라이스를 복제하면 이런 문제를 방지할 수 있다.

3.10.2 슬라이스와 포인터

지금까지 슬라이싱 연산을 사용할 때 용량에 의한 누수가 발생하는 문제에 대해 살펴봤다. 그렇다면 내부 배열의 일부분으로 남아 있지만, 슬라이스 길이의 범위를 벗어난 원소들은 어떻게 될까? GC가 이 부분도 회수할까?

예제를 통해 직접 알아보자. 먼저 다음과 같이 바이트 슬라이스로 구성된 Foo 구조체를 만든다.

```
type Foo struct {
    v []byte
}
```

다음과 같이 각 단계를 거칠 때마다 메모리를 검사하려고 한다.

1. Foo 원소 1,000개로 구성된 슬라이스를 할당한다.

2. 각 Foo 원소에 대해 루프를 돌면서 v 슬라이스에 대해 1MB씩 할당한다.

3. keepFirstTwoElementsOnly를 호출한다. 그러면 슬라이싱을 통해 첫 번째와 두 번째 원소만

리턴한다. 그러고 나서 GC를 호출한다.

keepFirstTwoElementsOnly를 호출하고 GC를 호출한 후의 메모리 변화를 관찰해보자. 이를 위해 다음과 같이 시나리오를 구성한다(앞에서 언급했던 printAlloc 함수를 재사용한다).

```go
func main() {
    foos := make([]Foo, 1_000) ----------------- ❶
    printAlloc()

    for i := 0; i < len(foos); i++ { ---------- ❷
        foos[i] = Foo {
            v: make([]byte, 1024*1024),
        }
    }
    printAlloc()

    two := keepFirstTwoElementsOnly(foos) ------ ❸
    runtime.GC() ------------------------------ ❹
    printAlloc()
    runtime.KeepAlive(two) -------------------- ❺
}

func keepFirstTwoElementsOnly(foos []Foo) []Foo {
    return foos[:2]
}
```

❶ 원소 1,000개로 구성된 슬라이스를 할당한다.

❷ 각 원소마다 1MB 크기의 슬라이스를 하나씩 할당한다.

❸ 첫 번째와 두 번째 원소만 남긴다.

❹ GC를 실행해 힙을 강제로 정리한다.

❺ 두 변수에 대한 레퍼런스를 유지한다.

이 예제에서 foos 슬라이스를 할당하면, 각 원소마다 1MB 크기의 슬라이스가 할당된다. 그러고 나서 keepFirstTwoElementsOnly와 GC를 호출한다. 마지막으로 GC를 호출한 후에 runtime. KeepAlive로 가비지 컬렉션되지 않게 만들어서 two 변수에 대한 레퍼런스를 유지한다.

나머지 998개 원소와 슬라이스에 할당된 데이터는 더 이상 접근하는 곳이 없기 때문에 GC에서 회수할 거라고 생각하기 쉽다. 하지만 그렇지 않다. 가령 위 코드를 실행하면 다음과 같은 결과를 볼 수 있다.

```
83 KB
1024072 KB
1024072 KB ------- ❶
```

❶ 슬라이싱 연산 후의 결과

첫 번째 결과를 보면 83KB가 할당되었다. 실제로 Foo에서 0에 해당하는 값을 1,000개 할당했다. 두 번째 줄을 보면 슬라이스마다 1MB가 할당되어 메모리 사용량이 늘어났다. 그런데 마지막 코드를 실행한 후에도 GC는 나머지 원소 998개를 회수하지 않았다. 왜 그럴까?

이 특성은 슬라이스를 다룰 때 반드시 알아두어야 한다. 원소가 포인터나 포인터 필드를 가진 구조체라면, GC는 그 원소를 회수하지 않는다. 예제에서 Foo에 (내부 배열을 가리키는 포인터인) 슬라이스를 하나씩 갖고 있기 때문에, 나머지 Foo 원소 998개와 그 안에 있는 슬라이스는 회수되지 않는다. 따라서 나머지 998개 원소에 접근할 수 없더라도 keepFirstTwoElementsOnly에서 리턴하는 변수를 참조하는 동안에는 메모리에 그대로 남게 된다.

이처럼 나머지 Foo 원소에 의해 누수되는 현상을 막으려면 어떻게 해야 할까? 첫 번째 방법은 앞에서 본 것처럼 슬라이스를 복제하는 것이다.

```
func keepFirstTwoElementsOnly(foos []Foo) []Foo {
    res := make([]Foo, 2)
    copy(res, foos)
    return res
}
```

슬라이스의 첫 번째와 두 번째 원소에 대한 복제본을 만들기 때문에 GC는 나머지 998개 원소를 더 이상 참조하지 않는다고 판단하여 모두 회수한다.

두 번째 방법은 내부 용량은 1,000개로 그대로 유지하면서 슬라이스에서 더 이상 필요 없는 원소를 명시적으로 nil로 지정하는 것이다.

```
func keepFirstTwoElementsOnly(foos []Foo) []Foo {
    for i := 2; i < len(foos); i++ {
        foos[i].v = nil
    }
    return foos[:2]
}
```

여기서는 길이가 2이고 용량이 1,000인 슬라이스를 리턴한다. 그런데 두 원소를 제외한 나머지를 nil로 지정했기 때문에 GC는 남은 998개 내부 배열을 회수한다.

둘 중 어느 방법이 좋을까? 용량을 1,000개로 유지하고 싶지 않다면 첫 번째 방법이 좋지만, 원소의 개수에 따라 선택이 달라질 수 있다. 그림 3-14는 슬라이스에 담긴 원소가 n개이고 그중 i개원소를 유지하고 싶을 때, 두 가지 방법을 선택하는 상황을 그림으로 표현한 것이다.

❤ 그림 3-14 첫 번째 방법은 i에 도달할 때까지 루프를 도는 반면, 두 번째 방법은 i부터 루프를 돈다.

첫 번째 방법: 0번 원소부터 i-1번 원소까지 루프를 돌면서 복사한다.

두 번째 방법: i번 원소부터 n번 원소까지 nil을 설정한다.

첫 번째 방법은 원소를 i개 복제한다. 따라서 0번 원소부터 i번 원소까지 루프를 돌아야 한다. 두 번째 방법은 슬라이스의 나머지 부분을 nil로 만든다. 따라서 i번 원소부터 n번 원소까지 루프를 돈다. 성능에 민감하고 i가 0보다 n에 가깝다면 두 번째 방법이 좋다. 루프를 도는 횟수가 적어지기 때문이다(두 가지 방법에 대해 직접 벤치마킹해보는 것이 좋다).

이 절에서는 메모리 누수와 관련하여 발생 가능한 문제 두 가지를 살펴봤다.

첫째, 기존 슬라이스나 배열에 대한 슬라이싱 연산을 수행할 때 용량을 보존하는 과정에서 발생한다. 큰 슬라이스를 다루고, 그중 일부분만 남기고 다시 슬라이싱하면 메모리의 상당 부분이 그대로 할당되어 있으면서 사용하지도 못하는 상태가 된다.

둘째, 문제는 포인터나 포인터 필드를 가진 구조체에 대해 슬라이싱 연산을 수행할 때, GC가 나머지 영역을 회수하지 못하는 경우가 있다. 이를 잘 알아두었다가 실전에서 마주치면 복제본을 만들거나 나머지 원소나 해당 필드를 명시적으로 nil로 지정하는 방법이 있다는 사실을 기억하자.

다음으로 맵 초기화에 관련된 문제를 살펴보겠다.

3.11 #27 비효율적인 맵 초기화 관련 실수

이번에는 슬라이스 초기화와 비슷하지만 맵에서 발생하는 문제에 대해 알아보자. 그 전에 먼저 고 언어에서 제공하는 맵이 어떻게 구현됐는지 이해할 필요가 있다. 그래야 맵 초기화를 변형하는 것이 왜 중요한지 이해할 수 있다.

3.11.1 개념

맵(map)은 비정렬(unordered) 키-값 쌍(key-value pair)으로, 키는 중복되지 않고 서로 구분된다. 고 언어에서 맵은 해시 테이블 데이터 구조를 기반으로 제공된다. 해시 테이블(hash table)은 내부적으로 버킷에 대한 배열로 구성되며, 각 버킷(bucket)은 키-값 쌍으로 구성된 배열을 가리키는 포인터다. 그림으로 표현하면 그림 3-15와 같다.

▼ 그림 3-15 해시 테이블 예(버킷 0의 구성)

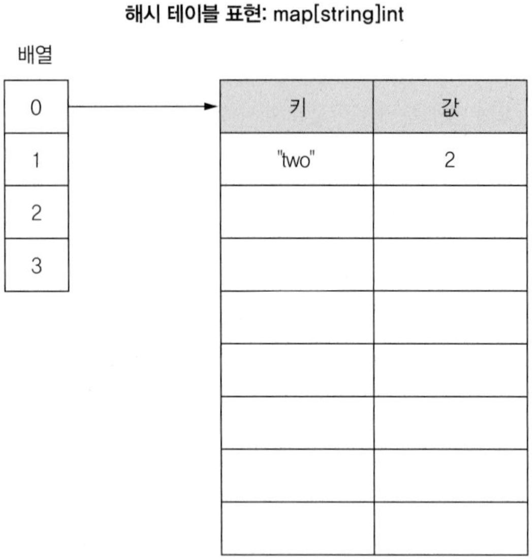

해시 테이블 표현: map[string]int

배열

		키	값
0	→		
1		"two"	2
2			
3			

그림 3-15에서 배열의 원소 네 개는 내부 해시 테이블을 가리키고 있다. 이 배열의 인덱스를 보면 버킷 하나가 키-값 쌍(으로 구성된 원소) 하나로 구성된다. 가령 인덱스가 0인 원소는 "two"/2를 가리킨다. 버킷은 모두 여덟 개 원소로 구성되며 각각의 크기는 일정하다.

각 연산(읽기, 수정, 추가, 삭제)은 키를 배열 인덱스에 대응시키는 방식으로 처리된다. 이 과정에서 해시 함수(hash function)를 사용한다. 해시 함수는 주어진 키에 대해 항상 일정한 버킷을 리턴하므로 안정적이다. 이전 예제에서 hash("two")를 호출하면 0을 리턴하므로, 원소는 배열 인덱스 0이 가리키는 버킷에 저장된 것을 알 수 있다.

원소를 추가할 때(insert 연산) 해당 키에 대해 해시 함수가 동일한 인덱스를 리턴할 경우, 고 런타임은 동일한 버킷에 원소를 추가한다(그림 3-16).

▼ 그림 3-16 hash("six")는 0을 리턴한다. 따라서 해당 원소를 "two"와 동일한 버킷에 추가한다.

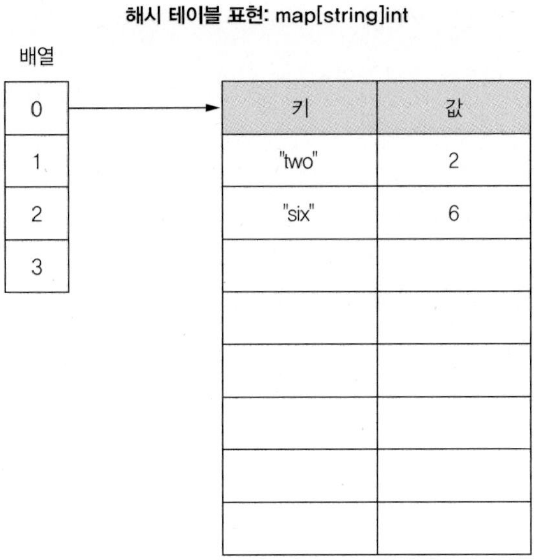

해시 테이블 표현: map[string]int

배열

| 0 |
| 1 |
| 2 |
| 3 |

키	값
"two"	2
"six"	6

이미 버킷이 가득 찬 상태에서 추가하면(버킷 오버플로), 고 런타임은 원소가 여덟 개인 버킷을 새로 만들어서 이전 버킷과 연결한다(그림 3-17).

▼ 그림 3-17 버킷 오버플로가 발생할 경우, 고 런타임은 버킷 하나를 새로 할당해서 이전 버킷과 연결한다.

해시 테이블 표현: map[string]int

배열

| 0 |
| 1 |
| 2 |
| 3 |

키	값
"two"	2
"six"	6
...	...
...	...
...	...
...	...
...	...
...	...

─ 다음 버킷 ─

키	값
"forty-two"	42

읽기(read), 수정(update), 삭제(update) 연산을 수행할 때 고 런타임은 해당 배열 인덱스부터 계산해야 하는데, 이를 위해 모든 키를 순차적으로 검색한다. 따라서 세 가지 연산에 대한 최악의 시간

복잡도(worst-case time complexity)는 O(p)가 된다. 여기서 p는 버킷에 담긴 총 원소 개수다(디폴트로 버킷이 하나고, 오버플로가 발생했다면 버킷이 여러 개다).

이제 맵을 효율적으로 초기화하는 것이 중요한 이유에 대해 본격적으로 알아보겠다.

3.11.2 초기화

맵을 효율적으로 초기화하지 못할 때 발생하는 문제를 이해하기 위해 다음과 같이 원소 세 개로 구성된 맵(map[string]int)을 하나 만들어보자.

```
m := map[string]int{
    "1": 1,
    "2": 2,
    "3": 3,
}
```

이 맵은 내부적으로 원소 하나만 가진 배열에 저장된다. 즉, 단일 버킷(single bucket)이다. 그렇다면 원소가 백만 개일 때는 어떻게 될까? 키를 검색할 때, 최악의 경우 수천 개의 버킷을 뒤져봐야 하기 때문에 단일 버킷은 적합하지 않다. 그래서 맵은 원소 개수에 맞게 자동으로 늘어날 수 있어야 한다.

맵이 증가할 때, 버킷 수는 두 배가 된다. 맵이 증가하는 경우는 다음과 같다.

- 버킷에 담긴 항목 개수에 대한 평균(로드 팩터(load factor))이 일정한 값보다 큰 경우(이 값은 현재 6.5지만, 고 언어의 내부 설정이기 때문에 향후 버전에서 얼마든지 변경될 수 있다)
- 오버플로가 발생한(즉, 원소가 여덟 개 이상인) 버킷이 너무 많은 경우

맵이 증가하면 모든 키는 다시 버킷에 할당된다. 그래서 최악의 경우, 키를 추가하는 데 O(n) 연산을 수행한다. 여기서 n은 맵에 있는 원소의 총 개수다.

이전 절에서 설명했듯이, 슬라이스를 사용할 때 추가할 원소 개수를 미리 알면, 지정한 크기나 용량에 맞게 초기화할 수 있다. 이렇게 하면 슬라이스 증가 연산의 오버헤드가 반복되는 상황을 막을 수 있다. 이 기본 개념은 맵에서도 비슷하다. 실제로 내장 함수인 make를 이용하면 맵을 생성할 때 크기를 초기화할 수 있다. 가령 원소가 백만 개까지 증가할 수 있는 맵은 다음과 같이 초기화할 수 있다.

```
m := make(map[string]int, 1_000_000)
```

맵도 내장 함수인 make를 호출할 때 크기에 대한 인수 하나만 받기 때문에 용량은 초기화할 수 없다.

크기를 지정해서 초기화하면 고 런타임은 향후 맵에 추가될 원소 개수를 가늠할 수 있다. 내부적으로 맵은 원소 백만 개를 저장하는 데 필요한 수만큼 버킷을 생성하게 된다. 그러면 맵에서 버킷을 동적으로 생성하고 조정하지 않아도 되기 때문에 연산 시간을 상당히 줄일 수 있다.

여기서 크기를 n으로 초기화했다고 해서 그 맵에 최대 n개의 원소만 담을 수 있는 것은 아니다. 필요하다면 그 이상도 얼마든지 담을 수 있다. 초기 크기가 n이라는 것은 고 런타임이 맵을 할당할 때, 원소를 최소 n개 담을 수 있는 만큼 확보한다는 뜻이다. 그래서 크기를 미리 알 수 있다면 크게 도움이 된다.

크기를 지정하는 것이 중요한 이유를 확인하기 위해 두 가지 벤치마크를 실행해보겠다. 하나는 맵에 원소를 백만 개 넣고 크기는 초기화하지 않은 상태로 실행하고, 다른 하나는 크기를 처음에 지정해서 실행해보자.

```
BenchmarkMapWithoutSize-4      6      227413490 ns/op
BenchmarkMapWithSize-4        13       91174193 ns/op
```

크기를 초기화한 두 번째 버전이 60%가량 빠르다. 크기를 지정하면 나중에 맵에 원소를 추가할 때 공간을 조정하는 과정을 거치지 않는다.

따라서 슬라이스와 마찬가지로 맵도 원소 개수를 미리 알 수 있다면 초기화할 때 크기를 지정하는 것이 좋다. 그러면 나중에 맵 크기가 증가할 때 공간을 확보하고 원소를 재조정하느라 상당한 연산 시간을 소비하는 일을 막을 수 있다.

다음으로 맵에서 메모리 누수가 발생하는 경우에 대해 알아보자.

3.12 #28 맵과 메모리 누수 관련 실수

고 언어에서 맵을 다룰 때는 맵이 증가하거나 감소하는 방식과 관련하여 몇 가지 중요한 속성을 이해해야 한다. 이 과정에서 발생할 수 있는 메모리 누수 문제에 대해 자세히 살펴보겠다.

메모리 누수가 발생하는 경우를 구체적인 예로 살펴보자. 정의한 맵을 다루도록 다음과 같이 시나

리오를 구성한다.

```
m := make(map[int][128]byte)
```

m은 128바이트 배열인 원소로 구성된다. 이를 위해 다음과 같이 처리한다.

1. 빈 맵을 할당한다.

2. 원소 백만 개를 추가한다.

3. 원소를 모두 제거하고 GC를 구동한다.

각 단계를 마칠 때마다 힙 크기를 (MB 단위로) 화면에 출력하여, 예제를 실행할 때 메모리 상태 변화를 관찰할 것이다.

```
n := 1_000_000
m := make(map[int][128]byte)
printAlloc()

for i := 0; i < n; i++ { --------- ❶
    m[i] = randBytes()
}
printAlloc()

for i := 0; i < n; i++ { --------- ❷
    delete(m, i)
}

runtime.GC() -------------------- ❸
printAlloc()
runtime.KeepAlive(m) ------------ ❹
```

❶ 원소 백만 개를 추가한다.
❷ 원소 백만 개를 삭제한다.
❸ GC를 수동으로 구동한다.
❹ 맵이 회수되지 않도록 m에 대한 참조를 유지한다.

먼저 빈 맵을 하나 할당하고, 원소 백만 개를 추가한 다음, 다시 백만 원소를 삭제하고 GC를 구동한다. 또한 runtime.KeepAlive를 사용해 맵에 대한 참조를 유지하여 맵이 회수되지 않게 만든다. 코드를 실행한 결과는 다음과 같다.

```
0 MB  ----------  ❶
461 MB  ---------  ❷
293 MB  ---------  ❸
```

❶ m을 처음 할당한 후

❷ 원소 백만 개를 추가한 후

❸ 원소 백만 개를 삭제한 후

결과를 보면 처음에는 힙 크기가 최소한으로 시작하다가, 원소 백만 개를 맵에 추가한 후 힙이 급격히 증가했다. 그런데 원소를 삭제하면 힙 크기가 줄 것 같지만 고 런타임은 맵을 그렇게 처리하지 않는다. GC에서 원소를 모두 회수하더라도 힙 크기는 여전히 293MB가 할당된 상태다. 메모리가 줄긴 했지만, 생각만큼 많이 줄지는 않았다. 이렇게 처리하는 이유는 뭘까?

앞 절에서 설명했듯이 맵은 원소 여덟 개짜리 버킷으로 구성된다. 내부를 들여다보면 맵은 runtime.hmap 구조체에 대한 포인터로 되어 있다. 이 구조체는 여러 필드로 구성되어 있는데, 그중에서 B 필드는 맵의 버킷 수를 지정한다.

```
type hmap struct {
    B uint8 // 버킷 개수의 log_2
            // (최대로 담을 수 있는 항목 수는 loadFactor * 2^8)
    // ...
}
```

원소 백만 개를 추가하고 나면 B 값은 18이다. 즉, 버킷 수는 2^{18} = 262,144가 된다. 그렇다면 원소 백만 개를 삭제한 후 B 값은 어떻게 될까? 그대로 18이다. 따라서 맵이 담을 수 있는 버킷 수는 그대로다.

이렇게 되는 이유는 맵의 버킷 수가 줄어들 수 없기 때문이다. 따라서 맵에서 원소를 제거하더라도 현재 버킷 수에는 아무런 영향을 미치지 않고, 버킷에 있는 항목을 0으로 바꿀 뿐이다. 맵의 버킷은 추가만 가능하다. 즉, 맵은 커질 수는 있지만 줄어들 수는 없다.

앞에서 본 예에서 원소를 회수한 후에 힙이 461MB에서 293MB로 변했다. 하지만 GC를 구동해서 맵 크기가 변한 것은 아니다. (오버플로가 발생하여 버킷이 생성됐기 때문에) 추가된 버킷 수는 그대로 유지된다.

여기서 잠시 맵이 줄어들지 못하면서 발생하는 문제에 대해 생각해보자. map[int][128]byte로 캐시 하나를 만든다고 할 때, 이 맵은 고객 ID(int)마다 128바이트씩 가진다. 여기에 마지막으로 고객 1,000명을 저장하려고 한다면 맵의 크기는 변하지 않으므로 맵이 줄어들 걱정은 하지 않아도 된다.

하지만 한 시간 분량의 데이터를 저장한다고 해보자. 회사에서 블랙 프라이데이를 맞아 대대적인 할인 행사를 개최했고 한 시간 동안 수백만 명의 고객이 시스템에 접속했다. 블랙 프라이데이가 지나고 며칠 후에도 맵의 버킷은 접속자가 가장 많았던 시기의 수를 계속 유지한다. 이처럼 메모리 사용량이 매우 큰 상태를 유지하고 급격히 줄지 않는 경우가 있다.

서비스를 직접 재구동하지 않고도 맵이 사용했던 메모리를 정리할 수 있을까? 한 가지 방법은 현재 맵에 대한 복제본을 주기적으로 만드는 것이다. 예를 들어, 한 시간마다 맵을 새로 만들고 기존 원소를 모두 복제한 후 이전 맵을 해제하는 것이다. 이 방법의 가장 큰 단점은 복제하고 나서 가비지 컬렉션 전까지의 짧은 기간 동안 메모리 사용량이 현재의 두 배가 된다는 것이다.

또 다른 방법은 맵이 배열 포인터를 저장하도록 타입을 map[int]*[128]byte로 변경하는 것이다. 그렇다고 해서 사용하는 버킷 수를 크게 줄일 수는 없다. 하지만 버킷마다 차지하는 공간이 128 바이트가 아니라, 해당 값에 대한 포인터 크기만큼으로 줄어든다(가령 64비트 시스템에서는 8바이트를, 32비트 시스템은 4비트를 차지한다).

다시 본론으로 돌아와서, 두 가지 맵 타입에 대해 각 단계를 수행한 후의 메모리 사용량을 비교해보자. 표로 정리하면 다음과 같다.

단계	map[int][128]byte	map[int]*[128]byte
빈 맵을 할당한다.	0MB	0MB
원소 백만 개를 추가한다.	461MB	182MB
원소를 모두 제거한 후 GC를 구동한다.	293MB	38MB

여기서 볼 수 있듯이, 원소를 모두 제거한 후에 필요한 메모리 양은 map[int]*[128]byte 타입보다 크게 줄어든다. 또한 가장 많은 메모리가 사용되는 동안에도 몇 가지 최적화를 통해 메모리 사용량이 훨씬 적다.

Note ≡ 고 런타임은 128바이트를 초과하는 키나 값을 맵 버킷에 직접 저장하지 않고 이를 참조하는 포인터를 저장한다.

지금까지 살펴본 것처럼 맵에 원소 n개를 추가한 후 모두 삭제하더라도 메모리에 있는 버킷 수는 그대로다. 고 언어에서는 맵의 크기가 커지기만 하기 때문에 메모리 소비도 커지기만 한다는 사실을 명심해야 한다. 알아서 줄어들게 할 수는 없다. 이러한 특성으로 메모리 사용량이 매우 높다면 맵을 강제로 재생성하거나 포인터를 사용하여 좀 더 최적화하는 방법을 찾아봐야 한다.

이 장의 마지막인 다음 절에서는 고 언어에서 값을 비교하는 방법에 대해 알아보겠다.

3.13 / #29 값을 올바르게 비교하라

소프트웨어를 개발하다 보면 값을 비교할 일이 많다. 두 오브젝트를 비교하는 함수를 만들고, 비교 결과가 제대로 나오는지 테스트하는 등의 코드를 작성한다. 대표적으로 == 연산자를 사용하는 경우를 떠올릴 수 있다. 하지만 이 절에서 설명하겠지만, 그것만으로는 처리할 수 없는 경우가 있다. 그렇다면 == 연산자는 어떤 경우에 사용하는 게 적절할까? 그 대신 사용할 수 있는 방법에는 뭐가 있을까? 구체적인 예제를 통해 답을 찾아보자.

먼저 기본적인 customer 구조체를 만들고, == 연산자를 사용해서 두 인스턴스를 비교해보자. 코드를 실행하면 어떤 결과가 나올까?

```go
type customer struct {
    id string
}

func main() {
    cust1 := customer{id: "x"}
    cust2 := customer{id: "x"}
    fmt.Println(cust1 == cust2)
}
```

두 customer 구조체를 비교하는 부분은 고 언어의 문법에 맞는 올바른 연산이다. 그래서 true를 리턴한다. 그렇다면 슬라이스 필드를 추가해서 customer 구조체를 살짝 변형하면 어떻게 될까?

```go
type customer struct {
    id        string
    operations []float64 ---------------------------------- ❶
}

func main() {
    cust1 := customer{id: "x", operations: []float64{1.}}
```

```
    cust2 := customer{id: "x", operations: []float64{1.}}
    fmt.Println(cust1 == cust2)
}
```

❶ 새로 추가한 필드

이 코드도 true라는 결과가 나올 거라고 생각하기 쉽다. 하지만 다음과 같이 컴파일 에러가 발생한다.

```
invalid operation:
    cust1 == cust2 (struct containing []float64 cannot be compared)
```

원인은 == 연산자와 != 연산자의 작동 방식에 있다. 이 연산자는 슬라이스나 맵에 적용할 수 없다. customer 구조체에 슬라이스가 있기 때문에 컴파일 에러가 발생하는 것이다.

따라서 == 연산자와 != 연산자를 이용하여 제대로 비교할 줄 아는 것이 중요하다. 이 연산자는 다음과 같이 비교할 수 있는(comparable) 피연산자에 대해서만 적용할 수 있다.

- **부울 타입**: 부울 타입 값 두 개가 서로 같은지 비교한다.
- **숫자 타입**: 정수, 부동 소수점 수, 복소수와 같은 숫자 두 개가 서로 같은지 비교한다.
- **스트링**: 두 스트링이 같은지 비교한다.
- **채널**: 두 채널이 동일한 make 호출로 생성됐는지, 아니면 둘 다 nil인지 비교한다.
- **인터페이스**: 두 인터페이스에 있는 동적 타입과 동적 값이 모두 같은지, 아니면 둘 다 nil인지 비교한다.
- **포인터**: 두 포인터가 가리키는 대상이 메모리에서 동일한 값인지, 아니면 둘 다 nil인지 비교한다.
- **구조체와 배열**: 서로 타입이 같은지 비교한다.

> Note ≡ 숫자 타입끼리 비교할 때 ?, >=, <, > 연산자도 사용할 수 있다. 스트링에 적용할 때는 사전식 순서로 비교한다.

앞에서 본 코드는 비교할 수 없는 타입인 slice가 있기 때문에 컴파일 에러가 발생했던 것이다. 또한 any 타입에 대해 == 연산자나 != 연산자를 적용할 때 발생할 수 있는 문제도 알아둘 필요가 있다. 예를 들어, any 타입으로 대입한 정수 두 개를 비교하는 경우를 보자.

```
var a any = 3
```

```
var b any = 3
fmt.Println(a == b)
```

코드를 실행하면 true가 출력된다.

그렇다면 (앞에서 본 슬라이스 필드가 담긴 버전의) customer 타입 두 개를 초기화한 후, any 타입에 값을 대입하면 어떻게 될까? 예를 들면 다음과 같다.

```
var cust1 any = customer{id: "x", operations: []float64{1.}}
var cust2 any = customer{id: "x", operations: []float64{1.}}
fmt.Println(cust1 == cust2)
```

이렇게 하면 컴파일 에러는 사라지지만 customer 구조체에 슬라이스 필드가 있기 때문에 두 타입을 비교할 수 없게 되어 실행 시간에 다음과 같은 에러가 발생할 수 있다.

```
panic: runtime error: comparing uncomparable type main.customer
```

이러한 특성을 감안할 때 슬라이스나 맵 두 개, 혹은 비교할 수 없는 타입을 담은 구조체 두 개를 비교하려면 어떻게 해야 할까? 표준 라이브러리를 사용한다면 reflect 패키지의 런타임 리플렉션을 이용하는 방법이 있다.

리플렉션(reflection)은 일종의 메타 프로그래밍(metaprogramming)으로서, 애플리케이션에서 내부 구조와 동작을 들여다보고 변경하는 기능을 말한다. 예를 들어, 고 언어에서 reflect.DeepEqual을 사용하는 방법이 있다. 이 함수는 두 원소를 재귀적으로 탐색하면서 서로 깊은 동등 관계(deeply equal)인지 알려준다. 이 함수는 기본 타입뿐만 아니라 배열, 구조체, 슬라이스, 맵, 포인터, 인터페이스, 함수 등과 같은 타입도 인수로 받는다.

> Note ≡ reflect.DeepEqual은 인수로 전달한 타입에 따라 구체적인 동작이 달라진다. 따라서 이 함수를 사용하기 전에 문서를 주의 깊게 읽어보기 바란다.

첫 번째 예제에 reflect.DeepEqual을 추가해서 다시 실행해보자.

```
var cust1 any = customer{id: "x", operations: []float64{1.}}
var cust2 any = customer{id: "x", operations: []float64{1.}}
fmt.Println(reflect.DeepEqual(cust1, cust2))
```

customer 구조체에 슬라이스라는 비교할 수 없는 타입이 담겨 있긴 하나, 의도한 대로 true를 리턴한다.

하지만 reflect.DeepEqual을 사용할 때 다음과 같은 두 가지 사항을 명심해야 한다.

첫째, 이 함수는 공백과 nil 컬렉션을 명확히 구분한다(#22 "nil과 빈 슬라이스를 혼동하지 마라" 참고). 이게 문제가 될까? 항상 그렇지는 않고 경우에 따라 다르다. 예를 들어, 두 가지 언마샬링 연산(예 JSON이나 고 언어의 struct와 관련된 연산)의 결과를 비교할 때, empty와 nil의 차이를 드러나게 만들 수 있다. 그래도 reflect.DeepEqual을 효과적으로 사용하기 위해서는 이러한 동작을 잘 알아두는 것이 좋다.

둘째, 이 함수도 리플렉션을 사용한다는 것이다. 즉, 실행 시간에 값이 나오는 과정을 들여다보기 때문에 성능이 떨어질 수 있다. 이러한 점은 거의 표준 같은 동작이어서 다른 언어에서도 발생한다. 다양한 크기의 구조체에 대해 로컬에서 벤치마크를 몇 번 돌려보면 reflect.DeepEqual을 사용하는 경우는 == 연산자를 사용할 때보다 대략 100배가량 느려진다. 그래서 배포용보다는 테스트용으로 사용하는 것이 좋다.

성능에 민감한 경우라면 비교 함수를 직접 구현하는 방법도 있다. 예를 들어, 다음과 같이 customer 구조체 두 개를 인수로 받아서 부울 값을 리턴하는 함수를 만들 수 있다.

```
func (a customer) equal(b customer) bool {
    if a.id != b.id {  ---------------------------------- ❶
        return false
    }
    if len(a.operations) != len(b.operations) {  ------- ❷
        return false
    }
    for i := 0; i < len(a.operations); i++ {  ---------- ❸
        if a.operations[i] != b.operations[i] {
            return false
        }
    }
    return true
}
```

❶ id 필드를 비교한다.

❷ 두 슬라이스의 길이를 검사한다.

❸ 두 슬라이스에 담긴 원소끼리 비교한다.

이 코드에서는 customer 구조체에 있는 여러 필드를 검사하는 방식으로 두 구조체를 비교하는 메서드를 직접 구현했다. 원소가 100개인 슬라이스에 대해 로컬 벤치마크를 돌려보면 위에서 정의한 equal 메서드는 reflect.DeepEqual을 사용할 때보다 대략 96배 빠른 것을 알 수 있다.

일반적으로 == 연산자는 다소 제한적이라는 사실을 기억해야 한다. 가령 슬라이스나 맵에는 적용할 수 없다. 대부분의 경우에는 reflect.DeepEqual만으로 충분하지만, 성능이 떨어진다는 단점이 있다. 단위 테스트를 수행할 때는 다른 대안이 몇 가지 있다. 가령 go-cmp[3]나 testify라는 외부 라이브러리를 사용할 수 있다. 하지만 실행 시간의 성능에 민감하다면, 앞에서 본 것처럼 비교 메서드를 직접 구현하는 방법이 가장 좋다.

마지막으로 한 마디 덧붙이면 표준 라이브러리에서 제공하는 몇 가지 비교 메서드도 알아두면 좋다. 예를 들어, bytes.Compare 함수는 바이트 슬라이스 두 개를 비교하는 데 최적화되어 있다. 비교 메서드를 직접 구현하기 전에, 이미 나와 있는 것들은 없는지 확인하여 중복 구현을 피하도록 하자.

100 GO MISTAKES

3.14 요약

- 기존 코드를 읽을 때 0으로 시작하는 정수 리터럴은 8진수라는 사실을 명심한다. 또한, 가독성을 높이기 위해서는 0o를 앞에 붙이는 방식을 사용하는 것이 좋다.

- 고 언어는 정수 오버플로나 언더플로를 걸러주지 않기 때문에 이를 감지하는 코드를 직접 구현해야 한다.

- 주어진 범위 이내로 부동 소수점 수를 비교하도록 작성하면 코드 이식성을 높일 수 있다.

- 덧셈이나 뺄셈을 수행할 때는 자릿수가 비슷한 연산끼리 묶는 것이 정확도를 높일 수 있다. 또한 덧셈과 뺄셈을 수행하기 전에 곱셈과 나눗셈 먼저 수행한다.

- 고 프로그래머라면 슬라이스 길이와 용량의 차이를 정확히 이해해야 한다. 슬라이스 길이는 현재 담긴 원소 개수를 말하는 반면, 슬라이스 용량은 내부 배열에 담을 수 있는 원소의 개수를 말한다.

- 슬라이스를 생성할 때, 길이를 알고 있다면 길이나 용량을 지정해서 초기화하는 것이 좋다. 그러면 할당 횟수를 줄일 수 있고 성능을 높일 수 있다. 맵도 마찬가지로 초기화할 때 크기

---

3   https://github.com/google/go-cmp

를 지정하면 좋다.

- append할 때 복제나 완전한 슬라이스 표현식을 사용하면 서로 다른 두 함수가 동일한 내부 배열에 기반한 슬라이스를 사용하더라도 서로 충돌이 발생하는 일을 피할 수 있다. 이때 커진 슬라이스를 다시 줄이고 싶을 경우 슬라이스를 복제하는 방식을 사용하면 메모리 누수를 줄일 수 있다.

- 내장 함수인 copy를 사용하여 슬라이스를 다른 곳으로 복제하려면, 복제할 원소 개수가 두 슬라이스 길이 중 최소에 맞춰진다는 점을 기억한다.

- 포인터 슬라이스나 포인터 필드가 담긴 구조체를 다룰 때, 슬라이싱 연산으로 제외되는 원소를 nil로 표시해야 메모리 누수를 막을 수 있다.

- encoding/json이나 reflect 패키지를 사용할 때와 같은 경우에 흔히 저지르는 실수를 막기 위해서는 nil 슬라이스와 empty 슬라이스의 차이를 확실히 알고 있어야 한다. 둘 다 길이와 용량이 0이지만, nil 슬라이스는 할당할 필요가 없다.

- 슬라이스에 담긴 원소가 있는지 확인하려면 길이를 검사한다. 그러면 그 슬라이스가 nil인 경우와 empty인 경우 모두 원소 존재 여부를 확인할 수 있다. 맵도 마찬가지다.

- API를 모호하지 않게 설계하려면 nil과 empty 슬라이스를 구분하지 않아야 한다.

- 맵의 메모리 사용량은 증가하기만 할 뿐 절대 감소하지 않는다. 따라서 메모리 관련 문제가 발생할 수 있으므로 강제로 맵을 새로 생성하거나 포인터를 사용하는 방식을 적용한다.

- 고 언어에서 타입을 비교할 때, 비교 가능한 타입(부울, 숫자, 스트링, 포인터, 채널, 비교 가능한 타입으로만 구성된 구조체)에 대해서는 == 연산자나 != 연산자를 사용한다. 나머지 경우는 리플렉션의 오버헤드를 감수할 수 있다면 reflect.DeepEqual을 사용하고, 그렇지 않다면 비교 메서드를 직접 구현한다.

4장
장

제어 구문

고 언어의 제어 구문은 C나 자바 언어와 생김새는 비슷하지만 큰 차이가 있다. 가령 고 언어에는 do나 while 루프가 없고, 범용 for문만 있다. 이 장에서는 제어 구문과 관련하여 흔히 저지르는 실수를, 그중에서도 특히 잘못 이해하기 쉬운 range 루프와 관련된 실수를 자세히 살펴본다.

4.1 #30 range 루프에서 원소가 복제되는 특성을 정확하게 이해하라

range 루프는 인덱스나 종료 조건을 다룰 필요가 없어서 다양한 데이터 구조에 대해 반복하는 코드를 작성하기에 편하다. 그런데 range 루프에서 값을 대입하는 과정을 까먹거나 아예 모르고 사용하다가 실수를 저지르는 고 프로그래머가 많다. 먼저 range 루프를 사용하는 방법부터 간단히 복습한 후 값이 대입되는 과정에 대해 자세히 들여다보자.

4.1.1 개념

range 루프는 다음과 같이 다양한 데이터 구조에 대해 반복할 수 있다.

- 스트링
- 배열
- 배열에 대한 포인터
- 슬라이스
- 맵
- 수신 채널(receiving channel)

전통적인 for 루프와 비교할 때 range 루프는 문법이 간결하기 때문에, 위에 나온 데이터 구조에 담긴 모든 원소에 대한 반복 작업을 수행하는 코드를 간단히 작성할 수 있다. 게다가 에러가 발생할 여지도 적다. 조건 표현식이나 반복 변수를 직접 다룰 필요가 없기 때문이다. 그래서 반복 횟수가 한 번 어긋나는 실수(off-by-one error)도 없다. 스트링 슬라이스에 대해 반복하는 예를 살펴보자.

```go
s := []string{"a", "b", "c"}
for i, v := range s {
    fmt.Printf("index=%d, value=%s\n", i, v)
}
```

이 코드는 슬라이스의 모든 원소에 대해 루프를 돈다. 슬라이스의 각 원소에 대해 반복할 때마다 range는 i와 v로 표현되는 인덱스와 원소 값의 쌍을 생성한다. 일반적으로 range는 앞에서 나열한 데이터 구조에 대해 이러한 쌍을 생성한다. 단, 수신 채널은 값(원소) 하나만 생성한다.

간혹 원소의 인덱스보다는 값에만 관심 있는 경우가 있는데, 그렇다고 로컬 변수를 지정하지 않으면 컴파일 에러가 발생하기 때문에 인덱스 변수 자리에 다음과 같이 빈 식별자(blank identifier)를 적어야 한다.

```go
s := []string{"a", "b", "c"}
for _, v := range s {
    fmt.Printf("value=%s\n", v)
}
```

빈 식별자를 사용하면 각 원소의 인덱스에 신경 쓸 필요 없이 값만 v에 대입할 수 있다.

반대로 값이 필요 없다면 다음과 같이 생략하면 된다.

```go
for i := range s {}
```

이제 range 루프의 기본 개념에 대한 복습은 충분히 했으니 반복하는 동안 어떤 값이 리턴되는지 알아보자.

4.1.2 값 복제

매번 반복하는 동안 값을 다루는 방법을 제대로 이해해야 range 루프를 효과적으로 사용할 수 있다. 구체적인 예를 통해 작동 방식을 알아보자.

balance라는 필드 하나를 담은 account 구조체를 만든다.

```go
type account struct {
    balance float32
}
```

그리고 account 구조체에 대한 슬라이스를 만들고 range로 각 원소에 대해 반복한다. 반복할 때마다 account의 balance 값을 하나씩 증가시킨다.

```
accounts := []account{
    {balance: 100.},
    {balance: 200.},
    {balance: 300.},
}
for _, a := range accounts {
    a.balance += 1000
}
```

코드를 실행하면 슬라이스의 내용이 어떻게 출력될까? 다음 두 가지 중 답을 골라보자.

- [{100} {200} {300}]

- [{1100} {1200} {1300}]

답은 첫 번째인 [{100} {200} {300}]다. 이 코드에서 range 루프는 슬라이스의 내용을 건드리지 않는다. 그 이유에 대해 알아보자.

고 언어에서 모든 대입 연산은 복제로 처리한다.

- 구조체를 리턴하는 함수의 결과를 대입하면 복제본을 만든다.

- 포인터를 리턴하는 함수의 결과를 대입하면 메모리 주소에 대한 복제본을 만든다(64비트 아키텍처의 경우, 주소의 길이는 64비트다).

range 루프에서뿐만 아니라, 모든 경우에서 이러한 원칙을 명심해야 실수를 막을 수 있다. 코드에서 데이터 구조에 대한 range 루프를 돌 때 (두 번째 항목인) 값 변수에 원소의 복제본을 대입한다. 그래서 위 예제에서 account 원소에 대해 루프를 돌면 값 변수 a에 구조체의 복제본이 대입된다. 따라서 a.balance += 1000을 통해 balance 값을 증가시켜도 값 변수(a)에 있는 구조체에만 반영될 뿐, 본래 슬라이스 원소는 그대로 남아 있다.

그렇다면 본래 슬라이스 원소를 변경하려면 어떻게 해야 할까? 크게 두 가지 방법이 있다. 하나는 슬라이스 인덱스로 원소에 접근하는 것이다. 기존 for 루프나 range 루프에서 값 변수를 사용하지 말고 슬라이스에 인덱스를 지정하면 된다.

```
for i := range accounts {  ------------------- ❶
    accounts[i].balance += 1000
}
```

```
for i := 0; i < len(accounts); i++ {  ------- ❷
    accounts[i].balance += 1000
}
```

❶ 인덱스 변수를 이용하여 슬라이스의 원소에 접근한다.

❷ 기존 for 루프를 이용한다.

두 반복문 모두 하는 일은 같다. account 슬라이스의 원소를 업데이트한다.

어느 방식이 더 좋은지는 상황에 따라 다르다. 각 원소를 모두 살펴보기에는 첫 번째 루프가 간결하다. 하지만 특정 원소만 골라서 업데이트하고 싶다면 두 번째 루프가 좋다.

4

제0 규모

슬라이스 원소를 업데이트하는 세 번째 방법

또 다른 방법은 range 루프로 값에 접근하면서 슬라이스 타입만 account 포인터로 바꾸는 것이다.

```
accounts := []*account{  --------- ❶
    {balance: 100.},
    {balance: 200.},
    {balance: 300.},
}
for _, a := range accounts {  ---- ❷
    a.balance += 1000
}
```

❶ 슬라이스 타입을 []*account로 업데이트한다.

❷ 슬라이스 원소에 직접 접근한다.

앞에서 설명했듯이 여기서 a 변수에 복제본이 저장되지만, 변수의 값이 슬라이스에 저장된 account 포인터라서 원본과 동일한 구조체를 가리키기 때문에 a.balance += 1000을 실행하면 슬라이스의 원소를 업데이트한다.

그런데 이 방법은 두 가지 큰 단점이 있다. 첫째, 슬라이스 타입을 업데이트해야 한다. 경우에 따라 바꿀 수 없을 수도 있다. 둘째, 슬라이스의 포인터에 대해 반복하면 CPU 연산 효율이 떨어진다. 다음 항목을 미리 예측할 수 없기 때문이다(#91 "CPU 캐시에 대해 완전히 이해하라" 참고).

정리하면, range 루프에서 값에 해당하는 원소는 항상 복제본이라는 점을 명심한다. 그래서 구조체의 값을 변경하면 복제본만 바뀌고 본래 원소는 그대로 남는다. 단, 값이 포인터라면 그렇지 않다. 바람직한 방법은 range 루프나 기존 for 루프에서 인덱스를 지정해서 원소에 접근하는 것이다.

다음 절에서는 range 루프에 관련된 또 다른 주제로 주어진 표현식을 표현하는 방법에 대해 알아보자.

4.2 / #31 range 루프에서 인수를 평가하는 방법을 정확하게 이해하라

range 루프를 작성하려면 표현식을 사용해야 한다. 예를 들어, for i, v := range exp에서 exp가 표현식이다. 앞에서 본 것처럼 여기에는 스트링, 배열, 배열에 대한 포인터, 슬라이스, 맵, 채널 등이 나올 수 있다. 그렇다면 이 표현식은 어떻게 평가될까? range 루프에서 흔히 저지르는 실수를 피하기 위해서는 여기 나온 표현식의 평가 과정을 정확히 알아야 한다.

다음 range 루프 코드를 살펴보자. 여기서는 루프 대상이 되는 슬라이스에 원소를 하나씩 추가한다. 이 코드가 종료될 수 있을까?

```
s := []int{0, 1, 2}
for range s {
    s = append(s, 10)
}
```

range 루프를 사용할 때 주어진 표현식은 루프 시작 전에 단 한 번만 평가된다. 여기서 평가 (evaluation)란, 주어진 표현식이 임시 변수에 복제된 뒤, 그 변수에 대해 range 루프를 실행한다는 뜻이다. 위 코드에서 표현식 s가 평가될 때 그림 4-1과 같이 슬라이스 복제본이 생성된다.

▼ 그림 4-1 s는 range에서 사용할 임시 변수에 복제된다.

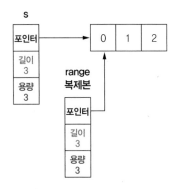

range 루프는 이렇게 복제된 임시 변수를 사용한다. 원본 슬라이스인 s도 루프를 돌 때마다 업데이트된다. 따라서 이 코드를 세 번 반복하면 그림 4-2와 같은 상태가 된다.

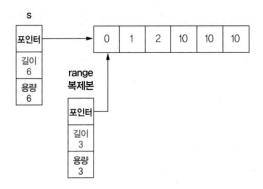
▼ 그림 4-2 임시 변수에 담긴 슬라이스는 길이가 3인 상태를 유지한다. 따라서 위 코드는 종료된다.

반복할 때마다 원소가 하나 새로 추가된다. 하지만 세 번 반복하고 나면 모든 원소를 다 돌게 된다. range의 임시 변수에 담긴 슬라이스의 길이는 여전히 3이다. 따라서 세 번 반복하고 루프를 종료한다.

기존 for 루프로 작성하면 다르게 실행된다.

```
s := []int{0, 1, 2}
for i := 0, i < len(s); i++ {
    s = append(s, 10)
}
```

이 코드는 끝나지 않는다. len(s) 표현식은 루프를 돌 때마다 평가되며 그때마다 원소를 추가하기 때문에 종료할 수 없고 영원히 실행된다. 고 언어에서 루프를 작성할 때는 이 두 구문의 차이를 정확히 알아야 한다.

다시 range 연산자로 돌아와서, 방금 설명한 (표현식은 단 한 번만 평가된다는) 동작은 다른 데이터 타입에도 똑같이 적용된다. 예를 들어, 채널과 배열이라는 두 가지 다른 형태에 이 특성이 적용되는 모습을 예제를 통해 확인해보자.

4.2.1 채널

채널에 대해 반복하는 동작을 range 루프로 구현하는 예제를 살펴보면서 앞의 내용을 구체적으로 알아보겠다. 먼저 서로 다른 두 채널에 원소를 보내는 고루틴(goroutine)을 두 개 만들고, 부모 고루틴에서 둘 중 한 채널에 대해 번갈아 가며 사용하게 만든다.

```
ch1 := make(chan int, 3) ········· ❶
go func() {
    ch1 <- 0
    ch1 <- 1
    ch1 <- 2
    close(ch1)
}()

ch2 := make(chan int, 3) ········· ❷
go func() {
    ch2 <- 10
    ch2 <- 11
    ch2 <- 12
    close(ch2)
}()

ch := ch1 ······················· ❸
for v := range ch { ············· ❹
    fmt.Println(v)
    ch = ch2 ···················· ❺
}
```

❶ 0, 1, 2를 원소로 갖는 첫 번째 채널을 생성한다.

❷ 10, 11, 12를 원소로 갖는 두 번째 채널을 생성한다.

❸ 첫 번째 채널을 ch에 대입한다.

❹ ch에 대해 반복하는 채널 소비자를 만든다.

❺ 두 번째 채널을 ch에 대입한다.

이 코드에서 range 표현식이 평가되는 방식은 앞에서 설명한 것과 똑같다. range에 주어진 ch는 ch1을 가리키지만, range는 ch를 평가해서 복제한 후 임시 변수에 저장한 채널에 대해 반복한다. 그래서 ch = ch2라고 적었지만 range는 ch2가 아닌 ch1에 대해 루프를 돈다.

```
0
1
2
```

그렇다고 ch = ch2란 문장이 완전히 무시되는 것은 아니다. ch에 두 번째 변수를 저장했기 때문에 위 코드를 실행한 직후에 close(ch)를 호출하면 첫 번째 채널이 아니라 두 번째 채널이 닫힌다.

다음으로 range 연산자에 주어진 표현식이 배열일 때의 동작을 살펴보자.

4.2.2 배열

배열을 기준으로 반복하는 range 루프는 어떻게 실행될까? range 표현식은 반복문을 시작하기 전에 평가되기 때문에 임시 변수에는 배열의 복제본이 저장된다. 이 속성이 실제로 작동하는 과정을 구체적인 예를 통해 살펴보자. 여기서는 반복할 때마다 배열 인덱스를 업데이트한다.

```
a := [3]int{0, 1, 2} --------- ❶
for i, v := range a { ------- ❷
    a[2] = 10 -------------- ❸
    if i == 2 { ------------ ❹
        fmt.Println(v)
    }
}
```

❶ 원소 세 개로 구성된 배열을 생성한다.

❷ 생성한 배열에 대해 반복한다.

❸ 마지막 인덱스를 업데이트한다.

❹ 마지막 인덱스에 해당하는 내용을 출력한다.

이 코드는 마지막 인덱스를 10으로 업데이트한다. 하지만 코드를 실행해보면 10이 아닌 2가 출력된다.

▼ 그림 4-3 range는 복제된 배열에 대해 반복하는데(왼쪽), 루프문 안에서는 a를 수정한다(오른쪽).

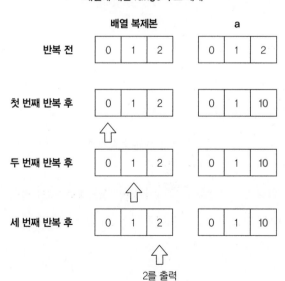

앞에서 설명했듯이 range 연산자는 배열의 복제본을 생성한다. 하지만 루프에서는 복제본을 업데이트하지 않고 원본 배열인 a를 업데이트한다. 따라서 마지막 반복 시점의 v 값은 10이 아니라 2다. 마지막 원소의 실제 값을 출력하는 방법은 다음과 같이 두 가지가 있다.

* 인덱스로 원소에 접근하기

```
a := [3]int{0, 1, 2}
for i := range a {
    a[2] = 10
    if i == 2 {
        fmt.Println(a[2]) --------- ❶
    }
}
```

❶ range 변수 대신 a[2]에 접근한다.

이 코드는 원본 배열에 접근하기 때문에 10이 아닌 2를 출력한다.

* 배열 포인터 사용하기

```
a := [3]int{0, 1, 2}
for i, v := range &a {
    a[2] = 10
    if i == 2 {
        fmt.Println(v) --------- ❶
    }
}
```

❶ range는 a가 아닌 &a에 대해 실행된다.

range에서 사용하는 임시 변수에 배열 포인터의 복제본을 대입했다. 하지만 두 포인터 모두 동일한 배열을 참조하기 때문에 v에 접근해도 여전히 10을 출력한다.

둘 다 올바른 방법이다. 하지만 두 번째 방법은 배열 전체를 복제할 필요가 없기 때문에 배열이 매우 큰 경우에 활용하면 좋다.

정리하면, range 루프는 루프를 시작하기 전에 주어진 표현식을 단 한 번만 평가해서 (모든 타입에 대해) 복제본을 만든다. 이러한 동작을 알고 있어야 엉뚱한 원소에 접근하기 등과 같은 흔한 실수를 피할 수 있다.

다음 절에서는 포인터를 이용하는 range 루프에서 흔히 저지르는 실수에 대해 알아보자.

4.3 #32 range 루프에서 포인터 원소 사용 시의 실수

이 절에서는 range 루프에서 포인터 원소를 사용할 때 흔히 저지르는 실수에 대해 알아보겠다. 주의하지 않으면 엉뚱한 원소를 참조하는 문제가 발생할 수 있다. 그럼 구체적으로 어떤 문제가 발생하고 해결 방법은 무엇인지 알아보자.

본격적으로 소개하기 전에 먼저 슬라이스나 맵에서 포인터 원소를 사용하는 이유부터 명확히 정리해보자. 다음과 같이 크게 세 가지 경우로 나눌 수 있다.

* **의미론 관점에서 볼 때**, 데이터를 포인터로 저장하면 원소를 공유할 수 있다. 예를 들어, 다음 메서드는 캐시에 원소를 넣도록 구현한다.

```
type Store struct {
    m map[string]*Foo
}

func (s Store) Put(id string, foo *Foo) {
    s.m[id] = foo
    // ...
}
```

여기서 포인터를 사용하면 Put을 호출한 곳과 Store 구조체가 Foo 원소를 공유할 수 있다.

* **이미 포인터를 사용하도록 작성한 경우**에는 컬렉션에 값을 저장하기보다는 그대로 포인터로 저장하는 것이 간편하다.

* **저장하는 구조체가 크고 자주 변경**된다면 매번 복제 후 삽입 연산을 수행하는 것보다 포인터로 다루는 것이 좋다.

```
func updateMapValue(mapValue map[string]LargeStruct, id string) {
    value := mapValue[id] ------------ ①
    value.foo = "bar"
```

```
        mapValue[id] = value ------------- ❷
    }

    func updateMapPointer(mapPointer map[string]*LargeStruct, id string) {
        mapPointer[id].foo = "bar" ------- ❸
    }
```

❶ 복제한다.

❷ 추가한다.

❸ 맵 원소를 직접 변경한다.

updateMapPointer는 포인터 맵을 받기 때문에 foo 필드를 변경하는 작업을 한 번에 처리할 수 있다.

이제 본론으로 돌아와서 range 루프에서 포인터 원소를 다룰 때 저지르기 쉬운 실수에 대해 알아보자. 다음과 같은 두 가지 구조체를 사용해보겠다.

- **Customer**: 고객을 표현하는 구조체다.

- **Store**: Customer 포인터로 구성된 맵을 담고 있다.

```
type Customer struct {
    ID      string
    Balance float64
}

type Store struct {
    m map[string]*Customer
}
```

다음 메서드는 Customer 원소로 구성된 슬라이스에 대해 반복하면서 m 맵에 각 원소를 저장한다.

```
func (s *Store) storeCustomers(customers []Customer) {
    for _, customer := range customers {
        s.m[customer.ID] = &customer ---------- ❶
    }
}
```

❶ customer 포인터를 맵에 저장한다.

이 코드에서는 range 연산자를 이용하여 입력 슬라이스에 대해 루프를 돌면서 Customer 포인터를

```
```

맵에 저장한다. 과연 이 메서드가 본래 의도대로 실행될까?

다음과 같이 세 가지 Customer 구조체로 구성된 슬라이스를 주고 한번 호출해보자.

```
s.storeCustomers([]Customer{
    {ID: "1", Balance: 10},
    {ID: "2", Balance: -10},
    {ID: "3", Balance: 0},
})
```

맵을 화면에 출력하면 결과는 다음과 같다.

```
key=1, value=&main.Customer{ID:"3", Balance:0}
key=2, value=&main.Customer{ID:"3", Balance:0}
key=3, value=&main.Customer{ID:"3", Balance:0}
```

여기서 볼 수 있듯이, 맵에 저장된 원소는 세 가지 Customer 구조체를 따로 저장하지 않고 3번 Customer 구조체를 똑같이 참조하고 있다. 어디서 잘못된 것일까?

range 루프에서 customer 슬라이스에 대해 반복할 때 원소 개수에 관계없이 customer 변수는 고정된 주소로 하나만 생성된다. 반복할 때마다 포인터 주소를 출력해보면 확인할 수 있다.[1]

```
func (s *Store) storeCustomers(customers []Customer) {
    for _, customer := range customers {
        fmt.Printf("%p\n", &customer) ---------- ❶
        s.m[customer.ID] = &customer
    }
}

0xc000096020
0xc000096020
0xc000096020
```

❶ customer의 주소를 출력한다.

이러한 특성이 왜 중요할까? 루프의 실행 과정을 한 단계씩 살펴보자.

- 첫 반복에서 customer는 첫 번째 원소인 Customer 1을 가리킨다. 여기서 customer 구조체

---

1 **역주** 2024년 2월에 나올 것으로 예정되어 있는 고 1.22에는 range에서 모든 값이 동일한 구조체를 참조하는 문제를 해결하기 위한 방법이 도입된다(https://go.dev/blog/loopvar-preview). 고 1.21에서도 GOEXPERIMENT=loopvar 환경 변수를 설정하고 실행하면 값들이 올바르게 저장되는 것을 볼 수 있다.

에 대한 포인터를 저장한다.

- 두 번째 반복에서 customer는 Customer 2라는 다른 원소를 가리킨다. 이번에도 customer 구조체에 대한 포인터를 저장한다.
- 마지막 반복에서 customer는 마지막 원소인 Customer 3를 가리킨다. 이번에도 역시 동일한 포인터가 맵에 저장된다.

루프가 끝나면 맵에 똑같은 포인터를 세 번이나 저장한다(그림 4-4 참조). 마지막으로 세 번째 원소를 대입한 후에 포인터는 슬라이스의 마지막 원소인 Customer 3를 가리킨다. 그래서 맵의 원소가 모두 동일한 Customer를 가리키는 것이다.

▼ 그림 4-4 customer 변수는 고정된 주소를 담고 있기 때문에 맵에 저장하는 포인터는 항상 일정하다.

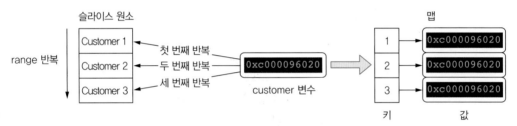

그렇다면 어떻게 하면 이 문제를 해결할 수 있을까? 크게 두 가지 방법이 있다. 첫 번째, #1 "의도하지 않은 변수 가림을 조심하라"에서 소개한 방법을 사용하는 것이다. 먼저 다음과 같이 로컬 변수를 하나 만든다.

```
func (s *Store) storeCustomers(customers []Customer) {
    for _, customer := range customers {
        current := customer ---------------- ❶
        s.m[current.ID] = &current -------- ❷
    }
}
```

❶ 로컬 변수인 current를 하나 만든다.
❷ current에 대한 포인터를 맵에 저장한다.

이 코드를 보면 customer를 가리키는 포인터가 아닌, current를 가리키는 포인터를 저장한다. current는 반복할 때마다 달라지는 Customer를 가리키는 변수다. 따라서 루프를 돌고 나면 맵에 저장된 포인트 원소들은 서로 다른 Customer 구조체를 참조한다.

두 번째, 슬라이스 인덱스를 이용해서 각 원소에 대한 포인터를 저장하는 방법이다.

```go
func (s *Store) storeCustomers(customers []Customer) {
    for i := range customers {
        customer := &customer[i]  ----------- ❶
        s.m[customer.ID] = customer  -------- ❷
    }
}
```

❶ i번 원소에 대한 포인터를 customer에 저장한다.

❷ customer 포인터를 저장한다.

여기서는 customer가 포인터다. 이 포인터는 반복할 때마다 초기화되기 때문에 고유한 주소를 갖게 된다. 따라서 서로 다른 주소가 맵에 저장된다.

range 루프에서 데이터 구조에 대해 반복할 때, 특정한 주소로 고정된 변수 하나에 모든 값이 대입된다는 점을 기억해야 한다. 따라서 반복할 때마다 그 변수를 가리키는 포인터를 저장하면 똑같은 원소, 즉 마지막 원소를 가리키는 포인터를 저장하게 된다. 이 문제는 루프의 스코프 안에 로컬 변수 하나를 만들거나 슬라이스 원소를 인덱스로 참조하는 포인터를 만드는 방법으로 해결할 수 있다. 둘 중 어느 방법을 사용해도 좋다. 또한 슬라이스 데이터 구조를 입력받을 때도 맵의 경우와 비슷한 문제가 발생할 수 있다.

다음 절에서는 맵에 대해 반복할 때 저지르기 쉬운 실수에 대해 알아보자.

4.4 #33 맵 반복 과정에서의 잘못된 가정

맵에 대해 반복하는 과정을 정확히 알지 못해 실수를 저지르기 쉽다. 그 이유는 대부분 잘못된 가정에서 비롯된다. 이 절에서는 크게 두 가지 경우를 살펴본다.

- 순서
- 반복 과정에서 맵 업데이트

지금부터 맵에 대해 반복하는 동안 잘못된 가정으로 인해 저지르기 쉬운 두 가지 실수를 살펴보자.

4.4.1 순서

맵 데이터 구조에서 순서와 관련하여 반드시 알아야 할 기본 동작은 다음과 같다.

- 데이터는 키를 기준으로 정렬되지 않는다. (맵은 바이너리 트리 기반이 아니다.)
- 데이터 추가 순서는 기억하지 않는다. 예를 들어, A를 저장한 뒤 B를 저장하더라도 반드시 그 순서대로 저장되지 않는다.

또한 맵에 대해 반복할 때 순서에 대해 어떠한 가정도 하면 안 된다. 이 말의 의미를 좀 더 자세히 살펴보자.

그림 4-5와 같이 맵이 있다고 하자. 이 맵은 버킷(키를 표현하는 원소) 네 개로 구성된다. 내부 배열에 대한 인덱스는 각각 해당 버킷을 가리킨다.

▼ 그림 4-5 버킷 네 개로 구성된 맵

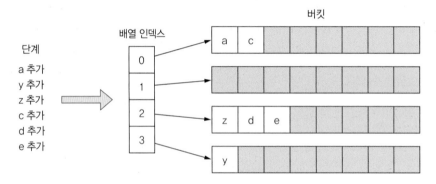

이 맵에 대해 range 루프로 반복하면서 키를 모두 출력해보자.

```
for k := range m {
    fmt.Print(k)
}
```

앞에서 설명했듯이 데이터는 키를 기준으로 정렬되지 않는다. 따라서 acdeyz를 출력하지 않는다고 예상할 수 있다. 또한 맵은 추가한 순서대로 저장하지 않는다. 그래서 ayzcde와 같이 출력되지도 않을 것이다.

그렇다면 맵에 현재 저장된 상태와 동일한 aczdey를 출력할까? 그렇지도 않다. 고 언어 규격에는 맵에 대한 반복 순서에 따로 정해져 있지 않다. 그래서 반복문마다 나타나는 순서도 달라질 수 있다. 잘못된 가정을 기반으로 코드를 작성하는 실수를 피하기 위해서는 이러한 맵의 특성을 명심해야 한다. 앞에 나온 루프를 두 번 실행해보면 이 사실을 확인할 수 있다.

```
zdyaec
czyade
```

보다시피 반복문마다 순서가 달라진다.

Note ≡   추가 순서는 기억하지 않지만 반복 분포가 일정한 것은 아니다. 그래서 고 언어의 공식 규격에서는 반복
동작에 대해 '무작위(random)'가 아닌, '정해져 있지 않다(unspecified)'고 표현한다.

고 언어에서 맵 반복을 이런 특이한 방식으로 처리하는 이유는 뭘까? 이는 언어 설계자들이 고심해서 내린 결정이다. 개발자들이 맵을 다룰 때 순서에 대해 어떠한 가정도 하지 않도록 일종의 무작위성을 부여하려고 했다.[2]

따라서 고 언어 개발자라면 맵에 대해 반복할 때 원소의 순서에 대해 어떠한 가정도 하면 안 된다. 하지만 표준 라이브러리나 외부 라이브러리에서 제공하는 패키지를 사용할 때는 얼마든지 달라질 수 있다는 점에 주의하자. 예를 들어, encoding/json 패키지는 맵을 JSON으로 마샬링할 때 데이터를 키의 알파벳순으로 정렬하고, 추가 순서는 무시한다. 그러나 이것이 고 언어 맵 자체의 속성은 아니다. 순서가 중요하다면 바이너리 힙(binary heap) 같은 다른 종류의 데이터 구조를 사용해야 한다.[3]

그럼 두 번째로 맵 반복 중 업데이트하는 과정에서 자주 저지르는 실수에 대해 알아보자.

4.4.2 반복 과정에서 맵 업데이트

고 언어에서는 맵에 대해 반복하는 동안 업데이트(원소 추가 또는 삭제)할 수 있다. 다시 말해 이렇게 작성해도 컴파일 에러나 런타임 에러가 발생하지 않는다. 그렇지만 맵 반복 중에 항목을 추가할 경우, 예측할 수 없는 결과를 피하기 위해 몇 가지 주의할 점이 있다.

다음 map[int]bool에 대해 반복하는 예제를 살펴보자. 여기서 쌍의 값이 true면 다른 원소를 추가한다. 이 코드를 실행하면 결과는 어떻게 될까?

```
m := map[int]bool{
    0: true,
    1: false,
```

---

2   http://mng.bz/M2JW

3   여러 유용한 데이터 구조에 대해서는 GoDS 라이브러리(https://github.com/emirpasic/gods)를 참조한다.

```
        2: true,
    }

    for k, v := range m {
        if v {
            m[10+k] = true
        }
    }

    fmt.Println(m)
```

이 코드의 실행 결과는 예측할 수 없다. 일정하지 않다. 몇 번 실행했을 때 결과는 다음과 같다.

```
map[0:true 1:false 2:true 10:true 12:true 20:true 22:true 30:true]
map[0:true 1:false 2:true 10:true 12:true 20:true 22:true 30:true 32:true]
map[0:true 1:false 2:true 10:true 12:true 20:true]
```

이렇게 나오는 이유는 루프를 도는 동안 원소를 새로 추가하는 동작에 대해 고 언어 규격에서 명시한 다음과 같은 규정 때문이다.

루프를 도는 동안 맵 항목이 생성됐다면 반복 과정에서 추가될 수도 있고, 건너뛸 수도 있다. 구체적인 결과는 생성되는 항목마다 또는 반복 회차에 따라 달라질 수 있다.

이처럼 루프를 도는 동안 맵에 원소가 추가되면 다음 번 반복할 때 생성될 수도 있고, 그렇지 않을 수도 있다. 고 프로그래머는 이 동작을 특정한 방식으로 강제할 방법이 없다. 또한 반복 회차마다 동작이 달라질 수 있기 때문에 앞에서 본 것처럼 세 번 실행한 결과가 모두 달라진다.

작성한 코드의 실행 결과가 매번 달라지지 않도록 하려면, 이러한 동작을 명심해야 한다. 루프를 도는 동안 맵에 추가한 원소가 누락되지 않고 업데이트되도록 하기 위한 한 가지 방법은 다음과 같이 맵의 복제본을 만들어서 처리하는 것이다.

```
m := map[int]bool{
    0: true,
    1: false,
    2: true,
}

m2 := copyMap(m) ------------ ❶

for k, v := range m {
    m2[k] = v
```

```
        if v {
            m2[10+k] = true  ------ ❷
        }
    }

    fmt.Println(m2)
```

❶ 초기화한 상태의 맵을 복제한다.

❷ m 대신 m2를 업데이트한다.

이 코드에서는 읽는 맵과 업데이트하는 맵을 분리했다. 그래서 루프는 m에 대해 돌지만 업데이트는 m2에 대해 한다. 이렇게 수정하면 실행할 때마다 결과가 달라지지 않고 일정하게 출력된다.

```
map[0:true 1:false 2:true 10:true 12:true]
```

정리하면, 맵을 다룰 때 다음과 같이 가정하면 안 된다.

- 데이터가 키에 대해 정렬된다.
- 추가한 순서가 유지된다.
- 반복 순서가 일정하다(deterministic).
- 반복 중 추가된 원소는 그 회차에 생성된다.

이러한 특성을 명심해야 엉뚱한 가정으로 인한 실수를 피할 수 있다.

다음 절에서는 루프를 중간에 빠져나올 때 흔히 저지르는 실수에 대해 알아보자.

100 GO MISTAKES

4.5 #34 break문 작동 방식을 정확하게 이해하라

break문은 루프 실행을 중단하는 데 흔히 사용된다. 루프를 switch나 select문과 함께 사용할 때 엉뚱한 문장에서 break를 실행하는 실수를 저지르는 경우가 많다.

다음 예제를 통해 자세히 살펴보자. 여기서는 for 루프 안에 switch를 구현했다. 루프 인덱스가 2면 루프를 빠져나오려고 한다.

```
for i := 0; i < 5; i++ {
    fmt.Printf("%d ", i)

    switch i {
    default:
    case 2:
        break --------- ❶
    }
}
```

❶ i가 2면 break를 호출한다.

얼핏 보면 코드가 제대로 작동하는 것 같다. 하지만 의도한 대로 실행되지 않는다. break문은 for 문을 빠져나오지 못하고 switch문만 중단시킨다. 따라서 0부터 2까지만 반복하는 것이 아니라 0 부터 4까지 반복한다(출력 결과는 0 1 2 3 4).

여기서 반드시 기억할 규칙이 하나 있다. 바로 for, switch, select 등에서 break문이 실행되면 가장 안쪽에 있는 것만 중단된다는 것이다. 앞에 나온 코드의 경우 switch만 중단시킨다.

그렇다면 switch가 아닌, for 루프를 중단시키려면 어떻게 해야 할까? 가장 대표적인 방법은 레 이블을 사용하는 것이다.

```
loop: -------------------------- ❶
    for i := 0; i < 5; i++ {
        fmt.Printf("%d ", i)
        switch i {
        default:
        case 2:
            break loop ---------- ❷
        }
    }
```

❶ loop 레이블을 정의한다.

❷ switch가 아닌, loop 레이블이 달린 루프를 중단한다.

여기서 loop 레이블은 for 루프에 적용된다. 그래서 break에 loop 레이블을 지정하면 switch가 아닌 루프를 중단시킨다. 따라서 이번에는 원래 의도대로 0 1 2가 출력된다.

엉뚱한 곳에서 break가 실행되는 문제는 루프 안에서 select를 사용할 때도 발생한다. 다음 코드를 보면 두 가지 case로 구성된 select가 있는데, 문맥이 취소되면 루프를 빠져나오게 만들어보자.

```
for {
    select {
    case <-ch:
        // 원하는 작업을 처리한다.
    case <-ctx.Done():
        break -------------------- ❶
    }
}
```

❶ 문맥이 취소되면 빠져나온다.

여기서 가장 안쪽에는 for문이 아닌, select문이 있다. 따라서 루프는 계속 진행된다. 앞에서와 마찬가지로, 루프를 멈추게 하려면 다음과 같이 레이블을 사용하면 된다.

```
loop: -------------------------------- ❶
    for {
        select {
```

```
        case <-ch:
            // 원하는 작업을 처리한다.
        case <-ctx.Done():
            break loop -------------- ❷
    }
}
```

❶ loop 레이블을 정의한다.

❷ select가 아닌, loop 레이블이 달린 루프를 멈춘다.

이제 본래 의도대로 break문은 select가 아닌, 루프문 전체를 빠져나온다.

> Note ≡ 레이블이 달린 루프가 다음 번 반복으로 건너뛰게 할 때도 continue와 레이블을 함께 사용하면 된다.

루프 안에 switch나 select문을 사용할 때는 주의하자. break문을 사용할 때, 어느 문장에 영향을 미치는지 반드시 확인해야 한다. 앞에서 본 것처럼 레이블을 사용하는 방법은 특정 문장을 강제로 빠져나오게 할 때 사용하는 정식 기법이다.

이 장의 마지막인 다음 절에서도 루프에 대한 이야기를 계속할 것이다. 이번에는 defer 키워드와 관련된 실수를 알아보자.

4.6 　#35 루프 안에서 defer 사용 시의 실수

defer문은 상위 함수가 리턴할 때까지 호출을 지연시킨다. defer는 보일러플레이트 코드를 줄이기 위한 용도로 주로 사용된다. 예를 들어, 어떤 리소스를 마지막에 닫아야 할 때 defer를 사용하면 return문 앞에 매번 해당 리소스를 닫는 문장을 적지 않아도 된다. 하지만 이때 루프 안에서 defer를 사용할 때 발생하는 현상을 제대로 이해하지 못해서 실수를 저지른다. 이 문제에 대해 자세히 알아보자.

구체적인 예를 들기 위해 채널로부터 받은 파일 경로에 있는 파일들을 여는 함수를 만들어보겠다. 이를 위해서는 채널에 대해 루프를 돌면서 파일을 열고, 연 파일을 닫는 과정을 반복해야 한다. 첫 번째 구현은 다음과 같다.

```
func readFiles(ch <-chan string) error {
    for path := range ch {  ------------- ❶
        file, err := os.Open(path) ------ ❷
        if err != nil {
            return err
        }

        defer file.Close() ------------- ❸

        // 파일로 하려던 작업을 처리한다.
    }
    return nil
}
```

❶ 채널에 대해 반복한다.

❷ 파일을 연다.

❸ file.Close() 호출을 지연시킨다.

> Note ≡   defer와 관련된 에러를 처리하는 방법은 #54 "defer에서 발생한 에러를 처리하는 방법"에서 자세히 다룬다.

이 코드에는 심각한 문제가 있다. 앞에서 말했듯이 defer는 상위 함수(surrounding function)가 리턴할 때 함수를 호출하도록 스케줄링한다. 여기서 defer는 루프를 돌 때마다 호출되는 것이 아니라, readFiles 함수가 리턴할 때마다 호출된다. readFiles가 리턴하지 않으면, 파일 디스크립터는 영원히 열린 상태로 유지되기 때문에 리소스 누수가 발생한다.

이 문제는 어떻게 해결해야 할까? 한 가지 방법은 defer를 없애고 파일을 직접 닫는 것이다. 하지만 그렇게 하면 고작 루프 하나 때문에 고 언어의 유용한 기능을 버리는 셈이다. defer를 계속 사용하면서 이 문제를 해결할 방법은 없을까? 반복할 때마다 호출되는 상위 함수를 하나 더 만들면 된다.

예를 들어, 새로운 파일 경로를 받을 때마다 이 로직을 담은 readFile 함수를 다음과 같이 만든다.

```
func readFiles(ch <-chan string) error {
    for path := range ch {
        if err := readFile(path); err != nil {  -------- ❶
            return err
        }
    }
```

```
        return nil
    }

    func readFile(path string) error {
        file, err := os.Open(path)
        if err != nil {
            return err
        }

        defer file.Close() ------------------------------ ❷

        // 파일로 하려던 작업을 처리한다.
        return nil
    }
```

❶ 메인 로직을 담은 readFile 함수를 호출한다.

❷ 호출을 지연시킨다.

이번에는 readFile이 리턴할 때 defer 함수가 호출된다. 다시 말해 매번 반복이 끝날 때 호출되는 것이다. 따라서 readFiles가 리턴할 때까지 파일 디스크립터가 열린 상태로 있지 않게 된다.

또 다른 방법은 readFile 함수를 클로저(closure)로 만드는 것이다.

```
    func readFiles(ch <-chan string) error {
        for path := range ch {
            err := func() error {
                // ...
                defer file.Close()
                // ...
            }() --------------------- ❶
            if err != nil {
                return err
            }
        }
        return nil
    }
```

❶ 주어진 클로저를 실행한다.

이전 방법과 본질적으로는 같다. 즉, 매번 반복하는 동안 defer를 호출하는 상위 함수를 하나 더 만드는 것이다. 앞에 나온 것처럼 일반 함수를 따로 만들면 코드를 이해하기 쉽다는 장점이 있다.

또한 단위 테스트 코드를 작성할 수도 있다.

defer를 사용할 때 반드시 기억할 점은 상위 함수가 리턴할 때 defer로 지정한 함수가 호출되도록 스케줄링된다는 것이다. 따라서 루프 안에서 defer를 호출하면 호출이 모두 쌓이게 된다. 즉, 반복할 때마다 실행되지 않아서 루프가 끝나지 않으면 메모리 누수가 발생할 수 있다. 이 문제를 해결하는 가장 간편한 방법은 반복할 때마다 호출되는 함수를 더 만드는 것이다. 하지만 성능에 민감한 경우에는 함수 호출이 하나 더 늘어나는 오버헤드가 발생한다. 그럴 때는 defer를 없애고 루프를 시작하기 전에 defer 호출을 직접 처리해야 한다.

4.7 요약

- range 루프에서 값 원소는 복제본이다. 따라서 구조체를 변경하려면 인덱스로 접근하거나 기존 for 루프를 사용한다(단, 수정하려는 원소나 필드가 포인터가 아니어야 한다).

- range 연산자에 지정한 표현식은 루프 시작 전 단 한 번만 평가된다. 이 점을 잘 알아야 채널이나 슬라이스 반복문에서 대입이 비효율적으로 처리되는 실수를 피할 수 있다.

- 로컬 변수를 사용하거나 인덱스로 원소에 접근할 때 루프 안에서 포인터를 복제하면 실수를 막을 수 있다.

- 맵을 사용할 때 결과가 항상 일정하게 나오게 하려면 다음과 같은 맵 데이터의 특성을 명심한다.
  - 키에 따라 정렬되지 않는다.
  - 추가된 순서로 남아 있지 않다.
  - 반복 순서가 일정하지 않다.
  - 반복 중 추가된 원소가 그 회차에 생성되지 않을 수 있다.

- break나 continue를 사용할 때 레이블을 활용하면 특정 문장에서 빠져나오게 만들 수 있다. 특히 루프 안에서 switch나 select를 사용할 때 유용하다.

- 함수 안에서 루프를 수행하는 로직을 추출하면 defer문을 각 반복 회차의 끝에 실행시킨다.

memo

5장

스트링

고 언어에서 스트링(string)은 불변형(immutable) 데이터 구조로, 다음 항목으로 구성된다.

- 불변형 바이트 시퀀스에 대한 포인터

- 해당 시퀀스의 총 바이트 수

이 장에서는 스트링을 다루는 고 언어 고유의 방식에 대해 소개한다. 고 언어는 룬(rune)이란 개념을 적용하기 때문에 제대로 이해할 필요가 있으며, 처음 접하는 사람은 헷갈리기 쉽다. 스트링을 다루는 방법을 이해하면, 스트링을 반복할 때 흔히 저지르는 실수를 피할 수 있다. 고 프로그래머가 스트링을 사용하거나 생성할 때 저지르기 쉬운 실수에 대해서 살펴볼 것이다. 또한 추가 할당을 피하기 위해 []byte를 직접 다루는 방법도 소개한다. 마지막으로 서브스트링을 다루는 과정에서 발생하는 메모리 누수를 방지하는 방법도 알아본다. 이 장의 주 목적은 흔히 저지르는 실수 사례를 통해 고 언어에서 스트링을 처리하는 과정을 이해하는 것이다.

5.1 #36 룬 개념을 정확하게 이해하라

고 언어의 룬 개념을 이해하지 않고 스트링에 대해 이야기하는 것은 불가능하다. 이어지는 절에서 보겠지만, 스트링을 처리하는 과정을 제대로 이해하고, 일반적으로 흔히 저지르는 실수를 피하는 데 룬은 핵심적인 개념이다. 고 언어의 룬에 대한 설명에 앞서, 몇 가지 기본적인 프로그램 개념부터 정리하고 넘어가자.

먼저 문자 집합과 인코딩의 차이를 분명히 알아야 한다.

- **문자 집합**(charset, 차셋): 이름에서 추측할 수 있듯이, 문자로 구성된 집합이다. 예를 들어, 2^{21}개 문자로 구성된 유니코드 차셋이 있다.

- **인코딩**(encoding): 문자를 바이너리로 변환하는 것이다. 예를 들어, UTF-8은 모든 유니코드 문자를 1~4바이트 숫자로 표현하는 인코딩 표준이다.

문자를 이용하면 차셋을 간단히 정의할 수 있다. 그런데 유니코드에서는 코드 포인트(code point)라는 개념을 사용해 표현할 항목을 값 하나로 가리킨다. 예를 들어, 汉 문자는 유니코드의 코드 포인트로 U+6C49다. 이 문자를 UTF-8로 인코딩하면 0xE6, 0xB1, 0x89라는 세 바이트로 표현된다. 이 이야기를 하는 이유는, 고 언어의 룬이 바로 유니코드 코드 포인트이기 때문이다.

UTF-8은 문자를 1~4바이트, 즉 최대 32비트로 표현한다고 했다. 그래서 고 언어의 룬은 int32에 대한 앨리어스다.

```
type rune = int32
```

UTF-8과 관련하여 또 하나 중요한 사실은 고 언어의 스트링이 항상 UTF-8로 인코딩된다고 잘못 알고 있는 사람이 많은데, 사실은 그렇지 않다는 것이다. 예를 들어, 다음 코드를 보자.

```
s := "hello"
```

스트링 리터럴(스트링 상수) 하나를 s에 대입한다. 고 언어는 소스 코드를 UTF-8로 인코딩한다. 그래서 소스 코드에 들어 있는 스트링 리터럴은 모두 UTF-8 방식의 바이트 시퀀스로 인코딩된다. 하지만 스트링은 임의의 바이트 시퀀스이므로 UTF-8이 아닌 다른 방식을 적용할 수도 있다. 그래서 스트링 리터럴로 초기화하지 않은 변수 값(예 파일 시스템에서 읽은 내용)은 UTF-8로 인코딩했다고 단정할 수 없다.

> Note ≡ golang.org/x는 표준 라이브러리의 확장 버전에 대한 리포지터리로, UTF-16과 UTF-32를 사용하는 패키지도 있다.

다시 hello 예제로 돌아가자. 여기서 s는 h, e, l, l, o라는 문자 다섯 개로 구성된 스트링이다. 이렇게 '간단한' 문자는 각각 바이트 하나로 인코딩된다. 그래서 s의 길이는 5라고 나온다.

```
s := "hello"
fmt.Println(len(s)) // 5
```

하지만 문자를 항상 바이트 하나로 인코딩할 수는 없다. 앞에서 UTF-8에 대해 설명할 때 예로 든 汉와 같은 문자는 세 바이트로 인코딩된다. 다음과 같이 코드에서 직접 확인해볼 수 있다.

```
s := "汉"
fmt.Println(len(s)) // 3
```

그러면 결과가 1이 아닌 3이 출력된다. 실제로 이 스트링에 적용한 내장 함수인 len은 문자의 개수가 아닌, 바이트 수를 리턴한다.

반대로 주어진 바이트 목록에서 스트링을 만들 수도 있다. 앞에서 본 것처럼 汉 문자는 세 바이트(0xE6, 0xB1, 0x89)로 인코딩되므로 다음과 같이 만들 수 있다.

```
s := string([]byte{0xE6, 0xB1, 0x89})
```

```
fmt.Printf("%s\n", s)
```

그래서 스트링을 출력하면 문자 세 개가 아닌, 汉라는 문자 하나를 출력한다.

정리하면,

- 문자 집합(차셋)은 문자들의 집합인 반면, 인코딩은 문자 집합을 바이너리로 변환하는 방식을 말한다.
- 고 언어에서 스트링은 내부적으로 임의의 바이트로 구성된 불변형 슬라이스를 가리킨다.
- 고 언어로 작성된 소스 코드는 UTF-8로 인코딩된다. 따라서 스트링 리터럴은 모두 UTF-8 스트링이다. 하지만 스트링에 나올 수 있는 바이트에는 제한이 없으므로, 소스 코드가 아닌 다른 곳에서 가져온 스트링이라면 UTF-8 인코딩을 벗어난 값일 수 있다.
- 룬은 유니코드의 코드 포인트에 해당하는 개념이다. 즉, 값 하나로 표현되는 항목을 가리킨다.
- UTF-8을 이용하면 유니코드의 코드 포인트를 1~4바이트로 인코딩할 수 있다.
- 고 언어에서 스트링에 len 함수를 실행하면 룬 개수가 아닌, 바이트 수를 리턴한다.

고 언어에서 룬은 어디서나 항상 나오기 때문에 기본 개념을 확실히 이해하는 것이 중요하다. 이제 기초를 바탕으로 스트링 반복과 관련하여 흔히 저지르는 실수를 구체적인 예제를 통해 살펴보자.

5.2 #37 부정확한 스트링 반복 관련 실수

프로그램을 작성하다 보면 스트링에 대해 루프를 돌 일이 많다. 때로는 스트링을 구성하는 각 룬마다 연산을 수행하거나 특정한 서브스트링을 찾는 커스텀 함수를 구현해야 할 수도 있다. 둘 중 어느 경우라도 스트링의 각 룬마다 반복해야 한다. 그런데 이 과정에서 반복문의 작동 방식을 헷갈리기 쉽다.

구체적인 예제를 통해 알아보자. 다음 코드는 주어진 스트링을 구성하는 룬과 그 위치를 하나씩 출력한다.

```
s := "hêllo" ---------- ❶
```

```
for i := range s {
    fmt.Printf("position %d: %c\n", i, s[i])
}
fmt.Printf("len=%d\n", len(s))
```

❶ 스트링 리터럴에 ê라는 특수 문자가 있다.

range 연산자로 s에 대해 루프를 돌면서, 인덱스를 이용하여 스트링의 각 룬을 출력한다. 이 코드를 실행한 결과는 다음과 같다.

```
position 0: h
position 1: Ã
position 3: l
position 4: l
position 5: o
len=6
```

본래 의도와 다르게 실행됐다. 여기서 세 가지 점에 주목해야 한다.

- 두 번째로 출력된 룬은 ê가 아니라 Ã다.
- 1번 위치에서 3번 위치로 건너뛰었다. 2번 위치에 있는 것은 뭘까?
- len은 6을 리턴했지만, s에는 룬이 다섯 개다.

마지막 항목부터 살펴보자. 앞에서 설명했듯이 len은 스트링을 구성하는 바이트 수를 리턴한다. 룬의 개수를 리턴하는 것이 아니다. 코드에서 s에 스트링 리터럴을 대입했는데, s는 UTF-8로 인코딩된 스트링이다. 한편 특수 문자인 ê는 바이트 하나로 인코딩할 수 없다. 두 바이트가 필요하다. 그래서 len(s)의 결과가 6인 것이다.

스트링을 구성하는 룬 개수 세기

스트링의 바이트 수가 아닌, 스트링을 구성하는 룬의 개수를 알고 싶다면 어떻게 해야 할까? 구체적인 방법은 인코딩 방식에 따라 다르다.

앞에서 본 예제에서는 s에 스트링 리터럴을 대입했기 때문에 unicode/utf8 패키지를 사용하면 된다.

```
fmt.Println(utf8.RuneCountInString(s)) // 5
```

다시 앞에서 본 코드의 반복문으로 돌아가서 왜 그런 결과가 나왔는지 알아보자.

```
for i := range s {
    fmt.Printf("position %d: %c\n", i, s[i])
```

```
    }
```

이 코드는 룬을 기준으로 반복하지 않는다. 룬의 시작 인덱스에 대해 반복하는 것이다. 이를 그림으로 표현하면 그림 5-1과 같다.

▼ 그림 5-1 s[i]를 출력하면 인덱스 i에 해당하는 각 바이트의 UTF-8 표현이 출력된다.

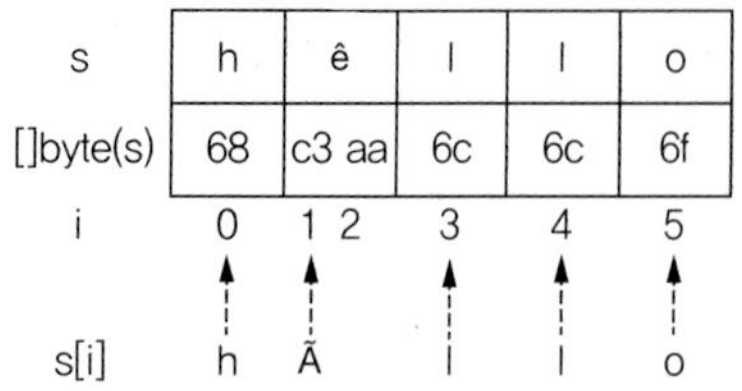

s	h	ê	l	l	o
[]byte(s)	68	c3 aa	6c	6c	6f
i	0	1 2	3	4	5
s[i]	h	Ã	l	l	o

s[i]를 출력하면 i번째 룬이 출력되는 것이 아니라, 인덱스 i에 있는 바이트를 UTF-8로 표현한 값이 출력된다. 그래서 hêllo가 아닌, hÃllo가 출력된 것이다. 그렇다면 룬 단위로 출력하려면 어떻게 고쳐야 할까? 크게 두 가지 방법이 있다.

첫 번째 방법은 range 연산자의 값 원소를 사용하는 것이다.

```
s := "hêllo"
for i, r := range s {
    fmt.Printf("position %d: %c\n", i, r)
}
```

룬을 출력하는 데 s[i]를 사용하지 않고 변수 r을 사용한다. 스트링에 대한 range 루프는 룬의 시작 인덱스와 룬 자체에 대한 변수 두 개를 리턴한다.

```
position 0: h
position 1: ê
position 3: l
position 4: l
position 5: o
```

두 번째 방법은 스트링을 룬 슬라이스로 변환한 뒤, 그 슬라이스에 대해 루프를 도는 것이다.

```
s := "hêllo"
runes := []rune(s)
for i, r := range runes {
    fmt.Printf("position %d: %c\n", i, r)
}
```

```
position 0: h
position 1: ê
position 2: l
position 3: l
position 4: o
```

여기서는 []rune(s)를 이용하여 s를 룬 슬라이스로 변환한다. 그런 다음 이 슬라이스에 대해 루프를 돌면서 range 연산자의 값 원소를 이용하여 룬을 모두 출력한다. 이전 코드와 다른 점은 위치뿐이다. 룬의 바이트 시퀀스의 시작 인덱스를 출력하지 않고 룬의 인덱스를 직접 출력한다.

참고로 이 방법은 이전 방법에 비해 런타임 오버헤드가 발생한다. 실제로 스트링을 룬 슬라이스로 변환하려면 슬라이스를 추가로 할당해서 바이트를 룬으로 변환해야 한다. 즉, 스트링을 구성하는 바이트가 n개일 때 시간 복잡도는 O(n)이다. 따라서 모든 룬에 대해 반복하려면 첫 번째 방법을 사용해야 한다.

그런데 첫 번째 방법으로 스트링의 i번째 룬에 접근하고 싶어도 그 룬에 대한 인덱스를 모른다. 바이트 시퀀스에서 룬의 시작 인덱스만 안다. 따라서 대부분의 경우에는 두 번째 방법이 적합하다.

```
s := "hêllo"
r := []rune(s)[4]
fmt.Printf("%c\n", r) // o
```

위 코드는 먼저 스트링을 룬 슬라이스로 변환해서 네 번째 룬을 출력한다.

특정한 룬에 접근하는 기능을 최적화하는 방법

스트링이 단일 바이트 룬으로 구성됐다면 최적화를 할 수 있다. 예를 들어, 스트링에 담긴 문자가 A부터 Z까지와 a부터 z까지인 경우라면, 스트링 전체를 룬 슬라이스로 변환할 필요 없이 s[i]를 통해 해당 바이트를 곧바로 접근하는 방식으로 i번째 룬을 구할 수 있다.

```
s := "hello"
fmt.Printf("%c\n", rune(s[4])) // o
```

정리하면, 스트링의 룬에 대해 반복할 때 그 스트링에 range 루프를 직접 사용할 수 있다. 하지만 앞에서 설명했듯이 이때 리턴되는 인덱스는 룬의 인덱스가 아니라 룬의 바이트 시퀀스의 시작 인덱스다. 룬은 얼마든지 여러 바이트로 구성될 수 있기 때문에 룬에 접근하려면 스트링의 인덱스가 아니라 range의 값 변수를 사용해야 한다. 또한 스트링의 i번째 룬에 접근하려면, 스트링을 룬 슬라이스로 변환해야 하는 경우가 대부분이다.

다음 절에서는 strings 패키지에서 제공하는 트림 함수를 사용할 때 흔히 저지르는 실수에 대해 알아보자.

5.3 #38 트림 함수를 잘못 사용하지 마라

고 프로그래머가 흔히 저지르는 실수 중 하나는 strings 패키지를 사용할 때 TrimRight와 TrimSuffix를 바꿔 쓰는 것이다. 두 함수는 용도가 비슷해서 서로 헷갈리기 쉽다. 예를 들어, 다음과 같이 TrimRight를 사용한 예를 보자. 출력 결과가 어떻게 나올까?

```
fmt.Println(strings.TrimRight("123oxo", "xo"))
```

123이 출력된다. 예상대로인가? 다르게 생각했다면 TrimSuffix로 착각한 것이다. 두 함수 모두 복습해보자.

TrimRight는 스트링 뒤에 나온 글자 중에서 주어진 집합에 포함된 룬을 모두 제거한다. 앞의 예에서 x와 o라는 두 가지 룬으로 구성된 집합인 xo를 지정했다. 처리 과정은 그림 5-2와 같다.

❤ 그림 5-2 TrimRight는 주어진 집합에 포함되지 않은 룬을 만날 때까지 역방향으로 반복한다.

- 123o**xo**
  ↙ o는 주어진 집합에 포함되어 있어서 제거한다. 🗑
- 123o**x**
  ↙ x는 주어진 집합에 포함되어 있어서 제거한다. 🗑
- 123**o**
  ↙ o는 주어진 집합에 포함되어 있어서 제거한다. 🗑
- 123
  ↙ 3은 주어진 집합에 포함되어 있지 않아서 멈춘다. 🛑

TrimRight는 각 룬을 역방향으로 반복한다. 현재 룬이 주어진 집합에 포함되어 있으면 제거하고, 그렇지 않으면 반복을 멈추고 남은 스트링을 리턴한다. 그래서 결과가 123으로 나오는 것이다.

반면 TrimSuffix는 접미어로 지정한 부분을 제외한 나머지 스트링을 리턴한다.

```
fmt.Println(strings.TrimSuffix("123oxo", "xo"))
```

123oxo 뒤에 xo가 붙어 있으므로 이 코드의 출력 결과는 123o다. 또한 접미사를 제거하는 연산은 반복 적용되지 않는다. 즉, TrimSuffix("123xoxo", "xo")의 결과는 123xo다.

이러한 원칙은 스트링의 왼편을 제거하는 TrimLeft와 TrimPrefix에도 똑같이 적용된다.

```
fmt.Println(strings.TrimLeft("oxo123", "ox"))  // 123
fmt.Println(strings.TrimPrefix("oxo123", "ox"))  // o123
```

strings.TrimLeft는 스트링 앞에 나온 글자 중에서 주어진 집합에 포함된 룬을 모두 제거한다.
따라서 123을 출력한다. TrimPrefix는 접두어로 지정한 부분을 제거한다. 따라서 o123을 출력한다.

마지막으로 소개할 함수인 Trim은 스트링에 대한 TrimLeft와 TrimRight가 모두 적용된다. 따라서
주어진 스트링에서 앞과 뒤에 나오는 룬 중에서 주어진 집합에 포함된 것을 모두 제거한다.

```
fmt.Println(strings.Trim("oxo123oxo", "ox"))  // 123
```

정리하면, TrimRight/TrimLeft와 TrimSuffix/TrimPrefix의 차이를 명확히 이해하자.

- **TrimRight/TrimLeft**: 앞/뒤에 나온 룬 중에서 주어진 집합에 포함되는 것을 제거한다.
- **TrimSuffix/TrimPrefix**: 지정한 접미어/접두어를 제거한다.

다음 절에서는 스트링 결합에 대해 자세히 알아보겠다.

5.4 #39 최적화가 덜 된 스트링을 결합하지 마라

고 언어에서 스트링을 결합하는 방법은 크게 두 가지가 있다. 그중 하나는 특정 상황에서 효율이
매우 떨어진다. 어떤 상황에 어떤 방법이 적합한지 알아보자.

다음과 같이 주어진 슬라이스에 담긴 모든 스트링 원소를 += 연산으로 결합하는 concat 함수를 작
성했다.

```go
func concat(values []string) string {
    s := ""
    for _, value := range values {
        s += value
    }
    return s
```

```
    }
```

반복할 때마다 += 연산자는 s와 value 스트링을 결합한다. 얼핏 보면 이 함수에는 문제가 없는 듯하다. 하지만 이 코드는 스트링의 핵심 속성 중 하나인 불변성(immutability)을 간과하고 있다. 반복할 때마다 s를 업데이트하는 것이 아니라 메모리에 새로운 스트링을 할당해서 성능이 크게 떨어진다.

다행히 이 문제를 해결할 방법이 있다. strings 패키지에서 제공하는 Builder 구조체를 사용하는 것이다.

```
func concat(values []string) string {
    sb := strings.Builder{} ---------------- ❶
    for _, value := range values {
        _, _ = sb.WriteString(value) ------- ❷
    }
    return sb.String() --------------------- ❸
}
```

❶ strings.Builder를 생성한다.

❷ 스트링을 추가한다.

❸ 결과 스트링을 리턴한다.

먼저 strings.Builder 구조체를 0으로 초기화하여 생성한다. 반복할 때마다 value의 내용을 내부 버퍼에 추가하는 WriteString 메서드를 호출하여 결과 스트링을 만든다. 따라서 메모리 복제를 최소화할 수 있다.

참고로 WriteString은 두 번째 출력으로 에러를 리턴한다. 하지만 여기서는 무시했다. 실제로 이 메서드에서 리턴하는 에러가 nil이 아닌 경우가 없기 때문이다. 그렇다면 왜 이 메서드의 시그니처에 에러를 리턴한다고 명시한 걸까? strings.Builder는 io.StringWriter 인터페이스를 구현한 것이다. 그 인터페이스에는 WriteString(s string) (n int, err error)라는 메서드가 있다. 따라서 이 인터페이스를 따르기 위한 목적으로 에러를 무조건 리턴하는 것이다.

> Note ≡   에러를 무시하는 관용 표현에 관련된 실수는 #53 "때로는 에러를 무시하라"에서 설명한다.

strings.Builder를 사용하면 다음과 같이 추가할 수도 있다.

* Write로 바이트 슬라이스 추가하기

- WriteByte로 단일 바이트 추가하기

- WriteRune으로 단일 룬 추가하기

strings.Builder는 내부적으로 바이트 슬라이스를 갖고 있다. WriteString을 호출할 때마다 이 슬라이스에 대해 append를 호출하게 된다. 그러면 두 가지 효과가 발생한다. 첫째, 이 구조체는 동시에 사용할 수 없기 때문에 append를 호출하면 경쟁 상태(race condition)가 발생한다. 둘째, #21 "비효율적인 슬라이스 초기화 관련 실수"에서 본 것처럼, 슬라이스의 향후 길이를 알고 있다면 미리 할당해야 한다. 이를 위해 strings.Builder는 추가로 n바이트만큼 공간을 확보하는 Grow(n int)를 제공한다.

Grow에 총 바이트 수를 지정하여 호출하는 버전의 concat 메서드를 살펴보자.

```go
func concat(values []string) string {
    total := 0
    for i := 0; i < len(values); i++ { ---------❶
        total += len(values[i])
    }

    sb := strings.Builder{}
    sb.Grow(total) ----------------------------❷
    for _, value := range values {
        _, _ = sb.WriteString(value)
    }
    return sb.String()
}
```

❶ 각 스트링에 대해 루프를 돌면서 총 바이트 수를 계산한다.

❷ 계산한 총 바이트 수를 지정하여 Grow를 호출한다.

스트링에 대한 반복문을 실행하기 전에 최종 스트링의 총 바이트 수를 계산해서 total에 대입한다. 참고로 여기서 중요한 것은 룬 개수가 아니라 바이트 수이므로 len 함수를 사용한다. 총 바이트 수를 구했다면 total에 담긴 바이트 수만큼 공간을 확보하도록 Grow를 호출한 뒤, 스트링에 대해 루프를 돈다.

그럼 세 가지 버전(v1: += 사용하기, v2: 사전 공간 할당 없이 strings.Builder{} 사용하기, v3: 사전 공간 할당하여 strings.Builder{} 사용하기)을 비교하는 벤치마크를 돌려보자. 입력 슬라이스는 스트링 1,000개로 구성되며, 각 스트링은 1,000바이트로 구성된다.

```
BenchmarkConcatV1-4          16      72291485 ns/op
BenchmarkConcatV2-4        1188        878962 ns/op
BenchmarkConcatV3-4        5922        190340 ns/op
```

결과를 보면 마지막 버전이 훨씬 효율적이다. v1보다 99% 빠르고, v2보다 78% 빠르다. 주어진 입력 슬라이스를 두 번 반복하는데 어떻게 더 빨리 실행되는 걸까? 비결은 #21 "비효율적인 슬라이스 초기화 관련 실수"에서 설명했다. 슬라이스를 주어진 길이나 용량만큼 할당하지 않으면 가득 찰 때마다 공간을 확보하기 때문에 할당과 복제 연산이 늘어난다. 따라서 이 예제의 경우 두 번 반복이 가장 효율적인 방법이다.

스트링 리스트를 결합할 때는 strings.Builder를 사용하는 방법이 가장 좋다. 주로 루프문에서 이 방법을 사용한다. 실제로 성과 이름을 합치는 것처럼 결합할 스트링 개수가 적다면 strings. Builder 방법은 바람직하지 않다. += 연산자나 fmt.Sprintf를 사용할 때보다 코드가 복잡해지기 때문이다.

기본 가이드라인을 정리해보자. 성능 관점에서 보면 결합할 스트링이 다섯 개 이상일 때는 strings.Builder 방법이 가장 빠르다. 물론 구체적인 개수는 상황에 따라 달라질 수 있지만(예 머신과 결합된 스트링의 크기) 여러 방법 중 적합한 것을 선택해야 할 경우 이 기준으로 선택하면 좋다. 또한 향후 스트링의 바이트 수를 미리 알 수 있다면 Grow를 이용하여 내부 바이트 슬라이스의 공간을 미리 할당해야 한다는 것도 명심하자.

다음 절에서는 bytes 패키지를 사용하면 불필요한 스트링 변환을 피할 수 있는 이유에 대해 알아보겠다.

5.5 #40 불필요한 스트링 변환 관련 실수

프로그래머는 대부분 스트링과 []byte 중에 스트링을 선호한다. 더 편하게 여기기 때문이다. 하지만 I/O는 []byte로 처리되는 경우가 많다. 예를 들어, io.Reader, io.Writer, io.ReadAll은 스트링이 아닌 []byte로 처리한다. 스트링으로 처리하게 작성하면 변환 과정이 추가된다. 물론 bytes 패키지에서도 strings 패키지와 동일한 연산을 제공한다.

그럼 바람직하지 않은 구현 예부터 살펴보자. io.Reader로부터 입력받은 내용을 읽은 후 sanitize 함수를 호출하는 getBytes 함수를 작성해보겠다. sanitize 함수는 주어진 스트링의 앞과 뒤에 나오는 공백을 제거한다. getBytes의 구조는 다음과 같다.

```go
func getBytes(reader io.Reader) ([]byte, error) {
    b, err := io.ReadAll(reader) ---------------------- ❶
    if err != nil {
        return nil, err
    }
    // sanitize 호출
}
```

❶ b는 []byte 타입이다.

ReadAll을 호출해서 받은 바이트 슬라이스를 b에 저장한다. 그렇다면 sanitize 함수는 어떻게 구현해야 할까? 한 가지 방법은 strings 패키지에서 제공하는 string 함수를 이용하여 sanitize(string)을 구현하는 것이다.

```go
func sanitize(s string) string {
    return strings.TrimSpace(s)
}
```

다시 getBytes로 돌아가자. []byte를 다루는 부분에서 sanitize를 호출하기 전에 먼저 스트링으로 변환해야 한다. 그래서 받은 결과는 다시 []byte로 변환해야 한다. getBytes의 리턴 타입이 바이트 슬라이스이기 때문이다.

```go
return []byte(sanitize(string(b))), nil
```

이렇게 구현하면 무슨 문제가 발생할까? []byte를 스트링으로 변환한 뒤, 다시 스트링을 []byte로 변환하는 오버헤드가 발생한다. 메모리 관점에서 볼 때 변환 작업은 추가 공간 할당을 초래한다. 스트링이 내부적으로 []byte로 구현됐다 하더라도, []byte를 스트링으로 변환하려면 바이트 슬라이스를 복제해야 한다. 다시 말해 메모리를 새로 할당해서 각 바이트를 복제해야 한다.

> **스트링은 불변형이다**
>
> 다음 코드를 보자. [ ]byte로 스트링을 만들면 복제가 발생한다는 사실을 확인할 수 있다.
>
> ```
>   b := []byte{'a', 'b', 'c'}
>   s := string(b)
>   b[1] = 'x'
>   fmt.Println(s)
> ```
>
> 이 코드를 실행하면 axc가 아닌 abc를 출력한다. 고 언어에서 스트링은 불변형(immutable)이기 때문이다.

그럼 sanitize를 제대로 구현하려면 어떻게 해야 할까? 스트링을 받아서 스트링을 리턴하지 말고 다음과 같이 바이트 슬라이스를 직접 다뤄야 한다.

```
func sanitize(b []byte) []byte {
    return bytes.TrimSpace(b)
}
```

bytes 패키지 역시 앞뒤 공백을 제거하는 TrimSpace 함수를 제공한다. 이렇게 하면 sanitize 함수를 호출해도 변환 작업으로 인한 오버헤드가 발생하지 않는다.

```
return sanitize(b), nil
```

앞에서 말했듯이, I/O는 대부분 스트링이 아닌 [ ]byte를 다룬다. 스트링과 [ ]byte 중 어느 것을 사용해야 할지 고민될 수 있다. 하지만 [ ]byte를 사용한다고 해서 더 불편한 것은 아니다. 실제로 strings 패키지에 익스포트된 모든 함수는 bytes 패키지에도 동일한 함수(예 Split, Count, Contains, Index)가 제공된다. 따라서 I/O의 사용 여부와 관계없이, 전체 워크플로를 스트링 대신 바이트로만 구현하여 불필요한 변환을 피할 수 있는지부터 먼저 확인해야 한다.

이 장의 마지막인 5.6절에서는 서브스트링 연산에서 메모리 누수가 발생하는 경우에 대해 알아보자.

5.6 / #41 서브스트링과 메모리 누수 관련 실수

#26 "슬라이스와 메모리 누수 관련 실수"에서는 슬라이스나 배열에 대한 슬라이싱 연산으로 인해

메모리 누수가 발생하는 경우에 대해 살펴봤다. 스트링과 서브스트링(substring, 부분 스트링)도 마찬가지다. 먼저 고 언어에서 서브스트링을 처리할 때 메모리 누수를 방지하는 방법에 대해 알아보자. 서브스트링을 추출하는 방법은 다음과 같다.

```
s1 := "Hello, World!"
s2 := s1[:5] // Hello
```

s2는 s1의 서브스트링으로 만들었다. s1의 첫 번째 룬부터 다섯 번째 룬까지가 아니라, 첫 번째 바이트부터 다섯 번째 바이트까지로 만든 것이다. 따라서 멀티 바이트로 인코딩된 룬의 경우 이 구문으로는 표현할 수 없고, 입력 스트링을 []rune으로 먼저 변환해야 한다.

```
s1 := "Hêllo, World!"
s2 := string([]rune(s1)[:5]) // Hêllo
```

이제 서브스트링 연산에 대해 간단히 복습했으니, 메모리 누수가 발생할 가능성이 있는 상황을 구체적으로 알아보자.

다음과 같이 로그 메시지를 스트링으로 받는 코드를 생각해보자. 각 로그는 36문자로 구성되는 UUID(Universally Unique IDentifier)로 시작해서 로그 메시지 본문이 뒤따른다. 이러한 UUID를 메모리에 저장하려고 한다. (예 최근 n개의 UUID에 대한 캐시를 유지하는 경우가 있다.) 한 가지더, 로그 메시지는 (최대 수천 바이트가량으로) 상당히 무거워질 수 있다는 점에 주의하자. 이렇게 구현한 코드는 다음과 같다.

```
func (s store) handleLog(log string) error {
    if len(log) < 36 {
        return errors.New("log is not correctly formatted")
    }
    uuid := log[:36]
    s.store(uuid)
    // 필요한 작업을 수행한다.
}
```

UUID를 추출하려면 log[:36] 같은 서브스트링 연산을 수행해야 한다. 여기서 :36이라고 적은 것은 UUID가 36바이트로 인코딩됐기 때문이다. 이렇게 추출한 값을 uuid 변수에 담아서 store 메서드를 호출할 때 전달하여 메모리에 저장한다. 그런데 이렇게 구현하면 문제가 발생한다.

결과 스트링과 서브스트링 연산 과정에서 스트링의 데이터 공유 여부는 고 언어 규격에 대해 명시되어 있지 않다. 그런데 표준 고 컴파일러는 내부 배열을 공유하도록 구현했다. 메모리 효율이나 성능 관점에서 보면 이렇게 하는 것이 할당과 복제가 추가되지 않으므로 가장 바람직하다고 판단한 것 같다.

앞서 말했듯이 로그 메시지는 상당히 길어질 수 있다. log[:36] 연산을 수행하면 동일한 내부 배열을 참조하는 스트링을 새로 만든다. 그래서 메모리에 저장하는 각 uuid 스트링마다 36바이트뿐만 아니라, 초기 log 스트링의 바이트 수도 추가된다. 이 값은 수천 바이트까지 커질 수 있다.

이 문제를 어떻게 해결할 수 있을까? 서브스트링에 대해 깊은 복제(deep copy)를 수행해서 uuid의 내부 바이트 슬라이스가 36바이트로만 구성된 새로운 내부 배열을 참조하게 만들면 된다.

```go
func (s store) handleLog(log string) error {
    if len(log) < 36 {
        return errors.New("log is not correctly formatted")
    }
    uuid := string([]byte(log[:36]))  ----------- ❶
    s.store(uuid)
    // 필요한 작업을 수행한다.
}
```

❶ []byte로 처리하고 스트링으로 변환한다.

복제 과정을 보면 먼저 서브스트링을 []byte로 변환한 뒤, 다시 스트링으로 변환한다. 이렇게 하면 메모리 누수를 방지할 수 있다. 이 코드의 uuid 스트링의 내부 배열은 36바이트로만 구성되기 때문이다.

참고로 몇몇 IDE나 린터는 string([]byte(s)) 같은 변환 과정이 필요 없다고 경고 메시지를 출력하기도 한다. 예를 들어, GoLand나 Go JetBrains IDE는 중복된 타입 변환(redundant type conversion)이란 경고 메시지를 출력한다. 스트링을 다시 스트링으로 변환한다는 점에서 보면 맞는 말이다. 하지만 이 과정에서 특별한 효과가 발생한다. 앞에서 설명했듯이, uuid와 동일한 내부 배열에서 스트링을 만들지 않게 된다. IDE나 린터에서 출력하는 경고 메시지는 때로 정확하지 않을 수 있다는 점을 명심하자.

> Note ☰ 스트링은 대부분 포인터이기 때문에, 함수 호출에서 스트링을 전달하면 바이트 단위의 깊은 복제로 처리하지 않는다. 복제된 스트링은 여전히 동일한 내부 배열을 참조한다.

고 1.18부터 표준 라이브러리에 스트링의 복제본을 새로 만드는 strings.Clone이 추가됐다.

```go
uuid := strings.Clone(log[:36])
```

strings.Clone을 호출하면 새로 할당한 메모리에 log[:36]에 대한 복제본을 만들기 때문에 메모리 누수가 발생하지 않는다.

고 언어에서 서브스트링을 다룰 때는 두 가지 사항을 명심하자. 첫째, 주어진 구간은 룬 수가 아니라 바이트 수다. 둘째, 서브스트링 연산에서 결과로 나오는 서브스트링은 원본 스트링과 동일한 내부 배열을 참조하기 때문에 메모리 누수가 발생할 수 있다. 이러한 문제가 발생하지 않게 하려면 직접 스트링을 복제하거나 고 1.18부터 추가된 strings.Clone을 사용하자.

5.7 요약

- 고 언어로 스트링을 제대로 다루기 위해서, 룬은 유니코드의 코드 포인터 개념에 해당하며, 하나의 룬이 여러 바이트로 구성될 수 있음을 명심한다.

- range 연산자로 스트링을 반복하면 룬을 기준으로 실행된다. 이때 시작 인덱스는 해당 룬의 바이트 시퀀스의 시작 인덱스다. 룬 인덱스를 지정하여 접근하려면(떼 세 번째 룬), 스트링을 []rune으로 변환한다.

- strings.TrimRight/strings.TrimLeft는 주어진 집합에 포함된 룬을 앞/뒤에서 제거한다. strings.TrimSuffix/strings.TrimPrefix는 지정한 접미어/접두어를 제거한 스트링을 리턴한다.

- 리스트에 나온 스트링을 이어 붙이는 작업을 반복문으로 처리할 때, 매번 새로운 스트링을 할당하지 않게 하려면 strings.Builder로 처리해야 한다.

- bytes 패키지는 strings 패키지와 동일한 연산을 제공하며, 이를 통해 불필요한 바이트/스트링 변환을 피할 수 있다.

- 서브스트링 대신 복제를 이용하면 메모리 누수를 방지할 수 있다. 서브스트링 연산을 통해 리턴되는 스트링은 기존과 동일한 내부 바이트 배열을 참조하기 때문이다.

memo

6장

함수와 메서드

함수(function)는 순차적으로 나열된 문장을 하나의 단위로 묶어서 다른 곳에서 호출할 수 있게 해준다. 함수는 입력을 받아서 결과를 출력할 수 있다. 메서드(method)는 특정한 타입이 지정된 함수다. 여기서 지정된 타입을 리시버(receiver)라고 부르며, 이는 포인터나 값이다. 이 장에서는 흔히 논쟁의 씨앗이 되는 리시버 타입을 지정하는 방법부터 소개한다. 그런 다음 이름 있는 매개변수의 적합한 사용 시점과 이 과정에서 실수하기 쉬운 이유를 소개한다. 또한 함수를 설계하거나 특정한 값을 nil 리시버로 리턴할 때 저지르기 쉬운 실수에 대해서도 살펴본다.

6.1   #42 적합한 리시버 타입을 결정하라

메서드의 리시버 타입을 결정하기 힘든 경우가 있다. 값 리시버와 포인터 리시버 중에서 어느 것이 적합한지 판단하지 못할 수 있다. 이 절에서는 리시버 타입을 제대로 결정하는 기준에 대해 알아보겠다.

값과 포인터의 차이에 대해서는 12장에서 자세히 살펴본다. 따라서 이 절에서는 성능 측면에서만 간단히 다룰 것이다. 또한 값 리시버와 포인터 리시버 중에서 선택하는 기준을 성능으로 잡지 말고, 여기서 소개할 기준으로 판단해야 한다. 본격적으로 살펴보기 전에 먼저 리시버의 작동 방식부터 가볍게 복습하고 넘어가자.

고 언어에서는 메서드에 값 리시버나 포인터 리시버를 붙일 수 있다. 값 리시버를 사용하면 그 값에 대해 복제본을 만들어서 메서드로 전달한다. 그 오브젝트에 대한 변경 사항은 모두 메서드의 로컬 영역에만 적용된다. 원본 오브젝트는 변하지 않고 본래대로 남아 있다.

구체적인 예를 살펴보자. 다음은 값 리시버를 변경하는 코드다.

```
type customer struct {
    balance float64
}

func (c customer) add(v float64) { ----------------- ❶
    c.balance += v
}

func main() {
```

```
    c := customer{balance: 100.}
    c.add(50.)
    fmt.Printf("balance: %.2f\n", c.balance) ------ ❷
}
```

❶ 값 리시버

❷ customer의 balance는 변경되지 않는다.

값 리시버를 사용하기 때문에 add 메서드에 있는 balance 값을 증가시켜도 customer 구조체에 있는 원본 balance 필드에는 아무런 영향을 미치지 않는다.

```
100.00
```

반면, 포인터 리시버를 사용하면 오브젝트의 주소를 메서드에 전달한다. 내부적으로 복제본을 만드는 것은 마찬가지지만 오브젝트 자체를 복제하지 않고 포인터를 복제한다(고 언어는 레퍼런스 (참조) 전달 방식을 지원하지 않는다). 그래서 리시버를 변경하면 원본 오브젝트도 변경된다. 앞에서 본 코드에서 리시버만 포인터로 바꾸면 다음과 같다.

```
type customer struct {
    balance float64
}

func (c *customer) add(operation float64) { ----------- ❶
    c.balance += operation
}

func main() {
    c := customer{balance: 100.0}
    c.add(50.0)
    fmt.Printf("balance: %.2f\n", c.balance) ---------- ❷
}
```

❶ 포인터 리시버

❷ customer의 balance는 변경된다.

이번에는 포인터 리시버를 사용했기 때문에 balance를 변경하면 customer 구조체에 있는 원본 balance도 변경된다.

```
150.00
```

현재 상황에 값 리시버와 포인터 리시버 중 어느 것이 적합한지 판단하기 힘든 경우가 있다. 어떤 상황에서 어떤 리시버를 선택할지 알아보자.

* 리시버가 반드시 포인터여야 하는 경우

- 메서드에서 리시버의 값을 변경해야 할 경우: 리시버가 슬라이스고, 메서드에서 원소를 추가하는 경우도 마찬가지로 적용된다.

    ```
    type slice []int

    func (s *slice) add(element int) {
        *s = append(*s, element)
    }
    ```

- 메서드 리시버에 복제할 수 없는 필드가 있는 경우: 예를 들어, sync 패키지의 타입을 들 수 있다(#74 "sync 타입을 복제하지 마라"에서 자세히 설명한다).

* 포인터 리시버가 바람직한 경우

- 리시버가 큰 오브젝트인 경우: 이럴 때는 포인터를 사용하면 복제 작업으로 인한 성능 저하를 피할 수 있어서 호출 효율을 높일 수 있다. 크기의 기준은 벤치마킹을 통해 알아낼 수 있다. 수많은 요인에 영향을 받기 때문에 구체적으로 어느 정도여야 크다고 볼 수 있는지를 딱 잘라서 말할 수는 없다.

* 리시버가 반드시 값이어야 하는 경우

- 리시버의 불변성을 보장해야 하는 경우
- 리시버가 맵이나 함수, 채널인 경우: 나머지 경우는 컴파일 에러가 발생한다.

* 값 리시버가 바람직한 경우

- 값이 변하지 않아도 되는 슬라이스로 된 경우
- 리시버가 작은 배열이나 구조체라서 가변 필드(◐ time.Time)가 없는 값 타입인 경우
- 리시버가 int, float64, string 같은 기본 타입인 경우

좀 더 자세히 살펴봐야 할 경우가 하나 있다. 예를 들어, 다양한 customer 구조체를 설계한다고 해 보자. 이때 구조체에 가변형 필드가 직접 포함된 것은 아니지만 다른 구조체에 있다고 한다.

```
type customer struct {
    data *data ----------------------------------- ❶
```

```
}

type data struct {
    balance float64
}

func (c customer) add(operation float64) { ----- ❷
    c.data.balance += operation
}

func main() {
    c := customer{data: &data{
        balance: 100,
    }}
    c.add(50.)
    fmt.Printf("balance: %.2f\n", c.data.balance)
}
```

❶ balance는 customer 구조체에 직접 포함된 것은 아니지만, 포인터 필드로 참조하고 있다.

❷ 값 리시버를 사용한다.

값 리시버인데도 add를 호출하면 balance가 변경된다.

```
150.00
```

이 예제의 경우, 포인터 리시버가 아니더라도 balance 값을 변경할 수 있다. 하지만 포인터 리시버를 사용하는 것이 더 적합하다. customer 전체를 변경할 수 있다는 사실을 명확하게 드러낼 수 있기 때문이다.

리시버 타입 섞기

리시버 타입을 섞어서 쓸 수 있을까? 예를 들어, 여러 메서드를 담은 구조체에서 일부는 포인터 리시버로 만들고, 나머지는 값 리시버로 만들 수 있을까? 대부분 바람직하지 않다고 생각한다. 하지만 표준 라이브러리에 몇 가지 반례(time.Time)가 있다.

time.Time 구조체는 변경할 수 없도록 설계했다. 그래서 After, IsZero, UTC를 비롯한 대다수의 메서드는 값 리시버로 되어 있다. 하지만 encoding.TextUnmarshaler 등과 같은 기존 인터페이스와 호환되려면 주어진 바이트 슬라이스에 대해 리시버를 변경하는 UnmarshalBinary([]byte) error 메서드를 time.Time에서 구현해야 한다. 그래서 이 메서드의 리시버를 포인터로 만들었다.

정리하면, 리시버 타입을 혼합하는 방식은 일반적으로 바람직하지 않지만 항상 그런 것은 아니다.

이제 값 리시버와 포인터 리시버 중에서 어느 것이 적합한지 판단할 수 있을 것이다. 물론 완벽하게 결정하긴 힘들다. 항상 예외 상황이 있기 때문이다. 그럼에도 불구하고 이 절에서는 대다수의 경우에 적용할 수 있는 가이드라인을 제시하고자 했다. 기본은 값 리시버를 사용하고 특별한 이유가 있는 경우에만 포인터 리시버를 사용한다. 잘 모르겠다면 포인터 리시버를 사용하는 것이 좋다.

다음 절에서는 기명 결과 매개변수를 기본 개념과 사용법 중심으로 살펴본다.

6.2 #43 기명 결과 매개변수를 적절히 사용하라

고 언어에서 기명 결과 매개변수(named result parameter)를 사용할 일은 많지 않다. 이 절에서는 기명 결과 매개변수로 API 편의성을 높일 수 있는 경우에 대해 살펴볼 것이다. 그전에 먼저 메모리의 기본 작동 방식부터 복습하자.

함수나 메서드에서 매개변수를 리턴할 때 이름을 붙여서 일반 변수처럼 사용할 수 있다. 결과 매개변수에 이름을 붙이면 해당 함수나 메서드가 시작할 때 0 값으로 초기화된다. 또한, 기명 결과 매개변수를 사용하면 리턴문에 인수를 생략할 수 있다(이를 네이키드 리턴문(naked return statement)이라고 한다). 그러면 결과 매개변수의 현재 값을 리턴 값으로 사용한다.

예를 들어, 다음 코드에서 b가 기명 결과 매개변수다.

```
func f(a int) (b int) { ------ ❶
    b = a
    return ------------------ ❷
}
```

❶ int 타입 결과 매개변수에 b라는 이름을 붙인다.

❷ b의 현재 값을 리턴한다.

결과 매개변수에 b라는 이름을 붙였다. 그래서 return에 인수를 지정하지 않고 호출하면 b의 현재 값을 리턴한다.

그렇다면 기명 결과 매개변수는 언제 사용하는 것이 좋을까? 먼저 다음과 같은 인터페이스를 살펴보자. 여기에는 주어진 주소로부터 좌표를 알아내는 메서드가 있다.

```
type locator interface {
    getCoordinates(address string) (float32, float32, error)
}
```

이 인터페이스는 익스포트하지 않았기 때문에 꼭 문서화하지 않아도 된다. 코드만 읽고서 float32 타입 결과가 뭔지 알 수 있을까? 위도와 경도를 가리킬 텐데 순서를 알 수 있는가? 경우에 따라 위도가 앞에 나오지 않을 수도 있다. 따라서 결과를 제대로 파악하려면 구현 코드를 읽어봐야 한다.

이럴 때 기명 결과 매개변수를 사용하면 코드의 가독성을 높일 수 있다.

```
type locator interface {
    getCoordinates(address string) (lat, lng float32, err error)
}
```

이렇게 하면 인터페이스만 보고도 메서드 시그니처에서 위도 다음 경도가 나온다는 것을 파악할 수 있다.

이제 메서드 구현에 기명 결과 매개변수를 사용하는 것이 적합한 경우에 대해 본격적으로 알아보자. 구현 코드에서도 기명 결과 매개변수를 사용해야 할까?

```
func (l loc) getCoordinates(address string) (
    lat, lng float32, err error) {
    // ...
}
```

지금과 같은 경우에는 메서드 시그니처의 의미가 잘 드러나게 작성하면 코드를 이해하기 쉬워진다. 따라서 기명 결과 매개변수를 사용하는 것이 바람직하다.

> Note ≡   타입이 같은 결과를 여러 개 리턴할 때는 의미 있는 이름을 붙인 필드로 구성된 구조체를 활용할 수도 있다. 하지만 기존 인터페이스를 수정할 수 없는 경우와 같이, 이 방법을 사용할 수 없는 경우가 있다.

이번에는 데이터베이스에 Customer 타입을 저장할 수 있는 또 다른 함수 시그니처를 살펴보자.

```
func StoreCustomer(customer Customer) (err error) {
    // ...
}
```

여기서 error 매개변수 이름을 err로 짓는 것은 별로 도움이 안 될뿐더러 가독성도 높아지지 않는다. 이럴 때는 기명 결과 매개변수를 사용하지 않는 것이 좋다.

이처럼 기명 결과 매개변수의 효과는 문맥에 따라 달라진다. 기명 결과 매개변수를 사용해 가독성을 높일 수 있을지 불분명하다면 사용하지 않는 것이 대체로 좋다.

또한 결과 매개변수를 미리 초기화해두면 가독성에는 아무런 영향이 없더라도 유용한 경우가 있다. 다음 예제는 이펙티브 고[1]에 나온 것으로 io.ReadFull 함수를 참조하여 구성한 것이다.

```go
func ReadFull(r io.Reader, buf []byte) (n int, err error) {
    for len(buf) > 0 && err == nil {
        var nr int
        nr, err = r.Read(buf)
        n += nr
        buf = buf[nr:]
    }
    return
}
```

이 예제를 보면 기명 결과 매개변수를 사용한다고 해서 가독성이 높아지지 않는다. 하지만 n과 err가 0 값으로 미리 초기화되기 때문에 구현 코드가 훨씬 간결하다. 하지만 이 함수를 처음 보면 살짝 헷갈릴 수 있다. 앞에서도 말했지만, 적절한 균형점을 찾는 것이 중요하다.

(인수 없이 리턴하는) 네이키드 리턴에는 한 가지 주의할 점이 있다. 바로 짧은 함수에 적합하다는 것이다. 긴 함수에 적용하면 가독성이 떨어진다. 긴 함수 본문을 읽는 동안 출력을 기억해야 하기 때문이다. 또한 함수의 스코프 안에서 일관성을 유지해야 한다. 네이키드 리턴만 사용하거나 인수 있는 리턴만 사용하도록 작성한다.

그렇다면 기명 결과 매개변수에는 어떤 규칙이 적용될까? 대부분의 경우 인터페이스 정의 문맥에서 기명 결과 매개변수를 사용하면 가독성을 높일 수 있으며 부작용도 발생하지 않는다. 하지만 메서드 구현의 문맥과 관련해 엄격한 규칙은 없다. 두 매개변수의 타입이 서로 같은 경우처럼 기명 결과 매개변수로 가독성을 높일 수 있지만 그냥 편의를 위해 사용할 수도 있다. 정리하면, 기명 결과 매개변수는 사용해서 좋은 점이 분명할 때만 쓰는 것이 좋다.

> Note ☰　#54 "defer에서 발생한 에러를 처리하는 방법"에서 defer 호출 문맥에서 기명 결과 매개변수를 사용하는 경우를 소개한다.

1　Effective Go, https://go.dev/doc/effective_go

기명 결과 매개변수를 사용할 때는 부작용이 발생해 의도하지 않은 결과가 나오는 경우를 주의한다. 여기에 대해서는 다음 절에서 살펴본다.

6.3 #44 기명 결과 매개변수 사용 시 의도하지 않은 부작용에 주의하라

앞에서 기명 결과 매개변수가 유용한 경우에 대해 설명했다. 그런데 기명 매개변수는 0 값으로 초기화되기 때문에 주의하지 않으면 미묘한 버그가 발생할 수 있다. 어떤 버그인지 이 절에서 자세히 소개하겠다.

앞에서 본, 주어진 주소의 위도와 경도를 리턴하는 메서드를 개선해보자. float32 타입의 값 두 개를 리턴해야 하므로 위도와 경도를 명시적으로 표현하는 기명 결과 매개변수를 사용하기로 했다. 이 함수는 먼저 주어진 주소를 검사한 뒤 좌표를 구한다. 이때 입력 문맥을 검사해서 취소됐거나 데드라인을 넘겼는지 확인한다.

> Note ☰ 고 언어의 문맥 개념은 #60 "고 컨텍스트 개념을 정확하게 이해하라"에서 자세히 살펴본다. 문맥 (context)에 대해 잘 모르는 독자를 위해 간략히 설명하면 취소 신호나 데드라인을 담은 것을 말한다. 이 값을 검사하려면 Err 메서드를 호출하거나 리턴된 에러가 nil인지 확인한다.

개선된 getCoordinates 메서드 코드는 다음과 같다. 이 코드에서 문제가 있는 부분을 찾아보자.

```
func (l loc) getCoordinates(ctx context.Context, address string) (
    lat, lng float32, err error) {
    isValid := l.validateAddress(address) --------- ❶
    if !isValid {
        return 0, 0, errors.New("invalid address")
    }

    if ctx.Err() != nil { ------------------------- ❷
        return 0, 0, err
    }

    // 좌표를 알아내서 리턴한다.
```

```
    }
```

---

❶ 주어진 주소를 검사한다.

❷ 문맥이 취소됐거나 데드라인이 지났는지 검사한다.

얼핏 보면 문제가 없어 보인다. 그런데 if ctx.Err() != nil 스코프에서 리턴된 에러는 err다. 하지만 err 변수에 아무런 값도 대입하지 않았다. error 타입에서 0에 해당하는 값인 nil이 할당된 상태다. 따라서 이 코드는 항상 nil을 리턴한다.

이 코드는 아무 문제없이 컴파일된다. err가 기명 결과 매개변수이므로 0 값(nil)으로 초기화되기 때문이다. 이름을 붙이지 않았다면 다음과 같은 컴파일 에러가 발생할 것이다.

```
Unresolved reference 'err'
```

한 가지 해결 방법은 다음과 같이 err에 ctx.Err()을 대입하는 것이다.

```
if err := ctx.Err(); err != nil {
    return 0, 0, err
}
```

err를 리턴하는 것은 그대로지만, 먼저 ctx.Err() 값을 대입한 뒤에 리턴하도록 변경했다. 여기서 err는 결과 변수를 가린다.

네이키드 리턴문 사용하기

또 다른 방법으로 네이키드 리턴문을 사용할 수 있다.

```
if err = ctx.Err(); err != nil {
    return
}
```

그런데 이렇게 하면 네이키드 리턴과 인수 있는 리턴을 섞으면 안 된다는 규칙에 어긋난다. 이럴 때는 그냥 첫 번째 방법을 사용하는 것이 낫다. 기명 결과 매개변수를 사용한다고 해서 반드시 네이키드 리턴을 사용해야 하는 것은 아니라는 점을 명심하자. 때로는 기명 결과 매개변수만 사용하는 것이 시그니처를 더 깔끔하게 만들 수 있다.

정리하면, 기명 결과 매개변수를 사용하면 코드 가독성을 높일 수 있는 경우(예 동일한 타입을 여러 번 리턴하는 경우)도 있고 꽤 유용하게 써먹을 수 있는 경우도 있다. 하지만 각 매개변수는 0 값으로 초기화된다는 점을 명심해야 한다. 이 절에서 본 것처럼 초기화되는 특성 때문에 미묘한 버그가 발생할 수 있다. 코드를 읽을 때 초기화된다는 사실이 명확히 드러나지 않을 수도 있기 때문이다. 기명 결과 매개변수를 사용할 때는 발생 가능한 부작용에 항상 주의하자.

다음 절에서는 함수에서 인터페이스를 리턴할 때 고 프로그래머가 흔히 저지르는 실수에 대해 살펴본다.

6.4 #45 nil 리시버 리턴 관련 실수

이 절에서는 인터페이스를 리턴하는 효과와 리턴할 때 에러가 발생할 수 있는 경우에 대해 알아보겠다. 여기서 소개할 실수는 고 언어에서 정말 흔하게 볼 수 있다. 적어도 실수하기 전까지는 직관적이지 않아 보이기 때문이다.

다음 예제를 살펴보자. Customer 구조체를 다루며, 이 값이 올바른지 확인하는 Validate 메서드를 구현하려고 한다. 에러가 발생하면 곧바로 리턴하지 않고 발생한 모든 에러를 모아서 리턴하게 만들고 싶다. 그러기 위해서는 여러 에러를 담을 수 있는 에러 타입을 직접 정의해야 한다.

```go
type MultiError struct {
    errs []string
}

func (m *MultiError) Add(err error) { ---------- ❶
    m.errs = append(m.errs, err.Error())
}

func (m *MultiError) Error() string { ---------- ❷
    return strings.Join(m.errs, ";")
}
```

❶ 에러를 추가한다.

❷ 에러 인터페이스를 구현한다.

MultiError는 error 인터페이스를 따른다. Error() string을 구현했기 때문이다. 한편, 에러를 추가하는 Add 메서드를 제공한다. 이 구조체를 사용하면 고객의 나이와 이름을 검사하는 Customer.Validate 메서드를 다음과 같이 구현할 수 있다. 검사 결과에 문제가 없다면 nil 에러를 리턴한다.

```
func (c Customer) Validate() error {
    var m *MultiError ----------------------------- ❶

    if c.Age < 0 {
        m = &MultiError{}
        m.Add(errors.New("age is negative")) ------ ❷
    }
    if c.Name == "" {
        if m == nil {
            m = &MultiError{}
        }
        m.Add(errors.New("name is nil")) ---------- ❸
    }

    return m
}
```

❶ 빈 *MultiError 인스턴스를 만든다.

❷ 나이 값이 음수면 에러를 추가한다.

❸ 이름 값이 nil이면 에러를 추가한다.

이 코드에서 m은 *MultiError의 0 값, 즉 nil로 초기화된다. 검사를 통과하지 못하면 필요에 따라 MultiError를 새로 할당해서 에러를 추가한다. 결국 m을 리턴하는데 이 값은 검사 결과에 따라 nil 포인터거나 MultiError 구조체를 가리키는 포인터가 된다.

이제 작성한 코드를 테스트해보자. 먼저 Customer 값이 올바른 경우를 보자.

```
customer := Customer{Age: 33, Name: "John"}
if err := customer.Validate(); err != nil {
    log.Fatalf("customer is invalid: %v", err)
}
```

결과는 다음과 같다.

```
2023/11/08 13:47:28 customer is invalid: <nil>
```

의외의 결과라고 생각할 수 있다. Customer에 문제가 없음에도 불구하고, err != nil 조건이 참이어서 에러 로그에 <nil>이 출력됐다. 그렇다면 어디에 문제가 있을까?

고 언어에서 포인터 리시버는 nil일 수 있다는 점을 명심해야 한다. 직접 확인해보기 위해 다음과 같이 더미 타입을 생성해서 nil 포인터 리시버로 메서드를 호출해보자.

```
type Foo struct{}

func (foo *Foo) Bar() string {
    return "bar"
}

func main() {
    var foo *Foo
    fmt.Println(foo.Bar()) --------- ❶
}
```

❶ foo는 nil이다.

foo는 포인터의 0 값인 nil로 초기화된다. 그런데 이 코드를 컴파일해도 에러가 발생하지 않을뿐더러, 실행하면 bar를 출력한다. nil 포인터도 정상적인 리시버이기 때문이다.

그렇다면 왜 문제가 발생하는 걸까? 고 언어에서 메서드(method)는 첫 번째 매개변수가 리시버인 함수에 대한 편의 구문(syntactic sugar)이기 때문이다. 따라서 앞에 나온 Bar 메서드는 다음 코드와 같다.

```
func Bar(foo *Foo) string {
    return "bar"
}
```

함수에 얼마든지 닐 포인터를 전달할 수 있다고 배웠다. 따라서 닐 포인터도 얼마든지 리시버로 사용할 수 있다.

다시 처음으로 돌아가보자.

```
func (c Customer) Validate() error {
    var m *MultiError

    if c.Age < 0 {
        // ...
    }

    if c.Name == "" {
        // ...
    }

    return m
}
```

m은 포인터의 0 값인 nil로 초기화된다. 그러고 나서 검사 결과 아무런 문제가 없다면 return문에 주어진 인수가 곧바로 nil이 되는 것이 아니라 닐 포인터가 된다. 닐 포인터도 정식 리시버이므로, 결과를 인터페이스로 변환하더라도 닐 값이 되지 않는다. 다시 말해 Validate를 호출하면 nil이 아닌 에러를 얻게 된다.

이 과정을 좀 더 명확히 이해하려면, 고 언어에서 인터페이스는 디스패치 래퍼(dispatch wrapper)라는 사실을 기억하자. 그림 6-1에서 보는 것처럼 래퍼로 포장하는 대상은 (MultiError 포인터인) nil이고, 래퍼는 MultiError 포인터가 아니라 error 인터페이스다.

▼ 그림 6-1 error 래퍼는 nil이 아니다.

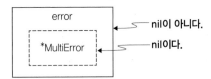

따라서 주어진 Customer에 관계없이, 이 함수를 호출한 측은 항상 nil이 아닌 error를 받게 된다. 이 동작을 반드시 명심해야 한다. 고 프로그래밍에서 이와 관련하여 실수를 많이 하기 때문이다.

그렇다면 예제의 문제는 어떻게 고쳐야 할까? 가장 쉬운 방법은 nil이 아닐 때만 m을 리턴하는 것이다.

```go
func (c Customer) Validate() error {
    var m *MultiError

    if c.Age < 0 {
        // ...
    }
    if c.Name == "" {
        // ...
    }

    if m != nil {
        return m ---------- ❶
    }
    return nil ----------- ❷
}
```

❶ 에러가 하나라도 있을 때만 m을 리턴한다.

❷ 에러가 없다면 nil을 리턴한다.

이 메서드는 마지막에 m이 nil인지 검사한다. nil이 아니라면 m을 리턴하고, 그렇지 않으면 nil을 직접 리턴한다. 따라서 정상적인 Customer라면 nil이 아닌 인터페이스로 변환한 nil 리시버가 아닌, nil 인터페이스를 리턴한다.

이 절에서는 고 언어에서 nil 리시버를 허용한다는 사실과 널 포인터로 변환된 인터페이스는 널 인터페이스가 아니라는 사실을 배웠다. 바로 이러한 이유 때문에 인터페이스를 리턴할 때 널 포인터가 아닌, 널 값을 직접 리턴해야 하는 것이다. 일반적으로 널 포인터는 바람직하지 않은 상태이며 버그일 가능성이 높다.

이 절의 내용은 고 프로그래밍 과정에서 에러가 발생하기 가장 쉬운 경우였기에 다양한 에러가 담긴 예제를 살펴봤다. 하지만 이런 문제는 에러에만 관련된 것이 아니다. 포인터 리시버를 사용하도록 구현된 인터페이스에서도 발생할 수 있다.

다음 절에서는 파일 이름을 함수 입력으로 지정할 때 흔히 저지르는 설계 실수에 대해 알아본다.

100 GO MISTAKES

6.5 #46 함수 입력으로 파일 이름을 받지 마라

파일을 읽는 함수를 만들 때 파일 이름을 전달하게 만드는 것은 바람직하지 않을 수 있다. 단위 테스트를 작성하기 힘들어지는 등 여러 부정적인 영향을 미치기 때문이다. 왜 이런 문제가 발생하는지, 이를 어떻게 해결하는지 알아보자.

예를 들어, 파일에 담긴 공백 라인 수를 세는 함수를 만든다고 하자. 한 가지 구현 방법은 파일 이름을 받고 bufio.NewScanner로 불러와서 한 줄씩 검사하는 것이다.

```go
func countEmptyLinesInFile(filename string) (int, error) {
    file, err := os.Open(filename) --------- ❶
    if err != nil {
        return 0, err
    }
    // 파일 닫기를 처리하는 코드

    scanner := bufio.NewScanner(file) ------ ❷
    for scanner.Scan() { -------------------- ❸
        // ...
```

```
        }
    }
```

❶ filename을 연다.

❷ *os.File 변수로 스캐너를 만들어서 입력을 줄 단위로 나눈다.

❸ 각 라인에 대해 반복한다.

먼저 filename으로 주어진 파일을 연다. 그리고 나서 bufio.NewScanner로 한 줄씩 읽는다. (디폴트 동작은 입력을 줄 단위로 나누는 것이다.)

이 함수는 우리가 의도한 대로 작동한다. 실제로 주어진 파일 이름이 올바르다면 파일 내용을 읽어서 빈 줄의 개수를 리턴할 수 있다. 그렇다면 어디서 문제가 발생할까?

다음과 같은 경우를 찾아내는 단위 테스트를 작성한다고 생각해보자.

- 일반적인 경우
- 빈 파일
- 빈 줄로만 구성된 파일

단위 테스트마다 고 프로젝트에 파일을 만들어야 한다. 함수가 복잡할수록 검사하려는 경우가 많아지면서 생성할 파일도 늘어난다. 어떤 경우는 파일을 수십 개나 생성해야 할 수도 있는데 그러면 금세 관리하기 힘든 상태가 될 것이다.

게다가 이 함수는 재사용할 수 없다. 예를 들어, HTTP 요청에 대해 빈 줄을 세는 함수를 이와 동일한 로직으로 구현하려면 코드를 다시 작성해야 한다.

```go
func countEmptyLinesInHTTPRequest(request http.Request) (int, error) {
    scanner := bufio.NewScanner(request.Body)
    // 똑같은 로직으로 작성한다.
}
```

이러한 한계를 해결하기 위한 한 가지 방법은, 이 함수가 (bufio.NewScanner의 리턴 값인) *bufio.Scanner를 받도록 만드는 것이다. 두 함수 모두 scanner 변수를 생성하는 순간 동일한 로직을 갖기 때문에 제대로 작동한다. 하지만 좀 더 고 언어다운 방법은 리더로 추상화하는 것이다.

그럼 io.Reader로 추상화하도록 countEmptyLines 함수를 수정해보자.

```go
func countEmptyLines(reader io.Reader) (int, error) { ------- ❶
    scanner := bufio.NewScanner(reader) --------------------- ❷
```

```
    for scanner.Scan() { // ... }
}
```

---

❶ io.Reader를 입력받는다.

❷ *os.File 대신 io.Reader로부터 *bufio.Scanner를 생성한다.

bufio.NewScanner는 io.Reader를 받기 때문에 여기서 받은 reader 변수를 곧바로 전달해도 된다.

이렇게 처리하면 뭐가 좋을까? 첫째, 이 함수는 데이터 소스를 추상화한다. 소스가 파일인지, HTTP 요청인지, 소켓 입력인지 가리지 않는다. *os.File과 http.Request의 Body 필드는 모두 io.Reader를 구현하기 때문에 입력 타입에 관계없이 한 가지 함수를 재사용할 수 있다.

둘째, 테스팅에 유리하다. 앞에서 말했듯이 테스트 케이스마다 파일을 하나씩 생성하면 금세 복잡해진다. countEmptyLines가 io.Reader를 받도록 수정했으니, 다음과 같이 주어진 스트링에 대해 io.Reader를 생성하도록 단위 테스트를 작성할 수 있다.

```
func TestCountEmptyLines(t *testing.T) {
    emptyLines, err := countEmptyLines(strings.NewReader( -------- ❶
        `foo
            bar

            baz
        `))
    // 테스트 로직을 작성한다.
}
```

---

❶ 주어진 스트링으로 만든 io.Reader를 전달한다.

이 테스트 코드를 보면 strings.NewReader에 스트링 리터럴을 직접 전달해서 io.Reader를 생성했다. 따라서 테스트 케이스마다 파일을 하나씩 생성할 필요가 없다. 각 테스트 케이스는 완전하게 구성될 뿐만 아니라, 내용을 들여다보기 위해 다른 파일을 열 필요가 없기 때문에 테스트 가독성과 유지보수성이 향상된다.

파일 이름을 함수 입력으로 받아서 파일을 읽는 방식의 코드는 대체로 악취를 풍긴다(os.Open과 같은 함수는 예외다). 이렇게 하면 지금까지 본 것처럼 단위 테스트가 복잡해진다. 여러 파일을 열어야 할 수도 있기 때문이다. 또한 함수의 재사용성도 떨어진다(물론 재사용할 필요가 없는 함수도 있다). io.Reader 인터페이스를 이용하면 데이터 소스를 추상화할 수 있다. 다시 말해 입력의 타입이 파일인지, 스트링인지, HTTP 요청인지, gRPC 요청인지 등에 관계없이, 동일한 구현

6

함수와 메서드

코드를 재사용할 수 있고 테스트하기도 편하다.

이 장의 마지막 절인 다음 절에서는 defer와 관련하여 흔히 저지르는 함수 및 메서드의 인수와 메서드 리시버를 평가하는 방식과 관련된 실수를 알아보겠다.

6.6 #47 defer 인수와 리시버 평가 방식을 무시하지 마라

앞에서 defer문은 상위 함수(surrounding function)가 리턴할 때까지 호출 실행을 지연시킨다고 했다. 그런데 인수 평가 방식을 제대로 이해하지 못해서 defer문을 사용할 때 실수를 저지르는 고 프로그래머가 많다. 이에 대해 두 절로 나눠서 살펴보겠다. 첫 번째로 함수와 메서드 인수와 관련된 실수를 다루고, 두 번째로 메서드 리시버와 관련된 실수를 살펴본다.

6.6.1 인수 평가

defer문을 사용할 때 인수가 평가되는 과정을 구체적인 예제로 알아보자. foo와 bar라는 두 함수를 호출하는 함수를 만든다. 그런데 이 함수는 다음과 같은 실행 관련 상태를 처리해야 한다.

- **StatusSuccess**: foo와 bar 둘 다 에러가 없을 때
- **StatusErrorFoo**: foo가 에러를 리턴할 때
- **StatusErrorBar**: bar가 에러를 리턴할 때

이러한 상태 값은 여러 동작에 활용할 것이다. 예를 들어, 다른 고루틴에게 알림을 보내고(notify를 호출하고) 카운터를 증가시키는 데 사용한다. 또한 return문마다 반복해서 호출하지 않도록 defer를 사용하자. 첫 번째 버전은 다음과 같다.

```
const (
    StatusSuccess  = "success"
    StatusErrorFoo = "error_foo"
    StatusErrorBar = "error_bar"
```

```
)

func f() error {
    var status string
    defer notify(status) ------------------- ❶
    defer incrementCounter(status) --------- ❷

    if err := foo(); err != nil {
        status = StatusErrorFoo ----------- ❸
        return err
    }

    if err := bar(); err != nil {
        status = StatusErrorBar ----------- ❹
        return err
    }

    status = StatusSuccess ---------------- ❺
    return nil
}
```

❶ notify 호출을 지연시킨다.

❷ incrementCounter 호출을 지연시킨다.

❸ 상태를 StatusErrorFoo로 설정한다.

❹ 상태를 StatusErrorBar로 설정한다.

❺ 상태를 StatusSuccess로 설정한다.

먼저 status 변수를 선언한다. 그리고 나서 defer문으로 notify와 incrementCounter를 지연시킨다. 이 함수 전체의 실행 경로에 따라 status를 적절히 설정한다.

그런데 이렇게 작성한 함수를 실행해보면 실행 경로에 관계없이 notify와 incrementCounter가 항상 동일한 상태(빈 스트링)로 호출되는 것을 볼 수 있다. 왜 그럴까?

defer 함수에서 인수를 평가하는 방식을 제대로 이해해보자. 인수는 즉시 평가된다. 상위 함수가 리턴할 때 평가되는 것이 아니다. 예제에서는 notify(status)와 incrementCounter(status)를 defer 함수로 호출했다. 그래서 고 런타임은 f가 defer문이 나온 시점의 status 값으로 리턴할 때까지 두 함수 호출을 지연시킨다. 빈 스트링이 전달되는 이유가 바로 이 때문이다. 그렇다면 defer를 제대로 사용하려면 어떻게 해야 할까? 크게 두 가지 방법이 있다.

첫 번째 방법은 defer 함수로 스트링 포인터를 전달하는 것이다.

```go
func f() error {
    var status string
    defer notify(&status)           ------------------- ❶
    defer incrementCounter(&status) -------- ❷

    // 이 함수의 나머지 부분은 이전과 같다.
    if err := foo(); err != nil {
        status = StatusErrorFoo
        return err
    }

    if err := bar(); err != nil {
        status = StatusErrorBar
        return err
    }

    status = StatusSuccess
    return nil
}
```

❶ notify로 스트링 포인터를 전달한다.

❷ incrementCounter로 스트링 포인터를 전달한다.

상태에 따라 status가 변경되는 것은 동일하지만, 이번에는 notify와 incrementCounter가 스트링 포인터를 받는다. 이렇게 하면 왜 제대로 작동하는 것일까?

defer는 주어진 인수를 즉시 평가한다. 이 코드에서 인수는 status의 주소다. status 값은 계속 변하지만, 어떤 값을 대입하더라도 주소는 변하지 않는다. 따라서 notify와 incrementCounter가 스트링 포인터가 참조하는 값을 사용하면 의도한 대로 작동하는 것이다. 하지만 이렇게 하려면 두 함수의 시그니처를 바꿔야 하는데, 상황에 따라 그럴 수 없는 경우가 있다.

두 번째 해결 방법은 defer문으로 클로저를 호출하는 것이다. 간단히 복습하면, 클로저(closure)란 익명 함수 값으로 본문에서 외부에 있는 변수를 참조할 수 있다. defer 함수에 전달한 인수는 즉시 평가되지만, defer 클로저가 참조하는 변수는 그 클로저를 실행하는 동안에 평가된다는 점을 알아야 한다(결국 상위 함수가 리턴할 때 평가된다).

구체적인 예를 통해 defer 클로저의 작동 과정을 살펴보자. 여기서 클로저는 두 변수를 참조한다. 하나는 함수로 전달한 인수고 다른 하나는 본문 밖에 있는 변수다.

```go
func main() {
```

```
    i := 0
    j := 0
    defer func(i int) {  ---------- ❶
        fmt.Println(i, j)  ------- ❷
    }(i)  ----------------------- ❸
    i++
    j++
}
```

❶ 정수 하나를 입력받는 클로저를 defer로 호출한다.

❷ i는 함수 입력이고 j는 외부 변수다.

❸ i를 클로저로 전달한다(i는 즉시 평가된다).

여기서 클로저는 i와 j를 사용한다. i는 함수 인수로 전달한 것이므로 즉시 평가된다. 반면 j는 클로저 본문 밖에 있는 변수를 참조하므로 클로저가 실행되는 시점에 평가된다. 이 코드를 실행하면 0과 1이 출력된다.

따라서 다음과 같이 클로저를 이용하는 버전으로 f 함수를 만들 수 있다.

```
func f() error {
    var status string
    defer func() {  --------------------- ❶
        notify(status)  ----------------- ❷
        incrementCounter(status)  -------- ❸
    }()

    // 나머지 코드는 그대로다.
}
```

❶ defer 함수로 클로저를 호출한다.

❷ 클로저 안에서 notify를 호출하고 status를 참조한다.

❸ 클로저 안에서 increment를 호출하고 status를 참조한다.

여기서는 notify와 incrementCounter 모두 클로저 안에서 호출하게 만들었다. 이 클로저는 본문 밖에 있는 status 변수를 참조한다. 그래서 status는 defer문을 호출하는 시점이 아닌, 클로저가 실행되는 시점에 참조한다. 이렇게 해도 정상적으로 작동하며, 게다가 notify와 incrementCounter의 시그니처를 변경할 필요도 없다.

다음으로는 포인터나 값 리시버를 받는 메서드에 defer를 사용하는 경우를 알아보자.

6.6.2 포인터와 값 리시버

#42 "적합한 리시버 타입을 결정하라"에서 리시버는 값일 수도 있고 포인터일 수도 있다고 설명했다. defer를 메서드에 적용할 때도 동일한 인수 평가 로직이 적용된다. 즉, 리시버는 즉시 평가된다. 그렇다면 두 가지 리시버 타입에 미치는 영향에 대해 살펴보자.

먼저 리시버가 값 타입인 메서드에 defer를 적용하는 경우다. defer문 뒤에서 리시버를 수정한다고 하자.

```go
func main() {
    s := Struct{id: "foo"}
    defer s.print() ------------- ❶
    s.id = "bar" ---------------- ❷
}

type Struct struct {
    id string
}

func (s Struct) print() {
    fmt.Println(s.id) ----------- ❸
}
```

❶ s는 즉시 평가된다.

❷ s.id를 업데이트한다(볼 수 없다).

❸ foo가 출력된다.

여기서는 print 메서드 호출을 지연시켰다. 인수와 마찬가지로 리시버는 defer문을 호출하는 즉시 평가된다. 그래서 defer는 구조체의 id 필드가 foo일 때까지만 메서드 실행을 지연시킨다. 따라서 실행 결과로 foo가 출력되는 것이다.

반면, 리시버가 포인터 타입일 때는 defer를 호출한 후 리시버에 대해 변경한 사항이 보인다.

```go
func main() {
    s := &Struct{id: "foo"}
    defer s.print() --------- ❶
    s.id = "bar" ------------ ❷
}

type Struct struct {
```

```
    id string
}

func (s *Struct) print() {
    fmt.Println(s.id) -------- ❸
}
```

❶ s는 포인터라서 즉시 평가되지만 defer 메서드가 실행될 때 다른 변수를 참조할 수 있다.

❷ s.id를 업데이트한다(볼 수 있다).

❸ bar가 출력된다.

이번에도 s는 즉시 평가된다. 하지만 이 메서드를 호출하면 포인터 리시버가 복제된다. 그래서 이 포인터가 참조하는 구조체에 대한 변경 사항을 볼 수 있다. 이 코드를 실행하면 bar가 출력된다.

정리하면, defer를 함수나 메서드에 대해 호출할 때 인수는 즉시 평가된다. defer를 호출할 때 주어진 인수를 나중에 변경하고 싶다면 포인터나 클로저를 사용하자. 메서드의 경우 리시버도 즉시 평가된다. 따라서 리시버가 값인지 아니면 포인터인지에 따라 동작이 달라진다.

6.7 / 요약

- 리시버 타입으로 값과 포인터 중에 어느 것을 사용할지는 타입이나 변경 필요성 여부, 복제 되면 안 되는 필드의 포함 여부, 오브젝트의 크기 등에 따라 결정해야 한다. 잘 모르겠다면 포인터 리시버를 써라.

- 기명 결과 매개변수를 사용하면 함수/메서드의 가독성을 높일 수 있다. 특히 타입이 같은 결과 매개변수가 여러 개일 때 효과적이다. 기명 결과 매개변수는 0 값으로 초기화되기 때문에 편리한 경우도 있다. 하지만 잠재적인 부작용에 주의하자.

- 인터페이스를 리턴할 때 nil 포인터가 아닌 nil 값을 리턴하도록 주의한다. 그렇지 않으면 의도하지 않은 결과가 발생할 수 있다. 호출한 측에서 닐이 아닌 값을 받기 때문이다.

- 함수에서 파일 이름 대신 io.Reader 타입을 받도록 설계하면 재사용성이 높아지고 테스트 하기 더 쉬워진다.

- 인수와 리시버가 defer 호출과 동시에 평가되면서 발생하는 문제를 해결하려면 함수로 포인터를 전달하거나 defer 호출문을 클로저로 포장한다.

7장

에러 관리

이 장에서 다룰 내용

- 패닉을 발생시켜야 하는 경우
- 에러를 포장해야 하는 경우
- 고 1.13 이후 버전에서 에러 타입과 에러 값을 효율적으로 비교하는 방법
- 관례에 맞게 에러를 처리하는 방법
- 에러를 무시하는 방법
- defer 호출에서 발생한 에러 처리

에러 관리는 견고하고 관측 가능한 애플리케이션을 구축하는 데 핵심적인 요소로, 코드를 구성하는 다른 요소만큼이나 중요하다. 고 언어의 에러 관리는 다른 언어에서 사용하는 try/catch 메커니즘에만 의존하지 않고 에러를 일반 리턴 값처럼 리턴한다. 이 장에서는 에러와 관련하여 저지르기 쉬운 실수를 소개한다.

7.1 #48 패닉 발생 관련 실수

고 언어를 처음 접하면 대부분 에러 처리 방식을 생소하게 여긴다. 고 언어에서는 메서드나 함수에서 마지막 매개변수로 error 타입을 리턴하는 방식으로 에러를 처리한다. 이러한 방식을 이상하게 여기며 panic과 recover를 이용해 자바나 파이썬에서 하던 것처럼 익셉션 처리 방식을 구현하려는 사람도 있다. 본격적인 설명에 앞서, 패닉(panic)이란 개념에 대해 가볍게 복습한 뒤 언제 패닉을 발생시키는 것이 적합한지 알아보자.

고 언어에서 panic은 정상적인 실행 흐름을 멈추게 하는 내장 함수다.

```
func main() {
    fmt.Println("a")
    panic("foo")
    fmt.Println("b")
}
```

이 코드를 실행하면 a를 출력한 뒤, b를 출력하기 전에 멈춘다.

```
a
panic: foo

goroutine 1 [running]:
main.main()
        main.go:7 +0xb3
```

패닉이 발생하면 현재 고루틴이 리턴되거나 recover로 panic을 잡을 때까지 콜 스택을 거슬러 올라간다.

```
func main() {
```

```
    defer func() { ─────────────── ❶
        if r := recover(); r != nil {
            fmt.Println("recover", r)
        }
    }()

    f() ───────────────────── ❷
}

func f() {
    fmt.Println("a")
    panic("foo")
    fmt.Println("b")
}
```

❶ defer 클로저 안에서 recover를 호출한다.

❷ 패닉을 발생시키는 f를 호출한다. 이 패닉은 앞에 나온 recover에서 잡는다.

f 함수에서 panic을 호출하면 이 함수의 실행을 멈추고, main 콜 스택을 거슬러 올라간다. main에서 recover로 패닉을 잡기 때문에 고루틴이 멈추지 않는다.

```
a
recover foo
```

recover()를 호출해서 패닉이 발생한 고루틴을 캡처하는 것은 defer 함수 안에서만 유용하다. 나머지 경우는 함수에서 nil을 리턴하며 아무런 영향을 받지 않는다. defer 함수는 상위 함수에서 패닉이 발생해도 실행되기 때문이다.

그럼 언제 패닉을 발생시켜야 할까? 이 문제에 대해 자세히 살펴보자. 고 언어에서 panic은 프로그래머의 실수처럼 정말 특수한 경우를 알려주는 용도로 사용한다. 예를 들어, net/http 패키지를 보면 WriteHeader 메서드에서 checkWriteHeaderCode 함수를 호출하여 상태 코드가 올바른지 검사하는 부분이 있다.

```
func checkWriteHeaderCode(code int) {
    if code < 100 || code > 999 {
        panic(fmt.Sprintf("invalid WriteHeader code %v", code))
    }
}
```

이 함수는 프로그래머의 실수에 의해 잘못된 상태 코드를 받으면 패닉을 발생시킨다.

프로그래머 에러에 의해 발생하는 또 다른 예를 보자. database/sql 패키지에서 데이터베이스 드라이버를 등록하는 부분이다.

```go
func Register(name string, driver driver.Driver) {
    driversMu.Lock()
    defer driversMu.Unlock()
    if driver == nil {
        panic("sql: Register driver is nil") ------------------------ ❶
    }
    if _, dup := drivers[name]; dup {
        panic("sql: Register called twice for driver " + name) ------ ❷
    }
    drivers[name] = driver
}
```

❶ 드라이버가 nil이면 패닉을 발생시킨다.

❷ 드라이버가 이미 등록된 상태면 패닉을 발생시킨다.

이 함수는 드라이버(인터페이스인 driver.Driver)가 nil이거나 이미 등록된 상태면 패닉을 발생시킨다. 두 경우 모두 프로그래머 에러에 해당한다. 또한 (고 프로그래밍에서 가장 유명한 MySQL 드라이버인 go-sql-driver/mysql을 비롯한) 대부분의 경우 init 함수를 통해 Register를 호출하는데 그러면 에러 처리에 제약이 발생한다. 이러한 이유를 모두 감안하여 에러 발생 시 함수에서 패닉을 발생하도록 패키지를 설계했다.

패닉을 발생시켜야 하는 또 다른 경우는 애플리케이션에 필요한 의존성을 초기화할 수 없는 경우다. 예를 들어, 고객 계정을 새로 만드는 서비스를 외부에 제공한다고 가정해보자. 이 서비스는 특정 단계에 이르면 입력된 이메일 주소를 검증해야 한다. 이 부분을 정규 표현식으로 구현하기로 하자.

고 언어에서 regexp 패키지는 스트링에서 정규 표현식을 생성하는 데 두 가지 함수를 제공한다. 하나는 *regexp.Regexp와 에러를 리턴하고, 다른 하나는 *regexp.Regexp만 리턴하되 에러 발생 시 패닉을 발생시킨다. 이때 정규 표현식은 반드시 필요한 의존성이므로, 컴파일 에러가 발생하면 입력된 이메일을 검사할 방법이 없다. 따라서 MustCompile을 사용하면서 에러 발생 시 패닉을 발생시키는 방식이 더 좋다.

고 언어에서 패닉을 발생시킬 일은 드물다. 앞에서는 대표적인 두 가지 경우를 살펴봤다. 하나는 프로그래밍 에러를 알려줄 경우이고, 다른 하나는 애플리케이션에 꼭 필요한 의존성을 만족하지 못한 경우다. 따라서 애플리케이션을 멈추게 만드는 특수한 경우는 다양하게 존재한다. 대부분의 경우 에러 관리는 함수의 마지막 인수로 적절한 error 타입을 리턴하는 방식으로 처리한다.

그럼 이제부터 에러에 대해 본격적으로 알아보자. 다음 절에서는 에러를 포장해야 하는 경우를 알아보겠다.

7.2 #49 에러 포장 여부를 잘 판단하라

고 1.13부터 %w 디렉티브를 이용하여 에러를 포장하기 쉬워졌다. 하지만 에러를 언제 포장해야 하는지 헷갈리는 경우가 있다. 먼저 에러를 포장한다는 것이 무슨 뜻인지, 언제 그래야 하는지부터 복습해보자.

에러 포장하기(error wrapping)는 에러를 래퍼 컨테이너에 담아서 원본 에러도 사용 가능하게 만드는 것을 말한다(그림 7-1). 일반적으로 에러 포장하기는 다음과 같은 두 가지 용도로 사용한다.

- 에러에 문맥 추가하기
- 에러 구체화하기

▼ 그림 7-1 에러를 래퍼로 포장하기

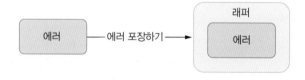

먼저 문맥을 추가하는 경우에 대한 예를 살펴보자. 특정 사용자가 데이터베이스 소스에 접근하는 요청을 받았는데 질의 처리 과정에서 '접근 거부(permission denied)' 에러가 발생했다고 하자. 디버깅을 위해 에러를 로그에 기록할 경우 문맥 정보도 추가하면 좋다. 이럴 때 사용자가 누구인지, 어떤 리소스에 접근하려 했는지 같은 정보를 발생한 에러와 함께 포장할 수 있다(그림 7-2).

▼ 그림 7-2 접근 거부 에러에 대한 문맥 정보 추가하기

이번에는 문맥 정보를 추가하지 않고 에러 표시만 하는 경우를 보자. 가령 함수를 호출하는 동안 발생한 에러를 검사해서 모두 Forbidden 타입이면 403 상태 코드를 리턴하는 HTTP 핸들러를 구현한다고 해보자. 이럴 때 에러를 Forbidden 안에 포장할 수 있다(그림 7-3).

▼ 그림 7-3 Forbidden 에러 표시하기

두 경우 모두 원본 에러는 접근할 수 있다. 따라서 호출한 측에서 포장했던 에러를 풀어서 본래 에러를 검사하는 방식으로 처리할 수 있다. 때로는 두 가지 방식(문맥 정보 추가, 에러 표시)을 모두 사용하는 경우도 있다.

이제 에러 포장하기의 주된 용도를 파악했으니, 발생한 에러를 고 언어에서 포장하는 여러 방법에 대해 살펴보겠다. 구체적으로 알아보기 위해 다음 코드에서 if err != nil 블록 안에서 처리하는 경우를 보자.

```go
func Foo() error {
    err := bar()
    if err != nil {
        // ? --------- ❶
    }
    // ...
}
```

❶ 이 부분에서 에러를 어떻게 리턴해야 할까?

첫 번째 방법은 에러를 직접 리턴하는 것이다. 에러를 따로 표시할 필요가 없고 추가할 문맥 정보도 딱히 없을 때 적합한 방법이다.

```go
if err != nil {
    return err
}
```

그림 7-4는 bar에서 발생한 에러를 리턴하는 예다.

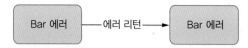

▼ 그림 7-4 에러를 직접 리턴할 수 있다.

고 1.13 이전에는 외부 라이브러리를 사용하지 않고 에러를 포장하려면 커스텀 에러 타입을 정의해야 했다.

```
type BarError struct {
    Err error
}

func (b BarError) Error() string {
    return "bar failed:" + b.Err.Error()
}
```

그런 다음, 이번에는 err를 직접 리턴하지 않고 BarError로 포장한다(그림 7-5).

```
if err != nil {
    return BarError{Err: err}
}
```

▼ 그림 7-5 BarError 안에 에러 포장하기

이렇게 하면 훨씬 유연성이 높아진다. BarError는 커스텀 구조체이기 때문에 원하는 문맥 정보를 얼마든지 추가할 수 있다. 하지만 특정한 에러 타입을 생성해야 하기 때문에 이 연산을 조금만 반복하면 금세 번거로워진다.

이러한 문제를 해결하기 위해 고 1.13부터 %w 디렉티브가 도입된 것이다.

```
if err != nil {
    return fmt.Errorf("bar failed: %w", err)
}
```

여기서는 에러 타입을 별도로 생성할 필요 없이 원본 에러에 문맥 정보를 추가해서 감쌌다(그림 7-6).

▼ 그림 7-6 표준 에러에 포장하기

원본 에러에 여전히 접근할 수 있기 때문에 클라이언트는 부모 에러를 풀어서 원본 에러가 특정한 타입이나 값인지 검사할 수 있다(여기에 대해서는 다음 절에서 자세히 설명한다).

마지막으로 %v 디렉티브를 사용하는 에러 변환(error transformation)이 있다.

```
if err != nil {
    return fmt.Errorf("bar failed: %v", err)
}
```

이전과 다른 점은 에러를 포장하지 않고 문맥 정보를 담은 다른 에러로 변환한다는 것이다. 그래서 원본 에러에 접근할 수 없게 된다(그림 7-7).

▼ 그림 7-7 에러 변환하기

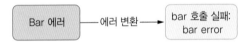

문제의 원인에 관련된 정보는 여전히 접근할 수 있지만 호출한 측에서 에러를 풀어서 bar error인지 확인할 수는 없다. 이런 면에서 방금 설명한 방법은 %w보다 제약 사항이 많다고 볼 수 있다. 그렇다면 %w가 새로 나왔으니 이 방법은 더 이상 사용하지 말아야 할까? 그럴 필요까지는 없다.

에러를 포장하면 호출한 측에서 원본 에러에 접근할 수 있어서 결합(coupling)이 발생하게 된다. 예를 들어, 에러 포장하기 방식으로 구현해서 제공된 Foo를 호출한 측에서 원본 에러가 bar error인지 확인하는 방식으로 구현했는데 나중에 다른 타입의 에러를 리턴하도록 Foo를 수정하면 호출한 측에서 작성한 에러 검사 코드가 무용지물이 될 것이다.

클라이언트가 구현 세부 사항에 종속되지 않으려면 리턴한 에러를 포장하지 말고 변환해야 한다. 이럴 때는 %w 대신 %v를 사용하는 것이 바람직하다.

그럼 지금까지 소개한 방법들을 한번 정리해보자.

방법	추가 문맥 정보	에러 표시	원본 에러 제공
에러 직접 리턴	X	X	O
커스텀 에러 타입	가능(에러 타입에 스트링 필드가 존재하는 경우)	O	가능(원본 에러를 익스포드하거나 메서드를 통해 접근할 수 있는 경우)
fmt.Errorf + %w	O	X	O
fmt.Errorf + %v	O	X	X

정리하면, 에러 처리 과정에서 에러를 포장할지 결정할 수 있다. 에러 포장하기란 에러에 부가적인 문맥 정보를 추가하거나 에러를 특정 타입으로 표시하는 것을 말한다. 에러를 표시하려면 커스텀 에러 타입을 정의해야 한다. 그냥 부가 정보만 추가하고 싶다면 타입 에러를 새로 정의할 필요 없이 fmt.Errorf에서 %w 디렉티브를 사용하는 방법이 낫다. 하지만 에러 포장하기를 사용하면 호출한 측에 원본 에러를 제공하는 과정에서 결합이 발생할 가능성이 있다. 이를 방지하려면 에러 포장하기 대신 에러 변환을 사용하는 것이 좋다. 예를 들어, fmt.Errorf에 %v 디렉티브를 사용하는 방법이 있다.

지금까지 %w 디렉티브로 에러를 감싸는 방법에 대해 살펴봤다. 그렇다면 에러 포장하기를 적용하면 에러 타입 검사에 어떤 영향을 미치게 될까?

100 GO MISTAKES

7.3 #50 에러 타입을 정확하게 검사하라

앞 절에서는 %w 디렉티브로 에러를 포장하는 방법에 대해 살펴봤다. 그런데 이 방법을 적용하는 순간, 에러 타입을 검사하는 방법도 바꿔야 한다. 그렇지 않으면 에러 처리에 문제가 생긴다.

구체적인 예제를 통해 살펴보자. 주어진 ID에 대해 거래 금액을 리턴하는 HTTP 핸들러를 작성한다. 이 핸들러는 주어진 요청을 파싱해서 추출한 ID로부터 데이터베이스(DB)를 조회하여 거래 금액을 알아낸다. 이렇게 구현할 때 다음과 같은 두 가지 경우에 대해 문제가 발생한다.

- ID가 잘못된 경우(스트링 길이가 5가 아닐 때)
- DB 조회에 실패한 경우

첫 번째 경우라면 StatusBadRequest(400)을 리턴하고, 두 번째 경우라면 ServiceUnavailable

(503)을 리턴한다. 이를 위해 임시 에러임을 표시하는 transientError 타입을 만든다. 부모 핸들러는 이 에러 타입을 검사한다. 에러 타입이 transientError라면 상태 코드로 503을 리턴하고, 나머지 경우는 400을 리턴한다.

그럼 핸들러가 호출할 함수와 에러 타입을 정의하는 코드부터 살펴보자.

```go
type transientError struct {
    err error
}

func (t transientError) Error() string {  ------------------------------ ❶
    return fmt.Sprintf("transient error: %v", t.err)
}

func getTransactionAmount(transactionID string) (float32, error) {
    if len(transactionID) != 5 {
        return 0, fmt.Errorf("id is invalid: %s", transactionID) -------- ❷
    }

    amount, err := getTransactionAmountFromDB(transactionID)
    if err != nil {
        return 0, transientError{err: err} ----------------------------- ❸
    }
    return amount, nil
}
```

❶ 커스텀 에러 타입인 transientError를 정의한다.

❷ 트랜잭션 ID가 올바르지 않으면 에러를 간단히 리턴한다.

❸ DB 조회에 실패하면 transientError를 리턴한다.

getTransactionAmount는 주어진 ID가 잘못된 경우 fmt.Errorf로 에러를 리턴한다. 반면 DB 조회에 실패하면 에러를 transientError 타입으로 포장한다.

이번에는 주어진 에러 타입에 적합한 HTTP 상태 코드를 리턴하는 HTTP 핸들러를 작성해보자.

```go
func handler(w http.ResponseWriter, r *http.Request) {
    transactionID := r.URL.Query().Get("transaction") -------- ❶

    amount, err := getTransactionAmount(transactionID) ------- ❷
    if err != nil {
        switch err := err.(type) { -------------------------- ❸
```

```
        case transientError:
            http.Error(w, err.Error(), http.StatusServiceUnavailable)
        default:
            http.Error(w, err.Error(), http.StatusBadRequest)
        }
        return
    }

    // 응답을 작성한다.
}
```

❶ 트랜잭션 ID를 추출한다.

❷ 모든 로직이 담긴 getTransactionAmount를 호출한다.

❸ 에러 타입을 검사해서 transientError면 503을, 나머지 경우는 400을 리턴한다.

에러 타입에 대해 switch 문을 작성하여 HTTP 상태 코드를 적절히 (잘못된 요청은 400을, transientError는 503을) 리턴한다.

이 상태로는 코드에 아무런 문제가 없다. 이번에는 transientError를 getTransactionAmount 대신 getTransactionAmountFromDB에서 리턴하도록 살짝 리팩터링해보자. 그래서 getTransaction Amount는 에러를 %w 디렉터리로 포장하도록 수정한다.

```
func getTransactionAmount(transactionID string) (float32, error) {
    // 트랜잭션 ID가 올바른지 검사한다.

    amount, err := getTransactionAmountFromDB(transactionID)
    if err != nil {
        return 0, fmt.Errorf("failed to get transaction %s: %w",
            transactionID, err) --------------------------------- ❶
    }
    return amount, nil
}

func getTransactionAmountFromDB(transactionID string) (float32, error) {
    // ...
    if err != nil {
        return 0, transientError{err: err} ---------------------- ❷
    }
    // ...
}
```

❶ transientError를 곧바로 리턴하지 말고 에러를 포장한다.

❷ transientError를 리턴하도록 수정한다.

이 코드를 실행하면 발생한 에러의 종류에 관계없이 항상 400만 리턴하고 transientError 부분은 전혀 실행되지 않는다. 왜 그럴까?

리팩터링하기 전에는 transientError를 getTransactionAmount에서 리턴했다(그림 7-8). 리팩터링 후에는 transientError를 getTransactionAmountFromDB에서 리턴하게 변경됐다(그림 7-9).

▼ 그림 7-8 getTransactionAmount는 DB 조회 실패 시 transientError를 리턴하므로 해당 조건을 만족한다(true가 된다).

getTransactionAmount가 리턴하는 대상은 transientError가 아니라 transientError를 포장한 에러다. 따라서 transientError 케이스는 영원히 만족할 수 없다(항상 false가 된다).

▼ 그림 7-9 getTransactionAmount는 포장한 에러를 리턴하도록 변경했기 때문에 transientError 케이스는 false가 된다.

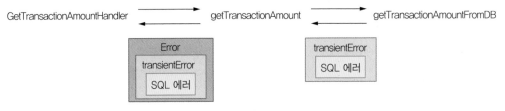

바로 이러한 이유 때문에 고 1.13부터 에러를 포장하는 디렉티브가 추가되고, errors.As로 포장된 에러의 타입을 확인하는 기능이 추가됐다. 이 함수는 에러를 재귀적으로 풀어보고 타입이 예상과 일치하면 true를 리턴한다.

그럼 호출한 측에서 errors.As를 이용하도록 수정해보자.

```
func handler(w http.ResponseWriter, r *http.Request) {
    // 트랜잭션 ID를 구한다.

    amount, err := getTransactionAmount(transactionID)
```

```
    if err != nil {
        if errors.As(err, &transientError{}) {  -------- ❶
            http.Error(w, err.Error(),
                http.StatusServiceUnavailable)  -------- ❷
        } else {
            http.Error(w, err.Error(),
                http.StatusBadRequest)  --------------- ❸
        }
        return
    }

    // 응답을 작성한다.
}
```

❶ transientError에 포인터를 전달하는 방식으로 errors.As를 호출한다.

❷ transientError라면 503을 리턴한다.

❸ 나머지 경우는 400을 리턴한다.

여기서는 switch 케이스를 제거하고 errors.As를 사용하도록 수정했다. 이 함수에서 두 번째 인수로 받는 타겟 에러는 포인터로 지정해야 한다. 그러지 않으면 컴파일에는 문제가 없지만 실행 시간에 패닉이 발생할 수 있다. 런타임 에러의 타입이 transientError거나 이를 포장한 에러인지 여부와 관계없이 errors.As는 항상 true를 리턴한다. 그래서 이 핸들러는 상태 코드로 503을 리턴한다.

정리하면, 고 1.13부터 추가된 에러 포장하기를 이용하면 반드시 errors.As를 이용하여 에러 타입을 검사한다. 그래야 호출한 함수에서 에러를 곧바로 리턴한 경우나 에러를 포장해서 리턴한 경우 모두 errors.As로 재귀적으로 풀어서 메인 에러의 타입을 확인할 수 있다.

지금까지 에러 타입을 비교하는 방법에 대해 알아봤다. 이제 에러 값을 비교하는 방법에 대해 알아보자.

100 GO MISTAKES

7.4 / #51 에러 값을 정확하게 검사하라

이번에는 앞 절과 비슷한 기법을 에러 타입이 아닌 센티널 에러(에러 값)에 적용하는 방법을 알아보겠다. 먼저 센티널 에러가 무엇을 표현하는지부터 정의하자. 그러고 나서 에러 값을 비교하는 방법을 소개하겠다.

센티널 에러(sentinel error)란 글로벌 변수로 정의한 에러다.

```
import "errors"

var ErrFoo = errors.New("foo")
```

일반적으로 Err 뒤에 에러 타입을 적는 방식으로 이름 짓는다. 여기서는 ErrFoo라고 정의했다. 센티널 에러는 '예상한' 에러를 표현한다. 그렇다면 여기서 말하는 예상한 에러(expected error)란 뭘까? SQL 라이브러리 문맥에서 구체적으로 살펴보겠다.

데이터베이스에 대한 질의를 처리하는 Query 메서드를 설계하는 경우를 생각해보자. 이 메서드는 질의 결과로 나오는 행을 슬라이스에 담아 리턴한다. 아무런 행(row)도 나오지 않을 때는 어떻게 처리해야 할까? 두 가지 방법이 있다.

- 센티널 에러를 리턴한다. 예를 들어, 닐 슬라이스를 리턴할 수 있다. (strings.Index도 주어진 조건에 맞는 서브스트링이 없으면 −1이라는 센티널 값을 리턴한다.)
- 클라이언트가 검사할 수 있게 특정한 에러를 리턴한다.

두 번째 방법에 대해 알아보자. Query 메서드는 질의 결과가 없을 때 특정한 에러를 리턴한다. 이를 예상한 에러라고 분류한다. 결과가 없는 요청을 전달할 수 있기 때문이다. 반면, 네트워크 장애나 연결 폴링 에러와 같은 것은 예상하지 못한 에러(unexpected error)라고 부른다. 예상하지 못한 에러를 처리하지 않겠다는 말이 아니라, 다른 의미를 담은 에러라는 뜻이다.

표준 라이브러리를 보면 센티널 에러에 대한 예를 많이 볼 수 있다.

- **sql.ErrNoRows**: (지금 살펴보는 경우처럼) 질의 결과가 없을 때 리턴한다.
- **io.EOF**: io.Reader에서 더 이상 읽을 것이 없을 때 리턴한다.

지금까지 센티널 에러에 대한 기본 원칙에 대해 알아봤다. 센티널 에러는 클라이언트가 확인할 수 있는 예상한 에러를 표현한다. 따라서 일반적으로 다음과 같이 사용한다.

- 예상한 에러는 에러 값(센티널 에러)으로 설계한다.

```
var ErrFoo = errors.New("foo")
```

- 예상하지 못한 에러는 에러 타입으로 설계한다.

```
type BarError struct { ⋯ } // 여기서 BarError는 error 인터페이스를 구현한다.
```

이제 본론으로 돌아가서 에러 값을 비교하는 방법에 대해 알아보자. == 연산자를 이용한 방법은
다음과 같다.

```
err := query()
if err != nil {
    if err == sql.ErrNoRows { ---------- ❶
        // ...
    } else {
        // ...
    }
}
```

❶ 에러를 sql.ErrNoRows 변수와 비교한다.

여기서는 query 함수를 호출한 후 에러를 리턴받았다. 이 에러를 == 연산자를 이용하여 sql.
ErrNoRows와 비교했다.

그런데 센티널 에러도 앞 절에서 설명한 것처럼 포장할 수 있다. sql.ErrNoRows를 fmt.Errorf와
%w 디렉티브로 포장하면, err == sql.ErrNoRows는 항상 false가 된다.

여기에 대해서도 고 1.13부터 해결책을 제공한다. 앞 절에서는 errors.As로 에러 타입을 검사했
다. 에러 값을 검사할 때는 errors.Is로 처리할 수 있다. 앞에서 본 예제를 이에 맞게 고쳐보자.

```
err := query()
if err != nil {
    if errors.Is(err, sql.ErrNoRows) {
        // ...
    } else {
        // ...
    }
}
```

== 연산자 대신 errors.Is를 이용하면 에러를 %w로 포장하더라도 제대로 비교할 수 있다.

정리하면, 코드를 작성할 때 %w와 fmt.Errorf로 에러를 포장할 경우 그 에러를 특정 값과 비교하
는 작업은 == 연산자가 아닌 errors.Is로 처리해야 한다. 따라서 포장된 에러가 센티널 에러라도
errors.Is를 이용하여 재귀적으로 풀어서 체인상에 존재하는 각각의 에러를 주어진 값과 비교할
수 있다.

이제 에러 처리에서 무척 중요한 부분 중 하나인 에러를 두 번 처리하는 실수에 대해 알아보자.

7.5 / #52 에러를 두 번 처리하지 마라

같은 에러를 여러 번 처리하는 실수는 고 프로그래머뿐만 아니라 다른 언어 개발자도 자주 한다. 이런 실수를 하는 이유를 알아보고 에러를 효율적으로 처리하는 방법에 대해 알아보자.

구체적으로 살펴보기 위해 출발지와 목적지의 좌표를 주면 경로를 리턴하는 GetRoute 함수를 작성해보겠다. 최적의 경로를 계산하는 비즈니스 로직은 getRoute 함수 호출로 처리한다. getRoute를 호출하기 앞서, validateCoordinates로 주어진 출발지와 목적지 좌표가 올바른지 검사해야 한다. 또한 발생하는 에러를 로그에 남기는 기능도 필요하다. GetRoute 함수의 구현 예는 다음과 같다.

```go
func GetRoute(srcLat, srcLng, dstLat, dstLng float32) (Route, error) {
    err := validateCoordinates(srcLat, srcLng)
    if err != nil {
        log.Println("failed to validate source coordinates") -------- ❶
        return Route{}, err
    }

    err = validateCoordinates(dstLat, dstLng)
    if err != nil {
        log.Println("failed to validate target coordinates") -------- ❶
        return Route{}, err
    }

    return getRoute(srcLat, srcLng, dstLat, dstLng)
}

func validateCoordinates(lat, lng float32) error {
    if lat > 90.0 || lat < -90.0 {
        log.Printf("invalid latitude: %f", lat) --------------------- ❶
        return fmt.Errorf("invalid latitude: %f", lat)
    }
    if lng > 180.0 || lng < -180.0 {
```

```
        log.Printf("invalid longitude: %f", lng) ------------------------- ❶
        return fmt.Errorf("invalid longitude: %f", lng)
    }
    return nil
}
```

❶ 발생한 에러에 대해 로그를 남기고 리턴한다.

이 코드는 어디가 잘못되었을까? 우선 validateCoordinates에서 에러가 발생할 때마다 invalid latitude나 invalid longgitude라는 문구를 로그와 반환하는 에러 메시지에 반복하고 있다. 또한 이 코드를 실행할 때 잘못된 좌표를 입력하면 다음과 같이 로그를 남긴다.

```
2023/11/01 20:35:12 invalid latitude: 200.000000
2023/11/01 20:35:12 failed to validate source coordinates
```

에러 하나에 로그를 두 줄씩 남기는 것은 바람직하지 않다. 디버깅하기 힘들어지기 때문이다. 예를 들어, 이 함수를 여러 곳에서 동시에 여러 번 호출하면 두 메시지가 연달아 나오지 않을 수 있다. 그러면 디버깅할 때 분석하기 더 힘들어진다.

바람직한 방법은 한 에러를 단 한 번만 처리하는 것이다. 에러에 대해 로그를 남기는 것도 에러 처리이고, 에러를 리턴하는 것도 에러 처리다. 따라서 로그를 남기거나 에러를 리턴하는 것 중 하나만 하면 된다. 둘 다 하면 안 된다.

이러한 원칙에 따라 에러를 한 번만 처리하도록 앞의 예제를 수정하면 다음과 같다.

```
func GetRoute(srcLat, srcLng, dstLat, dstLng float32) (Route, error) {
    err := validateCoordinates(srcLat, srcLng)
    if err != nil {
        return Route{}, err ----------------------- ❶
    }

    err = validateCoordinates(dstLat, dstLng)
    if err != nil {
        return Route{}, err ----------------------- ❶
    }

    return getRoute(srcLat, srcLng, dstLat, dstLng)
}

func validateCoordinates(lat, lng float32) error {
    if lat > 90.0 || lat < -90.0 {
```

```
        return fmt.Errorf("invalid latitude: %f", lat) ----------- ❶
    }
    if lng > 180.0 || lng < -180.0 {
        return fmt.Errorf("invalid latitude: %f", lat) ----------- ❶
    }
    return nil
}
```

❶ 에러를 리턴하기만 한다.

이렇게 하면 에러를 직접 리턴하는 방식으로 단 한 번씩만 처리한다. 발생한 에러에 대해 GetRoute를 호출한 측에서 적절히 로그를 남긴다면 위 코드를 실행할 때 잘못된 좌표를 입력하면 다음과 같이 출력될 것이다.

```
2023/11/01 20:35:12 invalid latitude: 200.000000
```

이렇게 최신 버전의 고 언어에 맞게 작성하는 것으로 완벽히 해결되었을까? 그렇지 않다. 예를 들어, 첫 번째 구현 버전은 잘못된 좌표가 입력되면 두 가지 로그를 남겼다. 이때 validateCoordinates 호출 에러의 원인이 출발지 좌표 때문인지 아니면 목적지 좌표 때문인지 알수 있었는데, 이를 수정한 두 번째 구현에서는 이 정보가 사라졌다. 따라서 에러에 문맥 정보를 추가해야 한다.

그럼 고 1.13의 에러 포장하기를 이용한 최종 버전을 작성해보자(validateCoordinates 코드는 변하지 않으므로 생략한다).

```
func GetRoute(srcLat, srcLng, dstLat, dstLng float32) (Route, error) {
    err := validateCoordinates(srcLat, srcLng)
    if err != nil {
        return Route{},
            fmt.Errorf("failed to validate source coordinates: %w",
                err) ----------------------------------------------- ❶
    }

    err = validateCoordinates(dstLat, dstLng)
    if err != nil {
        return Route{},
            fmt.Errorf("failed to validate source coordinates: %w",
                err) ----------------------------------------------- ❶
    }
```

238

```
    return getRoute(srcLat, srcLng, dstLat, dstLng)
}
```

❶ 에러를 포장해서 리턴한다.

validateCoordinates에서 리턴할 에러는 출발지 좌표 때문인지 아니면 목적지 좌표 때문인지 에러 원인에 대한 정보를 담도록 포장했다. 이 버전을 실행해 잘못된 출발지 좌표를 입력하면 다음과 같이 로그를 남긴다.

```
2023/11/01 20:35:12 failed to validate source coordinates:
    invalid latitude: 200.000000
```

이 최종 버전은 모든 조건을 다 만족한다. 로그도 하나고 중요한 정보가 사라지지도 않는다. 게다가 에러를 여러 번 처리하지 않고(에러마다 메시지를 여러 번 출력하는 등) 단 한 번만 처리하므로 코드가 훨씬 간결해졌다.

에러는 단 한 번만 처리해야 한다. 앞에서 본 것처럼 에러 로그를 남기는 것도 일종의 에러 처리다. 따라서 에러 로그 남기기와 에러 리턴하기 중 하나만 한다. 그러면 코드가 훨씬 간결해지고 에러 상황을 파악하기도 쉽다. 에러 포장하기는 원본 에러를 문맥 정보와 함께 위로 전달하기에 가장 편리한 방법이다.

다음 절에서는 고 언어에서 에러를 무시하는 적절한 방법을 소개한다.

7.6 #53 때로는 에러를 무시하라

때로는 함수에서 리턴한 에러를 처리하지 않는 것이 좋을 때가 있다. 고 언어에서 에러를 무시하는 방법은 단 하나뿐이다. 그 이유에 대해 알아보겠다.

다음 예를 살펴보자. 여기서 호출하는 notify 함수는 error 인수 하나만 리턴한다. 이 에러는 필요 없으므로 따로 처리하는 기능은 구현하지 않는다고 하자.

```
func f() {
    // ...
    notify() ------------- ❶
```

```
}

func notify() error {
    // ...
}
```

---

❶ 에러 처리는 생략한다.

에러를 무시하고 싶기 때문에 notify를 호출한 결과를 err 변수에 대입하는 관례를 따르지 않았다. 기능만 보면 아무런 문제가 없는 코드다. 에러 없이 컴파일되고 정상적으로 실행된다.

하지만 유지보수 관점에서 보면 몇 가지 문제가 있다. 이 코드를 처음 보는 사람은 notify에서 리턴하는 에러를 부모 함수에서 처리하지 않는다는 점을 알아챌 것이다. 의도적으로 에러 처리를 하지 않았다는 사실도 알 수 있을까? 코드 작성자가 깜박하고 에러 처리 코드를 빠뜨렸는지, 아니면 일부러 생략했는지 알 수 있는 방법이 있을까?

바로 이런 이유로 고 언어에서는 에러를 무시하는 방법을 다음과 같이 딱 하나만 제공하는 것이다.

```
_ = notify()
```

에러를 변수에 대입하지 않고 빈 식별자(blank identifier, _)에 대입한다. 컴파일과 실행 관점에서 보면 이전 코드와 달라지는 점은 없다. 하지만 이렇게 작성하면 에러에 관심이 없다는 사실을 명확히 드러낼 수 있다.

이 코드에 주석도 함께 달면 좋지만, 다음과 같이 에러를 무시한다는 당연한 메시지는 적지 않는다.

```
// 에러를 무시한다.
_ = notify()
```

이런 주석은 그냥 코드를 되풀이할 뿐이므로 지양한다. 그보다는 다음과 같이 에러를 무시하는 이유를 명시하는 것이 좋다.

```
// 최대 한 번만 전달하므로 에러가 발생하더라도 일부를 놓쳐도 괜찮다.
_ = notify()
```

고 언어에서는 아주 특별한 경우에만 에러를 무시한다. 대부분은 에러를 로그에, 그것도 저수준으로 남기는 것이 바람직하다. 하지만 에러를 무시하는 것이 좋은 경우라면 빈 식별자를 이용하여 그 의도를 분명히 밝힌다. 그러면 나중에 해당 코드를 읽는 사람이 에러를 일부러 무시했음을 이해할 수 있다.

이 장의 마지막 절인 7.7절에서는 defer 함수에서 리턴한 에러를 처리하는 방법에 대해 알아보겠다.

7.7 #54 defer에서 발생한 에러를 처리하라

고 프로그래머는 defer에서 리턴한 에러를 처리하지 않는 실수를 자주 저지른다. 구체적으로 어떤 문제가 있고 어떻게 해결하는지 알아보자.

다음 코드는 주어진 고객 ID의 잔고를 구하는 DB 질의 함수다. 이 과정에서 database/sql과 Query 메서드를 사용한다.

> Note ☰ 이 패키지의 작동 방식에 대해서는 #78 "흔히 저지르는 SQL 관련 실수"에서 자세히 설명하므로 여기서는 넘어간다.

구현 코드는 다음과 같다(여기서는 질의 부분만 살펴보고 결과를 파싱하는 부분은 생략한다).

```
const query = "..."

func getBalance(db *sql.DB, clientID string) (
    float32, error) {
    rows, err := db.Query(query, clientID)
    if err != nil {
        return 0, err
    }
    defer rows.Close()  ------------------------ ❶

    // rows를 사용한다.
}
```

❶ rows.Close() 호출을 지연시킨다.

rows는 *sql.Rows 타입으로, Closer 인터페이스를 구현한다.

```
type Closer interface {
    Close() error
}
```

에러를 리턴하는 Close 메서드 하나만으로 구성된 인터페이스다(여기에 대해서는 #79 "단기 리소스를 닫아라"에서 자세히 다룬다). 앞에서 에러는 무조건 처리해야 한다고 설명했다. 하지만 지금과 같이 defer 호출문에서 리턴하는 에러는 처리하지 않아야 한다.

```
defer rows.Close()
```

앞에서 설명했듯이 에러 처리를 생략하려면 다음과 같이 빈 식별자로 에러를 무시함을 분명히 밝혀야 한다.

```
defer func(){ _ = rows.Close() }()
```

이렇게 하면 코드는 더 길어지지만 에러를 의도적으로 무시한다고 밝혔기 때문에 유지보수 관점에서는 훨씬 좋다.

하지만 이런 경우 defer 호출문에서 나오는 모든 에러를 무조건 무시하지 말고 이게 최선의 방법인지 먼저 검토해야 한다. 예제의 경우 Close()를 호출했을 때 DB 연결을 해제하지 못하면 에러를 리턴한다. 이런 에러는 무시하면 좋지 않다. 일반적으로 다음과 같이 로그를 남기는 것이 낫다.

```
defer func() {
    err := rows.Close()
    if err != nil {
        log.Printf("failed to close rows: %v", err)
    }
}()
```

이렇게 하면 rows 닫기에 실패하면 로그를 남기기 때문에 무슨 일이 일어났는지 알 수 있다.

그렇다면 에러를 처리하지 말고 getBalance를 호출한 측에 전달해서 구체적인 처리 방법은 거기서 결정하게 만들면 어떨까?

```
defer func() {
    err := rows.Close()
    if err != nil {
        return err
    }
}()
```

이 코드를 컴파일하면 에러가 발생한다. 실제로 return문은 getBalance가 아닌, 익명 func() 함수에 연결된다.

getBalance에서 리턴된 에러를 defer 호출에서 잡은 에러와 연결하고 싶다면 기명 결과 매개변수를 사용해야 한다. 이렇게 수정한 첫 번째 버전은 다음과 같다.

```go
func getBalance(db *sql.DB, clientID string) (
    balance float32, err error) {
    rows, err := db.Query(query, clientID)
    if err != nil {
        return 0, err
    }
    defer func() {
        err = rows.Close()  ------------------ ❶
    }()

    if rows.Next() {
        err := rows.Scan(&balance)
        if err != nil {
            return 0, err
        }
        return balance, nil
    }
    // ...
}
```

❶ 리턴된 에러를 기명 결과 매개변수에 대입한다.

rows 변수를 제대로 생성했다면 익명 함수 안에서 rows.Close() 호출을 지연시킨다. 이 함수는 발생한 에러를 err 변수에 대입한다. 즉, 이 변수는 기명 결과 매개변수에 의해 초기화된다.

얼핏 보면 문제없어 보이지만 코드에 문제가 하나 있다. rows.Scan에서 에러를 리턴하면 rows.Close가 무조건 실행된다. 하지만 이 호출문은 getBalance에서 리턴된 에러를 다시 리턴하지 않고 그냥 덮어쓰기 때문에, rows.Close가 정상적으로 리턴되면 닐 에러를 리턴할 수도 있다. 다시 말해 (함수의 첫 줄에 나온) db.Query 호출문이 정상적으로 처리되면, getBalance에서 리턴된 에러는 항상 rows.Close에서 리턴된 것과 같아져서 본래 의도와 달라진다.

여기서 구현할 로직은 간단하지 않다.

- rows.Scan이 정상적으로 실행된 경우
    - rows.Close가 정상적으로 실행되면 에러를 리턴하지 않는다.
    - rows.Close가 정상적으로 실행되지 않으면 에러를 리턴한다.

rows.Scan이 정상적으로 실행되지 않으면 두 가지 에러를 처리해야 할 수도 있기 때문에 로직이 좀 복잡해진다.

- rows.Scan이 정상적으로 실행되지 않은 경우
  - rows.Close가 정상적으로 실행되면 rows.Scan에서 리턴한 에러를 리턴한다.
  - rows.Close가 정상적으로 실행되지 않으면 어떻게 해야 할까?

rows.Scan과 rows.Close 둘 다 실패하면 어떻게 해야 할까? 몇 가지 방법이 있다. 예를 들어, 두 가지 에러를 모두 담은 커스텀 에러를 리턴할 수 있다. 또 다른 방법은 여기서 소개할 구현 방식으로, rows.Scan 에러를 리턴하되 rows.Close 에러에 대해 로그를 남기는 것이다. 예제의 익명 함수에 대한 최종 버전은 다음과 같다.

```
defer func() {
    closeErr := rows.Close() ----------------------------- ❶
    if err != nil { ------------------------------------- ❷
        if closeErr != nil {
            log.Printf("failed to close rows: %v", err)
        }
        return
    }
    err = closeErr --------------------------------------- ❸
}()
```

❶ rows.Close 에러를 다른 변수에 대입한다.

❷ err가 nil이 아닌 상태를 우선적으로 처리한다.

❸ err가 nil이면 closeErr를 리턴한다.

rows.Close 에러는 다른 변수(closeErr)에 대입한다. 이 에러를 err에 대입하기 전에, 먼저 err 값이 nil인지 검사한다. 만약 nil이면 getBalance에서 먼저 리턴된 에러가 있다는 뜻이므로, 로그에 남기고 거기 담긴 에러를 리턴한다.

지금까지 설명했듯이 에러는 반드시 처리해야 한다. defer 호출문에서 리턴된 에러라면 적어도 명시적으로 무시한다는 표시라도 해야 한다. 그 정도로 충분하지 않은 경우에는 이 절에서 설명한 것처럼 로그에 남기거나 상위 호출자에게 전달하는 방식으로 에러를 처리해야 한다.

7.8 요약

- 고 언어에서 에러를 처리하는 방법 중 하나로 panic을 사용하는 방법이 있다. 하지만 복구가 불가능한 특수한 상황에서만 사용한다. 예를 들어, 필수 의존 패키지를 불러올 수 없는 경우나 프로그래머에게 에러를 알리는 경우가 있다.

- 에러 포장하기를 이용하면 에러를 표시하거나 부가 정보를 제공할 수 있다. 하지만 에러 포장하기로 인해 결합도가 높아질 수 있다. 호출자가 원본 에러에 접근할 수 있게 되기 때문이다. 이를 피하려면 에러 포장하기를 사용하지 마라.

- 고 1.13부터 제공하는, fmt.Errorf와 %w 디렉티브를 이용한 에러 포장하기를 이용할 때는 에러를 타입이나 값과 비교해야 한다. 타입과 비교할 때는 errors.As를, 값과 비교할 때는 errors.Is를 이용한다. 이렇게 하지 않으면 리턴된 에러를 검사할 때 포장되어 있지 않은 경우, 정상적으로 검사할 수 없다.

- 예상되는 에러를 표현하려면 에러 센티널(에러 값)을 이용한다. 예상하지 못한 에러는 구체적인 특정 에러 타입이어야 한다.

- 대부분의 경우 에러는 딱 한 번만 처리한다. 에러에 대한 로그를 남기는 것도 에러 처리 방법 중 하나다. 따라서 에러에 대해 로그를 남길지, 아니면 에러를 리턴할지를 정해야 한다. 대부분 에러 포장하기를 이용하는데 에러에 부가 정보를 추가해서 원본 에러를 리턴할 수 있기 때문이다.

- 함수 호출 안에서나 defer 함수 안에서 에러를 무시하려면 빈 식별자로 분명히 밝혀야 한다. 그렇지 않으면 다른 사람이 코드를 읽을 때 에러 처리 코드를 의도적으로 생략했는지, 아니면 실수로 빠뜨렸는지 알 수 없다.

- 대부분의 경우 defer 함수에서 리턴된 에러는 무시하지 않는 것이 좋다. 에러를 직접 처리할지, 호출자에게 전달할지는 문맥에 따라 적절히 판단한다. 에러를 무시하려면 빈 식별자를 활용하자.

memo

8^장

동시성: 기본 개념

이 장에서 다룰 내용

- 동시성과 병렬성 이해하기
- 동시성이 빠르지 않을 수도 있는 이유
- CPU 중심 워크로드와 I/O 중심 워크로드의 특징
- 채널과 뮤텍스 사용법
- 데이터 경쟁과 경쟁 상태의 차이
- 고 언어의 컨텍스트 사용법

최근 CPU 벤더는 클럭 속도를 강조하지 않는다. 대신 코어를 여러 개 장착하거나 (논리 코어 여러 개가 물리 코어 하나를 공유하는) 하이퍼스레딩(hyperthreading)을 사용하도록 설계한다. 이런 아키텍처를 최대한 활용하려는 소프트웨어 개발자 입장에서는 동시성 개념이 매우 중요해졌다. 고 언어에서 제공하는 기본 요소가 단순하다고 해서 동시성 코드를 작성하기 결코 쉬운 것은 아니다. 이 장에서는 동시성에 관련된 여러 기본 개념을 살펴보고, 이어지는 9장에서 이를 활용하는 방법을 소개하겠다.

8.1 #55 동시성과 병렬성을 헷갈리지 마라

몇 년간 동시성 프로그래밍을 경험했더라도 동시성(concurrency)과 병렬성(parallelism)의 차이를 정확히 이해하지 못할 수 있다. 개념 이해가 무엇보다 중요하므로, 고 언어에 특화된 주제를 다루기 전에 기본 개념부터 먼저 다시 짚고 넘어가겠다. 이 절에서는 실생활에서 볼 수 있는 커피숍을 예로 들어 설명한다.

커피숍에는 점원 한 명이 주문을 받아서 커피 머신을 조작한다. 손님은 주문을 하고 커피가 나오길 기다린다(그림 8-1).

▼ 그림 8-1 간단한 커피숍의 예

주문 대기 줄

주문을 받아서
그라인더로 커피콩을 간다.

커피 머신

점원 한 명이 모든 손님을 응대하느라 힘들어 하고 커피숍의 전반적인 처리 속도도 높이고 싶어서 점원 한 명과 커피 머신 한 대를 추가하기로 했다. 그러면 손님은 그림 8-2처럼 줄을 서 있다가 두 점원 중 한 사람에게 주문을 할 수 있다.

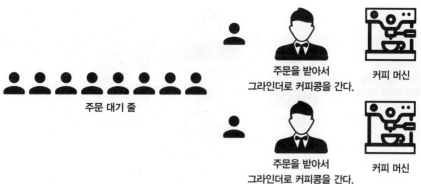

▼ 그림 8-2 이전과 똑같은 구성을 두 배로 늘린 커피숍의 예

이렇게 하면 두 시스템(점원과 커피 머신)은 서로 독립적이어서 손님의 주문을 두 배나 빨리 처리할 수 있다. 이런 것이 바로 병렬성(parallelism)이다.

시스템을 더 확장하고 싶다면 점원과 커피 머신을 계속 복제하면 된다. 그런데 다르게 접근하는 방법도 있다. 한 사람은 주문만 받고, 다른 점원은 그라인더로 커피콩을 갈아서 커피 머신으로 커피를 내리기만 하도록 역할을 나누는 것이다. 손님은 다른 손님이 주문한 커피가 완성될 때까지 주문 줄에서 기다리지 않고, 주문한 뒤 다른 줄에서 커피가 나오길 기다릴 것이다(스타벅스처럼 말이다)(그림 8-3).

▼ 그림 8-3 점원의 역할 분담

새로운 시스템은 일을 병렬로 처리하지 않는다. 대신 전반적인 구조가 달라진다. 역할을 둘로 나누고, 대기 줄을 하나 더 늘린다. 병렬성과 달리 같은 일을 한 번에 몇 배씩 처리한다. 이처럼 동시성(concurrency)은 구조와 관련이 있다.

그렇다면 시간당 처리량을 높이려면 어떻게 해야 할까? 커피콩을 가는 데 걸리는 시간은 주문을 받는 시간보다 오래 걸리므로, 그라인더만 담당하는 직원을 더 뽑을 수 있다(그림 8-4).

▼ 그림 8-4 커피 콩을 가는 직원 추가

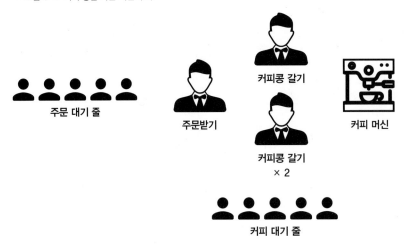

이렇게 해도 구조는 그대로다. 주문받고 커피콩을 갈고 커피를 내리는 세 단계 구조는 바뀌지 않는다. 따라서 동시성 측면에서는 변한 것이 없다. 다만 여기서 주문 처리 과정에 병렬성이 추가됐다.

현재 전반적인 프로세스에서 발목을 잡는 부분이 커피 머신이라고 가정해보자. 커피 머신이 한 대뿐이면 커피콩을 가는 단계에 경쟁이 발생한다. 커피콩을 가는 두 사람이 동시에 커피 머신을 기다릴 수 있기 때문이다. 이 상황을 어떻게 해결하면 될까? 바로 커피 머신 단계를 늘리는 것이다 (그림 8-5).

▼ 그림 8-5 커피 머신 추가

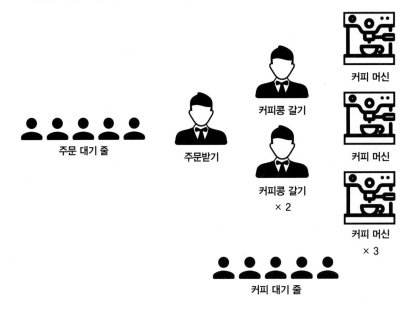

커피 머신을 한 대가 아니라 여러 대로 늘려서 병렬성을 높였다. 이번에도 역시 구조는 변하지 않는다. 여전히 세 단계다. 하지만 전반적인 처리량은 증가했다. 커피콩을 가는 단계에서 대기하는 시간이 줄었기 때문이다.

지금 본 설계 사례를 통해 중요한 사실을 엿볼 수 있다. **동시성은 병렬성을 낳는다.** 즉, 동시성은 병렬성으로 문제를 해결할 수 있는 기회(구조)를 제공한다.

> **동시성은 여러 일을 동시에 처리하는 것이고, 병렬성은 여러 일을 동시에 실행하는 것이다.**
>
> – 롭 파이크(Rob Pike)

정리하면, 동시성과 병렬성은 다른 개념이다. 동시성은 구조에 대한 것으로, 순차적으로 구현된 것을 스레드별로 처리할 수 있는 여러 단계로 나눈 동시성 구조로 만들 수 있다. 반면 병렬성은 실행에 대한 것으로, 각 단계 안에서 병렬 스레드를 추가할 수 있다. 이 두 가지 개념을 제대로 이해해야 고 프로그래밍의 고수가 될 수 있다.

다음 절에서는 무조건 동시성만 추구하는 실수에 대해 알아보자.

8.2 #56 동시성이 무조건 빠르다고 착각하지 마라

100 GO MISTAKES

동시성을 이용한 솔루션이 순차적인 것보다 무조건 빠르다고 잘못 알고 있는 개발자가 많다. 전혀 그렇지 않다. 솔루션의 전반적인 성능은 다양한 요인에 영향을 받는다. 가령 일부분을 병렬로 처리할 수 있는 (동시성) 구조의 효율성, 계산 단위 간의 경쟁 수준 등이 있다. 이 절에서는 고 언어에서 동시성에 관련된 몇 가지 기본 속성을 되짚어본 다음, 구체적인 예제를 통해 동시성을 이용한 솔루션이 항상 빠른 것은 아님을 확인한다.

8.2.1 고 언어의 스케줄링

스레드(thread)는 OS에서 실행에 관련된 가장 작은 단위다. 프로세스에서 여러 동작을 동시에 실행시키려 할 때 스레드를 여러 개 생성한다. 이렇게 생성된 스레드의 속성은 두 가지다.

- **동시성**: 두 개 이상의 스레드가 구동되고 실행되고 완료되는 과정이 시간 축에서 볼 때 서로 겹칠 수 있다. 커피숍 예제에서 점원 스레드와 커피 머신 스레드를 예로 들 수 있다.

- **병렬성**: 동일한 작업을 한 번에 여러 개로 실행할 수 있다. 커피숍 예제에서 점원 스레드가 여러 명인 경우와 같다.

OS는 스레드가 다음과 같이 최적화된 상태로 실행되도록 스케줄링해야 한다.

- 모든 스레드가 CPU 사이클을 할당받으며, 아주 오래 기다리는 스레드가 없어야 한다.

- 워크로드는 CPU 코어마다 고르게 분배된다.

> Note ≡ 스레드란 용어는 CPU 수준에서 볼 때 의미가 좀 달라진다. 물리 코어 하나는 논리 코어 여러 개로 구성될 수 있으며 이를 하이퍼스레딩(hyperthreading)이라 부르고, 이때 논리 코어를 스레드라고 부른다. 이 절에서 말하는 '스레드'는 처리 단위일 뿐 논리 코어는 아니다.

CPU 코어는 다양한 스레드를 실행시킨다. 스레드를 전환할 때 컨텍스트 스위칭(context switching)이라 부르는 연산을 수행한다. CPU 사이클을 사용하는 실행(executing) 상태에 있던 액티브 스레드는 실행 대기 상태(runnable state)로 전환된다. 다시 말해 사용 가능한 코어에서 실행할 준비가 된 상태라는 뜻이다. 컨텍스트 스위칭 연산은 오버헤드가 큰 편이다. OS는 스위칭하기 전에 스레드의 현재 실행 상태를 저장해야 하기 때문이다.

고 언어에서는 스레드를 직접 생성할 수 없고, 고루틴(goroutine)을 이용해야 한다. 일종의 애플리케이션 수준의 스레드인 셈이다. 그런데 OS 스레드는 CPU 코어에 대해 컨텍스트 스위칭하며 이를 OS가 처리하는 반면, 고루틴은 OS 스레드에 대해 컨텍스트 스위칭하며 고 언어의 런타임이 담당한다. 또한 고루틴은 OS 스레드에 비해 메모리를 훨씬 적게 차지한다. 고 1.4 기준으로 2KB 정도다. OS 스레드는 OS마다 다르다. 가령 리눅스(x86, 32비트 아키텍처)에서는 디폴트 크기가 2MB다.[1] 크기가 작을수록 컨텍스트 스위칭 속도가 빠르다.

> Note ≡ 고루틴에 대한 컨텍스트 스위칭은 스레드에 대한 컨텍스트 스위칭에 비해 80~90%가량 빠르다. 구체적인 값은 아키텍처에 따라 다르다.

그럼 이제 고 스케줄러가 고루틴을 처리하는 방법에 대해 개략적으로 알아보자. 고 스케줄러는 내

---

1 http://mng.bz/DgMw

부적으로 다음과 같은 용어를 사용한다.[2]

- **G**: 고루틴
- **M**: OS 스레드(machine의 줄임말)
- **P**: CPU 코어(processor의 줄임말)

OS 스케줄러는 OS 스레드(M)마다 CPU 코어(P)를 할당한다. 그러면 고루틴(G)은 M에서 실행된다. GOMAXPROCS 변수는 사용자 수준의 코드를 동시에 실행시키는 데 사용될 M의 최대 개수를 정의한다. 만약 스레드가 시스템 콜(@ I/O)에 의해 멈췄다면 스케줄러는 M을 더 생성한다. 고 1.5부터 GOMAXPROCS의 디폴트 값은 현재 시스템에 존재하는 CPU 코어 수다.

고루틴의 생명주기(lifecycle)는 OS 스레드보다 간단하다. 고루틴은 다음 중 한 상태에 놓이게 된다.

- **실행 중**(executing): M에서 실행되도록 스케줄링된다.
- **실행 가능**(runnable): 실행 상태로 전환되기를 기다린다.
- **대기**(waiting): 실행을 멈추고 다른 작업(@ 시스템 콜이나 뮤텍스 획득과 같은 동기화 연산)이 끝나기를 기다린다.

고 스케줄링의 구현과 관련하여 알아둘 마지막 단계가 있다. 바로 고루틴이 생성되었지만 실행하지 않은 상태다. 예를 들어, 모든 M이 G를 실행하는 데 투입된 상태가 그렇다. 이럴 때 고 런타임은 큐에 넣는다(큐잉(queuing)한다). 고 런타임은 두 가지 큐를 사용한다. 하나는 P마다 존재하는 로컬 큐고, 다른 하나는 모든 P가 공유하는 글로벌 큐다.

그림 8-6은 GOMAXPROCS가 4인, 4코어 머신에서 스케줄링하는 모습이다. 논리 코어(P), 고루틴(G), OS 스레드(M), 로컬 큐, 글로벌 큐로 구성되어 있다.

먼저 M이 다섯 개인 것을 볼 수 있다. 반면 GOMAXPROCS는 4다. 그러나 앞서 설명했듯이 고 런타임은 필요에 따라 OS 스레드를 GOMAXPROCS 값보다 많이 만들 수 있다.

---

2   http://mng.bz/N611

▼ 그림 8-6 고 애플리케이션이 4코어 머신에서 실행하는 상태의 예. 실행 상태가 아닌 고루틴은 실행 가능 상태이거나 대기 상태가 된다.

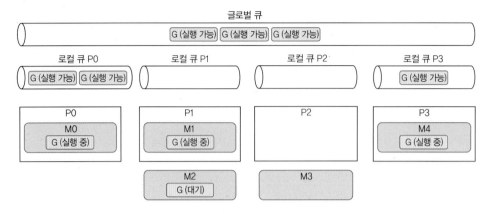

현재 P0, P1, P3는 고 런타임 스레드를 실행하느라 바쁘다. 반면 P2는 아무것도 하고 있지 않다. M3가 P2로부터 스위칭되고 나서 실행할 고루틴이 없기 때문이다. 이 상태는 그리 바람직하지 않다. 글로벌 큐와 로컬 큐에서 실행 가능 상태에 기다리고 있는 고루틴 여섯 개가 있기 때문이다. 고 런타임은 이 상황을 어떻게 처리해야 할까? 스케줄러의 구현 상태를 의사코드로 표현하면 다음과 같다.[3]

```
runtime.schedule() {
    // 1/61시간 동안 글로벌 큐에서 실행 가능 상태로 머물러 있는 G가 있는지 확인한다.
    // 없다면 로컬 큐를 확인한다.
    // 그래도 없다면,
    //     다른 P에서 훔쳐온다.
    //     훔쳐올 수 없다면 글로벌 큐에 실행 가능 상태에 있는 G가 있는지 확인한다.
    //     그래도 없으면 네트워크를 폴링한다.
}
```

고 스케줄러는 61번째로 실행될 때마다 글로벌 큐에 고루틴이 있는지 확인한다. 없으면 로컬 큐를 확인한다. 만약 글로벌 큐와 로컬 큐가 모두 비어 있다면, 다른 로컬 큐에서 고루틴을 가져온다. 이러한 스케줄링 원칙을 작업 훔치기(work stealing)라고 부르며, 놀고 있는 프로세서가 다른 프로세서의 고루틴을 훔쳐오는 근거가 된다.

마지막으로 한 가지 더 언급하면, 고 1.14 이전에는 스케줄러가 협조형(cooperative)이었다. 다시 말해 몇 가지 멈춤 상황(⫶채널 송수신, I/O, 뮤텍스 획득 대기 등)에서만 고루틴을 특정 스레드로부터 컨텍스트 스위칭시킬 수 있었다. 고 1.14부터는 선제적(preemptive, 선점형) 방식으로 변경

---

3 http://mng.bz/lxY8

됐다. 즉, 이제 일정 시간(10ms)이 지나면 우선 순위가 높은 다른 고루틴으로 컨텍스트 스위칭될 수 있다. 이렇게 하면 실행 시간이 긴 작업이 CPU 시간을 점유하지 않고 나눠 쓰게 만들 수 있다.

이제 고 스케줄링의 기본 개념을 파악했으니, 병합 정렬을 병렬로 처리하는 예제를 통해 구체적으로 알아보자.

8.2.2 병렬 병합 정렬

먼저 병합 정렬(merge sort, 머지 소트) 알고리즘의 작동 방식부터 간단히 복습한 뒤, 병렬 버전을 구현하는 방법에 대해 알아보겠다. 이 예제의 목적은 가장 효율적인 구현 방법을 찾는 것이 아니라, 동시성이 항상 빠른 것은 아니라는 예를 구체적으로 살펴보는 것이다.

병합 정렬 알고리즘은 주어진 리스트를 두 개로 나누는 작업을 반복하다가 분리한 리스트에 원소가 하나만 남으면 지금까지 분리했던 부분 리스트를 병합하는 방식으로 정렬된 리스트를 생성한다(그림 8-7). 매번 수행하는 분리(split) 연산은 주어진 리스트를 두 개로 나누는 반면, 병합(merge) 연산은 두 리스트를 정렬된 리스트 하나로 합친다.

▼ 그림 8-7 병합 정렬 알고리즘은 먼저 주어진 리스트를 두 개로 나누는 작업을 반복한다. 그런 다음 병합 연산을 수행하여 최종 결과로 정렬된 리스트가 나오도록 한다.

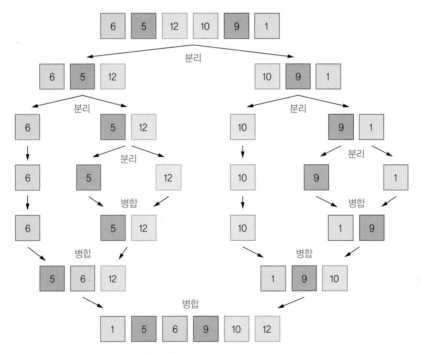

이 알고리즘의 순차 버전은 다음과 같다. 이 절의 주제에 집중하기 위해 핵심 코드만 제시한다.

```go
func sequentialMergesort(s []int) {
    if len(s) <= 1 {
        return
    }

    middle := len(s) / 2
    sequentialMergesort(s[:middle]) -------- ❶
    sequentialMergesort(s[middle:]) -------- ❷
    merge(s, middle) ---------------------- ❸
}

func merge(s []int, middle int) {
    // ...
}
```

❶ 전반부

❷ 후반부

❸ 전반부와 후반부를 하나로 합친다.

이 알고리즘에는 동시성 구조를 만들 기회가 보인다. 실제로 각각의 sequentialMergesort 연산이 다루는 데이터는 전체를 복제할 필요 없이 서로 독립적이기 때문에 (즉, 슬라이싱을 이용한 내부 배열에 대한 뷰가 독립적이므로) 각각의 sequentialMergesort마다 고루틴으로 만들어서 여러 CPU 코어에 분배할 수 있다. 그럼 첫 번째 병렬 버전을 만들어보자.

```go
func parallelMergesortV1(s []int) {
    if len(s) <= 1 {
        return
    }

    middle := len(s) / 2

    var wg sync.WaitGroup
    wg.Add(2)

    go func() { ------------------------- ❶
        defer wg.Done()
        parallelMergesortV1(s[:middle])
    }()
```

```
go func() { ------------------------ ❷
    defer wg.Done()
    parallelMergesortV1(s[middle:])
}()

wg.Wait()
merge(s, middle) -------------------- ❸
}
```

❶ 전반부 작업에 대한 고루틴을 생성한다.

❷ 후반부 작업에 대한 고루틴을 생성한다.

❸ 전반부와 후반부를 하나로 합친다.

여기서는 주어진 작업의 전반부와 후반부를 별도의 고루틴으로 처리했다. 부모 고루틴은 sync. WaitGroup을 이용하여 두 작업이 끝나길 기다린다. 그래서 병합 연산을 수행하기 전에 Wait 메서 드를 호출했다.

> Note ≡ sync.WaitGroup에 대해서는 #71 "sync.WaitGroup을 잘 사용하라"에서 더 자세히 설명하겠다. 여 기서 간단히 소개하면 sync.WaitGroup은 연산 n개가 끝날 때까지 기다린다. 앞에서 본 예제처럼 기다리는 대상은 대부분 고루틴이다.

이렇게 해서 병합 정렬 알고리즘에 대한 병렬 버전을 만들었다. 이 버전과 순차 버전에 대해 벤치 마크를 돌려보면, 병렬 버전이 빠를 거라고 예상할 것이다. 그럼 4코어 머신에서 원소 10,000개 에 대해 실행해보자.

```
Benchmark_sequentialMergesort-4        2278993555 ns/op
Benchmark_parallelMergesortV1-4        17525998709 ns/op
```

놀랍게도 병렬 버전이 열 배 정도 느리다. 왜 이런 결과가 나왔을까? 어떻게 네 코어에 작업을 분 배한 병렬 버전이 한 머신에서만 처리하는 순차 버전보다 느릴 수 있을까? 하나씩 분석하면서 원 인을 찾아보자.

원소가 1,024개인 슬라이스가 하나 있다고 가정한다. 부모 고루틴이 고루틴 두 개를 생성해서 각 각 512개씩 처리하게 만들었다. 각 고루틴마다 다시 고루틴 두 개를 생성해서 각각 256개씩 처리 한다. 이런 식으로 원소가 하나만 남을 때까지 128, 64 등으로 분할한다.

병렬 처리할 대상이 너무 적으면 순수 연산에 걸리는 시간이 짧기 때문에 작업을 여러 코어에 나 누는 효과가 사라진다. 고루틴을 생성하고 이를 스케줄러가 구동시키는 데 걸리는 시간은 현재 고루틴에서 직접 병합하는 작업에 비해 너무 길다. 고루틴이 아무리 스레드보다 가볍고 빠르다 해도 작업량이 상대적으로 적은 경우가 발생할 수 있다.

그렇다면 이 결과에서 어떤 결론을 내릴 수 있을까? 병합 정렬 알고리즘은 병렬화하면 안 된다? 그건 아니다.

이번에는 다른 방식으로 접근해보자. 고루틴을 새로 만들어 처리할 원소가 너무 적으면 효율이 떨어지므로 기준을 정한다. 즉, 작업량의 절반이 얼마일 때 병렬 처리가 유리한지 정해둔다. 주어진 작업량의 절반이 이 기준에 못 미치면 순차적으로 처리한다. 이렇게 개선한 버전은 다음과 같다.

```go
const max = 2048 ----------------------- ❶

func parallelMergesortV2(s []int) {
    if len(s) <= 1 {
        return
    }

    if len(s) <= max {
        sequentialMergesort(s) ---------- ❷
    } else { -------------------------- ❸
        middle := len(s) / 2
        var wg sync.WaitGroup
        wg.Add(2)

        go func() {
            defer wg.Done()
            parallelMergesortV2(s[:middle])
        }()

        go func() {
            defer wg.Done()
            parallelMergesortV2(s[middle:])
        }()

        wg.Wait()
        merge(s, middle)
    }
}
```

❶ 기준을 정한다.

❷ 첫 번째로 만든 순차 버전을 호출한다.

❸ 기준을 넘었다면 병렬 버전으로 처리한다.

슬라이스 s의 원소가 max보다 적으면 순차 버전을 호출하고, 그렇지 않으면 병렬 버전을 호출한다. 이렇게 하면 결과가 달라질까? 그렇다. 차이가 있다.

```
Benchmark_sequentialMergesort-4      2278993555 ns/op
Benchmark_parallelMergesortV1-4     17525998709 ns/op
Benchmark_parallelMergesortV2-4      1313010260 ns/op
```

두 번째 병렬 버전의 속도는 순차 버전에 비해 40%나 향상됐다. 순차 버전보다 병렬 버전이 효율적인 기준을 정한 것이 효과가 있었다.

Note ≡ 앞에서 기준 값을 2,048로 정한 이유는 이 코드를 내 컴퓨터에서 실행했을 때 2,048 정도에서 최적의 성능을 보여줬기 때문이다. 일반적으로 이런 기준을 정할 때는 (배포 환경에 가까운 실행 환경에서 수행한) 벤치마크를 통해 신중하게 결정해야 한다. 그런데 흥미롭게도 이 알고리즘을 고루틴이 없는 언어로 구현하면 기준 값이 달라진다. 예를 들어, 앞에서 구현한 예제를 자바에서 스레드로 구현하면 최적의 기준 값은 8,192 정도가 나온다. 이를 통해 고루틴이 스레드보다 얼마나 효율적인지 알 수 있다.

지금까지 고 언어의 스케줄링과 관련하여 스레드와 고루틴의 차이, 고 런타임에서 고루틴을 스케줄링하는 방식 등과 같은 기본 개념 위주로 살펴봤다. 또한 병합 정렬의 병렬 버전을 통해 동시성이 항상 더 빠름을 보장하지 않는다는 사실도 확인했다. 예제에서 본 것처럼 작업량이 적으면(즉, 병합할 원소가 적으면) 고루틴을 생성하는 오버헤드에 의해 병렬화의 효과가 사라진다.

그렇다면 앞으로 어떻게 해야 할까? 동시성이 무조건 빠르지 않음을 인지하고, 모든 문제를 무조건 동시성으로 구현하지 않는다. 우선 동시성으로 인해 상황이 복잡해질 수 있음을 명심한다. 또한 최신 CPU는 순차적이고 예측 가능한 코드를 처리하는 효율이 엄청나게 높다. 가령 수퍼스칼라(superscalar) 프로세서는 한 코어에서 여러 인스트럭션을 매우 효율적으로 병렬 처리한다.

그렇다고 해서 동시성을 적용하면 안 된다는 말은 아니다. 이런 사실을 염두에 두는 것이 중요하다. 병렬화해서 나아진다는 확신이 없다면 먼저 순차 버전을 만든 뒤 (#98 "고 진단 도구를 활용하라"에서 설명하는 것처럼) 프로파일링하고 (#89 "벤치마크를 정확하게 작성하라"에서 설명하는 방법대로) 벤치마크한다. 그래야 동시성의 효과가 있는지 판단할 수 있다.

이어지는 절에서는 채널과 뮤텍스가 필요한 상황(자주 받는 질문이다)에 대해 알아보자.

8.3

#57 채널과 뮤텍스 중 적합한 것을 판단하라

동시성을 구현할 때 채널을 사용할지 뮤텍스를 사용할지 명확히 판단하기 힘든 경우가 있다. 고 언어는 통신에 의한 메모리 공유를 추구하기 때문에 무조건 채널만 사용하는 실수를 저지르기 쉽다. 하지만 두 가지 수단이 서로 보완 관계에 있다는 점을 명심하자. 이 절에서는 둘 중 어느 하나가 더 적합한 상황에 대해 정리해보겠다. 이 절의 목적은 어디까지나 여러분의 판단에 도움이 되도록 일반적인 가이드라인을 제시하는 것이지, 모든 경우를 빠짐없이 살펴보는 것이 아니다(그러기 위해서는 한 챕터 전체를 여기에 할애해야 한다).

우선 고 언어에서 제공하는 채널에 대해 간단히 복습하자. 채널(channel)은 통신 메커니즘이다. 내부적으로 채널은 값을 보내고 받는 파이프로서 동시에 실행 중인 고루틴(concurrent goroutine)을 서로 연결하는 데 사용할 수 있다. 채널은 다음 두 가지 중 하나다.

- **버퍼를 사용하지 않는 채널**(unbuffered channel): 받는 고루틴(receiver)이 준비될 때까지 보내는 고루틴(sender)은 기다린다.

- **버퍼를 사용하는 채널**(buffered channel): 보내는 고루틴은 버퍼가 가득 찼을 때만 기다린다.

이제 본론으로 돌아가서, 채널과 뮤텍스 중 어느 것이 적합한지 판단하는 방법에 대해 알아보자. 구체적으로 살펴보기 위해 그림 8-8에 나온 예제를 토대로 설명하겠다. 여기서는 세 가지 고루틴이 특수한 관계를 맺고 있다.

- G1과 G2는 병렬 관계다. 동일한 함수를 수행하면서 채널을 통해 메시지를 주고받거나 동일한 HTTP 핸들러를 동시에 처리할 수 있다.

- 이에 반해 G1과 G3는 동시 관계다. G2와 G3도 마찬가지다. 고루틴은 기본적으로 동시성 구조의 일부분이지만, G1과 G2는 첫 번째 단계를 수행하는 반면 G3는 그 다음 단계를 수행한다.

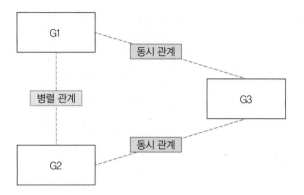

▼ 그림 8-8 G1과 G2는 병렬 관계지만, G2와 G3는 동시 관계다.

일반적으로 병렬 관계는 반드시 동기화해야 한다. 예를 들어, 슬라이스 같은 공유 자원에 접근하거나 수정할 때가 그렇다. 동기화는 뮤텍스로 제어할 수 있지만, (버퍼를 사용한 채널을 제외한) 채널로는 할 수 없다. 따라서 병렬 고루틴끼리 동기화할 때는 뮤텍스를 사용해야 한다.

반면, 동시 관계는 전반적인 동작을 조율해야 한다. 예를 들어, G3가 G1과 G2에서 나온 결과를 취합하고, G2는 G3에 시그널을 보내서 중간 결과가 새로 나왔음을 알려줘야 하는 경우가 있다. 이러한 조율은 통신의 영역에 해당하므로 채널을 사용한다.

리소스의 소유권을 단계별로 전달하는 상황도 동시 관계와 관련 있다. 예를 들어, G1과 G2 단계에서 공유 리소스를 사용하다가 어느 수준에 이르면 작업을 완료했다고 판단한다. 그러면 채널을 통해 해당 리소스가 준비됐음을 알리고 소유권을 전달한다.

뮤텍스와 채널은 의미가 다르다. 어떤 상태를 공유하거나 공유 리소스에 접근할 때는 뮤텍스를 사용해야 리소스에 대한 단독 접근을 보장할 수 있다. 반면 채널은 기본적으로 시그널 메커니즘이다. 이때 chan struct{} 등으로 데이터를 함께 보낼 수도 있다. 동작을 조율하거나 소유권을 이전하는 작업은 채널로 처리한다. 이때 고루틴이 병렬 관계인지 아니면 동시 관계인지 반드시 알아야 한다. 일반적으로 병렬 관계인 고루틴 사이에는 뮤텍스가 필요하고, 동시 관계인 고루틴 사이에는 채널이 필요하기 때문이다.

다음으로 동시성과 관련하여 가장 널리 알려진 이슈인 경쟁 문제에 대해 알아보자.

8.4 #58 경쟁 문제에 대해 완전히 이해하라

경쟁 문제(race problem)는 프로그래머가 맞닥뜨리는 버그 중에서 가장 은밀하고 까다로운 것으로 손꼽힌다. 고 프로그래머라면 누구나 데이터 경쟁과 경쟁 상태의 주요 사항과 현상, 그리고 이를 방지하는 방법을 반드시 알고 있어야 한다. 먼저 데이터 경쟁과 경쟁 상태의 차이점에 대해 소개 한 뒤, 고 언어의 메모리 모델과 그 중요성에 대해 살펴보겠다.

8.4.1 데이터 경쟁과 경쟁 상태

먼저 데이터 경쟁부터 살펴보자. 데이터 경쟁(data race)은 두 개 이상의 고루틴이 동일한 메모리 지점을 동시에 접근하면서 둘 중 어느 하나가 쓰기 작업을 수행하고 있을 때 발생한다. 다음은 고 루틴 두 개가 공유 변수 값을 증가시키는 예다.

```
i := 0

go func() {
    i++ ---------- ❶
}()

go func() {
    i++
}()
```

❶ i를 증가시킨다.

고 언어의 레이스 디텍터(race detector, -race 옵션)를 켜고 이 코드를 실행하면 다음과 같이 데 이터 경쟁이 발생한다는 경고를 볼 수 있다.

```
==================
WARNING: DATA RACE
Write at 0x00c00008e000 by goroutine 7:
  main.main.func2()

Previous write at 0x00c00008e000 by goroutine 6:
  main.main.func1()
==================
```

여기서 i의 최종 값은 예측할 수 없다. 어떤 경우에는 1이 나오고, 또 어떤 경우에는 2가 나올 수 있다.

왜 이런 현상이 발생할까? 이 코드의 문제는 뭘까? 코드에 나온 i++는 다음과 같이 세 가지 연산으로 구성된다.

1. i를 읽는다.

2. 읽은 값을 증가시킨다.

3. 증가시킨 값을 다시 i에 쓴다.

첫 번째 고루틴이 두 번째 고루틴보다 먼저 실행되어 작업을 완료했다면 다음과 같은 상태가 된다.

고루틴 1	고루틴 2	연산	i
			0
읽기		<-	0
증가			0
결과 쓰기		->	1
	읽기	<-	1
	증가		1
	결과 쓰기	->	2

첫 번째 고루틴은 i 값을 읽고 값을 증가시킨 뒤 그 결과인 1을 다시 i에 쓴다. 그러고 나서 두 번째 고루틴은 똑같은 작업을 수행하는데, 이번에는 i 값이 1인 상태에서 시작한다. 그래서 최종 결과는 2가 된다.

그런데 여기서 첫 번째 고루틴이 항상 먼저 시작하거나 두 번째 고루틴이 구동되기 전에 작업을 완료한다는 보장이 없다. 두 고루틴이 동시에 실행되어 세 가지 연산이 서로 엇갈리면서 i에 대한 접근 경쟁이 발생할 수 있다. 가령 다음과 같이 실행될 수도 있다.

고루틴 1	고루틴 2	연산	i
			0
읽기		<-	0
	읽기	<-	0
증가			0

○ 계속

고루틴 1	고루틴 2	연산	i
	증가		0
결과 쓰기		->	1
	결과 쓰기	->	1

두 고루틴 모두 i 값을 읽어서 0이라는 값을 얻는다. 그리고 나서 이 값을 증가시킨 결과인 1을 각자의 로컬 스코프 안에 다시 쓴다. 이는 의도와 다르게 실행된 것이다.

데이터 경쟁은 이러한 현상을 말한다. 두 고루틴이 동일한 메모리 지점을 동시에 접근하면서 최소한 어느 하나는 그 메모리에 쓰기 작업을 수행하고 있다면 잘못된 결과가 나올 수 있다. 더 심각한 경우는 해당 메모리 지점에 의미 없는 값이 남게 된다는 것이다.

> Note ≡ 데이터 경쟁을 걸러내는 방법에 대해서는 #83 "-race 플래그를 켜라"에서 자세히 소개한다.

그렇다면 데이터 경쟁을 방지하려면 어떻게 해야 할까? 이를 위한 몇 가지 기법을 살펴보자. 여기서는 모든 방법을 빠짐없이 소개하지 않고 널리 알려진 기법 몇 가지만 소개할 것이다 (예 atomic.Value는 설명하지 않는다).

첫 번째 방법은 증가 연산을 원자 연산(atomic operation)으로 만드는 것이다. 다시 말해 이 연산을 한 단계에 실행하게 만든다. 그러면 여러 연산이 뒤엉키는 현상을 막을 수 있다.

고루틴 1	고루틴 2	연산	i
			0
읽은 뒤 증가		<->	1
	읽은 뒤 증가	<->	2

두 번째 고루틴이 첫 번째 고루틴보다 먼저 실행되더라도 결과는 여전히 2다.

원자 연산은 sync/atomic 패키지를 이용하면 된다. int64를 증가시키는 동작을 원자 연산으로 만드는 방법은 다음과 같다.

```
var i int64

go func() {
    atomic.AddInt64(&i, 1) ---------- ❶
```

```
}()

go func() {
    atomic.AddInt64(&i, 1) ---------- ❶
}()
```

❶ i를 원자 연산으로 증가시킨다.

두 고루틴 모두 i를 원자 연산으로 증가시킨다. 원자 연산은 인터럽트에 의해 중단되지 않는다. 그래서 메모리를 동시에 접근하는 일이 발생하지 않는다. 어느 고루틴이 먼저 실행되는가에 관계없이 결과는 2가 된다.

> Note ≡ sync/atomic 패키지는 기본 연산을 int32, int64, uint32, uint64에 대해서만 제공하고, int에 대해서는 제공하지 않는다. 예제에서 i를 int64로 선언한 것도 그 때문이다.

데이터 경쟁을 방지하기 위한 두 번째 방법은 뮤텍스와 같은 임의의 데이터 구조를 이용하여 두 고루틴을 동기화시키는 것이다. 뮤텍스(mutex)는 상호 배제란 뜻의 뮤추얼 익스클루젼(mutual exclusion)의 줄임말이다. 뮤텍스를 이용하면 크리티컬 섹션(critical section, 임계 영역)이란 곳에 접근하는 고루틴의 수가 최대 하나만 되도록 보장할 수 있다. 고 언어는 sync 패키지에서 Mutex 타입을 제공한다.

```
i := 0
mutex := sync.Mutex{}

go func() {
    mutex.Lock() ---------- ❶
    i++ ------------------- ❷
    mutex.Unlock() ------- ❸
}()

go func() {
    mutex.Lock()
    i++
    mutex.Unlock()
}()
```

❶ 크리티컬 섹션 시작

❷ i 증가

❸ 크리티컬 섹션 끝

```

8

동시성: 기본 개념
```

이 예제에서 i를 증가시키는 부분이 크리티컬 섹션이다. 이 예제도 앞에 나온 것과 마찬가지로 고루틴의 실행 순서에 관계없이 항상 i 값의 결과가 2다.

지금까지 살펴본 두 방법 중 어느 것이 더 좋을까? 기준은 명확하다. 앞에서 설명했듯이 sync/atomic 패키지는 특정 타입에 대해서만 작동한다. 슬라이스나 맵, 구조체 등 다른 타입에 대해서는 sync/atomic을 이용할 수 없다.

또 다른 방법으로 특정 메모리 영역을 공유하는 방식 대신 고루틴끼리 통신하는 방법이 있다. 예를 들어, 채널 하나를 만들고, 이를 통해 두 고루틴이 값을 증가시킨다.

```
i := 0
ch := make(chan int)

go func() {
    ch <- 1 ---------- ❶
}()

go func() {
    ch <- 1
}()

i += <-ch ------------ ❷
i += <-ch
```

❶ 고루틴에 1을 증가시키도록 알린다.

❷ 채널로부터 받은 값만큼 i를 증가시킨다.

고루틴은 채널을 통해 1만큼 증가시키도록 알림을 보낸다. 부모 고루틴은 이러한 알림을 수집해서 i를 증가시킨다. 이 고루틴만 i에 쓸 수 있기 때문에 데이터 경쟁이 발생하지 않는다.

그럼 지금까지 배운 내용을 정리해보자. 데이터 경쟁은 여러 고루틴이 동일한 메모리 지점(예 동일한 변수)에 동시에 접근하면서 적어도 하나가 쓰기 연산을 수행할 때 발생한다. 이러한 데이터 경쟁 문제를 해결하기 위한 동기화 기법도 세 가지로 살펴봤다.

- 원자 연산 이용하기
- 뮤텍스로 크리티컬 섹션 보호하기
- 채널 통신으로 어느 한 고루틴만 변수를 업데이트하게 만들기

이 세 가지 방법을 이용하면 두 고루틴의 실행 순서에 관계없이 i의 최종 결과가 2가 된다. 그렇다

면 수행할 연산에 따라 데이터 경쟁이 발생하지 않으면 반드시 일정한 결과가 나올까? 다른 예제를 통해 이 질문에 대한 답을 생각해보자.

이번에는 두 고루틴이 공유 변수를 증가시키지 않고 각 고루틴이 대입하게 만들어보자. 다음과 같이 뮤텍스를 이용하여 데이터 경쟁을 방지한다.

```
i := 0
mutex := sync.Mutex{}

go func() {
    mutex.Lock()
    defer mutex.Unlock()
    i = 1 ---------------- ❶
}()

go func() {
    mutex.Lock()
    defer mutex.Unlock()
    i = 2 ---------------- ❷
}()
```

❶ 첫 번째 고루틴이 i에 1을 대입한다.
❷ 두 번째 고루틴이 i에 2를 대입한다.

첫 번째 고루틴은 i에 1을 대입하고 두 번째 고루틴은 2를 대입한다.

이 예제에서 데이터 경쟁이 발생할까? 그렇지 않다. 두 고루틴 모두 동일한 변수에 접근하지만 동시에 접근하지는 않는다. 뮤텍스로 동시 접근을 제어하기 때문이다. 그렇다면 이 예제는 결정론적(deterministic) 방식으로 실행될까? 그렇지 않다.

실행 순서에 따라 1이 될 수도 있고 2가 될 수도 있다. 이 예제에서 데이터 경쟁은 발생하지 않지만 경쟁 상태는 있다. 경쟁 상태(race condition)란 이벤트 타이밍이나 순서에 따라 동작이 달라지고, 이를 통제할 수 없는 상태를 말한다. 이 예제에서 이벤트 타이밍에 해당하는 것은 고루틴의 실행 순서다.

고루틴이 일정한 순서로 실행되게 보장하는 것이 조정(orchestration 또는 coordination)의 목표다. 먼저 상태 0에서 상태 1로 전환시킨 다음, 상태 1에서 상태 2로 전환시키려면 고루틴이 일정한 순서로 실행되게 만들어야 한다. 채널을 이용하여 해결할 수도 있다. 조정을 통해 특정 영역에 대해 고루틴 하나만 접근하게 만들 수도 있다. 그러면 앞에서 본 뮤텍스를 사용하지 않아도 된다.

정리하면, 동시성 애플리케이션을 구현할 때는 데이터 경쟁과 경쟁 상태를 반드시 구분해야 한다. 데이터 경쟁은 여러 고루틴이 동일한 메모리 지점에 동시에 접근하면서 그중 하나 이상의 고루틴이 쓰기 작업을 수행할 때 발생한다. 데이터 경쟁은 의도하지 않은 동작을 가리킨다. 반면 데이터 경쟁이 없는 애플리케이션이라고 해서 항상 일정한 결과가 나오는 것은 아니다. 데이터 경쟁이 없더라도 제어할 수 없는 이벤트(예 고루틴 실행, 채널에 메시지를 게시하는 속도, 데이터베이스 호출 시간 등)에 따라 동작이 달라질 수 있다. 이런 상황을 경쟁 상태라고 부른다. 두 개념 모두 확실히 이해해야 동시성 애플리케이션을 잘 설계할 수 있다.

다음으로 고 언어 메모리 모델의 기본 개념과 이것이 왜 중요한지 그 이유에 대해 알아보자.

8.4.2 고 메모리 모델

지금까지 고루틴끼리 동기화시키는 대표적인 기법 세 가지(원자 연산, 뮤텍스, 채널)에 대해 알아봤다. 그런데 고 프로그래머라면 반드시 알아야 할 핵심 원칙 몇 가지가 있다. 예를 들어, 버퍼를 사용하는 채널과 버퍼를 사용하지 않는 채널은 보장하는 범위가 다르다. 언어의 핵심 규격을 제대로 이해하지 못해서 의도하지 않은 경쟁이 발생하는 일을 방지하려면, 고 언어의 메모리 모델을 잘 알아야 한다.

고 메모리 모델(Go memory model)[4]은 어느 한 고루틴에서 변수에 값을 쓰고 난 이후에 다른 고루틴에서 읽도록 보장할 수 있는 조건을 정의하는 규격이다. 쉽게 말해 데이터 경쟁을 방지하고 결정론적인 결과를 보장하기 위해 반드시 명심해야 할 조건을 제시한다.

하나의 고루틴 안에서는 비동기식 접근이 발생할 일이 없다. 그래서 프로그램에 명시된 순서대로 실행되는 발생 전(happens-before) 순서가 보장된다.

하지만 고루틴이 여러 개 엮일 때는 고 메모리 모델에서 제시하는 조건을 명심해야 한다. 명심할 조건에 대해 하나씩 살펴보자(고 메모리 모델 규격에서 일부 발췌했다). 설명할 때 사용할 표기법을 간단히 정의하면, A ＜ B는 A가 B보다 먼저 발생했다는 뜻이다.

- 고루틴은 반드시 생성되고 나서 실행된다. 따라서 변수를 읽은 다음, 그 변수에 쓰기 작업을 수행하는 고루틴을 생성하더라도 데이터 경쟁이 발생하지 않는다.

---

4 https://golang.org/ref/mem

```
i := 0
go func() {
    i++
}()
```

- 반면, 어떤 이벤트가 발생하기 전에 고루틴이 끝나도록 보장할 수는 없다. 따라서 다음과 같은 코드는 데이터 경쟁이 발생한다. 이 경우에도 데이터 경쟁을 방지하려면 고루틴끼리 동기화시켜야 한다.

```
i := 0
go func() {
    i++
}()
fmt.Println(i)
```

- 채널에서는 받는 동작이 끝나고 나서야 그 채널에 보내는 동작이 실행된다. 다음 코드를 보면 부모 고루틴은 변수를 증가시킨 후에 보내는 반면, 다른 고루틴은 채널을 읽고 나서 변수를 읽는다.

```
i := 0
ch := make(chan struct{})
go func() {
    <-ch
    fmt.Println(i)
}()
i++
ch <- struct{}{}
```

이때 실행 순서는 다음과 같다.

변수 증가 < 채널 송신 < 채널 수신 < 변수 읽기

전이 관계(transitivity)에 따라 i에 대한 접근이 동기화되어 데이터 경쟁을 피할 수 있다.

- 채널을 닫고 나서야 그 채널을 닫았음을 수신한다. 다음 코드는 앞에 나온 코드에서 메시지 송신 대신 채널을 닫게 수정했다. 이 경우에도 데이터 경쟁은 발생하지 않는다.

```
i := 0
ch := make(chan struct{})
go func() {
    <-ch
```

```
        fmt.Println(i)
    }()
    i++
    close(ch)
```

- 마지막 조건은 얼핏 보면 직관적이지 않아 보인다. 버퍼를 사용하지 않는 채널에서는 받는 동작을 실행한 뒤에 그 채널에 보내는 동작이 완료된다.

먼저 버퍼를 사용하지 않는 채널 대신, 버퍼를 사용하는 채널에 대한 예부터 살펴보자. 두 고루틴 중에서 부모 고루틴은 메시지를 보낸 뒤 변수를 읽고 자식 고루틴은 그 변수를 업데이트하고 채널에서 받는다.

```
i := 0
ch := make(chan struct{}, 1)
go func() {
    i = 1
    <-ch
}()
ch <- struct{}{}
fmt.Println(i)
```

이렇게 하면 데이터 경쟁이 발생한다. 그림 8-9를 보면 i에 대한 읽기와 쓰기가 동시에 발생할 수 있다. 따라서 i는 동기화되지 않는다.

▼ 그림 8-9 버퍼를 사용하는 채널에서는 데이터 경쟁이 발생한다.

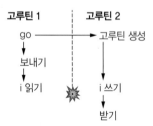

이번에는 채널에서 버퍼를 사용하지 않도록 바꿨을 때의 메모리 모델 조건을 알아보자.

```
i := 0
ch := make(chan struct{}) --------- ❶
go func() {
    i = 1
    <-ch
}()
```

```
ch <- struct{}{}
fmt.Println(i)
```

❶ 채널에서 버퍼를 사용하지 않도록 변경한다.

채널 타입을 변경하면 데이터 경쟁이 발생하지 않는다. 그림 8-10을 보면 먼저 쓰고 나서 읽도록 보장되는 것을 알 수 있다. 여기서 화살표는 인과(causality) 관계를 표현하는 것이 아니라(물론 먼저 보냈기 때문에 받을 수 있긴 하다) 고 메모리 모델에서 보장하는 순서를 표현한 것이다. 버퍼를 사용하지 않는 채널에서 받는 동작이 먼저 실행되고 나서 그 채널로 보낼 수 있기 때문에 i에 쓰는 동작은 항상 읽기보다 먼저 실행된다.

▼ 그림 8-10 버퍼를 사용하지 않는 채널에서는 데이터 경쟁이 발생하지 않는다.

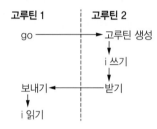

지금까지 고 메모리 모델에서 보장하는 조건에 대해 살펴봤다. 이러한 조건을 확실히 알고 있어야 동시성 코드를 제대로 작성할 수 있으며, 특히 데이터 경쟁이나 경쟁 상태가 발생하는 상황으로 이어질 수 있는 잘못된 가정을 하지 않도록 미리 막을 수 있다.

다음 절에서는 워크로드 타입을 반드시 알아야 하는 이유에 대해 설명한다.

100 GO MISTAKES

8.5 #59 워크로드 타입에 따른 동시성 영향을 정확하게 이해하라

이 절에서는 동시성을 구현할 때 워크로드 타입에 따라 어떤 영향을 받는지 살펴보자. 워크로드가 CPU 중심(CPU-bound)인지 I/O 중심(I/O-bound)인지에 따라 문제를 해결하는 접근 방식이 달라질 수 있다. 먼저 기본 개념부터 살펴본 후, 각각의 영향에 대해 자세히 알아보겠다.

프로그래밍에서 워크로드의 실행 시간은 다음 중 하나에 의해 제한된다.

- **CPU 속도**: 병합 정렬 알고리즘을 예로 들 수 있다. CPU 중심 워크로드다.
- **I/O 속도**: REST 호출이나 DB 질의를 예로 들 수 있다. I/O 중심 워크로드다.
- **가용 메모리 용량**: 메모리 중심(memory-bound) 워크로드다.

> Note ≡ 요즘에는 마지막 항목에 거의 신경 쓰지 않는다. 최근 수십 년 사이 메모리 가격이 급격히 낮아졌기 때문이다. 따라서 이 절에서는 첫 번째와 두 번째 타입인 CPU 중심 워크로드와 I/O 중심 워크로드를 중심으로 설명한다.

동시성 애플리케이션에서 워크로드 타입을 구분하는 것이 왜 중요할까? 워커 풀링(worker pooling)이란 동시성 패턴과 함께 자세히 알아보겠다.

다음 예제를 보자. io.Reader를 받아 1,024바이트를 반복해서 읽는 read 함수를 구현한 코드다. task 함수에 1,024바이트씩 전달해서 특정한 작업을 수행한다. 어떤 작업인지는 뒤에서 설명하겠다. task 함수는 정수를 리턴하는데, 이는 모든 결과를 더한 값이다. 먼저 순차 버전부터 살펴보자.

```go
func read(r io.Reader) (int, error) {
    count := 0
    for {
        b := make([]byte, 1024)
        _, err := r.Read(b) ------------- ❶
        if err != nil {
            if err == io.EOF { ---------- ❷
                break
            }
            return 0, err
        }
        count += task(b) ---------------- ❸
    }
    return count, nil
}
```

❶ 1,024바이트를 읽는다.

❷ 끝에 다다르면 루프를 멈춘다.

❸ task 함수의 결과만큼 count를 증가시킨다.

이 함수는 count 변수를 생성해서 io.Reader로부터 들어온 값을 읽은 후, task를 호출해 count를 증가시킨다. 그렇다면 여기 나온 task 함수를 모두 병렬로 실행시키려면 어떻게 해야 할까?

한 가지 방법은 워커-풀 패턴(worker-pool pattern)을 적용하는 것이다. 즉, 일정한 수의 워커(고루틴)로 구성된 풀을 만들고 각각 공유 채널로부터 태스크를 받아가게 한다(그림 8-11).

▼ 그림 8-11 고정된 크기의 풀에 있는 각 고루틴은 공유 채널로부터 태스크를 받아간다.

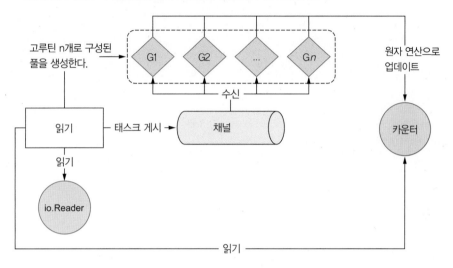

먼저 고정된 크기의 고루틴 풀을 만든다(개수를 지정하는 방법은 뒤에서 설명한다). 그런 다음 공유 채널을 만든다. io.Reader로부터 읽은 뒤 이 채널에 태스크를 게시한다. 풀에 있는 각 고루틴은 이 채널에서 태스크를 받아서 주어진 작업을 수행한 후 공유 카운터를 원자 연산으로 업데이트한다.

이 방식을 고 언어로 다음과 같이 구현할 수 있다. 여기서는 고루틴 풀의 크기를 10으로 지정했다. 각 고루틴은 공유 카운터를 원자 연산으로 업데이트한다.

```go
func read(r io.Reader) (int, error) {
    var count int64
    wg := sync.WaitGroup{}
    var n = 10

    ch := make(chan []byte, n) -------------------- ❶
    wg.Add(n) -------------------------------- ❷
    for i := 0; i < n; i++ { ------------------- ❸
        go func() {
            defer wg.Done() ------------------ ❹
            for b := range ch { ------------- ❺
                v := task(b)
```

```
                atomic.AddInt64(&count, int64(v))
            }
        }()
    }

    for {
        b := make([]byte, 1024)
        // r에서 읽어서 b로 보낸다.
        ch <- b -------------------------------- ❻
    }
    close(ch)
    wg.Wait() -------------------------------- ❼
    return int(count), nil
}
```

---

❶ 풀 크기와 같은 용량으로 채널을 생성한다.

❷ 대기 그룹(waitGroup)에 n을 추가한다.

❸ 고루틴 n개로 구성된 풀을 생성한다.

❹ 이 채널로부터 수신한 고루틴은 Done 메서드를 호출한다.

❺ 각 고루틴은 공유 채널에서 받는다.

❻ 읽을 때마다 채널에 새로운 태스크를 게시한다.

❼ 대기 그룹이 끝나길 기다렸다가 리턴한다.

이 예제에서 풀 크기는 n으로 정의한다. 이 값과 동일한 용량으로 채널 하나를 만들고, 델타 값을 n으로 지정한 대기 그룹도 하나 만든다. 이렇게 하면 부모 고루틴에서 경쟁이 발생할 가능성을 낮추면서 메시지를 게시할 수 있다. 그리고 나서 앞서 만든 공유 채널을 수신하는 고루틴을 새로 만드는 작업을 n번 반복한다. 메시지를 받을 때마다 task를 실행해서 처리하고 공유 카운터를 원자 연산으로 증가시킨다. 각 고루틴은 채널을 읽고 난 후 대기 그룹을 감소시킨다.

부모 고루틴은 io.Reader로부터 읽어서 채널에 태스크를 게시하는 작업을 지속한다. 마지막으로 채널을 닫고 대기 그룹이 끝나길(즉, 모든 자식 고루틴이 각자의 일을 마치길) 기다린 후 리턴한다.

고루틴 수를 일정하게 제한했기 때문에 앞서 말한 단점을 줄일 수 있다. 즉, 리소스의 영향을 줄이고 외부 시스템에 부하가 발생하지 않게 만들 수 있다. 이제 앞에서 미뤄둔 가장 중요한 질문을 생각해보자. 그렇다면 적절한 풀의 크기는 어떻게 정해야 할까? 바로 워크로드 타입에 따라 결정한다.

I/O 중심 워크로드라면 대체로 외부 시스템에 의해 결정된다. 처리량을 극대화하려면 시스템이

동시에 처리할 접속 수를 어떻게 정해야 할까?

CPU 중심 워크로드는 GOMAXPROCS 값에 따라 결정하는 것이 모범 관례(best practice)다.

GOMAXPROCS는 실행 중인 고루틴에 할당된 OS 스레드 개수를 설정하는 변수다. 디폴트 값으로 논리 CPU 개수에 맞게 설정된다.

---

runtime.GOMAXPROCS 사용법

runtime.GOMAXPROCS(int)는 GOMAXPROCS 값을 업데이트하는 함수다. 인수를 0으로 지정해서 호출하면 값이 변하지 않고 현재 값을 리턴한다.

```
n := runtime.GOMAXPROCS(0)
```

풀 크기를 GOMAXPROCS에 맞추는 것이 바람직하다는 근거가 뭘까? 4코어 머신에서 애플리케이션을 실행하는 구체적인 예를 통해 알아보자. 이 예에서 고 런타임은 고루틴을 실행시킬 OS 스레드를 네 개 생성한다. 얼핏 보면 최적이 아닌 것처럼 보일 수 있다. 4코어 CPU에서 고루틴 네 개를 구동시켰지만, 정작 (그림 8-12처럼) 고루틴 하나만 실행될 수 있기 때문이다.

▼ 그림 8-12 실행 중인 고루틴이 최대 한 개인 상황

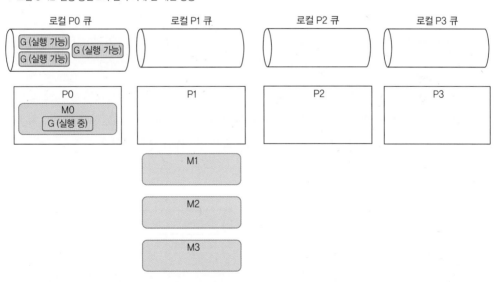

M0는 현재 워커 풀에 있는 고루틴 하나를 실행하고 있다. 이 상태에 있는 고루틴은 채널에서 메시지를 받아서 작업을 수행한다. 하지만 풀에 있는 나머지 세 고루틴은 아직 M에 할당되지 않았으므로, 대기 상태로 남아 있다. M1, M2, M3에는 실행시킬 고루틴이 없으므로, 코어는 놀고 있다. 그래서 고루틴 하나만 실행하게 된다.

앞서 살펴본 작업 훔치기 개념에 따르면, 나중에는 P1이 로컬 P0 큐에서 고루틴을 가로채 가져올 수 있다. 그림 8-13을 보면 P1이 P0에서 고루틴 세 개를 가로채 온다. 이때 고 스케줄러는 결국 모든 고루틴이 서로 다른 OS 스레드에서 실행되도록 할당할 수도 있지만, 구체적으로 언제 그렇게 될지 보장할 수는 없다. 그런데 고 스케줄러의 주요 목적 중 하나가 리소스를 최적화(여기서는 고루틴의 분배)하는 것이므로, 주어진 워크로드의 성격에 따라 그런 상황으로 흘러가게 된다.

▼ 그림 8-13 실행 중인 고루틴이 최대 두 개인 상황

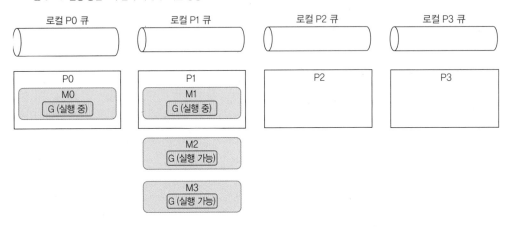

방금 본 시나리오는 최적이 아니다. 고루틴이 최대 두 개까지만 실행될 수 있기 때문이다. 예제 애플리케이션이 현재 머신에서 실행하고 있는 (OS 프로세스를 제외한) 애플리케이션이라면, P2와 P3는 놀게 된다. 따라서 OS는 M2와 M3를 그림 8-14처럼 옮겨야 바람직하다.

그렇다면 OS 스케줄러가 M2를 P2로, M3를 P3로 옮기기로 한 경우를 생각해보자. 이때도 마찬가지로 최적의 상황이 언제 발생할지 예측할 수 없다. 하지만 스레드 네 개까지 예제 애플리케이션만 머신에서 실행하고 있다면 결국 그림 8-14와 같은 상태에 도달할 것이다.

▼ 그림 8-14 실행 중인 고루틴이 최대 네 개인 상황

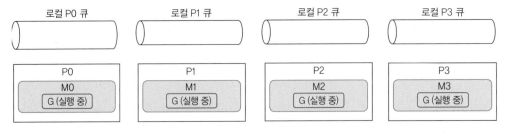

이제 최적의 상황으로 변했다. 고루틴 네 개가 각자 스레드에서 실행되며 각 스레드도 서로 다른 코어에서 실행된다. 이렇게 하면 고루틴 레벨과 스레드 레벨 모두에서 컨텍스트 스위칭 오버헤드

를 줄일 수 있다.

이러한 상황은 고 프로그래머가 직접 설정하거나 요청할 수 없다. 하지만 앞에서 본 것처럼 CPU 중심 워크로드의 경우 원하는 상태에 도달하게 만들 수는 있다. GOMAXPROCS에 맞게 워커 풀을 설정하면 된다.

> Note ≡ 주어진 상황에 따라 고루틴 개수를 CPU 코어 수에 맞추기 위해, 논리 CPU 코어 수를 리턴하는 runtime. NumCPU()를 사용하면 어떨까? 앞에서 설명했듯이 GOMAXPROCS는 얼마든지 바뀔 수 있고, CPU 코어 수보다 적다. CPU 중심 워크로드의 경우 코어 수는 네 개지만 스레드가 세 개뿐이라면, 고루틴은 네 개가 아닌 세 개만 생성된다. 그렇지 않으면 한 스레드 안에서 두 고루틴이 실행 시간을 공유해야 하는데, 그러면 컨텍스트 스위칭 오버헤드가 늘어난다.

지금까지 설명한 바에 따르면, 워커-풀링 패턴을 구현할 때 풀에 담길 고루틴의 최적의 개수는 워크로드 타입에 따라 결정된다. 워커에서 실행되는 워크로드가 I/O 중심이라면 외부 시스템에 따라 풀의 크기가 결정된다. 반대로 워크로드가 CPU 중심이라면 최적의 고루틴 수는 가용 스레드의 개수에 가깝다. 동시성 애플리케이션을 설계할 때 워크로드 타입이 I/O 중심인지 아니면 CPU 중심인지를 파악하는 것은 매우 중요하다.

마지막으로, 대부분의 경우 벤치마크를 통해 가정한 상황이 맞는지 검증해야 한다는 점을 강조하고 싶다. 동시성은 직관적이지 않다. 또한 섣부른 가정으로 진행한 뒤, 뒤늦게 잘못된 부분을 발견하기도 쉽다.

이 장의 마지막인 다음 절에서는 숙련된 고 프로그래머라면 누구나 알아야 할 컨텍스트에 대해 알아보겠다.

8.6 #60 고 컨텍스트 개념을 정확하게 이해하라

100 GO MISTAKES

context.Context 타입은 고 언어에서 핵심적인 개념 중 하나로 동시성 코드의 기반임에도 불구하고 고 프로그래머들이 때로 잘못 이해하곤 한다. 컨텍스트에 대해 살펴보고, 이를 효율적으로 사용할 줄 아는 것이 왜 중요한지 알아보자.

공식 문서[5]에는 컨텍스트를 다음과 같이 설명하고 있다.

> **컨텍스트(context)는 데드라인, 취소 시그널, API 경계에 대한 여러 값을 가지고 있다.**

이 정의에 대해 구체적으로 살펴보면서 고 언어의 컨텍스트에 관련된 개념을 모두 알아보겠다.

8.6.1 데드라인

데드라인(deadline)은 다음 중 하나로 지정된 특정 시점을 가리킨다.

- **time.Duration**: 현재로부터 경과한 시간(예 250ms)
- **time.Time**: 특정 시각(예 2023-02-07 00:00:00 UTC)

데드라인은 현재 진행 중인 활동이 멈추는 시점이라는 의미다. 여기서 활동(activity)이란, 예를 들어, I/O 요청이나 채널로부터 메시지를 받길 기다리는 고루틴 등을 말한다.

그럼 레이더로부터 비행기의 위치를 4초마다 전달받는 애플리케이션 예를 살펴보자. 매번 위치를 받으면, 최신 위치를 알고 싶어하는 애플리케이션에 공유하려고 한다. 이를 위해 다음과 같이 메서드 하나로 구성된 publisher 인터페이스가 있다.

```
type publisher interface {
    Publish(ctx context.Context, position flight.Position) error
}
```

Publish 메서드는 컨텍스트와 위치를 인수로 받는다. 일단 여기서는 (Sarama 라이브러리로 카프카 메시지를 게시하는 것처럼) 브로커에 게시하는 작업은 별도 함수 호출로 구현됐다고 가정한다. 이런 함수를 컨텍스트 인식(context aware) 함수라고 표현하며, 컨텍스트가 취소되면 요청을 취소할 수 있다는 뜻이다.

기존 컨텍스트는 받지 않는다고 가정하면 Publish의 컨텍스트 인수로 어떤 값을 지정해야 할까? 다른 애플리케이션들은 최신 위치만 알고 싶어 한다. 따라서 여기서 만들 컨텍스트는 4초가 지나도록 비행기 위치를 게시할 수 없다면 Publish 호출을 멈춰야 한다는 내용을 담아야 한다.

```
type publishHandler struct {
    pub publisher
```

---

5   https://pkg.go.dev/context

```
    }

func (h publishHandler) publishPosition(position flight.Position) error {
    ctx, cancel := context.WithTimeout(context.Background(), 4*time.Second) ------- ❶
    defer cancel() -------------------------------------------------------------- ❷
    return h.pub.Publish(ctx, position) ----------------------------------------- ❸
}
```

❶ 4초 후에 만료되는 컨텍스트를 생성한다.

❷ 취소를 지연시킨다.

❸ 생성된 컨텍스트를 생성한다.

이 코드는 context.WithTimeout 함수를 이용하여 컨텍스트를 생성한다. 이 함수는 타임아웃과 컨텍스트를 인수로 받는다. 여기서 publishPosition은 기존 컨텍스트를 받지 않기 때문에 context.Background로 빈 컨텍스트 하나를 생성한다. context.WithTimeout은 변수 두 개를 리턴한다. 하나는 생성된 컨텍스트고, 다른 하나는 호출되면 컨텍스트를 취소하는 함수인 func()다. 생성된 컨텍스트를 Publish 메서드에 전달하면 4초 이내에 리턴해야 한다.

cancel 함수는 왜 defer 함수로 호출해야 할까? context.WithTimeout은 내부적으로 메모리에 4초 동안 또는 cancel이 호출될 때까지 존재하는 고루틴을 하나 생성한다. 따라서 cancel을 defer 함수로 호출하면 부모 함수를 빠져나올 때 컨텍스트가 취소되면서 생성된 고루틴도 멈춘다. 리턴할 때 메모리에 오브젝트가 남지 않게 하기 위한 안전 장치인 셈이다.

다음으로 고 언어의 컨텍스트에 대한 두 번째 개념인 취소 시그널에 대해 알아보자.

8.6.2 취소 시그널

컨텍스트는 취소 시그널(cancellation signal)을 담는 용도로도 사용된다. 구체적인 예를 살펴보기 위해 다른 고루틴 안에서 CreateFileWatcher(ctx context.Context, filename string)을 호출하는 애플리케이션을 만든다고 생각해보자. 이 함수는 파일을 계속 읽으면서 업데이트된 부분을 찾는 파일 감시자(file watcher)를 생성한다. 주어진 컨텍스트가 만료되거나 취소되면, 이 함수는 현재 처리하던 파일 디스크립터를 닫는다.

마지막으로 main이 리턴되면 파일 디스크립터를 닫으면서 정상 종료시키자. 그러려면 시그널을 전파해야 한다.

이를 구현하는 한 가지 방법은 context.WithCancel을 사용하는 것이다. 이 함수는 컨텍스트를 (첫 번째 리턴 변수로) 리턴하는데 (두 번째 변수로 리턴된) cancel 함수가 호출되면 이 컨텍스트를 취소한다.

```go
func main() {
    ctx, cancel := context.WithCancel(context.Background()) -------- ❶
    defer cancel() ----------------------------------------------- ❷

    go func() {
        CreateFileWatcher(ctx, "foo.txt") --------------------------- ❸
    }()

    // ...
}
```

❶ 취소 가능한 컨텍스트를 생성한다.

❷ cancel 호출을 지연시킨다.

❸ 생성된 컨텍스트로 함수를 호출한다.

main이 리턴되면 cancel 함수를 호출해서 CreateFileWatcher에 전달된 컨텍스트를 취소시킨다. 그래서 파일 디스크립터가 정상적으로 닫힌다.

다음으로 컨텍스트의 세 번째 개념, 컨텍스트 값에 대해 알아보자.

8.6.3 컨텍스트 값

컨텍스트는 키-값 리스트(key-value list)를 담는 용도로도 사용할 수 있다. 이렇게 사용하는 이유에 대해 알아보기 전에, 먼저 기본 사용법부터 살펴보겠다.

값을 담는 컨텍스트는 다음과 같이 생성한다.

```go
ctx := context.WithValue(parentCtx, "key", "value")
```

context.WithTimeout, context.WithDeadline, context.WithCancel 등과 마찬가지로, context.WithValue도 부모 컨텍스트(예제의 경우 parentCtx)에서 생성된다. 이때 parentCtx와 동일한 속성을 가질 뿐만 아니라 키와 값을 담아서 전달하는 새로운 컨텍스트 ctx를 생성한다.

이 값은 다음과 같이 Value 메서드로 접근한다.

```
ctx := context.WithValue(context.Background(), "key", "value")
fmt.Println(ctx.Value("key"))

value
```

여기에 제공된 키와 값의 타입은 any다. 그래서 이 값을 any 타입으로 전달하게 만들 것이다. 그런데 왜 키를 스트링 같은 타입이 아닌 빈 인터페이스로 만들어야 할까? 충돌이 발생할 수도 있기 때문이다. 가령 서로 다른 패키지에 속한 두 함수가 동일한 스트링 값을 키로 사용할 수도 있다. 그래서 뒤에 나온 값이 앞서 나온 값을 덮어쓸 수 있다. 따라서 컨텍스트 키를 처리하는 바람직한 방법은 익스포트하지 않은 커스텀 타입을 생성하는 것이다.

```
package provider

type key string

const myCustomKey key = "key"

func f(ctx context.Context) {
    ctx = context.WithValue(ctx, myCustomKey, "foo")
    // ...
}
```

여기서 상수 myCustomKey는 익스포트하지 않았다. 그래서 다른 패키지에서 동일한 컨텍스트로 앞서 설정된 이 값을 덮어쓸 일이 없다. 다른 패키지가 key 타입으로 똑같은 myCustomKey를 생성하더라도, 이전과는 다른 키다.

그렇다면 컨텍스트에 키-값 리스트를 담으면 뭐가 좋을까? 고 언어의 컨텍스트는 범용적이고 핵심적인 개념이면서 용도가 무한하다.

예를 들어, 트레이싱(tracing)할 때 서로 다른 하위 함수들이 동일한 상관관계(correlation) ID를 공유하게 만들 수 있다. 하지만 이 ID를 함수 시그니처에 넣기에는 부적절하다고 생각하는 개발자도 있다. 이 경우에는 주어진 컨텍스트의 일부분에 담을 수 있다.

또 다른 예로, HTTP 미들웨어를 개발하는 경우가 있다. 여기서 미들웨어(middleware)란 요청을 처리하기 전에 내부적으로 실행되는 기능을 말한다. 예를 들어, 그림 8-15를 보면 핸들러를 실행하기 전에 두 미들웨어를 먼저 실행하도록 구성되어 있다. 미들웨어끼리 서로 통신하게 만들려면 *http.Request에서 처리한 컨텍스트를 거쳐야 한다.

▼ 그림 8-15 요청은 미리 설정된 미들웨어를 거치고 나서야 핸들러로 들어간다.

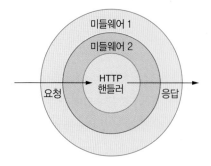

소스 호스트가 올바른지 여부를 표시하는 미들웨어의 예를 작성해보면 다음과 같다.

```
type key string

const isValidHostKey key = "isValidHost" ------------------------------- ❶

func checkValid(next http.Handler) http.Handler {
  return http.HandlerFunc(func(w http.ResponseWriter, r *http.Request) {
      validHost := r.Host == "acme" ------------------------------- ❷
      ctx := context.WithValue(r.Context(), isValidHostKey, validHost) ----- ❸

      next.ServeHTTP(w, r.WithContext(ctx)) ------------------------- ❹
  })
}
```

❶ 컨텍스트 키를 생성한다.

❷ 호스트가 올바른지 검사한다.

❸ 소스 호스트가 올바른지 여부를 표현하는 값을 담은 컨텍스트를 새로 만든다.

❹ 새로 만든 컨텍스트로 다음 단계를 호출한다.

먼저 isValidHostKey라는 이름으로 컨텍스트 키를 정의한다. 그런 다음 checkValid 미들웨어로 소스 호스트가 올바른지 검사한다. 나온 결과는 새로운 컨텍스트에 담아서 next.ServeHTTP를 통해 다음 HTTP 단계로 넘긴다(다음 단계는 또 다른 HTTP 미들웨어일 수도 있고, 최종 HTTP 핸들러일 수도 있다).

이 예제를 통해 동시성 애플리케이션에서 값을 담은 컨텍스트를 활용하는 방법을 살펴봤다. 이전 절에서는 데드라인과 취소 시그널, 값을 담은 컨텍스트를 생성하는 방법을 소개했다. 이렇게 만든 컨텍스트를 컨텍스트 인식 라이브러리(컨텍스트를 인수로 받는 함수를 외부에 제공하는 라이브러리)에 전달할 수 있다. 일단 예제에서는 그런 라이브러리를 만들어야 하고, 취소할 컨텍스트는 외부 클라이언트를 통해 전달된다고 가정한다.

8.6.4 컨텍스트 취소 감지하기

context.Context 타입은 수신 전용 알림 채널(receive-only notification channel)인 <-chan struct{}를 리턴하는 Done 메서드를 익스포트한다.

- context.WithCancel로 생성한 컨텍스트에 관련된 Done 채널은 cancel 함수가 호출되면 닫힌다.
- context.WithDeadline으로 생성한 컨텍스트에 관련된 Done 채널은 데드라인이 지날 때 닫힌다.

한 가지 주의할 점이 있다. 내부 채널은 특정한 값을 받을 때가 아니라 컨텍스트가 취소되거나 데드라인이 지날 때 닫아야 한다. 왜냐하면 그 채널을 수신하는 모든 고루틴이 받을 수 있는 유일한 채널 액션이기 때문이다. 따라서 컨텍스트가 취소되거나 데드라인을 지나면 모든 수신자가 알림을 받게 된다.

context.Context는 Err 메서드도 익스포트한다. 이 메서드는 Done 채널이 아직 닫히지 않았으면 nil을 리턴한다. 만약 Done이 닫혔다면 Done 채널이 닫힌 이유를 담은, 닐(nil)이 아닌 에러를 리턴한다. 예를 들면 다음과 같다.

- 채널이 취소된 경우 context.Canceled 에러를 리턴한다.
- 컨텍스트의 데드라인을 지나지 않았다면 context.DeadlineExceeded 에러를 리턴한다.

채널로부터 계속해서 메시지를 받는 예제를 구체적으로 살펴보자. 컨텍스트 인식 함수로 구현하며, 주어진 컨텍스트가 완료되면 리턴한다.

```
func handler(ctx context.Context, ch chan Message) error {
    for {
        select {
        case msg := <-ch: ------------------------------ ❶
            // 받은 메시지에 적절한 작업을 처리한다.
        case <-ctx.Done(): ----------------------------- ❷
            return ctx.Err()
        }
```

```
        }
    }
```

❶ ch로부터 메시지를 계속 받는다.

❷ 컨텍스트가 완료되면 관련 에러를 리턴한다.

for 루프 안의 select문으로 두 가지 경우를 처리한다. 즉, ch로부터 메시지를 받거나 컨텍스트가 끝났다는 시그널을 받아서 작업을 멈춰야 한다. 채널을 다룰 때 컨텍스트 인식 함수를 만드는 방법은 이 예제를 참조하면 된다.

컨텍스트를 인수로 받는 함수 구현하기

취소나 타임아웃 정보를 담은 컨텍스트를 받는 함수 안에서 채널로 메시지를 보내거나 받는 동작을 블로킹 방식으로 처리하면 안 된다. 예를 들어, 다음과 같은 함수에서 채널에 메시지를 보내고 다른 채널에서 메시지를 받는 동작을 수행한다고 하자.

```
func f(ctx context.Context) error {
    // ...
    ch1 <- struct{}{} -------- ❶

    v := <-ch2 -------------- ❷
    // ...
}
```

❶ 메시지 받기

❷ 메시지 보내기

이 함수의 문제는 컨텍스트가 취소되거나 데드라인을 지나도 메시지를 보내거나 받을 때까지 기다려야 할 수 있다는 것이다. 더 이상 의미가 없는데도 말이다. 따라서 select를 이용하여 채널 액션을 마치길 기다리거나 컨텍스트가 취소되길 기다리는 경우를 분리해야 한다.

```
func f(ctx context.Context) error {
    // ...
    select { ---------------- ❶
    case <-ctx.Done():
        return ctx.Err()
    case ch1 <- struct{}{}:
    }

    select { ---------------- ❷
    case <-ctx.Done():
```

◑ 계속

```
        return ctx.Err()
    case v := <-ch2:
        // ...
    }
}
```

❶ ch1에 메시지를 보내거나 컨텍스트가 취소되길 기다린다.

❷ ch2에서 메시지 받기를 기다리거나 컨텍스트가 취소되길 기다린다.

이렇게 바꾸면 ctx가 취소되거나 데드라인을 지날 경우, 채널에 보내거나 채널에서 받는 동작에 블로킹되지 않고 즉시 리턴한다.

정리하면, 숙련된 고 프로그래머가 되기 위해서는 컨텍스트 개념과 사용법을 제대로 이해해야 한다. 고 언어에서 context.Context는 표준 라이브러리뿐만 아니라 다른 외부 라이브러리에서도 흔히 볼 수 있다. 앞에서 설명했듯이 컨텍스트를 통해 데드라인이나 취소 시그널, 키-값 리스트 등을 담을 수 있다. 일반적으로 사용자가 기다리는 함수는 컨텍스트를 인수로 받는다. 그러면 업스트림 호출자가 그 함수 호출을 중단할 시점을 결정할 수 있기 때문이다.

컨텍스트를 사용하는 것이 적절한지 판단하기 어렵다면 context.Background에 공백 컨텍스트를 전달하지 말고 context.TODO()를 사용하자. context.TODO()는 공백 컨텍스트를 리턴하지만, 사용할 컨텍스트가 불분명하거나 아직 사용할 수 없는 상태(예 부모로부터 아직 전달되지 않은 상태)임을 의미한다.

마지막으로 명심하자. 표준 라이브러리에서 사용할 수 있는 컨텍스트는 모두 여러 고루틴에서 동시에 사용해도 안전하다.

100 GO MISTAKES

8.7 요약

- 동시성과 병렬성의 근본 차이에 대한 이해 여부가 고수와 하수를 가른다. 동시성은 구조에 대한 개념이고 병렬성은 실행에 대한 것이다.

- 동시성은 단순히 빠르다는 것이 아니다. 고급 개발자로 올라서기 위해서는 이걸 이해해야 한다. 최소한의 워크로드를 병렬 실행시킨다고 해서 순차 구현보다 더 빠르다고 보장할 수

없다. 반드시 순차 구현과 동시성 구현을 벤치마킹해서 가정이 올바른지 검증해야 한다.

- 채널과 뮤텍스 중 어느 것이 적합한지 결정할 때, 고루틴의 상호 작용에 대해 정확히 알고 있으면 도움이 된다. 일반적으로 병렬 관계인 고루틴은 동기화가 필요하므로 뮤텍스가 적합하다. 반면, 동시 관계인 고루틴은 대체로 조정이 필요하므로 채널이 적합하다.

- 동시성을 자유자재로 다루기 위해서는 데이터 경쟁과 경쟁 상태의 차이도 명확히 알고 있어야 한다. 데이터 경쟁이란 여러 고루틴이 동일한 메모리 위치를 동시에 접근하고 그중에서 최소한 하나가 쓰기 작업을 수행할 때 발생한다. 데이터 경쟁이 발생하지 않는다고 반드시 결정적으로 실행된다는 것은 아니다. 또한 동작이 순차적으로 실행되거나 이벤트 발생에 따라 진행되는데 이를 제어할 수 없는 상태를 경쟁 상태라고 한다.

- 고 언어의 메모리 모델과 순서 및 동기화와 관련된 내부 조건을 명확히 이해해야 데이터 경쟁이나 경쟁 상태를 방지할 수 있다.

- 일정한 수의 고루틴을 생성할 때 워크로드 타입을 고려해야 한다. CPU-중심 워크로드라면 GOMAXPROCS 변수 값만큼 고루틴을 생성한다(GOMAXPROCS의 디폴트 값은 해당 CPU의 코어 수로 설정된다). I/O 중심 워크로드라면 여러 요인(예 외부 시스템)을 고려해야 한다.

- 컨텍스트는 고 언어에서 동시성과 관련하여 고수와 하수를 가르는 또 다른 개념이다. 컨텍스트를 이용하면 데드라인이나 취소 시그널, 키-값 리스트 등을 전달할 수 있다.

9^장

동시성: 응용

앞 장에서는 동시성에 대한 기본 개념을 살펴봤다. 이 장에서는 고 프로그래머가 실전에서 동시성 관련 기본 요소(primitive)를 사용할 때 흔히 저지르는 실수에 대해 알아보자.

9.1 #61 부적절한 컨텍스트를 전파하지 마라

컨텍스트는 고 언어에서 동시성을 다루는 곳을 비롯한 다양한 상황에서 흔히 사용한다. 그래서 컨텍스트를 전파(propagation)해야 하는 경우가 많다. 그런데 컨텍스트를 전파하는 과정에서 하위 함수가 부정확하게 실행되는 미묘한 버그가 발생할 수 있다.

다음 예제를 살펴보자. 몇 가지 작업을 수행한 후 응답을 리턴하는 HTTP 핸들러를 외부에 제공한다. 그런데 응답을 리턴하기 직전에 카프카 토픽으로도 보내려고 한다. 그런데 HTTP 수신자에게 지연 시간이 발생하지 않도록 별도로 생성한 고루틴을 통해 게시 동작을 비동기식으로 처리한다. 컨텍스트가 취소될 경우에는 메시지 게시 동작을 중단하는 publish 함수가 주어진다고 가정한다. 구현 예는 다음과 같다.

```go
func handler(w http.ResponseWriter, r *http.Request) {
    response, err := doSomeTask(r.Context(), r) -------------------- ❶
    if err != nil {
        http.Error(w, err.Error(), http.StatusInternalServerError)
        return
    }

    go func() { --------------------------------------------------- ❷
        err := publish(r.Context(), response)
        // err에 대해 적절한 동작을 수행한다.
    }()

    writeResponse(response) --------------------------------------- ❸
}
```

❶ HTTP 응답을 처리하는 작업을 수행한다.

❷ 카프카로 응답을 게시하는 고루틴을 생성한다.

❸ HTTP 응답을 전송한다.

먼저 doSomeTask 함수를 호출해서 response 변수를 설정한다. 이 변수는 publish를 호출하는 고루틴 안에서 사용되며 HTTP 응답을 구성한다. 또한 publish를 호출한 후에 HTTP 요청에 담긴 컨텍스트를 전파한다. 이 코드에서 문제가 있는 부분은 어디일까?

HTTP 요청에 담긴 컨텍스트는 다음과 같은 다양한 상황에서 취소될 수 있으므로 주의해야 한다.

- 클라이언트 연결이 끊어졌을 때
- HTTP/2 요청일 경우, 주어진 요청이 취소된 경우
- 클라이언트에 응답 전송이 완료되었을 때

첫 번째와 두 번째 경우는 제대로 처리될 수 있다. 예를 들어, doSomeTask로부터 응답을 받았지만 클라이언트가 연결을 끊었다면 이미 취소된 컨텍스트에 대해 publish를 호출해도 해당 메시지가 게시되지 않기 때문에 문제없다. 하지만 세 번째 경우는 어떨까?

클라이언트에 대한 응답이 완료되면 본래 요청에 담긴 컨텍스트가 취소된다. 따라서 경쟁 상태가 발생한다.

- 카프카에 게시한 후 응답을 완료했다면 응답을 리턴하는 것과 메시지를 게시하는 것이 모두 수행된다.
- 만약 카프카에 게시하기 전 또는 도중에 응답을 썼다면 메시지는 게시되지 않는다.

후자의 경우, publish를 호출하면 에러를 리턴한다. HTTP 응답을 빨리 리턴해버렸기 때문이다.

이 문제를 어떻게 해결할 수 있을까? 일단 부모 컨텍스트를 전파하지 않고 publish에 빈 컨텍스트를 주고 호출할 수 있다.

```
err := publish(context.Background(), response) ----------- ❶
```

❶ HTTP 요청 컨텍스트 대신 빈 컨텍스트를 지정한다.

이렇게 하면 제대로 처리될 것이다. HTTP 응답을 써 보내는 데 걸리는 시간이 아무리 길더라도 publish를 호출할 수 있다.

그런데 만약 컨텍스트에 담긴 값이 중요하다면 어떻게 될까? 예를 들어, 컨텍스트에 상관관계 ID로 분산 트레이싱을 수행한다면, HTTP 요청과 카프카 게시를 연결시킬 수 있다. 가장 바람직한 것은 부모에서 취소되더라도 영향을 받지 않도록 컨텍스트를 새로 만들고 값은 기존 그대로 담는 것이다.

표준 패키지는 이런 문제에 대한 직접적인 해결 방법은 제공하지 않는다. 따라서 제공된 컨텍스트와 유사하면서 취소 시그널을 담지 않는 컨텍스트를 직접 만드는 방법으로 해결할 수 있다.

context.Context는 다음과 같이 네 가지 메서드를 제공한다.

```go
type Context interface {
    Deadline() (deadline time.Time, ok bool)
    Done() <-chan struct{}
    Err() error
    Value(key any) any
}
```

컨텍스트의 데드라인은 Deadline 메서드로 관리하고, 취소 시그널은 Done과 Err 메서드로 관리한다. 데드라인이 지나거나 컨텍스트가 취소될 경우, Done은 닫힌 채널을 리턴해야 하는 반면 Err는 에러를 리턴해야 한다. 마지막으로 값은 Value 메서드를 통해 제공된다.

그럼 부모 컨텍스트로부터 취소 신호를 분리하는 컨텍스트를 직접 만들어보자.

```go
type detach struct { -------------------------- ❶
    ctx context.Context
}

func (d detach) Deadline() (time.Time, bool) {
    return time.Time{}, false
}

func (d detach) Done() <-chan struct{} {
    return nil
}

func (d detach) Err() error {
    return nil
}

func (d detach) Value(key any) any {
    return d.ctx.Value(key) ------------------- ❷
}
```

❶ 초기 컨텍스트를 포장하는 역할을 하는 커스텀 구조체
❷ 값에 대한 get 호출을 부모 컨텍스트에 위임한다.

부모 컨텍스트를 호출해서 값을 구하는 Value 메서드를 제외한 나머지 메서드는 컨텍스트가 만료되거나 취소될 일 없도록 디폴트 값을 리턴한다.

방금 만든 커스텀 구조체 덕분에 이제 publish를 호출해서 취소 신호를 분리할 수 있게 됐다.

```
err := publish(detach{ctx: r.Context()}, response) ---------- ❶
```

❶ HTTP 컨텍스트에 대해 detach를 적용한다.

publish로 전달한 컨텍스트는 만료되거나 취소되지 않지만, 부모 컨텍스트의 값을 가진다.

정리하면, 컨텍스트를 전파하는 작업은 조심해서 처리해야 한다. 이 절에서는 HTTP 요청에 연계된 컨텍스트에 따라 비동기 동작을 처리하는 예를 살펴봤다. 컨텍스트는 응답을 리턴하고 나면 취소되기 때문에 비동기 동작이 갑자기 중단될 수 있다. 주어진 컨텍스트를 전파할 때 이러한 점을 염두에 두고 필요에 따라 특정한 액션에 적합한 커스텀 컨텍스트도 생성할 수 있다는 점을 명심한다.

다음 절에서는 동시성과 관련하여 흔히 저지르는 또 다른 실수 유형을 살펴보자. 바로 고루틴을 멈출 계획 없이 시작하는 것이다.

9.2 #62 멈출 계획 없이 고루틴을 시작하지 마라

고루틴을 시작하는 작업은 굉장히 쉬우면서도 부담 없다. 너무 쉽고 가벼운 나머지 새로 만든 고루틴을 언제 멈출지에 대한 계획을 세우지 않을 정도다. 그런데 이렇게 하면 누수 현상이 발생할 수 있다. 고루틴을 멈출 시점을 모르고 설계하는 실수는 동시성과 관련하여 흔히 저지르는 실수 중 하나다. 왜 이렇게 하면 안 되는지, 어떻게 하면 이런 실수를 막을 수 있는지 알아보자.

우선 고루틴 누수(goroutine leak)의 의미를 정량적으로 정의해보자. 메모리 관점에서 볼 때 고루틴은 최소 스택 크기인 2KB로 구동하고, 실행 중 필요에 따라 더 늘리거나 줄일 수 있다(최대 스택 크기는 64비트 머신에서는 1GB고, 32비트 머신에서는 250MB다). 메모리 입장에서 고루틴은 힙에 할당된 변수 레퍼런스도 담을 수 있다. 또한 고루틴은 HTTP나 데이터베이스 연결, 열린 파일, 네트워크 소켓 등과 같이 언젠가는 정상적으로 닫아야 하는 리소스를 가질 수 있다. 고루틴 누수가 발생하면 이런 리소스에 대한 누수도 발생하게 된다.

그럼 고루틴이 멈추는 시점이 불분명한 경우에 대해 구체적인 예제로 살펴보겠다. 부모 고루틴이 채널을 리턴하는 함수를 호출한 다음, 이 채널로부터 메시지를 지속적으로 수신하는 고루틴을 새로 만들어보자.

```go
ch := foo()
go func() {
    for v := range ch {
        // ...
    }
}()
```

생성된 고루틴은 ch가 닫힐 때 종료되는데 이 채널이 닫히는 시점을 정확히 알 수 있을까? 명확하지 않을 수 있다. ch는 foo 함수에서 생성되기 때문이다. 채널이 끝까지 닫히지 않으면 누수가 발생한다. 따라서 고루틴이 언젠가 끝나도록 종료 시점에 각별히 신경 써야 한다.

구체적인 예를 들어 보겠다. 외부 설정(에 데이터베이스 연결)을 감시하는 애플리케이션을 만든다고 하자. 첫 번째 구현은 다음과 같다.

```go
func main() {
    newWatcher()

    // 애플리케이션을 실행시킨다.
}

type watcher struct { /* 몇 가지 리소스를 정의한다. */ }

func newWatcher() {
    w := watcher{}
    go w.watch() ········· ❶
}
```

❶ 외부 설정을 감시하는 고루틴을 생성한다.

watcher 구조체를 생성해서 설정 감시를 담당할 고루틴을 구동하는 newWatcher를 호출한다. 이 코드의 문제는 (OS 시그널을 받거나 워크로드를 소진하는 등의 이유로) 메인 고루틴을 종료하면 애플리케이션이 멈춘다는 것이다. 따라서 watcher에서 생성한 리소스는 정상적으로 종료되지 않는다. 그렇다면 이 문제를 어떻게 해결해야 할까?

한 가지 방법은 main이 리턴할 때 취소될 컨텍스트를 newWatcher로 전파하는 것이다.

```go
func main() {
    ctx, cancel := context.WithCancel(context.Background())
    defer cancel()

    newWatcher(ctx) --------------------- ❶

    // 애플리케이션을 실행한다.
}

func newWatcher(ctx context.Context) {
    w := watcher{}
    go w.watch(ctx) --------------------- ❷
}
```

❶ 언젠가 취소될 컨텍스트를 newWatcher로 전달한다.

❷ 이 컨텍스트를 전파한다.

생성된 컨텍스트를 watch 메서드로 전파한다. 이 컨텍스트가 취소되면 watcher 구조체는 소속 리소스를 모두 닫아야 한다. 하지만 watch가 그렇게 할 시간이 있도록 보장할 수 있을까? 불가능하다. 설계가 잘못됐기 때문이다.

문제는 고루틴을 멈추는 데 시그널을 사용한 것이다. 리소스가 닫힐 때까지 부모 고루틴을 멈추지 않았다. 그럼 제대로 처리하게 고쳐보자.

```go
func main() {
    w := newWatcher()
    defer w.close() ------------- ❶

    // 애플리케이션을 실행시킨다.
}

func newWatcher() watcher {
    w := watcher{}
    go w.watch()
    return w
}
```

```go
func (w watcher) close() {
    // 리소스를 닫는다.
}
```

❶ close 메서드 호출을 지연시킨다.

watcher에 close 메서드를 추가했다. 리소스를 닫을 때가 됐다는 시그널을 watcher로 보내는 대신, 추가한 close 메서드를 호출하도록 바꿨다. 이때 defer를 이용하여 리소스가 닫힌 뒤에 애플리케이션을 종료하게 만들었다.

정리하면, 고루틴 역시 메모리처럼 언젠가 닫아야 할 리소스라고 인식해야 한다. 고루틴이 끝나는 시점에 대한 고려 없이 구동하게 설계하면 문제가 발생할 수 있다. 고루틴을 구동시킬 때마다 멈출 시점을 항상 명확히 정해두어야 한다. 마지막으로 강조하고 싶은 점은 고루틴이 리소스를 생성하고 그 수명이 애플리케이션 수명을 따르게 되면 그 고루틴이 끝날 때까지 기다렸다가 애플리케이션을 종료하는 것이 안전하다는 점이다. 그래야 리소스가 제대로 해제되도록 보장할 수 있다.

다음으로 고 언어에서 정말 많이 저지르는 실수 중 하나인, 고루틴과 루프 변수를 잘못 다루는 실수에 대해 알아보자.

9.3 #63 고루틴과 루프 변수를 제대로 다뤄라

동시성 애플리케이션을 구현하는 과정에서 고루틴과 루프 변수를 잘못 다루는 실수는 고 프로그래머가 가장 흔히 저지르는 실수로 손꼽힌다. 이에 대한 구체적인 예제를 살펴보고, 그런 버그가 발생하는 상황과 이를 방지하는 방법에 대해 알아보자.

다음 예제에서는 먼저 슬라이스 하나를 초기화한 뒤, 고루틴으로 실행되는 클로저 안에서 슬라이스 원소에 접근한다.

```go
s := []int{1, 2, 3}

for _, i := range s {          ❶
    go func() {
        fmt.Print(i)           ❷
    }()
```

```
}
```

❶ 슬라이스 원소에 대해 루프를 돈다.

❷ 루프 변수에 접근한다.

이 코드를 실행하면 123이 다양한 순서로 출력될 거라고 예상할 것이다. 먼저 생성한 고루틴이 먼저 마친다고 보장할 수 없기 때문이다. 하지만 이 코드의 출력은 결정론적이지 않다. 예를 들어, 233이 출력될 수도 있고, 333이 출력될 수도 있다. 왜 그럴까?

이 예제는 고루틴을 클로저에서 생성한다. 참고로 클로저(closure)는 함수 본문 밖의 변수를 참조하는 함수 값이다(여기서는 변수 i를 참조한다). 명심할 점은 클로저 고루틴이 실행되면 그 고루틴이 생성될 때 그 값을 캡처하지 않고, 모든 고루틴이 동일한 변수를 참조한다는 것이다. 고루틴이 실행되면 fmt.Print가 실행되는 시점의 i 값이 출력된다. 따라서 i는 고루틴이 구동된 이후에 다른 값으로 변경될 수 있다.

그림 9-1에서 233이 출력되는 실행 사례를 보자. i 값은 시간 흐름에 따라 1, 2, 3으로 변한다. 반복할 때마다 고루틴을 새로 띄운다. 하지만 고루틴의 시작 순서와 종료 순서가 일정하지 않기 때문에 결과도 제각각이다. 그림 9-1의 경우, 첫 번째 고루틴은 i가 2일 때 출력문을 실행한다. 이후 나머지 고루틴이 실행되는 시점에는 i가 3이다. 따라서 233이 출력된다. 따라서 이 코드는 결정론적으로 실행되지 않는다.

❤ 그림 9-1 고루틴이 접근하는 변수 i는 고정되지 않고 시간에 따라 변한다.

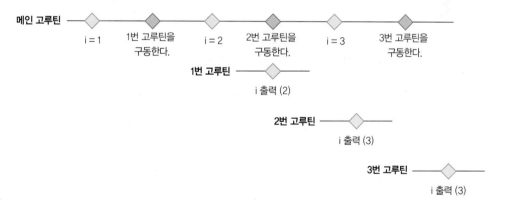

그렇다면 고루틴이 실행될 때 각 클로저가 i 값에 접근하게 하려면 어떻게 해야 할까? 첫 번째 방법은 이전처럼 클로저를 사용할 경우에는 변수를 새로 만드는 것이다.

```
for _, i := range s {
    val := i ---------- ❶
    go func() {
        fmt.Print(val)
    }()
}
```

❶ 반복문 안에 로컬 변수를 생성한다.

이 코드가 제대로 실행되는 이유는 뭘까? 반복할 때마다 val이라는 로컬 변수를 새로 생성한다. 이 변수는 고루틴이 실행되기 전에 i의 현재 값을 캡처한다. 따라서 클로저 고루틴이 출력문을 실행할 때는 의도한 대로 값을 출력한다. 그래서 123이 출력된다(다시 말하지만, 이때도 마찬가지로 순서는 달라질 수 있다).

두 번째 방법은 클로저를 사용하지 않고 일반 함수를 사용하는 것이다.

```
for _, i := range s {
    go func(val int) { ------- ❶
        fmt.Print(val)
    }(i) -------------------- ❷
}
```

❶ 인수로 정수 값을 받는 함수를 실행한다.

❷ 현재 i 값을 전달해서 함수를 호출한다.

고루틴을 새로 만들 때 익명 함수를 실행시킨다는 점은 여전하다(가령 go f(i)와 같이 구동하지는 않는다). 하지만 이번에는 클로저를 사용하지 않았다. 함수 본문 밖에 있던 val을 함수 안으로 옮겼다. 그래서 반복 회차마다 i 값이 고정되어 의도한 대로 결과가 출력된다.

고루틴과 루프 변수는 조심해서 사용해야 한다. 고루틴이 본문 밖의 반복 변수에 접근하는 클로저라면 문제가 발생할 수 있다(앞에서 val := i를 실행한 후에 고루틴을 실행한 것처럼). 이 문제는 로컬 변수로 만들거나 함수를 클로저로 만들지 않는 방법으로 해결할 수 있다. 두 방법 모두 좋으며 어느 하나가 더 낫다고 여길 필요는 없다. 클로저를 사용하는 것이 더 간편하다고 생각하는 개발자도 있고 함수를 사용하는 것이 더 이해하기 좋다는 개발자도 있다.

그렇다면 여러 채널을 사용하는 select문의 경우는 어떻게 처리해야 할까? 다음 절에서 알아보자.

9.4 / #64 select와 채널을 사용하면서 결정론적으로 실행되길 바라지 마라

고 프로그래머가 자주 저지르는 실수 중 하나는, 여러 채널을 사용하는 select문의 동작을 잘못이해한 채 채널을 다루는 것이다. 잘못된 이해를 바탕으로 구현하면 찾아내거나 재현하기가 굉장히 힘든 버그가 발생한다.

구체적으로 살펴보기 위해 두 채널을 수신하는 고루틴을 구현하는 경우를 생각해보겠다. 채널은 다음과 같다.

- messageCh: 처리할 새 메시지

- disconnectCh: 연결 끊김에 대한 알림을 받는다. 이 알림이 들어오면 부모 함수에서 리턴한다.

두 채널 중에서 messageCh를 우선 처리한다. 예를 들어, 연결이 끊겨서 리턴하기 전에 모든 메시지를 받도록 한다.

이렇게 정한 우선 순위에 따르기 위해 다음과 같이 구현한 경우를 생각해보자.

```
for {
    select {  ---------------------------------- ❶
    case v := <-messageCh:  -------------------- ❷
        fmt.Println(v)
    case <-disconnectCh:  ---------------------- ❸
        fmt.Println("disconnection, return")
        return
    }
}
```

❶ 여러 채널을 수신하는 select문으로 구현한다.

❷ 새 메시지를 받는다.

❸ 연결 끊김 알림을 받는다.

select에서 여러 채널을 수신하도록 구현했다. messageCh의 우선 순위를 높이기 위해 messageCh에 대한 케이스문을 먼저 작성한 뒤에 disconnectCh 케이스를 작성해야 한다고 생각하기 쉽다. 이렇게 하면 의도한 대로 작동할까? 다음과 같이 메시지 10개를 보낸 뒤, 연결 끊김 알림 하나를 보내는 프로듀서(producer) 고루틴을 간단히 만들어 실행해보자.

```
for i := 0; i < 10; i++ {
    messageCh <- i
}
disconnectCh <- struct{}{}
```

messageCh가 버퍼를 사용한다면 이 코드는 다음과 같이 실행될 수 있다.

```
0
1
2
3
4
disconnection, return
```

메시지 10개를 모두 받지 못하고, 5개만 받은 상태로 끝난다. 이유가 뭘까? 여러 채널을 사용하는 select문에 대한 규격[1]을 보면 그 이유를 알 수 있다.

> **여러 통신을 처리할 때, 균일 유사 무작위 선택(uniform pseudo-random selection)으로 어느 하나만 골라서 진행할 수 있다.**

조건에 일치하는 첫 번째 케이스만 실행되는 switch문과 달리, select문은 여러 케이스가 있을 경우 무작위로 선택한다.

처음에는 이런 작동 방식이 어색하겠지만, 기아 현상(starvation)을 방지한다는 타당한 이유가 있다. 현재 가능한 여러 통신 중에서 소스 코드 순서에 따라 첫 번째 것을 선택한다고 생각해보자. 그러면 먼저 보낸 채널에서만 수신하게 된다. 이런 부작용을 피하기 위해 고 언어 설계자는 무작위로 선택하게 만들었다.

다시 예제로 돌아와서, 소스 코드에는 case v := <-messageCh 케이스가 먼저 나오더라도, messageCh와 disconnectCh 모두에 메시지가 들어왔을 때 어느 케이스가 선택될지는 알 수 없다. 그래서 이 예제의 동작은 결정론적이지 않다. 메시지를 하나도 못 받을 수도 있고 5개를 받을 수도 있고 10개를 받을 수도 있다.

이 문제는 어떻게 해결해야 할까? 연결이 끊겨서 리턴하기 전에 모든 메시지를 받게 만드는 방법은 여러 가지가 있다.

---

[1] https://go.dev/ref/spec

- messageCh를, 버퍼를 사용하지 않는 채널로 변경한다. 메시지를 보내는 고루틴은 메시지를 받는 고루틴이 준비될 때까지 기다리기(block) 때문에 messageCh로 들어오는 메시지를 모두 받고 나서야 disconnectCh로 들어온 연결 끊김 메시지를 받게 된다.

- 채널을 두 개가 아니라 하나만 쓴다. 예를 들어, 새로운 메시지와 연결 끊김 중 어느 하나만 담는 구조체를 정의한다. 채널은 메시지를 보낸 순서대로 받도록 보장해주기 때문에 연결 종료 메시지를 마지막에 받게 만들 수 있다.

프로듀서 고루틴이 여러 개일 때는 특정한 고루틴을 먼저 쓰도록 만들 수 없다. 따라서 messageCh 채널이 버퍼를 사용하지 않게 만들거나 채널을 하나만 사용하더라도 여러 프로듀서 고루틴 사이에 경쟁 상태가 발생하게 된다. 이럴 때는 다음과 같이 해결한다.

1. messageCh와 disconnectCh 중 어느 하나에서 받게 한다.

2. 연결 끊김 메시지를 받으면 다음과 같이 실행한다.

- messageCh에 남은 메시지가 있다면 모두 읽는다.

- 리턴한다.

코드는 다음과 같다.

```
for {
    select {
    case v := <-messageCh:
        fmt.Println(v)
    case <-disconnectCh:
        for { ------------------------------------- ❶
            select {
            case v := <-messageCh: ------------------ ❷
                fmt.Println(v)
            default: -------------------------------- ❸
                fmt.Println("disconnection, return")
                return
            }
        }
    }
}
```

❶ 안쪽에 있는 for/select문

❷ 남은 메시지를 읽는다.

❸ 리턴한다.

이 방법은 케이스문 안에 두 가지(messageCh와 default) 케이스로 구성된 select문을 실행하는 for문을 추가한다. select문에서 default 케이스는 일치하는 케이스가 하나도 없을 때 선택된다. 그래서 messageCh에 있는 메시지를 모두 받았을 때 선택되어 리턴한다.

이 코드가 어떻게 작동하는지 과정을 살펴보겠다. messageCh에 메시지가 두 개 있고 disconnectCh 에는 연결 끊김 알림이 하나만 있는 경우를 생각해보자(그림 9-2).

▼ 그림 9-2 초기 상태

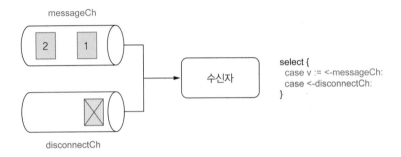

앞에서 설명했듯이 이 상태에서 select는 여러 케이스 중 어느 하나를 무작위로 선택한다. 그럼 두 번째 케이스를 선택한 경우를 생각해보자(그림 9-3).

▼ 그림 9-3 연결 끊김 알림을 받는 경우

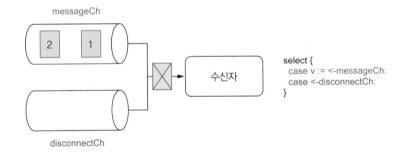

이렇게 연결 끊김 메시지를 받으면 안쪽에 있는 select문에 들어가게 된다(그림 9-4). 이때 messageCh에 메시지가 남아 있다면 select는 첫 번째 케이스를 default보다 먼저 처리한다(그림 9-5).

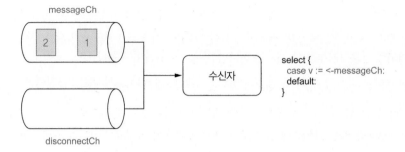

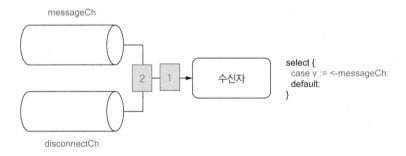

messageCh에 있는 메시지를 모두 받았다면 select는 더 이상 기다리지(block) 않고 default 케이스를 선택한다(그림 9-6). 따라서 리턴한 뒤 고루틴이 멈춘다.

❤ 그림 9-6 디폴트 케이스

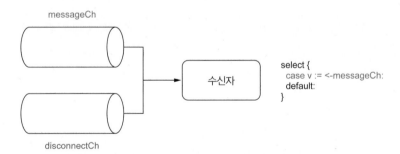

이렇게 하면 여러 채널로부터 메시지를 받는 수신자가 어느 한 채널에 남은 메시지를 모두 처리하게 만들 수 있다. 물론 고루틴이 리턴된 후에 messageCh로 보낸 메시지는 당연히 놓친다(☞ 프로듀서 고루틴이 여러 개일 때 이런 일이 발생할 수 있다).

select문에서 여러 채널을 사용할 때는 조건에 맞는 케이스가 여러 개일 때 소스 코드에 나온 순서 중에서 첫 번째가 선택되는 것이 아니라 무작위로 선택된다는 사실을 명심해야 한다. 따라서 여러 케이스 중에서 어느 것이 선택될지 알 수 없다. 이 동작을 바꾸려면 프로듀서 고루틴이 하나일 때는 채널에서 버퍼를 사용하지 않거나 채널을 하나만 사용하게 만들어야 한다. 프로듀서 고루틴이 여러 개라면 select문 안쪽에 또 다른 select문을 추가해서 default 케이스를 이용하여 우선 순위에 따라 케이스를 처리하게 만든다.

다음 절에서는 자주 사용하는 채널 타입인 알림 채널에 대해 알아보자.

9.5 #65 알림 채널을 사용하라

채널(channel)은 시그널을 통해 고루틴끼리 서로 통신하는 메커니즘이다. 시그널(signal)에는 데이터가 담겨 있을 수도 있고 없을 수도 있다. 그런데 고 프로그래밍을 하다 보면 데이터가 없는 시그널을 처리하는 방법이 명확하지 않은 경우가 있다.

구체적인 예를 통해 알아보자. 먼저 연결이 끊어지면 알림을 보내는 채널을 하나 만든다. 이 채널은 chan bool로 구현할 수 있다.

```
disconnectCh := make(chan bool)
```

이 채널은 API를 통해 사용한다고 가정한다. 그런데 채널이 부울 타입이기 때문에 받을 수 있는 메시지는 true나 false 중 하나다. true의 의미는 쉽게 예상할 수 있을 것이다. 반면 false는 그렇지 않다. 연결이 끊어진 지 시간이 좀 지났을 수도 있다. 그렇다면 시그널을 보내는 주기를 어떻게 정해야 할까? 다시 연결된 경우도 포함될까?

애초에 false라는 메시지를 받는 의미가 있을까? 어쩌면 true 메시지만 필요할 수 있다. 그렇다면 시그널에 정보를 담을 일이 없다는 뜻이므로 데이터가 없는 채널이 적합하다. 데이터가 없는 채널은 빈 구조체 타입 채널(chan struct{})로 만드는 것이 관례다.

고 언어에서 빈 구조체(empty struct, struct{})란 필드가 없는 구조체를 말한다. 빈 구조체는 아키텍처에 관계없이 항상 0바이트 공간을 차지한다. unsafe.Sizeof로 직접 확인해볼 수 있다.

```
var s struct{}
fmt.Println(unsafe.Sizeof(s))

0
```

> Note ≡ 왜 빈 인터페이스(empty interface, var i interface{})를 사용하지 않을까? 빈 인터페이스는 공간을 차지하기 때문이다. 32비트 프로세서에서는 8바이트를, 64비트 프로세서에서는 16바이트를 차지한다.

빈 구조체는 의미 없음에 대한 사실 표준(de facto standard) 같은 구문이다. 예를 들어, 해시 셋(hash set, 해시 집합, 고유 원소 묶음) 구조체를 만들려면 값을 빈 구조체로 표현한다.

```
map[K] struct{}
```

고 언어에서 데이터가 없는 알림을 보내는 채널을 구현하는 바람직한 방법은 chan struct{}다. 빈 구조체 타입 채널의 대표적인 용도는 고 언어의 컨텍스트(context)를 사용할 때다. 여기에 대해서는 이 장의 뒷부분에서 다룬다.

채널은 데이터를 담을 수도 있고 그렇지 않을 수도 있다. 고 언어 표준에 맞게 API를 설계하려면 데이터가 없는 채널은 chan struct{}로 구현한다는 것을 명심하자. 그래야 그 채널을 수신하는 곳에서 메시지에 내용은 없고 메시지를 받았다는 사실만 중요하다고 쉽게 이해할 수 있다. 고 언어에서는 이렇게 만든 채널을 알림 채널(notification channel)이라고 부른다.

다음 절에서는 닐 채널의 작동 방식과 닐 채널이 필요한 이유에 대해 알아보자.

100 GO MISTAKES

9.6 #66 닐 채널을 활용하라

고 언어에서 채널을 사용할 때 흔히 저지르는 실수 중 하나는 닐 채널(nil channel)이 유용한 경우가 있다는 사실을 까먹는 것이다. 이 절에서는 닐 채널의 기본 개념과 주의 사항에 대해 알아보겠다.

먼저 닐 채널을 생성하는 고루틴을 구동한 뒤, 메시지가 오길 기다리는 코드를 작성해보자. 이 코드는 어떻게 실행되어야 할까?

```
var ch chan int ---------- ❶
<-ch
```

❶ 닐 채널

ch의 타입은 chan int다. 채널 타입의 기본 초기화 값을 nil로 표현한다. 따라서 ch는 nil이다. 이 때 고루틴은 실행을 멈추고 계속 기다리기만 한다.

닐 채널에 메시지를 보낼 때도 같은 원칙이 적용된다. 고루틴은 계속 기다리기만 한다.

```
var ch chan int
ch <- 0
```

그렇다면 고 언어에서 닐 채널로 메시지를 보내거나 받는 기능을 제공하는 목적이 뭘까? 구체적인 예를 통해 알아보겠다.

두 채널을 한 채널로 병합하는 함수인 func merge(ch1, ch2<-chan int) <-chan int를 만들어보자. 여기서 두 채널을 하나로 병합한다는 말은 ch1이나 ch2 중 어느 한 채널에서 받은 메시지를 모두 리턴 채널로 보낸다는 말이다.

▼ 그림 9-7 두 채널을 하나로 병합하기

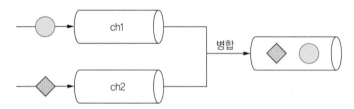

이 작업을 고 언어로 어떻게 구현하면 좋을까? 먼저 가장 단순한 버전부터 만들어보자. 두 채널을 수신하는 고루틴을 하나 구동시킨다(결과 채널은 원소 하나로 구성된, 버퍼를 사용하는 채널로 만든다).

```
func merge(ch1, ch2 <-chan int) <-chan int {
    ch := make(chan int, 1)

    go func() {
        for v := range ch1 { -------- ❶
            ch <- v
        }
        for v := range ch2 { -------- ❷
```

```
                ch <- v
        }
        close(ch)
    }()

    return ch
}
```

❶ ch1에서 받은 메시지를 병합 채널에 게시한다.

❷ ch2에서 받은 메시지를 병합 채널에 게시한다.

두 채널에서 수신한 메시지를 ch에 게시하는 고루틴을 별도로 만든다.

이 버전에서 가장 큰 문제는 ch1을 수신하고 나서 ch2를 수신한다는 것이다. 그래서 ch1이 닫히면 ch2는 메시지를 받지 못한다. 이렇게 되면 요구 사항에 어긋난다. ch1은 계속 열린 상태를 유지해서 두 채널로부터 동시에 수신해야 하기 때문이다.

그럼 select를 이용하여 두 채널이 동시에 수신하게 만들어보자.

```
func merge(ch1, ch2 <-chan int) <-chan int {
    ch := make(chan int, 1)

    go func() {
        for {
            select {  --------- ❶
            case v := <-ch1:
                ch <- v
            case v := <-ch2:
                ch <- v
            }
        }
        close(ch)
    }()

    return ch
}
```

❶ ch1과 ch2를 동시에 수신한다.

select문을 사용하면 고루틴이 여러 연산을 동시에 기다리게 만들 수 있다. select문을 for 루프로 감쌌기 때문에 두 채널 중 어느 한 곳에서 들어오는 메시지를 반복해서 받을 수 있어야 한다.

하지만 정말 예상대로 작동할까?

첫 번째 문제는 close(ch)에 도달하지 않는다는 것이다. range 연산자를 이용하여 채널에 대해 루프를 돌면 채널이 닫히면 루프를 벗어난다. 하지만 여기서 구현한 for/select 구문은 ch1이나 ch2가 닫혀도 이를 감지하지 못한다. 더 심각한 것은 어느 순간 ch1이나 ch2가 닫히면 병합된 채널의 수신자는 값을 로그에 기록할 때 다음과 같은 메시지를 받게 된다는 것이다.

```
received: 0
received: 0
received: 0
received: 0
received: 0
...
```

따라서 수신자는 0이란 정수 값만 받게 된다. 왜 그럴까? 닫힌 채널로부터 수신하는 연산은 기다리지 않기 때문이다(non-blocking operation).

```
ch1 := make(chan int)
close(ch1)
fmt.Print(<-ch1, <-ch1)
```

이 코드가 멈출 거라고 예상하겠지만 의외로 중간에 뻗어버리거나 멈추지 않고 그냥 0만 계속 출력한다. 여기서 문제는 닫는 이벤트이지 실제로 받는 메시지는 문제가 없다. 메시지를 받았는지, 아니면 닫는 시그널을 받았는지 확인하려면 다음과 같이 처리해야 한다.

```
ch1 := make(chan int)
close(ch1)
v, open := <-ch1 ---------- ①
fmt.Print(v, open)
```

① 채널이 열렸는지 여부를 open에 저장한다.

부울 타입인 open 변수를 이용하면 ch1이 열린 상태인지 확인할 수 있다.

```
0 false
```

한편 여기서도 v에 0을 대입하는데 정수 타입의 기본 초기화 값이기 때문이다.

두 번째 솔루션으로 다시 돌아가보자. 앞에서 ch1이 닫히면 제대로 작동하지 않는다고 말했다. 예를 들어, select문에서 case v:=<-ch1 케이스에 걸리기 때문에 계속 이 케이스로 진행되어 병합

된 채널에 정수 0만 게시하게 되는 것이다.

한 발 물러서서, 이 문제를 해결하기 위한 가장 좋은 방법이 무엇인지 생각해보자(그림 9-8). 두 채널을 모두 수신해야 하므로,

- ch1이 먼저 닫히면 ch2가 닫힐 때까지 수신해야 한다.
- ch2가 먼저 닫히면 ch1이 닫힐 때까지 수신해야 한다.

▼ 그림 9-8 ch1과 ch2 중 어느 것이 먼저 닫혔는지에 따라 갈라지는 다양한 케이스 처리하기

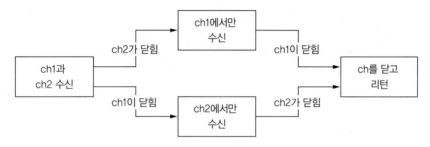

이 로직을 고 언어로 어떻게 구현할 수 있을까? 상태 기계(state machine)와 부울 값을 이용해서 만들어보자.

```go
func merge(ch1, ch2 <-chan int) <-chan int {
    ch := make(chan int, 1)
    ch1Closed := false
    ch2Closed := false

    go func() {
        for {
            select {
            case v, open := <-ch1:
                if !open {  -------------------- ❶
                    ch1Closed = true
                    break
                }
                ch <- v
            case v, open := <-ch2:
                if !open {  -------------------- ❷
                    ch2Closed = true
                    break
                }
                ch <- v
```

```
                }

                if ch1Closed && ch2Closed {  ------- ❸
                    close(ch)
                    return
                }
            }
        }()

    return ch
}
```

---

❶ ch1이 닫힌 경우를 처리한다.

❷ ch2가 닫힌 경우를 처리한다.

❸ 두 채널이 모두 닫혔다면 ch를 닫고 리턴한다.

여기서는 ch1Closed와 ch2Closed라는 부울 타입 변수 두 개를 정의했다. 채널로부터 메시지를 받으면 닫혔다는 시그널인지 확인한다. 만약 그렇다면 채널을 닫았다고 표시하고(예 ch1Closed = true) 적절히 처리한다. 두 채널이 모두 닫혔다면 병합 채널을 닫고 고루틴을 끝낸다.

이 코드의 문제는 (점점 더 복잡해졌다는 것 말고) 무엇일까? 가장 큰 문제는 채널이 한 개만 또는 두 개 모두 닫혔을 때, for 루프가 쉴 새 없이 기다리는 비지 루프(busy loop, busy-waiting loop)로 작성했다는 것이다. 즉, 다른 채널에 새로 들어온 메시지가 없는데도 계속 루프를 도는 것이다. 여기서 작성한 select문의 동작을 명심하기 바란다. ch1이 닫혔다면 (그래서 더 이상 받을 메시지가 없다면) 다시 select문에 도달했을 때 다음 세 가지 조건 중 하나를 기다린다.

- ch1이 닫힌다.
- ch2에 새 메시지가 들어온다.
- ch2가 닫힌다.

첫 번째 조건(ch1이 닫힌다)은 항상 만족한다. 따라서 ch2에 메시지가 들어오지 않거나 이 채널이 닫히지 않는다면 첫 번째 케이스에 대해서만 계속 루프를 돈다. 이렇게 CPU 사이클을 낭비하는 현상은 반드시 피해야 한다. 따라서 이 버전도 적합한 솔루션은 아니다.

앞에 나온 상태 기계 부분을 개선해서 각 케이스 안에 for/select 루프를 구현하는 방법도 있다. 하지만 이렇게 되면 코드는 더욱 복잡하고 이해하기 힘들어진다.

이쯤에서 닐 채널을 살펴볼 때가 됐다. 앞에서 말했듯이 닐 채널을 수신하면 영원히 기다린다

(block). 이 동작을 솔루션에서 활용할 수 있을까? 채널이 닫히면 부울 값을 설정하지 말고 해당 채널을 닐(nil)로 만드는 것이다. 그럼 최종 버전을 만들어보자.

```go
func merge(ch1, ch2 <-chan int) <-chan int {
    ch := make(chan int, 1)

    go func() {
        for ch1 != nil || ch2 != nil { ----- ❶
            select {
            case v, open := <-ch1:
                if !open {
                    ch1 = nil ------------- ❷
                    break
                }
                ch <- v
            case v, open := <-ch2:
                if !open {
                    ch2 = nil ------------- ❸
                    break
                }
                ch <- v
            }
        }
        close(ch)
    }()

    return ch
}
```

❶ nil이 아닌 채널이 하나라도 있으면 계속 진행한다.

❷ ch1이 닫히면 nil 채널로 만든다.

❸ ch2가 닫히면 nil 채널로 만든다.

먼저 채널이 하나라도 열려 있으면 루프를 계속 돈다. 그러고 나서 ch1이 닫히면 ch1에 nil을 대입한다. 그러면 다음 번 반복 회차에서 select문은 다음 두 가지 조건만 기다린다.

- ch2에 새 메시지가 들어온다.

- ch2가 닫힌다.

ch1은 nil 채널이 됐기 때문에 더 이상 신경 쓰지 않는다. ch2도 이와 동일한 로직을 적용해서 채널이 닫히면 nil을 대입한다. 마지막으로 두 채널이 모두 닫히면 병합 채널을 닫고 리턴한다. 지금까지 살펴본 최종 버전은 그림 9-9와 같다.

❤ 그림 9-9 두 채널 모두 수신하다가 어느 하나가 닫히면 nil을 대입해서 다른 채널만 수신한다.

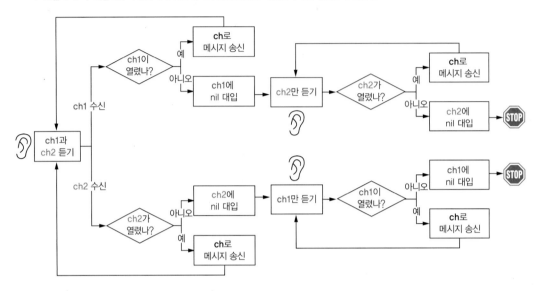

이제 제대로 작동할 것이다. 여기서는 모든 케이스를 다 다룰 뿐만 아니라 비지 루프에 CPU 사이클을 낭비하지도 않는다.

정리하면, 닐 채널을 기다리거나 닐 채널에 메시지를 보내면 기다리는 동작(blocking action)이 발생한다. 이 동작이 유용한 경우가 있다. 앞에서 본 두 채널을 병합하는 예제에서 select문의 어느한 케이스를 제거하는 상태 기계를 세련된 방식으로 구현할 수 있다. 이 기법을 명심하기 바란다. 닐 채널은 고 프로그래머가 동시성 코드를 작성할 때 써먹을 수 있는 기법 중 하나로, 유용할 때가 있다.

다음 절에서는 채널을 생성할 때 초기 크기를 어떻게 설정해야 하는지 알아보겠다.

9.7 　#67 채널 크기를 제대로 설정하라

내장 함수인 make로 생성하는 채널은 버퍼를 사용하는 것과 사용하지 않는 것으로 나뉜다. 이때 버퍼 사용 여부를 제대로 판단하지 못하는 실수와 버퍼 채널의 크기를 제대로 설정하지 못하는 실수를 흔히 저지른다. 이 절에서는 이 두 가지 실수 유형을 살펴보겠다.

먼저 핵심 개념부터 짚고 넘어가자. 버퍼를 사용하지 않는 채널(unbuffered channel)에는 용량(capacity)이란 개념이 없다. 크기를 지정하지 않거나 0으로 지정해서 생성하면 된다.

```
ch1 := make(chan int)
ch2 := make(chan int, 0)
```

버퍼를 사용하지 않는 채널(synchronous channel, 동기식 채널)을 사용할 때는 받는 측에서 데이터를 채널에서 가져갈 때까지 보내는 측이 기다리게(block) 된다.

반면, 버퍼를 사용하는 채널은 용량이란 개념이 있기 때문에 반드시 크기를 1보다 크거나 같게 지정해야 한다.

```
ch3 := make(chan int, 1)
```

버퍼를 사용하는 채널에서는 채널이 가득 차지 않는 한 계속 메시지를 보낼 수 있다. 그러다 채널이 가득 차면 받는 측 고루틴이 메시지를 가져갈 때까지 기다린다(block). 예를 들면 다음과 같다.

```
ch3 := make(chan int, 1)
ch3 <-1 ------------------- ❶
ch3 <-2 ------------------- ❷
```

❶ 기다리지 않는다.

❷ 기다린다.

첫 번째로 보내는 문장은 기다리지 않지만, 두 번째로 보내는 문장에서는 채널이 가득 찬 상태가 됐기 때문에 기다린다.

여기서 잠시 두 채널 타입의 근본적인 차이점에 대해 자세히 살펴보겠다. 채널은 동시성을 위해 추상화한 개념으로 고루틴끼리 통신하는 수단이다. 그렇다면 동기화(synchronization)는 어떻게 처리해야 할까? 동시성을 다룰 때 동기화한다는 말은 여러 고루틴이 일정한 시점에 미리 정해진 상태에 놓여야 한다는 것을 의미한다. 예를 들어, 뮤텍스를 이용하면 어느 한 순간에 크리티컬 섹션에 접근할 수 있는 고루틴은 하나만 되도록 보장하기 때문에 동기화할 수 있다. 채널의 경우는 다음과 같다.

- 버퍼를 사용하지 않는 채널을 이용하면 동기화할 수 있다. 가령, 한 고루틴은 메시지를 받고

다른 고루틴은 메시지를 보내게 만들면 된다.

- 버퍼를 사용하는 채널은 동기화 수준이 그보다 낮다. 메시지를 보내는 고루틴은 채널이 가득 차지 않으면 기다리지 않고 계속 진행한다. 메시지를 보내기 전에는 받을 수 없다는 것만 보장할 뿐이다. 하지만 인과 관계를 보장하는 것이지 동기화하는 것은 아니다(비유하면 커피를 내리기 전에는 마실 수 없다는 것만 보장한다).

방금 설명한 근본적인 차이점을 명심하자. 두 가지 채널 타입 모두 통신 수단으로 사용할 수 있지만, 버퍼를 사용하지 않는 채널만 동기화 기능을 제공한다. 동기화가 필요하다면 버퍼를 사용하지 않는 채널을 사용해야 한다. 버퍼를 사용하지 않는 채널은 이해하기도 쉽다. 또한 버퍼를 사용하는 채널은 버퍼를 사용하지 않는 채널과 달리 데드락이 잘 드러나지 않고, 버퍼를 사용하지 않는 채널은 데드락이 쉽게 드러난다.

버퍼를 사용하지 않는 채널이 적합한 경우는 또 있다. 예를 들어, 채널이 닫힐 때(close(ch)) 알림을 처리해야 하는 알림 채널을 구현할 경우에는 버퍼를 사용하는 채널을 사용한다고 해서 아무런 이점이 없다.

그렇다면 버퍼를 사용하는 채널이 필요한 상황에서 크기를 어떻게 지정해야 할까? 버퍼를 사용하는 채널은 최소한 1을 지정해야 한다. 따라서 관점을 바꿔서 어떤 경우에 1이 아닌 크기로 지정해야 하는지 생각해보자. 1보다 큰 값으로 지정하는 경우에 대한 예를 몇 가지 들면 다음과 같다.

- 워커 풀링(worker pooling) 같은 패턴을 적용할 때, 다시 말해 공유 채널을 통해 데이터를 보내기 위해 구동하는 고루틴의 수가 일정한 경우가 있다. 이때 채널 크기는 생성할 고루틴 개수에 맞춘다.
- 속도 조절(rate limiting)이 필요한 상황에 채널을 사용하는 경우가 있다. 예를 들어, 요청 수를 제한하여 리소스 활용도(resource utilization)를 보장하는 경우에는 채널 크기를 원하는 제한 수준에 맞춘다.

이런 경우가 아니라면, 디폴트 값이 아닌 크기로 섣불리 정하면 안 된다. 다음과 같이 습관적으로 특정한 값을 지정하는 경우를 쉽게 볼 수 있다.

```
ch := make(chan int, 40)
```

왜 40으로 지정하는가? 타당한 이유가 있는가? 50이나 1000으로 하면 안 될까? 특정한 값을 지정할 때는 타당한 이유가 있어야 한다. 가령, 벤치마크나 성능 테스트 결과를 보고 정하는 것이다. 일반적으로 크기를 지정할 때 그 근거를 주석으로 달아주는 것이 좋다.

한 가지 명심하자. 큐의 적절한 크기를 완벽하게 정하기란 쉽지 않다. CPU와 메모리의 관계를 고려해야 하기 때문이다. 크기가 작을수록 CPU 경쟁이 높아진다. 반대로 크기가 클수록 메모리 사용량이 높아진다.

하나 더 주목할 점은 2011년 백서에서 LMAX Disruptor에 대해 언급한 사실이다[2].

> 대체로 큐는 거의 꽉 차거나 거의 비어 있는데, 이는 소비자와 생산자의 속도 차이 때문이다. 생산자와 소비자의 속도가 거의 비슷해서 중간 지점에 머무는 경우는 거의 없다.

그러므로 채널 크기를 상당히 정확하게, 다시 말해 CPU 경쟁과 메모리 사용량 사이의 절묘한 균형을 이루도록 지정하는 것은 쉽지 않다.

그리고 바로 이 이유 때문에 몇 가지 특수한 상황을 제외하면, 처음에는 디폴트 크기인 1을 지정하는 것이 좋다. 자신 없으면 언제든지 벤치마크를 돌려보거나 다른 방법으로 확인하면 된다.

프로그래밍에 관련된 다른 주제와 마찬가지로 채널 크기도 예외는 있다. 이 절의 목적은 채널을 생성할 때 크기를 구체적으로 어떻게 지정해야 하는지에 대해 심도 있게 다루는 것이 아니다. 동기화는 버퍼를 사용하지 않는 채널로 제공할 수 있다. 또한 버퍼를 사용하는 채널이 필요하다면 채널의 디폴트 크기를 1로 지정하는 것이 좋다. 크기를 다른 값으로 지정하고 싶다면 엄격한 절차를 거쳐 합리적인 근거에 의해 결정하고, 이러한 내역을 주석으로 남긴다. 마지막으로 버퍼를 사용하는 채널은 데드락이 잘 드러나지 않는 반면, 버퍼를 사용하지 않는 채널은 데드락을 쉽게 발견할 수 있다는 점을 명심하자.

다음 절에서는 스트링 포맷을 처리하는 과정에서 발생하는 부작용에 대해 알아보겠다.

9.8 #68 스트링 포맷팅 관련 부작용을 망각하지 마라

100 GO MISTAKES

스트링 포맷을 정하는 작업(string formatting, 스트링 포맷팅)은 에러를 리턴하거나 로그 메시지를 남길 때와 같이 프로그래밍 과정에서 흔히 발생한다. 그런데 동시성 애플리케이션을 구현하는 동안

---

2 Martin Thompson et al.: https://lmax-exchange.github.io/disruptor/files/Disruptor-1.0.pdf

스트링 포맷팅 과정에서 발생할 수 있는 부작용을 망각하기 쉽다. 이 절에서는 etcd 리포지터리에서 인용한 두 가지 예제(데이터 경쟁이 발생하는 경우, 데드락이 발생하는 경우)를 가지고 여기에 대해 자세히 알아보겠다.

9.8.1 etcd 데이터 경쟁

etcd는 고 언어로 구현된 분산 키-값 스토어다. 쿠버네티스를 비롯한 다양한 프로젝트에서 클러스터 데이터를 저장하는 용도로 널리 사용되고 있다. etcd는 클러스터를 다루는 API를 제공한다. 예를 들어, 다음과 같이 데이터 변경을 감지해서 알림을 보내는 Watcher 인터페이스가 있다.

```
type Watcher interface {
    // Watch는 주어진 키나 접두어를 감시한다.
    // 감지된 이벤트는 리턴 채널을 통해 리턴된다.
    // ...
    Watch(ctx context.Context, key string, opts ...OpOption) WatchChan
    Close() error
}
```

이 API는 gRPC 스트림을 기반으로 작동한다. 처음 들어본 독자를 위해 간략히 설명하면, 클라이언트 서버가 데이터를 지속적으로 주고받게 해주는 기술이다. 서버는 gRPC로 작동하는 모든 클라이언트에 대한 목록을 관리해야 한다. 따라서 Watcher 인터페이스는 현재 진행 중인 스트림을 담은 watcher 구조체로 구현해야 한다.

```
type watcher struct {
    // ...

    // 키가 ctx 값인 모든 액티브 gRPC 스트림을 저장한다.
    streams map[string]*watchGrpcStream
}
```

이 맵의 키는 Watch 메서드를 호출할 때 전달된 컨텍스트로 결정된다.

```
func (w *watcher) Watch(ctx context.Context, key string,
    opts ...OpOption) WatchChan {
    // ...
    ctxKey := fmt.Sprintf("%v", ctx) ----------------- ❶
    // ...
```

```
wgs := w.streams[ctxKey]
// ...
```

❶ 주어진 컨텍스트에 맞게 맵 키의 포맷을 정한다.

ctxKey가 바로 맵의 키이며 클라이언트가 지정한 컨텍스트에 맞게 포맷을 정한다. 값(context. WithValue)에 의해 생성된 컨텍스트로 스트링 포맷을 지정할 때는 컨텍스트에 있는 값을 모두 읽는다. 여기에 대해 etcd 개발자는 Watch에 전달한 컨텍스트가 특정 조건에서 변경할 수 있는 값(예 구조체에 대한 포인터)을 담고 있다는 걸 발견했다. 그래서 어느 한 고루틴에서 이 컨텍스트 값 중 하나를 업데이트하고, 다른 고루틴에서 Watch를 실행하는 식으로 컨텍스트에 있는 값을 모두 읽을 수 있기 때문에 데이터 경쟁이 발생할 수 있다.

이 문제는 컨텍스트 안에 담긴 값들을 순회하거나 읽지 못하도록 맵의 키에 대한 포맷을 지정하는 작업을 fmt.Sprintf만으로 처리하지 말고, 커스텀 함수인 streamKeyFromCtx를 만들어서 해결했다[3]. 변경할 수 없는 컨텍스트 값에서 키를 추출하게 만드는 방식이었다.

> Note ☰ 변경할 가능성이 있는 컨텍스트 값에 대해 데이터 경쟁을 방지하려면 더 복잡해진다. 그래서 설계할 때는 이 점에 주의하는 것이 좋다.

지금까지 살펴본 예제를 통해 동시성 애플리케이션에서 스트링 포맷을 지정할 때는 데이터 경쟁이라는 부작용에 주의해야 한다는 것을 알았다. 다음 절의 예제에서는 데드락 상황이 발생할 수 있는 부작용을 살펴보자.

9.8.2 데드락

동시에 접근할 수 있는 Customer 구조체를 다루는 경우를 생각해보자. 여기서는 sync.RWMutex로 접근(읽기 또는 쓰기 연산)을 제어한다. 그리고 고객의 나이를 업데이트하고 그 값이 양수인지 검사하는 UpdateAge 메서드를 구현한다. 또한 Stringer 인터페이스도 구현한다.

Customer 구조체를 다음과 같이 UpdateAge 메서드를 제공하고 fmt.Stringer 인터페이스를 구현하도록 작성했다고 하자. 이 코드에 어떤 문제가 있을까?

---

3   https://github.com/etcd-io/etcd/pull/7816

```go
type Customer struct {
    mutex sync.RWMutex  ----------------------------------------------- ❶
    id string
    age int
}

func (c *Customer) UpdateAge(age int) error {
    c.mutex.Lock()  ------------------------------------------------- ❷
    defer c.mutex.Unlock()

    if age < 0 {  ---------------------------------------------------- ❸
        return fmt.Errorf("age should be positive for customer %v", c)
    }

    c.age = age
    return nil
}

func (c *Customer) String() string {
    c.mutex.RLock()  ------------------------------------------------- ❹
    defer c.mutex.RUnlock()
    return fmt.Sprintf("id %s, age %d", c.id, c.age)
}
```

❶ sync.RWMutex를 이용하여 동시 접근을 제어한다.

❷ Customer를 업데이트할 때 뮤텍스를 잠근 후 defer로 잠금 해제를 호출한다.

❸ 나이가 음수면 에러를 리턴한다.

❹ Customer를 읽을 때 잠금을 설정하고 defer로 잠금 해제를 호출한다.

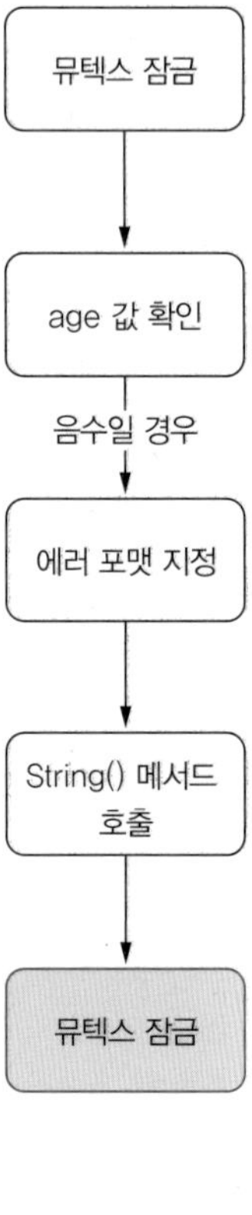

이 코드에서는 문제점이 명확히 드러나지 않는다. 주어진 age 값이 음수면 에러를 리턴한다. 이 에러는 받는 쪽에서 %s 디렉티브로 포맷을 지정하면 Customer 포맷을 지정하기 위해 String 메서드를 호출한다. 그러나 UpdateAge는 이미 뮤텍스를 잠근 상태이므로, 호출된 String 메서드가 뮤텍스를 잠글 수 없다(그림 9-10 참고).

따라서 데드락 상태가 발생한다. 고루틴이 모두 잠든 상태일 때도 다음과 같이 패닉이 발생할 수 있다.

```
fatal error: all goroutines are asleep - deadlock!
```

▼ 그림 9-10 age가 음수일 때 UpdateAge가 실행되는 과정

뮤텍스 잠금

↓

age 값 확인

↓ 음수일 경우

에러 포맷 지정

↓

String() 메서드 호출

↓

뮤텍스 잠금

```
goroutine 1 [semacquire]:
sync.runtime_SemacquireMutex(0xc00009818c, 0x10b7d00, 0x0)
...
```

이 문제를 어떻게 해결해야 할까? 먼저 이 사례를 통해 단위 테스트(unit test)가 얼마나 중요한지 깨달을 수 있다. age 관련 에러가 너무 단순해서 굳이 음수 값을 지정한 테스트 코드를 작성할 필요가 없다고 생각할 수 있다. 하지만 테스트 커버리지를 충분히 지정하지 않으면 현재 예제와 같은 문제를 놓치기 쉽다.

예제에서 뮤텍스 잠금의 스코프를 제한하면 코드를 좀 더 개선할 수 있다. 앞의 UpdateAge에서는 먼저 잠금 설정부터 하고 나서 입력 값이 올바른지 검사했다. 이번에는 반대로 입력 값 검사부터 한 뒤, 문제가 없으면 잠금을 설정하도록 바꾼다. 이렇게 하면 부작용이 발생할 가능성을 줄일 수 있을 뿐만 아니라 성능도 높일 수 있다. 꼭 필요할 때만 잠금을 설정하기 때문이다.

```go
func (c *Customer) UpdateAge(age int) error {
    if age < 0 {
        return fmt.Errorf("age should be positive for customer %v", c)
    }

    c.mutex.Lock() ----------- ❶
    defer c.mutex.Unlock()

    c.age = age
    return nil
}
```

❶ 입력 값에 문제가 없을 때만 뮤텍스를 잠근다.

이처럼 age 값을 검사하고 나서 뮤텍스를 잠그기 때문에 데드락이 발생하지 않는다. age가 음수여서 String이 호출되더라도 뮤텍스가 잠겨 있지 않다.

하지만 상황에 따라 뮤텍스 잠금 범위를 제한하기가 쉽지 않을 수 있다. 이럴 때는 스트링 포맷을 지정할 때 극도로 주의해야 한다. 뮤텍스를 잠그지 않는 다른 함수를 호출하거나 에러 포맷을 지정하는 방식을 바꿔서 String 메서드를 아예 호출할 일이 없게 만들 수 있다. 예를 들어, 다음 코드는 데드락이 발생하지 않는다. 고객 ID에 대한 로그를 남길 때 id 필드를 직접 접근하기 때문이다.

```go
func (c *Customer) UpdateAge(age int) error {
    c.mutex.Lock()
```

9
용어와 성용

```
    defer c.mutex.Unlock()

    if age < 0 {
      return fmt.Errorf("age should be positive for customer id %s", c.id)
    }

    c.age = age
    return nil
}
```

지금까지 두 가지 예를 구체적으로 살펴봤다. 하나는 컨텍스트로 받은 키의 포맷을 지정했고, 다른 하나는 에러를 리턴할 때 구조체 포맷을 지정했다. 두 경우 모두 스트링 포맷을 지정하는 과정에서 데이터 경쟁과 데드락이 발생하는 문제가 있었다. 따라서 동시성 애플리케이션을 개발할 때는 스트링 포맷 과정에서 발생할 수 있는 부작용에 주의해야 한다.

다음 절에서는 append를 동시에 호출할 때의 동작에 대해 살펴보겠다.

9.9 #69 append에서 데이터 경쟁을 발생시키지 마라

지금까지 데이터 경쟁이란 무엇이고 어떤 부작용이 있는지 살펴봤다. 이번에는 append를 이용하여 슬라이스에 원소를 추가할 때 데이터 경쟁이 발생하는지 알아보자. 정답을 미리 말하자면, 상황에 따라 다르다.

다음 예제를 보자. 슬라이스 하나를 초기화한 뒤 고루틴 두 개를 생성한다. 고루틴은 각각 append로 슬라이스를 새로 만들어서 원소를 추가한다.

```
s := make([]int, 1)

go func() { -------------- ❶
    s1 := append(s, 1)
    fmt.Println(s1)
}()
```

```
go func() { --------------- ❶
    s2 := append(s, 1)
    fmt.Println(s2)
}()
```

❶ 새로 만든 고루틴에서 s에 원소를 추가한다.

이 코드에서 데이터 경쟁이 발생할까? 그렇지 않다.

3장에서 슬라이스의 기본 성질에 대해 설명한 것을 기억하는가? 슬라이스는 내부적으로 배열로 구현되어 있으며 길이와 용량이라는 두 가지 성질을 갖는다. 길이(length)는 슬라이스에 담긴 원소 개수를 말하고, 용량(capacity)은 내부 배열에 담을 수 있는 총 원소 개수를 말한다. append의 동작은 슬라이스가 가득 찼을 때('길이 == 용량'일 때)와 그렇지 않을 때가 다르다. 슬라이스가 가득 찼다면 고 런타임은 내부 배열을 새로 만든 뒤 원소를 추가하고, 그렇지 않으면 기존 내부 배열에 원소를 추가한다.

이 예제에서는 make([]int, 1)로 슬라이스를 만든다. 그래서 길이가 1이고 용량이 1인 슬라이스가 생성된다. 슬라이스가 이미 가득 찬 상태이기 때문에 고루틴마다 append를 호출하면 새로 생성된 내부 배열 기반의 슬라이스를 리턴한다. 기존 배열을 변경하지 않기 때문에 데이터 경쟁이 발생하지 않는 것이다.

같은 예제에서 s를 초기화하는 방식을 살짝 바꿔보자. 길이가 1인 슬라이스 대신, 용량은 1이고 길이는 0인 슬라이스를 만들어보겠다.

```
s := make([]int, 0, 1) ---------- ❶

// 나머지 코드는 같다.
```

❶ 슬라이스 초기화 방식을 바꾼다.

이렇게 바꾸면 데이터 경쟁이 발생한다.

```
==================
WARNING: DATA RACE
Write at 0x00c00009e080 by goroutine 10:
  ...

Previous write at 0x00c00009e080 by goroutine 9:
  ...
==================
```

이번에는 make([]int, 0, 1)로 슬라이스를 생성했다. 그래서 내부 배열이 가득 찬 상태가 아니다. 이때 두 고루틴 모두 내부 배열의 동일한(인덱스가 1인) 지점을 업데이트하려고 하기 때문에 경쟁 상태가 발생한다.

두 고루틴이 s의 초기 상태에서 원소를 하나 더 추가한 슬라이스에 접근할 때 데이터 경쟁이 발생하지 않게 하려면 어떻게 해야 할까? s의 복제본을 만들면 된다.

```go
s := make([]int, 0, 1)

go func() {
    sCopy := make([]int, len(s), cap(s))
    copy(sCopy, s) ------------------------ ❶

    s1 := append(sCopy, 1)
    fmt.Println(s1)
}()

go func() {
    sCopy := make([]int, len(s), cap(s))
    copy(sCopy, s) ------------------------ ❶

    s2 := append(sCopy, 1)
    fmt.Println(s2)
}()
```

❶ 복제한 슬라이스에 대해 append를 적용한다.

두 고루틴 모두 슬라이스를 복제한다. 그리고 나서 append를 원본 슬라이스가 아니라 복제한 슬라이스에 적용한다. 그러면 두 고루틴이 서로 다른 데이터를 다루기 때문에 데이터 경쟁이 발생하지 않는다.

슬라이스와 맵에서 발생하는 데이터 경쟁

데이터 경쟁은 슬라이스와 맵에 어떤 영향을 미칠까? 고루틴이 여러 개일 때 다음과 같은 결과가 나온다.

- 여러 고루틴이 동일한 인덱스로 슬라이스를 업데이트하면 데이터 경쟁이 발생한다. 고루틴이 동일한 메모리 지점을 접근하는 것이다.
- 슬라이스에서 인덱스를 다르게 지정해서 접근하면 연산 종류에 관계없이 데이터 경쟁이 발생하지 않는다. 인덱스가 다르다는 말은 메모리 위치가 다르다는 뜻이다.

- 여러 고루틴이 동일한 맵에 접근할 때(키가 같건 다르건) 최소 1개 이상의 고루틴이 맵을 업데이트한다면 데이터 경쟁이 발생한다. 슬라이스와 다른 점은 뭘까? 3장에서 설명했듯이, 맵은 버킷으로 구성된 배열이며 각 버킷은 키-값 쌍으로 구성된 배열에 대한 포인터다. 이러한 버킷에 대한 배열 인덱스는 해싱 알고리즘(hashing algorithm)으로 결정한다. 이 알고리즘은 맵을 초기화하는 과정에서 어느 정도 무작위성을 추가하기 때문에 실행할 때마다 동일한 배열 인덱스가 나올 수도 있고, 그렇지 않을 수도 있다. 레이스 디텍터(race detector, 경쟁 감지기)는 데이터 경쟁의 실제 발생 여부와 관계없이 이런 코드를 발견하면 경고를 보낸다.

동시성 문맥에서 슬라이스에 대해 append를 호출할 때 데이터 경쟁이 발생할 수 있다는 사실을 명심하자. 슬라이스가 가득 찼는지에 따라 동작이 달라질 수 있다. 슬라이스가 가득 차 있다면 경쟁이 발생하지 않지만, 그렇지 않으면 여러 고루틴이 동일한 배열 인덱스로 업데이트하기 위해 데이터 경쟁이 발생하게 된다.

일반적으로 슬라이스가 가득 찼는지에 따라 구현을 다르게 하지는 않는다. 동시성 애플리케이션에서 공유 슬라이스에 대해 append를 호출할 때 데이터 경쟁이 발생하지 않게 만들어야 한다.

다음으로는 슬라이스와 맵에 대해 뮤텍스 잠금을 잘못 적용하는 실수에 대해 알아보겠다.

9.10 / #70 슬라이스와 맵에 뮤텍스를 잘 적용하라

동시성 문맥에서 데이터가 변경 가능하면서 동시에 공유되고 있다면, 뮤텍스를 이용하여 데이터 구조체에 대한 접근을 제어하는 기능을 구현해야 한다. 이 과정에서 슬라이스나 맵을 다루는 코드에 뮤텍스를 잘못 적용하는 실수를 저지르기 쉽다. 이 절에서는 구체적인 예제를 통해 어떤 문제가 발생할 수 있는지 알아보겠다.

고객의 잔액을 캐시에 저장하기 위한 Cache 구조체를 구현해보자. 이 구조체는 고객 ID와 잔액을 매핑하는 맵, 그리고 동시 접근을 제어하기 위한 뮤텍스로 구성된다.

```
type Cache struct {
    mu       sync.RWMutex
    balances map[string]float64
}
```

다음으로 balances 맵을 수정하는 AddBalance 메서드를 추가한다. 수정 작업은 (뮤텍스 잠금을 이용하는) 크리티컬 섹션에서 처리한다.

```go
func (c *Cache) AddBalance(id string, balance float64) {
    c.mu.Lock()
    c.balances[id] = balance
    c.mu.Unlock()
}
```

여기에 모든 고객의 평균 잔액을 계산하는 메서드도 구현해야 한다. 이를 위해 다음과 같이 최소한의 크리티컬 섹션을 처리하게 만드는 방법을 떠올릴 수 있다.

```go
func (c *Cache) AverageBalance() float64 {
    c.mu.RLock()
    balances := c.balances ----------------- ❶
    c.mu.RUnlock()

    sum := 0.
    for _, balance := range balances { ----- ❷
        sum += balance
    }
    return sum / float64(len(balances))
}
```

❶ balances 맵의 복제본을 만든다.

❷ 크리티컬 섹션 밖에서 복제본에 대해 반복한다.

먼저 맵의 복제본을 만들어서 로컬 변수인 balances에 저장한다. 복제본을 만드는 작업만 크리티컬 섹션에서 만들고, 각각의 잔액에 대해 반복하면서 평균을 구하는 작업은 크리티컬 섹션 밖에서 한다. 이렇게 하면 될까?

AddBalance를 호출해서 balances를 수정하는 고루틴과 AverageBalance를 호출하는 고루틴을 -race 플래그를 설정한 상태로 시험 삼아 돌려보면 데이터 경쟁이 발생한다. 어디서 문제가 생긴 걸까?

맵은 내부적으로 runtime.hmap 구조체로 되어 있으며 대부분 (카운터와 같은) 메타 데이터와 데이터 버킷을 참조하는 포인터로 구성된다. 따라서 balances := c.balances라는 문장은 실제 데이터를 복제하지 않는다. 이는 슬라이스도 마찬가지다.

```
s1 := []int{1, 2, 3}
s2 := s1
s2[0] = 42
fmt.Println(s1)
```

s1을 출력하면 [42 2 3]이란 결과가 나온다. s2를 수정해도 그렇다. 그 이유는 s2 := s1에서 슬라이스가 새로 생성되기 때문이다. s2는 s1과 길이와 용량, 그리고 기반이 되는 내부 배열도 같다.

다시 예제로 돌아와서, c.balances와 똑같은 데이터 버킷을 참조하는 새로운 맵을 balances에 대입한다. 한편 두 고루틴은 동일한 데이터 집합에 대해 연산을 수행하는데, 그중 하나는 데이터를 수정한다. 그래서 데이터 경쟁이 발생하는 것이다. 이 문제를 어떻게 하면 해결할 수 있을까? 방법은 두 가지가 있다.

(이 예제처럼 증가 연산을 수행해야 해서) 반복 연산이 크게 부담되지 않는다면 함수 전체를 보호한다.

```
func (c *Cache) AverageBalance() float64 {
    c.mu.RLock()
    defer c.mu.RUnlock() -------------------- ❶

    sum := 0.
    for _, balance := range c.balances {
        sum += balance
    }
    return sum / float64(len(c.balances))
}
```

❶ 함수가 리턴하면 잠금을 해제한다.

여기서는 함수 전체가 크리티컬 섹션이다. 반복문도 그 안에 들어 있다. 그래서 데이터 경쟁이 발생하지 않는다.

또 다른 방법은 반복 연산이 부담되는 경우에 사용한다. 연산은 데이터의 복제본에 대해 직접 수행하고 복사하는 과정만 보호한다.

```
func (c *Cache) AverageBalance() float64 {
    c.mu.RLock()
    m := make(map[string]float64, len(c.balances)) ------- ❶
```

```
        for k, v := range c.balances {
            m[k] = v
        }
        c.mu.RUnlock()

        sum := 0.
        for _, balance := range m {
            sum += balance
        }
        return sum / float64(len(m))
    }
```

❶ 맵을 복제한다.

깊은 복제를 수행하고 나서 뮤텍스를 해제한다. 반복문은 크리티컬 섹션 밖의 복제본에 대해 수행한다.

방금 설명한 방법에 대해 좀 더 생각해보자. 여기서는 맵의 값에 대해 두 번 반복해야 한다. 한 번은 복제하고, 다른 한 번은 (이 예제의 증가 연산처럼) 본래 하려던 연산을 수행한다. 그런데 크리티컬 섹션은 맵의 복제본만 해당한다. 따라서 이 방법은 연산이 그리 빠르지 않을 때만 적합하다. 가령, 연산을 수행하는 데 외부 데이터베이스를 호출해야 하는 상황이라면 꽤 효율적일 것이다. 두 가지 방법 중 어느 것이 나은지에 대한 정량적인 기준은 명확히 세우기 힘들다. 원소 개수나 구조체의 평균 크기 같은 요인에 영향을 받기 때문이다.

정리하면, 뮤텍스 잠금의 범위 설정은 주의해서 처리해야 한다. 이 절에서는 기존 맵(또는 기존 슬라이스)을 새로운 맵에 대입한다고 해서 데이터 경쟁을 완벽히 막을 수 없는 이유에 대해 살펴봤다. 새로운 변수가 맵과 슬라이스 중 어느 것이든 내부 데이터 집합은 동일하다. 이럴 때 데이터 경쟁을 막는 방법은 두 가지다. 하나는 함수 전체를 보호하는 것이고, 다른 하나는 데이터의 복제본을 만들어서 처리하는 것이다. 어느 경우든 크리티컬 섹션을 주의해서 정해야 하며, 그 경계도 명확히 정의해야 한다.

다음 절에서는 sync.WaitGroup을 사용하는 과정에서 흔히 저지르는 실수에 대해 알아보자.

9.11 / #71 sync.WaitGroup을 잘 사용하라

sync.WaitGroup은 연산 n개가 끝나길 기다리는 메커니즘이다. 일반적으로 고루틴 n개가 끝나길 기다리는 용도로 사용한다. 먼저 공용 API에 대해 복습하고 나서, 비결정적인 동작으로 인해 자주 저지르는 실수에 대해 살펴보자.

대기 그룹은 sync.WaitGroup으로 생성할 수 있다.

```
wg := sync.WaitGroup{}
```

내부적으로 sync.WaitGroup은 카운터를 가지고 있으며 디폴트 값은 0이다. 이 카운터는 Add(int) 메서드로 증가시킬 수 있고, Done() 또는 Add에 음수 값을 지정해서 감소시킬 수 있다. 카운터가 0이 되길 기다리고 싶다면, 멈추고 기다리는 Wait() 메서드를 사용해야 한다.

> Note ☰ 카운터 값이 음수가 되면 고루틴이 패닉이 발생한다.

다음 예제를 보자. 대기 그룹을 초기화하고 카운터를 원자 연산으로 증가시키는 고루틴 세 개를 구동시킨 뒤, 각각이 카운터 값을 출력하고 끝나길 기다린다(출력 값은 3이어야 한다). 코드를 다음과 같이 구현했을 때 어디가 잘못됐을까?

```
wg := sync.WaitGroup{}
var v uint64

for i := 0; i < 3; i++ {
    go func() {  -------------------- ❶
        wg.Add(1)  -------------------- ❷
        atomic.AddUint64(&v, 1) ----- ❸
        wg.Done()  -------------------- ❹
    }()
}

wg.Wait()  --------------------------- ❺
fmt.Println(v)
```

❶ 고루틴을 생성한다.

❷ 대기 그룹의 카운터를 증가시킨다.

❸ v를 원자 연산으로 증가시킨다.

❹ 대기 그룹 카운터를 감소시킨다.

❺ 모든 고루틴이 v를 증가시키고 나서 출력할 때까지 기다린다.

이 코드는 비결정적인 방식으로 실행되므로 실행할 때마다 0에서 3 사이의 값 중에서 임의로 출력된다. 또한 --race 플래그를 지정하고 실행시키면 고 런타임이 데이터 경쟁을 잡아낸다. sync/atomic 패키지로 v를 업데이트하는데도 왜 이런 일이 발생할까? 코드 중 어디에 문제가 있는 걸까?

원인은 wg.Add(1)이 부모 고루틴이 아닌, 새로 생성된 고루틴에서 호출되기 때문이다. 따라서 wg.Wait()를 호출하기 전에 대기 그룹에게 세 고루틴이 끝나길 기다리도록 알리지 못할 수 있다.

그림 9-11은 이 코드가 2를 출력하는 경우다. 여기서 메인 고루틴은 고루틴을 세 개 띄운다. 그런데 마지막 고루틴은 첫 번째와 두 번째 고루틴이 이미 wg.Done()을 호출한 뒤에 실행된다. 따라서 부모 고루틴은 이미 잠금이 해제된 상태이므로, 그림 9-11과 같은 경우에는 메인 고루틴이 v를 읽을 때 2가 된다. 경쟁 감지기도 v에 접근하는 부분이 안전하지 않다고 감지한다.

▼ 그림 9-11 마지막 고루틴이 wg.Add(1)을 호출할 때는 이미 메인 고루틴의 잠금이 해제된 상태다.

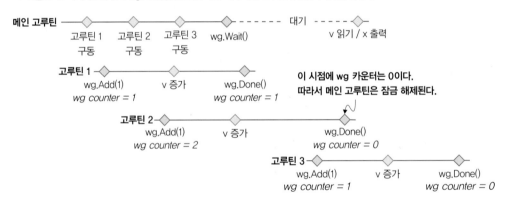

고루틴을 다룰 때는 동기화하지 않으면 비결정적으로 실행될 수 있음을 명심하자. 예를 들어, 다음 코드는 ab를 출력할 수도 있고, ba를 출력할 수도 있다.

```
go func() {
    fmt.Print("a")
}()
go func() {
    fmt.Print("b")
}()
```

두 고루틴은 서로 다른 스레드에 할당되어 어느 스레드가 먼저 실행될지 모른다.

CPU는 순서를 보장하기 위해 메모리 펜스(memory fence)(또는 메모리 배리어(memory barrier))를 사용한다. 고 언어는 메모리 펜스를 구현하기 위한 동기화 기법을 다양하게 제공한다. 가령 sync. WaitGroup을 이용하면 wg.Add와 wg.Wait 사이의 발생 전(happen-before) 관계를 보장할 수 있다.

다시 예제로 돌아와서, 문제를 해결하는 방법은 두 가지다. 하나는 wg.Add를 호출하고 나서 3까지 반복하는 것이다.

```
wg := sync.WaitGroup{}
var v uint64

wg.Add(3)
for i := 0; i < 3; i++ {
    go func() {
        // ...
    }()
}

// ...
```

또 다른 방법은 반복할 때마다 wg.Add를 호출하고 나서 자식 고루틴을 구동시키는 것이다.

```
wg := sync.WaitGroup{}
var v uint64

for i := 0; i < 3; i++ {
    wg.Add(1)
    go func() {
        // ...
    }()
}

// ...
```

두 방법 모두 문제를 해결할 수 있다. 대기 그룹 카운터에 맨 마지막으로 설정하려는 값을 미리 알수 있다면 첫 번째 방법을 사용한다. 그러면 wg.Add를 여러 번 호출하지 않아도 된다. 하지만 미묘한 버그가 발생하지 않게 하려면 모두 동일한 카운트 값을 사용하도록 보장해야 한다.

지금까지 설명한, 고 프로그래머가 흔히 저지르는 실수를 똑같이 저지르지 않도록 주의하자. sync.WaitGroup을 사용할 때 Add 연산을 먼저 수행하고 나서 고루틴을 부모에서 구동시켜야 한다. 반면, Done 연산은 그 고루틴 안에서 실행해야 한다.

다음 절에서는 sync 패키지에서 제공하는 또 다른 기본 연산인 sync.Cond에 대해 알아보겠다.

9.12 / #72 sync.Cond를 잘 활용하라

sync.Cond는 sync 패키지에 있는 동기화 관련 기본 요소 중에서도 사용 빈도와 인지도가 가장 낮지만 채널로는 할 수 없는 기능을 제공한다. 이 절에서는 sync.Cond가 유용한 상황과 사용법에 대해 구체적인 예제를 통해 알아보자.

이 예제는 기부 목표 메커니즘을 구현한다. 다시 말해 정해진 목표를 달성하면 알림을 보내는 것이다. 이를 위해 잔액을 증가시키는(업데이터(updater)) 고루틴 하나, 업데이트를 받아서 주어진 목표를 달성하면 메시지를 출력하는(리스너(listener)) 고루틴 하나를 만든다. 예를 들어, 목표액이 10달러면 한 고루틴은 그 값에 도달할 때까지 기다리고, 다른 고루틴은 15달러에 도달할 때까지 기다린다.

당장 떠올릴 수 있는 방법은 뮤텍스를 이용하는 것이다. 업데이터 고루틴이 매초 잔액을 증가시키고, 리스너 고루틴은 목표 금액에 도달할 때까지 루프를 돈다.

```go
type Donation struct {  ----------------------------------- ❶
    mu sync.RWMutex
    balance int
}
donation := &Donation{}

// 리스너 고루틴
f := func(goal int) {  --------------------------------- ❷
    donation.mu.RLock()
    for donation.balance < goal {  -------------------- ❸
        donation.mu.RUnlock()
        donation.mu.RLock()
    }
    fmt.Printf("$%d goal reached\n", donation.balance)
    donation.mu.RUnlock()
}
go f(10)
go f(15)

// 업데이터 고루틴
go func() {
    for {  --------------------------------------------- ❹
        time.Sleep(time.Second)
```

```
        donation.mu.Lock()
        donation.balance++
        donation.mu.Unlock()
    }
}()
```

❶ 현재 잔액과 뮤텍스로 구성된 Donation 구조체를 생성하고 초기화한다.

❷ 클로저를 생성한다.

❸ 목표 금액에 도달했는지 확인한다.

❹ 잔액을 계속 증가시킨다.

공유 변수인 donation.balance에 대한 접근은 뮤텍스로 보호한다. 위 코드를 실행하면 예상대로
작동하는 것을 볼 수 있다.

```
$10 goal reached
$15 goal reached
```

하지만 여기서 (최악의 구현이라고 여길 수 있는) 가장 큰 문제점은 비지 루프로 구현했다는 것이
다. 리스너 고루틴은 목표 금액에 도달할 때까지 계속 반복하면서 상당한 양의 CPU 사이클을 소
비하기 때문에 CPU 사용량이 어마어마하다. 이 점을 개선해야 한다.

그럼 잠시 생각해보자. 잔액이 변경되면 업데이터 고루틴에서 시그널을 보낼 방법이 필요하다. 고
언어에서 시그널을 보내는 대표적인 방법은 채널이다. 따라서 이번에는 채널을 사용하도록 구현
해보자.

```
type Donation struct {
    balance int
    ch      chan int -------------------------------- ❶
}
donation := &Donation{ch: make(chan int)}

// 리스너 고루틴
f := func(goal int) {
    for balance := range donation.ch { --------------- ❷
        if balance >= goal {
            fmt.Printf("$%d goal reached\n", balance)
            return
        }
    }
}
```

```
go f(10)
go f(15)

// 업데이터 고루틴
for {
    time.Sleep(time.Second)
    donation.balance++
    donation.ch <- donation.balance  ------------------ ❸
}
```

❶ 채널 하나를 갖도록 Donation을 수정한다.

❷ 채널 업데이트를 수신한다.

❸ 잔액이 변경될 때마다 메시지를 보낸다.

리스너 고루틴은 모두 공유 채널로부터 메시지를 받는다. 한편 업데이터 고루틴은 잔액이 변경될 때마다 메시지를 보낸다. 이 버전을 실행해보면 다음과 같이 출력된다.

```
$11 goal reached
$15 goal reached
```

첫 번째 고루틴은 잔액이 11달러가 아니라 10달러가 될 때 메시지를 받았어야 한다. 왜 이렇게 된 걸까?

채널에 보낸 메시지를 받을 수 있는 고루틴은 하나뿐이다. 이 예제에서 첫 번째 고루틴이 두 번째 고루틴보다 먼저 채널을 수신한 경우는 그림 9-12와 같다.

▼ 그림 9-12 첫 번째 고루틴이 1달러 메시지를 받고 두 번째 고루틴은 2달러 메시지를 받고 첫 번째 고루틴이 3달러 메시지를 받는 식으로 이어나간다.

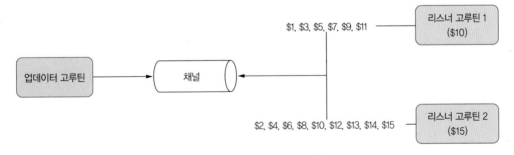

여러 고루틴이 공유 채널 하나를 수신할 때 적용되는 디폴트 분배 모드는 라운드 로빈(round-robin)이다. 어느 한 고루틴이 메시지를 받을 수 있는 상태가 아닌 경우(즉, 채널이 대기 상태에 있지 않다면) 변경할 수 있다. 그러면 고 런타임은 메시지를 다음 번째로 수신 가능한 고루틴에게 전달한다.

메시지는 어느 한 고루틴만 받는다. 따라서 이 예제에서 첫 번째 고루틴은 $10란 메시지를 받지 못했지만, 두 번째 고루틴은 받았다. 채널을 닫을 때만 모든 고루틴에 전달된다. 하지만 여기서는 채널을 닫으면 안 된다. 업데이터 고루틴이 메시지를 못 보낼 가능성이 있기 때문이다.

이 상황에서 채널을 사용하면 또 다른 문제가 발생한다. 리스너 고루틴은 목표 금액에 도달하면 리턴한다. 따라서 업데이터 고루틴은 모든 리스너가 더 이상 채널로부터 메시지를 받으면 안 되는 시점을 알아야 한다. 그렇지 않으면 나중에 채널이 가득 차서 메시지를 보내는 고루틴이 멈추고 기다려야 한다. 이를 해결하기 위한 한 가지 방법은 sync.WaitGroup을 추가하는 것이다. 하지만 솔루션이 더 복잡해진다는 단점이 있다.

가장 좋은 방법은 잔액이 변경되면 여러 고루틴에게 브로드캐스팅하는 것이다. 다행히 고 언어는 그런 메커니즘을 제공한다. 그게 바로 sync.Cond다. 먼저 기본 개념부터 파악한 다음, 이를 활용하여 예제의 문제를 해결하는 방법을 살펴보자.

공식 문서[4]에서는 다음과 같이 설명한다.

> Cond는 이벤트 발생을 알리거나 기다리는 고루틴의 랑데뷰 포인트인 상태 변수(condition variable, 조건 변수)를 구현한다.

상태 변수는 특정 상태를 기다리는 스레드(여기서는 고루틴)를 담고 있다. 이 예제에서는 잔액 수정이란 상태를 기다린다. 업데이터 고루틴은 잔액이 변경되면 모든 고루틴에게 알림을 보내고(브로드캐스팅), 리스너 고루틴은 알림이 올 때까지 기다린다. 또한 sync.Cond는 데이터 경쟁을 방지하는 데 sync.Locker(*sync.Mutex 또는 *sync.RWMutex)를 사용한다. 이렇게 구현한 코드는 다음과 같다.

```
type Donation struct {
    cond *sync.Cond -------------------------------------- ❶
    balance int
}

donation := &Donation{
    cond: sync.NewCond(&sync.Mutex{}), -------------------- ❷
}
```

---

4 https://pkg.go.dev/sync

```go
// 리스너 고루틴
f := func(goal int) {
    donation.cond.L.Lock()
    for donation.balance < goal {
        donation.cond.Wait() ---------------------------- ❸
    }
    fmt.Printf("%d$ goal reached\n", donation.balance)
    donation.cond.L.Unlock()
}
go f(10)
go f(15)

// 업데이터 고루틴
for {
    time.Sleep(time.Second)
    donation.cond.L.Lock()
    donation.balance++ ----------------------------------- ❹
    donation.cond.L.Unlock()
    donation.cond.Broadcast() --------------------------- ❺
}
```

❶ *sync.Cond를 추가한다.

❷ sync.Cond는 뮤텍스를 사용한다.

❸ 잠금/잠금 해제 사이에서 (잔액이 변경되는) 상태를 기다린다.

❹ 잠금/잠금 해제 사이에서 잔액을 증가시킨다.

❺ (잔액이 변경되는) 상태가 됐음을 브로드캐스팅한다.

먼저 sync.NewCond로 *sync.Cond를 생성한 뒤, *sync.Mutex를 제공한다. 그러면 리스너와 업데이터 고루틴은 어떻게 될까?

리스너 고루틴은 목표 금액에 도달할 때까지 루프를 돈다. 루프를 돌 때 Wait 메서드를 이용하여 원하는 상태가 될 때까지 멈추고 기다린다.

> Note ≡ 여기서 상태(condition)의 뜻에 대해 부연 설명할 필요가 있다(확실히 이해해야 하기 때문이다). 현재 문맥에서 상태란 잔액이 업데이트되는 상황을 말한다. 원하는 목표 금액에 도달한 상태를 말하는 것이 아니다. 따라서 상태 변수 하나를 두 리스너 고루틴이 공유한다.

Wait는 반드시 크리티컬 섹션 안에서 호출해야 하는데, 좀 이상하다고 생각할 수 있다. 잠금을 설정하면 동일한 상태에 대해 다른 고루틴이 기다리지 못하는 게 아닌가? 실제로 Wait는 다음과 같이 구현한다.

1. 뮤텍스 잠금을 해제한다.
2. 고루틴을 일시 정지시키고 알림이 오길 기다린다.
3. 알림이 오면 뮤텍스를 잠근다.

따라서 리스너 고루틴에는 크리티컬 섹션이 다음과 같이 두 개가 있다.

- for donation.balance < goal에서 donation.balance에 접근할 때
- fmt.Printf에서 donation.balance에 접근할 때

이처럼 공유 변수인 donation.balance에 대한 접근을 제어한다.

그렇다면 업데이터 고루틴은 어떻게 될까? 크리티컬 섹션 안에서 잔액을 변경하면 데이터 경쟁을 막을 수 있다. 이렇게 잔액을 변경할 때마다 Broadcast 메서드를 호출해서 잔액이 변경되길 기다리던 고루틴을 깨운다.

따라서 위 예제를 실행하면 본래 의도대로 다음과 같이 실행된다.

```
10$ goal reached
15$ goal reached
```

지금까지 구현한 예제에서 상태 변수는 변경하는 잔액을 기반으로 한다. 따라서 리스너 변수는 기부금이 들어올 때마다 깨어나서 목표 금액에 도달했는지 확인한다. 이렇게 하면 쉴 새 없이 기다리며 검사하는 과정을 반복하면서 CPU 사이클을 낭비하지 않을 수 있다.

sync.Cond를 사용할 때 단점도 있다. 채널을 이용하여 알림을 보낸다면(예 chan struct에 보낼 때), 아무도 받을 수 없는 상태라도 메시지가 버퍼에 저장되어 나중에 전달되도록 보장할 수 있다. sync.Cond를 Broadcast 메서드와 함께 사용하면 여기서 설정한 상태가 되길 기다리는 모든 고루틴을 깨우게 된다. 그런 고루틴이 하나도 없다면 알림은 지나가버린다. 이러한 특성도 반드시 기억하길 바란다.

> **Signal()과 Broadcast()**
>
> 고루틴 한 개만 깨울 때는 Broadcast( ) 대신 Signal( )을 사용해도 된다. chan struct에 논블로킹 방식으로 메시지 하나만 보내는 것과 의미가 같다.
>
> ```go
> ch := make(chan struct{})
> select {
> case ch <- struct{}{}:
> default:
> }
> ```

고 언어에서 시그널을 보내는 기능은 채널로 구현할 수 있다. 여러 고루틴이 받을 수 있는 이벤트는 채널을 닫는 이벤트뿐인데 단 한 번만 발생한다. 따라서 여러 고루틴에 알림을 반복해서 보내고 싶다면 sync.Cond를 사용한다. sync.Cond는 특정한 상태가 되길 기다리는 여러 스레드 묶음을 구성하는 상태 변수를 토대로 작동한다. sync.Cond를 사용하면 특정한 상태를 기다리는 고루틴을 모두 깨우도록 브로드캐스팅 방식으로 시그널을 보낼 수 있다.

다음 절에서는 동시성에 관련하여 제공되는 또 다른 기능인 golang.org/x와 errgroup 패키지에 대해 알아보겠다.

9.13 / #73 errgroup을 활용하라

프로그래밍 언어의 종류에 관계없이, 이미 있는 기능을 새로 만드는 것은 결코 바람직하지 않다. 여러 고루틴을 구동하고 에러를 집계하는 기능을 다시 구현하는 경우는 흔히 볼 수 있다. 그런데 고 언어의 생태계는 이처럼 자주 사용되는 기능을 패키지로 제공한다. 이 절에서는 이런 패키지를 살펴보고 고 프로그래머가 패키지를 잘 다뤄야 하는 이유에 대해서도 알아보자.

golang.org/x는 표준 라이브러리에 대한 확장 기능을 제공하는 리포지터리다. 그 안에 있는 sync 리포지터리를 보면 errgroup이란 패키지를 제공한다.

함수에서 외부 서비스를 호출하는 데 필요한 데이터를 인수로 받는 경우를 생각해보자. 몇 가지 제약 사항 때문에 한 번 호출로 해결할 수 없고 부분 집합으로 나눠서 여러 차례 호출해야 한다. 이때 병렬로 호출할 수 있다(그림 9-13).

▼ 그림 9-13 동그라미는 병렬로 호출할 수 있다.

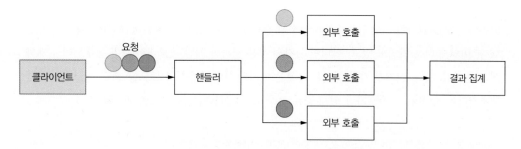

호출하는 동안 에러가 발생하면 리턴하는데, 에러가 여러 개 발생하면 그중 하나만 리턴하려 한다. 이를 동시성에 대한 표준 기능만으로 구현해보자. 코드 골격은 다음과 같다.

```go
func handler(ctx context.Context, circles []Circle) ([]Result, error) {
    results := make([]Result, len(circles))
    wg := sync.WaitGroup{} -------------------- ❶
    wg.Add(len(results))

    for i, circle := range circles {
        i := i --------------------------------- ❷
        circle := circle ---------------------- ❸

        go func() { ---------------------------- ❹
            defer wg.Done() -------------------- ❺
            result, err := foo(ctx, circle)
            if err != nil {
                // ?
            }
            results[i] = result --------------- ❻
        }()
    }

    wg.Wait()
    // ...
}
```

❶ 생성된 모든 고루틴을 기다리는 대기 그룹을 생성한다.

❷ 고루틴에서 사용할 변수 i를 새로 만든다(#63 "고루틴과 루프 변수를 제대로 다뤄라" 참고)

❸ circle도 새로 만든다.

❹ Circle마다 고루틴을 실행한다.

❺ 고루틴의 실행이 끝났음을 알린다.

❻ 결과를 집계한다.

고루틴이 모두 끝나길 기다렸다가 슬라이스에 결과를 집계하는 기능을 sync.WaitGroup으로 구현했다. 이렇게 하는 방법도 있고, 아니면 각각의 부분 결과를 채널로 보내서 다른 고루틴이 집계하게 만들 수도 있다. 여기서 가장 어려운 부분은 메시지 사이의 순서가 중요할 경우, 전달된 순서를 재조정하는 것이다. 그래서 가장 쉽게 공유 슬라이스를 이용하는 방법으로 구현했다.

> Note ≡ 고루틴마다 다른 인덱스에 쓰기 때문에 데이터 경쟁이 발생하지 않는다.

그런데 아직 해결하지 않은, 중요한 경우가 있다. (새 고루틴 안에서 호출한) foo가 에러를 리턴하면 어떻게 할까? 어떤 식으로 처리해야 할까? 방법은 다음과 같이 여러 가지가 있다.

- results 슬라이스처럼 에러 슬라이스를 여러 고루틴끼리 공유한다. 고루틴마다 발생한 에러를 이 슬라이스에 기록한다. 부모 고루틴에서 이 슬라이스에 대해 반복하면서 에러가 발생했는지 확인한다(시간 복잡도는 O(n)이다).
- 여러 고루틴이 공유 뮤텍스를 통해 에러 변수 하나에 접근하게 만든다.
- 에러 채널을 공유하고, 메시지를 받아서 에러를 처리하는 작업은 부모 고루틴이 한다.

어느 방법으로 구현하든지 솔루션이 상당히 복잡해진다. 그래서 errgroup 패키지가 나오게 된 것이다.

errgroup은 주어진 컨텍스트에 대해 *Group 구조체를 리턴하는 WithContext 함수 하나만 익스포트한다. 이 구조체는 고루틴 그룹에 대한 동기화와 에러 전달, 컨텍스트 취소 기능을 제공하며 다음과 같은 두 메서드만 익스포트한다.

- **Go**: 새 고루틴에서 호출한다.
- **Wait**: 고루틴이 모두 끝날 때까지 멈추고 기다린다. 모두 끝난 후, 가장 처음 발생한 에러를 리턴한다.

그럼 errgroup을 이용하도록 수정해보자. 먼저 errgroup 패키지를 임포트한다.

```
$ go get golang.org/x/sync/errgroup
```

수정한 코드는 다음과 같다.

```
func handler(ctx context.Context, circles []Circle) ([]Result, error) {
```

```
    results := make([]Result, len(circles))
    g, ctx := errgroup.WithContext(ctx) ---------- ❶

    for i, circle := range circles {
        i := i
        circle := circle
        g.Go(func() error { ---------------------- ❷
            result, err := foo(ctx, circle)
            if err != nil {
                return err
            }
            results[i] = result
            return nil
        })
    }

    if err := g.Wait(); err != nil { -------------- ❸
        return nil, err
    }
    return results, nil
}
```

❶ 부모 컨텍스트를 이용하여 *errgroup.Group을 생성한다.

❷ Go를 호출해서 에러 처리와 결과 집계를 담당하는 고루틴을 새로 띄운다.

❸ Wait를 호출해서 모든 고루틴을 기다린다.

먼저 주어진 부모 컨텍스트에 대해 *errgroup.Group을 생성한다. 반복할 때마다 g.Go로 새 고루틴을 호출한다. 이 메서드는 foo를 호출해서 결과와 에러를 처리하는 클로저인 func() error를 인수로 받는다. 첫 번째 구현과 비교할 때 두드러진 차이는 에러가 발생하면 이 클로저에서 리턴한다는 것이다. 그런 다음 g.Wait를 통해 모든 고루틴이 끝나길 기다린다.

이 솔루션은 (에러 처리를 하지 않아 완전하지 않은) 첫 번째 버전보다 직관적이다. 동시성 요소를 따로 사용할 필요 없이 errgroup.Group만으로 충분히 처리할 수 있다.

또 다른 장점은 공유 컨텍스트라는 것이다. 다음과 같이 세 가지 호출을 병렬로 실행한다고 하자.

- 첫 번째 호출은 에러를 1밀리초에 리턴한다.

- 두 번째와 세 번째 호출은 결과나 에러를 5초 안에 리턴한다.

에러가 발생하면 리턴한다. 이때는 두 번째와 세 번째 호출이 끝나길 기다릴 필요가 없다. errgroup.

WithContext를 사용하면 모든 병렬 호출에 사용되는 공유 컨텍스트를 생성할 수 있다. 첫 번째 호출이 1밀리초에 에러를 리턴하기 때문에, 컨텍스트를 취소해서 다른 고루틴도 취소된다. 따라서 에러가 리턴할 때까지 5초 동안 기다릴 필요가 없다. 이 점은 errgroup을 사용할 때의 또 다른 장점이기도 하다.

> Note ≡ g.Go에서 구동시킨 프로세스는 반드시 컨텍스트를 인식해야(context aware) 한다. 그렇지 않으면 컨텍스트를 취소하더라도 아무런 효과가 발생하지 않는다.

정리하면, 고루틴을 여러 개 띄워서 에러를 처리하고 또 컨텍스트도 전달해야 한다면 errgroup을 사용하는 방법을 생각해볼 만하다. 앞에서 본 것처럼, 이 패키지는 여러 고루틴을 동기화하고 에러와 공유 컨텍스트를 처리하는 기능을 제공한다.

다음은 이 장의 마지막 절로, 고 프로그래머가 sync 타입을 복제할 때 흔히 저지르는 실수에 대해 소개하겠다.

9.14 #74 sync 타입을 복제하지 마라

sync 패키지는 뮤텍스나 상태 변수, 대기 그룹 같은 동기화 요소를 제공한다. 이런 타입은 모두, 복제되면 안 된다는 규칙을 준수해야 한다. 이런 규칙이 존재하는 이유와, 이와 관련하여 발생할 수 있는 문제점에 대해 알아보자.

먼저 카운터를 저장하는 데이터 구조를 스레드에 안전하게 만들어보겠다. 이 구조체에는 각 카운터의 현재 값을 담는 map[string]int가 있다. 또한 접근 제어에 사용할 sync.Mutex도 있다. 여기에 다음과 같이 주어진 이름의 카운터를 증가시키는 increment 메서드를 추가한다.

```go
type Counter struct {
    mu sync.Mutex
    counters map[string]int
}

func NewCounter() Counter {  ------------------- ❶
    return Counter{counters: map[string]int{}}
}
```

```
func (c Counter) Increment(name string) {
    c.mu.Lock() ------------------------------- ❷
    defer c.mu.Unlock()
    c.counters[name]++
}
```

❶ 팩토리 함수

❷ 크리티컬 섹션에서 카운터를 증가시킨다.

값을 증가시키는 작업은 크리티컬 섹션 안(c.mu.Lock()과 defer c.mu.Unlock() 사이)에서 처리한다. 그럼 작성한 메서드를 실행해보자. -race 옵션을 켜고 다음과 같이 고루틴 두 개를 띄워서 각각 카운터를 증가시킨다.

```
counter := NewCounter()

go func() { counter.Increment("foo") }()
go func() { counter.Increment("bar") }()
```

그러면 다음과 같이 데이터 경쟁이 발생한다.

```
==================
WARNING: DATA RACE
...
```

앞에서 만든 Counter에서 뮤텍스가 복제되는 것이 문제의 원인이다. Increment의 리시버가 값이기 때문에 Increment를 호출할 때마다 Counter 구조체를 복제한다. 즉, 그 안에 담긴 뮤텍스도 복제된다. 따라서 증가 작업이 공유 크리티컬 섹션 안에서 처리되지 못한다.

sync 타입은 복제하면 안 된다. 이 규칙은 다음 타입에 적용된다.

- sync.Cond

- sync.Map

- sync.Mutex

- sync.RWMutex

- sync.Once

- sync.Pool

- sync.WaitGroup

그래서 뮤텍스도 복제하면 안 되는 것이다. 그럼 어떻게 해야 할까?

첫 번째 방법은 Increment 메서드의 리시버 타입을 바꾼다.

```go
func (c *Counter) Increment(name string) {
    // 코드는 이전과 같다.
}
```

리시버 타입을 바꾸면 Increment가 호출되더라도 Counter가 복제되지 않는다. 따라서 내부 뮤텍스도 복제되지 않는다.

두 번째 방법으로, 리시버를 처음처럼 값으로 만들고 싶다면 Counter의 mu 필드 타입을 포인터로 바꾼다.

```go
type Counter struct {
    mu *sync.Mutex --------------------- ❶
    counters map[string]int
}

func NewCounter() Counter {
    return Counter{
        mu: &sync.Mutex{}, ------------- ❷
        counters: map[string]int{},
    }
}
```

❶ mu의 타입을 변경한다.
❷ mu의 초기화 방식을 변경한다.

Increment가 값 리시버라면 Counter 구조체는 계속 복제된다. 하지만 mu를 포인터로 바꾸면 포인터만 복제될 뿐 실제 sync.Mutex는 복제되지 않는다. 따라서 이렇게 바꾸면 데이터 경쟁을 막을 수 있다.

> Note ≡ mu의 초기화 방식도 바꿨다. mu가 포인터이기 때문에 Counter를 생성할 때 생략하면 0에 해당하는 값 (nil)으로 초기화된다. 그러면 c.mu.Lock()이 호출될 때 고루틴에서 패닉이 발생한다.

다음과 같은 경우, 의도하지 않게 sync 필드가 복제되는 문제가 발생한다.

- 값 리시버로 된 메서드를 호출하는 경우(앞의 예제에서 본 경우)

- sync를 인수로 받는 함수를 호출하는 경우

- sync 필드를 담은 인수를 받는 함수를 호출하는 경우

어떤 경우든 주의해야 한다. 참고로 위와 같은 경우를 잡아내는 린터도 있다. 예를 들어, go vet을 실행하면 다음과 같다.

```
$ go vet .
./main.go:19:9: Increment passes lock by value: Counter contains sync.Mutex
```

경험칙에 따르면 여러 고루틴이 동일한 sync 원소에 접근해야 한다면, 모두 동일한 인스턴스에 의존하도록 보장해야 한다. 이 규칙은 sync 패키지에 정의된 모든 타입에 적용된다. 포인터를 사용하는 것도 이런 문제를 해결하는 방법 중 하나다. sync 원소에 대한 포인터를 사용하거나 sync 원소를 담은 구조체에 대한 포인터를 사용하면 된다.

9.15 / 요약

- 컨텍스트를 전달할 때 컨텍스트가 취소되면 문제가 발생하는 경우를 주의한다. 예를 들어, 응답을 보내고 나서 컨텍스트를 취소하는 HTTP 핸들러가 있다.

- 고루틴에서 누수가 발생하지 않게 하려면 멈출 계획부터 세우고 나서 구동한다.

- 고루틴과 루프 변수 관련 버그를 방지하려면 로컬 변수를 만들거나 클로저 대신 함수를 호출한다.

- 여러 채널로 구성된 select문을 실행할 때 미묘한 동시성 버그를 발생시키는 잘못된 가정을 세우지 않으려면, 조건에 맞는 케이스가 여러 개일 때 무작위로 선택된다는 사실을 명심한다.

- 알림은 chan struct{} 타입으로 구현한다.

- 동시성 구현에 닐 채널을 활용하면 select문에서 케이스를 제거하는 것처럼 유용하게 써먹을 수 있으니 꼭 알아둔다.

- 주어진 문제에 적합한 타입으로 채널을 정의한다. 엄격한 동기화를 보장하려면 버퍼를 사용하지 않는 채널을 사용해야 한다.

- 버퍼를 사용하는 채널의 크기는 타당한 이유가 없으면 1이 아닌 값으로 지정하지 않는다.
- 스트링 포맷을 지정할 때 기존 함수를 호출할 수 있으므로, 데드락이나 데이터 경쟁이 발생하지 않는지 주의한다.
- append를 호출할 때 데이터 경쟁이 발생할 수 있다. 따라서 공유 슬라이스를 동시에 접근하는 데 append를 사용하면 안 된다.
- 흔히 발생하는 데이터 경쟁을 방지하려면 슬라이스와 맵은 포인터란 사실을 명심한다.
- sync.WaitGroup을 제대로 사용하려면 고루틴을 구동하기 전에 Add 메서드를 먼저 호출한다.
- 여러 고루틴에 알림을 반복해서 보낼 때는 sync.Cond를 이용한다.
- 여러 고루틴을 동기화하고 에러와 컨텍스트를 처리하는 작업은 errgroup 패키지로 구현할 수 있다.
- sync 타입은 복제되면 안 된다.

10장

표준 라이브러리

고 표준 라이브러리(Go standard library)는 언어의 기능을 확장하고 개선하는 핵심 패키지로 구성되어 있다. 가령 고 프로그래머는 HTTP 클라이언트나 서버를 구현하거나 JSON 데이터를 처리하거나 SQL 데이터베이스를 다루는 경우가 있다. 표준 라이브러리에서 이런 기능을 제공한다. 하지만 표준 라이브러리를 잘못 사용하거나 작동 방식을 제대로 이해하지 못해 버그가 발생하거나 프로덕션에 적합하지 않을 수도 있다. 이 장에서는 표준 라이브러리를 사용하는 과정에서 흔히 저지르는 실수에 대해 알아보자.

10.1 / #75 시간 간격을 정확하게 지정하라

표준 라이브러리는 time.Duration을 인수로 받는 함수와 메서드를 제공한다. 그런데 time.Duration은 int64 타입에 대한 앨리어스(alias)이기 때문에 고 언어를 처음 접한 사람은 잘못 이해하고 기간을 다르게 지정하는 실수를 저지르기 쉽다. 예를 들어, 자바나 자바스크립트 프로그래머는 이런 값을 숫자 타입으로 표현한다고 생각하기 쉽다.

매초 클럭 틱을 제공하는 time.Ticker를 새로 만드는 예제를 통해 구체적으로 알아보자.

```
ticker := time.NewTicker(1000)
for {
    select {
    case <-ticker.C:
        // 원하는 작업을 수행한다.
    }
}
```

이 코드를 실행시키면 틱이 초 단위가 아닌 마이크로초(microsecond) 단위로 전달되는 것을 알 수 있다.

time.Duration은 int64 타입으로 구현되어 있기 때문에 위 코드에서 지정한 1000은 int64 타입에 맞는 값이다. 하지만 time.Duration은 두 시점 사이에 경과된 시간을 나노초(nanosecond) 단위로 표현한다. 따라서 NewTicker에 전달되는 시간은 1,000나노초 = 1마이크로초가 된다.

이런 실수를 많이 저지른다. 자바나 자바스크립트 같은 언어의 표준 라이브러리는 이 값을 밀리초로 지정하기 때문이기도 하다.

게다가 time.Ticker의 간격을 1마이크로초로 설정할 때도 int64 값을 직접 전달하면 안 된다. 항상 time.Duration API를 사용해야 실수를 줄일 수 있다.

```
ticker = time.NewTicker(time.Microsecond)
// 또는
ticker = time.NewTicker(1000 * time.Nanosecond)
```

이 책에서 소개하는 실수 중에서 가장 복잡한 것까지는 아니지만, 다른 언어에 익숙한 개발자는 time 패키지에서 제공하는 함수나 메서드에서 값을 밀리초 단위로 받는다고 착각하기 쉽다. time.Duration API를 사용할 때는 시간 단위가 반드시 int64로 지정된다는 사실을 명심하기 바란다.

다음으로는 time.After를 사용할 때 저지르기 쉬운 실수에 대해 알아보겠다.

10.2 #76 흔히 저지르는 time.After와 메모리 누수 관련 실수

time.After(time.Duration)는 채널을 리턴한 뒤 주어진 시간 간격만큼 기다렸다가 만료되면 리턴했던 채널로 메시지를 보낸다. 주로 동시성 코드에서 사용하는데, 일정 기간만큼 잠들게(sleep) 만들고 싶을 때는 time.Sleep(time.Duration)을 사용한다. time.After는 "이 채널에 5초 동안 아무런 메시지가 오지 않으면 …한다."와 같은 동작을 구현하는 데 유용하다. 루프 안에서 time.After를 호출하는 경우가 많은데, 이 절에서 설명하듯이 그렇게 하면 메모리 누수가 발생할 수 있다.

예제를 통해 구체적으로 알아보자. 채널에서 메시지를 계속 받는 함수를 구현한다. 한 시간 동안 아무런 메시지가 오지 않으면 경고 로그를 남긴다. 코드는 다음과 같다.

```
func consumer(ch <-chan Event) {
    for {
        select {
        case event := <-ch: ---------------- ❶
            handle(event)
        case <-time.After(time.Hour): ------ ❷
```

```
            log.Println("warning: no messages received")
        }
    }
}
```

❶ 이벤트를 처리한다.

❷ 아이들(idle) 카운터를 증가시킨다.

여기 나온 select는 두 가지 케이스를 처리한다. 하나는 ch에서 메시지를 받고, 다른 하나는 한 시간 이상 메시지가 오지 않은 경우를 처리한다. 즉, 반복할 때마다 time.After를 평가하면서 타임아웃(timeout, 만료 시간)을 다시 설정(리셋(reset))한다. 얼핏 보면 별 문제없는 것 같다. 하지만 메모리 사용량에 문제가 발생할 수 있다.

앞에서 말했듯이 time.After는 채널을 리턴한다. 이 채널은 루프를 돌 때마다 닫아야 하는데, 그렇게 하지 않아서 문제다. (채널을 포함한) time.After에 의해 생성된 리소스는 주어진 시간이 지나면 채널을 해제하고 메모리도 그때까지만 사용해야 한다. 그렇다면 메모리는 얼마나 필요할까? 고 1.15의 경우, time.After를 호출할 때마다 대략 200바이트가량 쓴다. 받은 메시지가 엄청나게 많을 때(예 시간당 오백만 개) 애플리케이션에서 time.After 리소스를 저장하는 데 쓰는 메모리는 1GB에 육박한다.

그렇다면 반복할 때마다 채널을 직접 닫으면 문제를 해결할 수 있을까? 그렇지 않다. 리턴된 채널은 수신 전용 채널인 <-chan time.Time이라서 닫을 수 없다.

이 문제를 해결하는 방법은 여러 가지가 있는데, 그중 하나는 time.After 대신 컨텍스트를 사용하는 것이다.

```
func consumer(ch <-chan Event) {
    for {                                                                       ❶
        ctx, cancel := context.WithTimeout(context.Background(), time.Hour)     ❷
        select {
        case event := <-ch:
            cancel()                                                            ❸
            handle(event)
        case <-ctx.Done():                                                      ❹
            log.Println("warning: no messages received")
        }
    }
}
```

❶ 메인 루프

❷ 타임아웃이 있는 컨텍스트를 생성한다.

❸ 메시지를 받으면 컨텍스트를 취소한다.

❹ 컨텍스트 취소

이 방법은 루프를 돌 때마다 컨텍스트를 다시 생성한다는 단점이 있다. 고 언어에서 컨텍스트를 생성하는 과정은 그리 가볍지 않다. 예를 들어, 채널 생성이 필요하다. 더 나은 방법은 없을까?

두 번째 방법은 time 패키지의 time.NewTimer를 사용하는 것이다. 이 함수는 다음과 같은 것을 익스포트하는 time.Timer 구조체를 생성한다.

- **C 필드**: 내부 타이머 채널

- **Reset(time.Duration) 메서드**: 시간 간격(duration)을 리셋한다.

- **Stop() 메서드**: 타이머를 멈춘다.

---

time.After 내부 구조

time.After도 time.Timer를 사용한다. 하지만 C 필드만 리턴해서 Reset 메서드에 접근할 수는 없다.

```
package time

func After(d Duration) <-chan Time {
    return NewTimer(d).C --------- ❶
}
```

❶ time.Timer를 새로 만들고 채널 필드를 리턴한다.

---

time.Timer를 이용하도록 수정한 코드는 다음과 같다.

```
func consumer(ch <-chan Event) {
    timerDuration := 1 * time.Hour
    timer := time.NewTimer(timerDuration) ------ ❶

    for { --------------------------------- ❷
        timer.Reset(timerDuration) ------------ ❸
        select {
        case event := <-ch:
            handle(event)
        case <-timer.C: ----------------------- ❹
```

```
            log.Println("warning: no messages received")
        }
    }
}
```

---

❶ 타이머를 새로 만든다.

❷ 메인 루프

❸ 시간 간격을 리셋한다.

❹ 타이머 만료

이렇게 하면 루프를 돌 때마다 Reset 메서드를 호출하는 동작을 반복한다. 하지만 Reset을 호출하는 것이 컨텍스트를 매번 생성하는 것보다는 부담이 없다. 훨씬 빠르고 가비지 컬렉터의 부담도 적다. 힙을 새로 할당할 필요가 없기 때문이다. 따라서 time.Timer를 이용하는 방법이 현재로서는 가장 좋다.

> Note ☰ 예제를 간결하게 구현하기 위해 고루틴이 멈추는 부분을 구현하지 않았다. #62 "멈출 계획 없이 고루틴을 시작하지 마라"에서 설명한 것처럼 그리 바람직한 방법은 아니다. 프로덕션용 코드를 작성할 때는 취소 가능한 컨텍스트 등의 종료 조건을 설정해야 한다. 이때 timer를 생성한 직후에 defer timer.Stop()을 이용하여 time.Timer를 멈추는 코드도 작성해야 한다.

루프 안에서 time.After를 사용한다고 해서 메모리를 많이 잡아먹는 것이 아니다. 반복해서 호출되는 코드가 문제다. 루프는 하나지만 HTTP 핸들러 함수 안에서 time.Timer를 사용하면 이 함수가 여러 번 호출되기 때문에 비슷한 문제가 발생할 수 있다.

일반적으로 time.After를 사용할 때는 주의해야 한다. 생성된 리소스는 타이머가 만료되어야만 해제된다는 사실을 명심하자. time.After 호출이 반복되면 (예 루프 안에서 카프카(Kafka)의 컨슈머(consumer) 함수나 HTTP 핸들러) 메모리 소비가 최고조에 다다를 수 있다. 그럴 때는 time.NewTimer를 사용한다.

다음 절에서는 JSON 처리 중 흔히 저지르는 실수에 대해 알아보자.

10.3 #77 흔히 저지르는 JSON 처리 과정의 실수

고 언어는 encoding/json 패키지를 통해 JSON 관련 기능을 풍부하게 제공한다. 이 절에서는 JSON 데이터의 인코딩(마샬링(marshaling))과 디코딩(언마샬링(unmarshaling)) 과정에서 흔히 저지르는 실수 세 가지에 대해 알아보겠다.

10.3.1 타입 임베딩에 의한 이상 동작

#10 "타입 임베딩을 제대로 하라"에서 여러 가지 발생 가능한 문제점을 소개한 적이 있다. 이번에는 JSON을 처리하는 과정에서 타입 임베딩에 의해 마샬링과 언마샬링 결과가 잘못 나오는 경우에 대해 알아보자.

다음 예제는 ID와 타임스탬프로 구성된 Event 구조체를 생성한다.

```go
type Event struct {
    ID int
    time.Time --------- ❶
}
```

❶ 임베디드 필드

time.Time이 임베디드 필드이기 때문에 앞서 설명했던 것처럼 time.Time 메서드를 Event 레벨에서 직접 접근할 수 있다(예 event.Second()).

임베디드 타입 필드에 JSON을 마샬링하면 어떻게 될까? 구체적인 예제를 통해 알아보자. 먼저 Event 인스턴스를 생성하고 여기에 JSON을 마샬링하는 코드를 다음과 같이 작성한다. 이를 실행하면 어떤 결과가 나올까?

```go
event := Event{
    ID: 1234,
    Time: time.Now(), -------- ❶
}
```

```
b, err := json.Marshal(event)
if err != nil {
    return err
}

fmt.Println(string(b))
```

❶ 구조체 인스턴스를 생성하는 동안 이름 없는 필드는 구조체 이름(Time)을 따른다.

본래 의도한 결과는 다음과 같다.

```
{"ID":1234,"Time":"2023-11-18T21:15:08.381652+02:00"}
```

하지만 실제 실행하면 다음 결과가 나온다.

```
"2023-11-18T21:15:08.381652+02:00"
```

왜 이렇게 나올까? ID 필드와 1234란 값은 어디로 사라졌을까? 이 필드는 익스포트됐기 때문에 마샬링됐어야 했다. 이렇게 된 원인은 크게 두 가지다.

첫째, #10 "타입 임베딩을 제대로 하라"에서 설명했듯이, 임베디드 필드의 타입이 어떤 인터페이스를 구현한다면 임베디드 필드를 담은 구조체도 그 인터페이스를 구현한다. 둘째, 타입에 json.Marshaler 인터페이스를 구현하는 방식으로 디폴트 마샬링 동작을 바꿀 수 있다. 이 인터페이스에는 MarshalJSON 함수 하나만 있다.

```
type Marshaler interface {
    MarshalJSON() ([]byte, error)
}
```

커스텀 마샬링에 대한 예는 다음과 같다.

```
type foo struct{} ------------------------------ ❶

func (foo) MarshalJSON() ([]byte, error) { ----- ❷
    return []byte(`"foo"`), nil --------------- ❸
}

func main() {
    b, err := json.Marshal(foo{}) ------------- ❹
    if err != nil {
        panic(err)
```

```
    }
    fmt.Println(string(b))
}
```

❶ 구조체를 정의한다.

❷ MarshalJSON 메서드를 구현한다.

❸ 정적 응답을 리턴한다.

❹ 그러면 json.Marshal은 앞에서 구현한 커스텀 MarshalJSON을 사용하게 된다.

Marshaler 인터페이스를 구현하는 방식으로 JSON 마샬링의 디폴트 동작을 변경했기 때문에 이 코드는 "foo"를 출력한다.

이제 두 가지 원인에 대해 파악했으니, 다시 본래 예제로 돌아가서 Event 구조체에 대해 살펴보자.

```
type Event struct {
    ID int
    time.Time
}
```

여기서 time.Time은 json.Marshal 인터페이스를 구현한다는 사실을 명심하자. time.Time은 Event에서 임베디드 필드로 만들었기 때문에 컴파일러는 소속 메서드를 모두 승격시킨다. 따라서 Event도 json.Marshal을 구현한다.

결론적으로 json.Marshal에 Event를 전달하면 디폴트 동작이 아닌, time.Time에서 제공하는 마샬링 동작이 적용된다. 그래서 Event를 마샬링할 때 ID 필드가 사라진 것이다.

> Note ☰ json.Unmarshal로 Event를 언마샬링할 때도 이와 정반대의 문제가 발생할 수 있다.

이 문제를 해결하는 방법은 두 가지다. 하나는 임베디드 필드였던 time.Time에 이름을 붙인다.

```
type Event struct {
    ID int
    Time time.Time ---------- ❶
}
```

❶ 이제 time.Time은 더 이상 임베디드 타입이 아니다.

이렇게 바꾼 Event를 마샬링하면 다음과 같은 결과가 출력된다.

```
{"ID":1234,"Time":"2023-11-18T21:15:08.381652+02:00"}
```

time.Time 필드를 임베디드 타입으로 만들고 싶다면 Event에서 json.Marshaler 인터페이스를 구현하는 방법도 있다.

```
func (e Event) MarshalJSON() ([]byte, error) {
    return json.Marshal(
        struct { ------------ ①
            ID   int
            Time time.Time
        }{
            ID:   e.ID,
            Time: e.Time,
        },
    )
}
```

① 이름 없는 구조체를 생성한다.

여기서는 커스텀 MarshalJSON 메서드를 구현하는 동시에, Event 구조를 반영한 익명 구조체를 정의했다. 하지만 이 방법은 MarshalJSON 메서드가 항상 Event 구조체를 최신 상태로 유지해야 한다는 부담이 있다.

임베디드 필드를 다룰 때는 주의해야 한다. 임베디드 필드 타입의 메서드나 필드를 승격시키는 것이 편리할 때도 있지만, 부모 구조체가 인터페이스를 구현하는 사실이 드러나지 않아서 미묘한 버그가 발생할 수 있기 때문이다. 임베디드 필드를 사용할 때는 이러한 부작용이 발생할 수 있다는 사실을 명심해야 한다.

다음 절에서는 time.Time을 사용할 때 흔히 저지르는 JSON 관련 실수에 대해 알아보자.

10.3.2 JSON과 단조 시계

time.Time 타입을 담은 구조체를 마샬링하거나 언마샬링할 때는 예상하지 못한 비교 에러가 발생할 수 있다. 그래서 time.Time을 살펴보고 가정한 사항을 점검하여 이런 실수를 방지하는 것이 좋다.

OS는 단조 시계(monotonic clock)와 벽 시계(wall clock)라는 두 가지 클럭 타입을 사용한다. 이 절에서는 먼저 두 가지 클럭 타입에 대해 알아보고, JSON에서 time.Time을 사용할 때 발생할 수 있는 문제점에 대해 살펴보겠다.

벽 시계는 현재 시각을 결정하는 데 사용된다. 이 시계는 일정하지 않다. 예를 들어, NTP(Network Time Protocol)로 동기화한 클럭은 시간이 앞 또는 뒤로 갑자기 변경될 수 있다. 벽 시계는 경과 시간을 측정하는 데 사용하면 안 된다. 기간이 음수가 되는 등의 이상 동작이 발생할 수 있기 때문이다. 그래서 또 단조 시계라는 타입을 추가로 제공하는 OS가 많다. 단조 시계는 시간이 항상 한 방향으로 흐르도록 보장하며, 시간이 갑자기 바뀌더라도 영향을 받지 않는다. (로컬 쿼츠 시계가 NTP 서버와 다른 속도로 움직이고 있다고 감지할 때와 같이) 주파수가 달라지면 영향을 받을 수 있지만 시간이 갑자기 바뀌는 일은 없다.

다음과 같이 (임베디드 타입이 아닌) time.Time 필드 하나만 담고 있는 Event 구조체를 사용하는 경우를 생각해보자.

```go
type Event struct {
    Time time.Time
}
```

Event 인스턴스를 생성해서 JSON으로 마샬링한 뒤, 다시 다른 구조체로 언마샬링한다. 그러고 나서 두 구조체를 비교해보고 마샬링과 언마샬링 과정이 항상 대칭을 이루는지 알아보자.

```go
t := time.Now()                          ❶
event1 := Event{                         ❷
    Time: t,
}

b, err := json.Marshal(event1)           ❸
if err != nil {
    return err
}

var event2 Event
err = json.Unmarshal(b, &event2)         ❹
if err != nil {
    return err
}

fmt.Println(event1 == event2)
```

❶ 현재 로컬 시각을 가져온다.

❷ Event 구조체의 인스턴스를 생성한다.

❸ JSON으로 마샬링한다.

❹ JSON을 언마샬링한다.

이 코드를 실행하면 어떤 결과가 나올까? true가 아니라 false가 출력된다. 왜 그럴까?

먼저 event1과 event2의 내용을 출력해보자.

```
fmt.Println(event1.Time)
fmt.Println(event2.Time)
```

```
2023-11-10 17:13:08.852061 +0100 CET m=+0.000338660
2023-11-10 17:13:08.852061 +0100 CET
```

event1과 event2의 내용이 다르게 출력되는데, m=+0.000338660 부분을 제외하면 나머지는 같다. 이것이 어떤 의미일까?

고 언어에서는 두 가지 시계에 대한 API를 따로 분리하지 않고 time.Time으로 벽 시계와 단조 시계를 모두 처리한다. time.Now()로 현지 시각을 구하면 두 가지 시계로 표현한 값을 모두 담은 time.Time을 리턴한다.

```
2023-11-10 17:13:08.852061 +0100 CET m=+0.000338660
----------------------------------- --------------
               Wall time              Monotonic time
```

반대로 JSON을 언마샬링할 때는 time.Time 필드에 단조 시계 값은 없고 벽 시계 값만 나온다. 따라서 두 구조체를 비교하면 단조 시계 값이 다르기 때문에 false란 결과가 나온다. 그래서 두 구조체를 출력한 결과도 달라진다. 그렇다면 이 문제를 어떻게 해결해야 할까? 크게 두 가지 방법이 있다.

time.Time의 두 필드를 == 연산자로 비교하면 단조 시계 값을 포함한, 구조체에 담긴 모든 필드를 비교한다. 이렇게 비교하지 않으려면 Equal 메서드를 사용하면 된다.

```
fmt.Println(event1.Time.Equal(event2.Time))
```

```
true
```

또 다른 방법은 두 구조체를 여전히 ==로 비교하되, Truncate 메서드로 단조 시계 값만 제거하는 것이다. 이 메서드는 time.Time 값이 주어진 경과 시간의 배수가 되도록 내림한 결과를 리턴한다.

다음과 같이 경과 시간을 0으로 지정해서 사용할 수 있다.

```go
t := time.Now()
event1 := Event{
    Time: t.Truncate(0), ----------- ❶
}

b, err := json.Marshal(event1)
if err != nil {
    return err
}

var event2 Event
err = json.Unmarshal(b, &event2)
if err != nil {
    return err
}

fmt.Println(event1 == event2) ------- ❷
```

❶ 단조 시계 부분을 제거한다.

❷ == 연산으로 비교한다.

이렇게 하면 time.Time에 나오는 두 가지 필드가 서로 같다는 결과가 나온다. 따라서 true가 출력된다.

> **time.Time과 위치**
>
> time.Time은 시간대를 표현하는 time.Location에도 연결된다는 사실을 명심한다. 예를 들면 다음과 같다.
>
> ```go
> t := time.Now() // 2023-11-10 17:13:08.852061 +0100 CET
> ```
>
> 여기서 위치가 CET로 지정됐는데, 앞에서 사용한 time.Now()는 현지 시각을 리턴하기 때문이다. 이렇게 되면 JSON 마샬링 결과가 위치마다 달라진다. 이렇게 되지 않게 하려면 특정한 위치로 설정해야 한다.
>
> ```go
> location, err := time.LoadLocation("America/New_York") -------------- ❶
> if err != nil {
>     return err
> }
> t := time.Now().In(location) // 2023-11-18 22:47:04.155755 -0500 EST
> ```
>
> ❶ America/New_York에 대한 현재 위치를 구한다.

🔄 계속

아니면 다음과 같이 UTC 시각을 구할 수 있다.

```
t := time.Now().UTC() // 2023-11-18 22:47:04.155755 +0000 UTC
```

정리하면, 이 절에서는 time.Time을 담은 구조체를 통해 마샬링과 언마샬링 프로세스가 항상 대칭을 이루지 않는다는 사실을 알아봤다. 값을 비교하는 경우와 같이 코드를 작성할 때는 이 원칙을 명심하자.

10.3.3 any 타입 맵

데이터를 언마샬링할 때는 구조체 대신 맵을 제공할 수 있다. 맵이 적합한 이유는 키와 값을 확실히 알 수 없을 때는 정적 구조체보다 맵을 전달하는 것이 훨씬 융통성 있게 처리할 수 있기 때문이다. 하지만 잘못된 가정으로 고루틴이 뻗어버리지 않게 하려면 이와 관련된 규칙을 명심해야 한다.

그럼 다음과 같이 맵으로 메시지를 언마샬링하는 예제를 통해 구체적으로 알아보자.

```
b := getMessage()
var m map[string]any
err := json.Unmarshal(b, &m) -------- ❶
if err != nil {
    return err
}
```

❶ 맵 포인터를 제공한다.

위 코드에 다음과 같은 JSON을 제공해보자.

```
{
    "id": 32,
    "name": "foo"
}
```

맵을 범용 타입(map[string]any)으로 정의했기 때문에 여러 필드를 자동으로 파싱한다.

```
map[id:32 name:foo]
```

그런데 any 타입 맵을 사용할 때 반드시 기억해야 할 사항이 있다. 숫자에 소수점이 없더라도 무조건 숫자는 float64 타입으로 변환된다는 것이다. m["id"]를 출력해보면 확인할 수 있다.

```
fmt.Printf("%T\n", m["id"])
```

```
float64
```

따라서 소수점이 없다고 정수로 변환된다고 착각하면 안 된다. 이러한 타입 변환에 관련된 착각으로 고루틴에서 패닉이 발생하는 버그를 만들 수 있다.

다음 절에서는 SQL 데이터베이스를 다루는 애플리케이션을 작성할 때 가장 많이 저지르는 실수에 대해 알아보자.

10.4 / #78 흔히 저지르는 SQL 관련 실수

database/sql 패키지는 SQL 데이터베이스에 대한 범용 인터페이스를 제공한다. 이 패키지를 사용하는 과정에서 흔히 저지르는 실수가 몇 가지 있다. 그중에서 다섯 가지를 골라서 살펴보겠다.

10.4.1 sql.Open이 데이터베이스에 대한 연결을 보장하지 않는다는 사실 잊기

sql.Open 함수가 데이터베이스에 연결한다고 착각하는 경우가 많다.

```
db, err := sql.Open("mysql", dsn)
if err != nil {
    return err
}
```

하지만 반드시 연결하는 것은 아니다. 공식 문서[1]에는 다음과 같이 나와 있다.

Open 함수는 데이터베이스에 연결하지 않고 주어진 인수에 대한 검사만 한다.

---

1 https://pkg.go.dev/database/sql

실제 동작은 사용하는 SQL 드라이버마다 다르다. 어떤 드라이버는 sql.Open에서 연결하지 않고 나중에 (db.Query 등으로) 실제 DB를 사용할 때 필요한 준비 작업만 한다. 따라서 데이터베이스에 처음 연결하는 작업은 나중에 처리될 수 있다.

왜 이렇게 작동한다는 사실을 알아야 할까? 예를 들어, 의존성을 모두 정확히 설정하고 나서 서비스를 사용할 수 있게 만들어야 할 때가 있다. 이를 알지 못하면 설정이 잘못된 상태에서 서비스를 제공하게 된다.

sql.Open을 사용하는 함수가 내부 데이터베이스에 연결할 수 있도록 보장하고 싶다면 다음과 같이 Ping 메서드를 사용한다.

```go
db, err := sql.Open("mysql", dsn)
if err != nil {
    return err
}
if err := db.Ping(); err != nil { --------- ❶
    return err
}
```

❶ sql.Open을 호출하고 나서 Ping 메서드를 호출한다.

Ping을 호출하면 데이터 소스 이름이 올바르고 데이터베이스에 연결이 가능함을 보장할 수 있다. Ping 대신 PingContext를 사용하면 Ping 동작이 취소되거나 주어진 시간 안에 응답받지 못하는 경우에 대한 문맥 정보를 추가로 받을 수 있다.

직관에 어긋나 보일 수도 있지만, sql.Open은 실제로 데이터베이스에 연결하지 않을 수 있고, 최초 연결은 나중에 처리될 수 있음을 명심한다. 현재 설정을 테스트해서 데이터베이스에 접근 가능한 상태인지 확인하려면 sql.Open을 호출하고 나서 Ping이나 PingContext 메서드를 호출한다.

10.4.2 연결 풀 만드는 것 잊기

디폴트 HTTP 클라이언트와 서버의 디폴트 동작을 프로덕션용으로 활용하기에는 적합하지 않듯이(#81 "디폴트 HTTP 클라이언트와 서버를 사용하지 마라" 참고) 데이터베이스에 연결할 때도 고 언어에서 어떻게 처리하는지, 과정을 잘 알아두는 것이 중요하다. sql.Open은 *sql.DB 구조체를 리턴하는데, 여기에 표현된 데이터베이스 연결은 하나가 아니라 여러 연결에 대한 풀(pool)이다. 이 개념을 잘 알아두면 직접 구현하지 않아도 된다. 이러한 연결 풀은 다음과 같이 두 가지 상태가 있다.

- 이미 사용 중인 상태(예 질의를 요청한 다른 고루틴에 의해)

- 대기 상태(idle, 생성됐지만 현재는 사용하고 있지 않은 상태)

풀을 생성하면 다음과 같은 네 가지 설정 매개변수가 제공되는데 이 값은 다른 값으로 덮어쓸 수 있다는 사실도 명심하자. 각 매개변수는 *sql.DB에서 제공하는 메서드로 접근할 수 있다.

- **SetMaxOpenConns**: 데이터베이스에 대해 열린 상태로 연결된 최대 개수(디폴트 값: unlimited)

- **SetMaxIdleConns**: 데이터베이스에 대해 대기 상태로 연결된 최대 개수(디폴트 값: 2)

- **SetConnMaxIdleTime**: 연결을 끊기 전에 대기 상태로 유지할 수 있는 최대 시간(디폴트 값: unlimited)

- **SetConnMaxLifetime**: 연결을 끊기 전에 열린 상태로 유지할 수 있는 최대 시간(디폴트 값: unlimited)

그림 10-1은 최대 연결 수가 5개인 경우다. 여기서 연결이 4개 있는데, 3개는 대기 상태이고 1개는 사용 중이다. 그래서 추가로 하나 더 연결할 수 있는 상태다. 새로운 질의가 들어오면 대기 중인 연결 중에서 사용 가능한 것을 하나 고른다. 대기 상태의 연결이 하나도 없는 경우 풀에 빈 자리가 있다면 연결을 추가로 생성한다. 그렇지 않으면 어느 한 연결이 사용 가능한 상태가 될 때까지 기다린다.

❤ 그림 10-1 최대 5개까지 연결할 수 있는 연결 풀

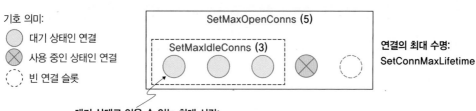

앞에서 본 설정 매개변수를 설정하는 예는 다음과 같다.

- 프로덕션용 애플리케이션에서는 SetMaxOpenConns를 잘 설정해야 한다. 디폴트 설정 값이 unlimited이므로, 데이터베이스에서 처리할 수 있는 적절한 값으로 지정해야 한다.

- (디폴트 값이 2인) SetMaxIdleConns의 값은 애플리케이션에서 생성하는 동시 요청 수에 따

라 늘려야 한다. 그렇지 않으면 재연결 시도가 빈번해진다.

- 애플리케이션에 요청이 몰려올 때는 SetConnMaxIdleTime 값이 중요하다. 애플리케이션이 다시 조용해지면 생성된 연결이 나중에 해제되도록 보장해야 한다.

- SetConnMaxLifetime은 로드밸런싱이 적용된 데이터베이스 서버에 연결할 때 같은 경우에 도움이 된다. 이런 경우는 너무 오래 연결되지 않도록 보장해야 하기 때문이다.

프로덕션급 애플리케이션에 대해서는 네 가지 매개변수를 잘 설정해야 한다. 애플리케이션의 활용 사례에 따라 연결 풀을 여러 개 사용할 수도 있다.

10.4.3 프리페어드 스테이트먼트 사용하지 않기

프리페어드 스테이트먼트(prepared statement)는 반복 사용되는 SQL문을 실행시키도록 여러 SQL 데이터베이스에서 제공하는 기능이다. SQL문은 내부적으로 미리 컴파일되며 데이터와는 분리되어 있다. 프리페어드 스테이트먼트의 장점은 다음과 같이 크게 두 가지다.

- **효율성**: SQL문을 다시 컴파일할 필요가 없다(여기서 컴파일이란 파싱, 최적화, 변환을 말한다).

- **보안**: SQL 주입 공격(SQL injection attack)

따라서 반복 사용할 문장은 프리페어드 스테이트먼트로 만든다. 신뢰할 수 없는 문맥(가령, 인터넷에 엔드포인트를 공개해서 SQL문을 요청받는 경우)에도 프리페어드 스테이트먼트를 사용한다. 사용법은 다음과 같다. *sql.DB의 Query 메서드 대신 Prepare 메서드를 호출한다.

```
stmt, err := db.Prepare("SELECT * FROM ORDER WHERE ID = ?") ----- ❶
if err != nil {
    return err
}
rows, err := stmt.Query(id) -------------------------------------- ❷
// ...
```

❶ 프리페어드 스테이트먼트를 만든다.

❷ 프리페어드 스테이트먼트로 표현된 질의를 실행한다.

프리페어드 스테이트먼트를 만들고 나서 인수를 지정하여 실행시킨다. Prepare 메서드의 첫 번째 출력은 *sql.Stmt로, 재사용할 수 있으며 동시에 실행할 수 있다. 이 스테이트먼트를 더 이상 사용하지 않을 경우 Close() 메서드로 닫아야 한다.

Note ≡   Prepare와 Query 메서드에 대해 문맥 정보를 추가할 수 있는 버전인 PrepareContext와 QueryContext가 제공된다.

효율과 보안이 중요한 상황에서는 프리페어드 스테이트먼트를 사용해야 한다는 걸 잘 기억하자.

10.4.4 널 값 잘못 처리하기

다음으로 살펴볼 실수는 질의에서 널 값을 잘못 처리하는 것이다. 직원의 부서와 나이를 조회하는 구체적인 예를 통해 알아보자.

```
rows, err := db.Query("SELECT DEP, AGE FROM EMP WHERE ID = ?", id) ------ ❶
if err != nil {
    return err
}
// rows는 나중에 닫는다.

var (
    department string
    age int
)
for rows.Next() {
    err := rows.Scan(&department, &age) -------------------------------- ❷
    if err != nil {
        return err
    }
    // ...
}
```

❶ 질의를 실행시킨다.

❷ 행을 하나씩 스캔한다.

질의는 Query로 실행시킨다. 그러고 나서 리턴된 행(row)에 대해 반복하면서, Scan을 이용하여 현재 행의 열(column)을 department와 age 포인터가 가리키는 곳에 저장한다. 이 코드를 실행시키면 Scan을 호출하는 부분에서 다음과 같이 에러가 발생한다.

```
2023/11/29 17:58:05 sql: Scan error on column index 0, name "DEPARTMENT": converting
NULL to string is unsupported
```

여기서 department 값이 NULL이기 때문에 SQL 드라이버에서 에러를 발생시킨다. 열이 널 값을 가질 수 있는 경우, Scan에서 에러가 발생하지 않게 만드는 방법은 두 가지가 있다.

첫 번째 방법은 department를 스트링 포인터로 선언하는 것이다.

```
var (
    department *string ---------------- ❶
    age         int
)
for rows.Next() {
    err := rows.Scan(&department, &age)
    // ...
}
```

❶ 타입을 string에서 *string으로 바꾼다.

Scan에 스트링 타입의 주소를 직접 전달하지 않고 포인터 주소를 지정했다. 그래서 값이 NULL이면 department는 nil이 된다.

두 번째 방법은 sql.NullXXX 타입 중 하나(예 sql.NullString)를 사용하는 것이다.

```
var (
    department sql.NullString ------------- ❶
    age         int
)
for rows.Next() {
    err := rows.Scan(&department, &age)
    // ...
}
```

❶ 타입을 sql.NullString으로 바꾼다.

sql.NullString은 스트링을 포장하는 래퍼다. 그 안에 필드 두 개가 익스포트되어 있는데, String은 스트링 값을 담고 Valid는 그 스트링이 NULL인지 여부를 표현한다.

이렇게 제공되는 래퍼는 다음과 같다.

- sql.NullString

- `sql.NullBool`

- `sql.NullInt32`

- `sql.NullInt64`

- `sql.NullFloat64`

- `sql.NullTime`

두 방법 모두 좋지만 고 언어의 핵심 메인테이너인 러스 콕스(Russ Cox)가 언급한 것처럼 sql.NullXXX를 사용하는 두 번째 방법이 의도를 더 명확히 드러낸다[2].

> **실질적인 차이는 없다. NullString을 선호하는 이유는 널리 사용되는 방법이고 *string보다 의도가 좀 더 명확히 드러나기 때문일 것이다. 하지만 두 방법 모두 좋다.**

따라서 널 값을 가질 수 있는 열(nullable column, 널러블 칼럼)에 대해서는 포인터로 처리하거나 sql.NullXXX 타입을 활용하는 것이 가장 좋다.

10.4.5 행 반복 과정에서 발생하는 에러 처리하지 않기

흔히 저지르는 실수의 또 다른 유형으로, 행을 반복하는 과정에서 발생하는 에러를 놓치는 것을 들 수 있다. 다음과 같이 작성된 함수에서 에러를 제대로 처리하지 못하는 예를 살펴보자.

```go
func get(ctx context.Context, db *sql.DB, id string) (string, int, error) {
    rows, err := db.QueryContext(ctx,
        "SELECT DEP, AGE FROM EMP WHERE ID = ?", id)
    if err != nil { -------------------------------------------- ❶
        return "", 0, err
    }
    defer func() {
        err := rows.Close() --------------------------------- ❷
        if err != nil {
            log.Printf("failed to close rows: %v\n", err)
        }
    }()

    var (
```

---

2 http://mng.bz/rJNX

```
        department string
        age        int
    )
    for rows.Next() {
        err := rows.Scan(&department, &age) ----------------- ❸
        if err != nil {
            return "", 0, err
        }
    }

    return department, age, nil
}
```

❶ 질의를 처리하는 과정에서 발생한 에러 처리하기

❷ 행을 닫는 과정에서 발생한 에러 처리하기

❸ 행을 스캔하는 과정에서 발생한 에러 처리하기

이 함수는 세 가지 에러(질의를 처리하는 과정에서 발생한 에러, 행을 닫는 과정에서 발생한 에러, 행을 스캔하는 과정에서 발생한 에러)를 처리한다. 하지만 이것만으로 충분하지 않다. for rows.Next() {} 루프에서 처리할 행이 없거나 다음 행을 준비하는 과정에서 에러가 발생하면 즉시 빠져나온다. 따라서 행 반복문에서 rows.Err를 호출하여 두 경우 사이를 구분해야 한다.

```
func get(ctx context.Context, db *sql.DB, id string) (string, int, error) {
    // ...
    for rows.Next() {
        // ...
    }

    if err := rows.Err(); err != nil { --------- ❶
        return "", 0, err
    }

    return department, age, nil
}
```

❶ rows.Err를 검사해서 이전 루프가 에러에 의해 중단됐는지 확인한다.

이러한 처리 방식을 반드시 명심해야 한다. rows.Next는 모든 행을 다 돌았거나, 중간에 다음 행을 준비하는 과정에서 에러가 발생하면 멈춘다. 따라서 반복 후에는 반드시 rows.Err를 호출해서 검사해야 한다.

다음으로 단기 리소스를 깜박하고 닫지 않는 실수에 대해 알아보자.

10.5 / #79 단기 리소스를 닫아라

코드의 어느 지점에 이르면 반드시 닫아야 하는 단기 (임시) 리소스(transient resource)를 다루는 경우가 꽤 많다. 예를 들어, 디스크나 메모리 누수를 방지해야 하는 경우가 그렇다. 구조체는 대체로 io.Closer 인터페이스를 구현하여 이러한 단기 리소스를 닫아야 한다는 사실을 표현한다. 리소스를 제대로 닫지 않거나 제대로 처리하지 못하는 경우의 대표적인 예를 세 가지 살펴보겠다.

10.5.1 HTTP 바디

먼저 HTTP 문맥에서 이 문제를 살펴보자. HTTP GET 요청을 보내고 HTTP 바디 응답을 리턴하는 getBody 메서드를 작성한다. 첫 번째 버전은 다음과 같다.

```go
type handler struct {
    client http.Client
    url    string
}

func (h handler) getBody() (string, error) {
    resp, err := h.client.Get(h.url) ---------- ❶
    if err != nil {
        return "", err
    }

    body, err := io.ReadAll(resp.Body) -------- ❷
    if err != nil {
        return "", err
    }

    return string(body), nil
}
```

❶ HTTP GET 요청을 만든다.

❷ resp.Body를 읽어서 [ ]byte 타입인 body로 가져온다.

http.Get으로 받은 응답을 io.ReadAll로 파싱한다. 이렇게 구현해도 문제가 없어 보인다. HTTP 응답 바디도 제대로 리턴하는 것 같다. 하지만 리소스 누수가 발생한다. 어디서 발생하는지 알아 보자.

resp는 *http.Response 타입이다. 여기에는 io.ReadCloser 타입의 Body 필드가 들어 있다(io. ReadCloser는 io.Reader와 io.Closer 둘 다 구현한다). 이 바디는 http.Get이 에러를 리턴하지 않으면 닫아야 한다. 그렇지 않으면 리소스 누수가 발생한다. 이때 애플리케이션에서 더 이상 필 요 없는 메모리를 계속 할당한 상태로 유지한다. 이 메모리는 나중에 GC에 의해 회수되지 않으 며, 최악의 경우 클라이언트가 TCP 연결에 재사용할 수 없게 만든다.

여기서 바디를 제대로 닫는 가장 간편한 방법은 다음과 같이 defer문을 사용하는 것이다.

```
defer func() {
    err := resp.Body.Close()
    if err != nil {
        log.Printf("failed to close response: %v\n", err)
    }
}()
```

이렇게 하면 getBody가 리턴할 때 defer 함수가 실행되면서 바디 리소스를 닫는다.

> Note ☰   서버의 HTTP 핸들러를 구현할 때는 요청 바디를 닫지 않아도 된다. 서버가 알아서 닫아주기 때문이다.

또한, 응답 바디를 읽지 않더라도 반드시 닫아야 한다. 예를 들어, 바디에는 관심 없고 HTTP 상 태 코드만 알고 싶을 경우 무조건 닫아야 누수를 막을 수 있다.

```
func (h handler) getStatusCode(body io.Reader) (int, error) {
    resp, err := h.client.Post(h.url, "application/json", body)
    if err != nil {
        return 0, err
    }

    defer func() { ----------------- ❶
        err := resp.Body.Close()
        if err != nil {
```

```
            log.Printf("failed to close response: %v\n", err)
        }
    }()

    return resp.StatusCode, nil
}
```

❶ 읽지 않아도 응답 바디를 닫는다.

이 함수는 바디를 읽지 않았더라도 닫는다.

반드시 기억할 또 다른 사항은 바디를 읽었을 때와 그렇지 않았을 때는 닫는 동작을 다르게 처리해야 한다는 것이다.

- 읽지 않고 닫을 때는 디폴트 HTTP 트랜스포트에서 연결을 닫을 수 있다.
- 읽고 나서 닫을 때는 디폴트 HTTP 트랜스포트에서 연결을 닫지 않는다. 그래서 재사용될 수 있다.

getStatusCode를 반복 호출하면서 킵-얼라이브(keep-alive) 연결을 사용하고 싶다면 내용물에 관심이 없더라도 바디를 읽어야 한다.

```
func (h handler) getStatusCode(body io.Reader) (int, error) {
    resp, err := h.client.Post(h.url, "application/json", body)
    if err != nil {
        return 0, err
    }

    // 응답 바디를 닫는다.

    _, _ = io.Copy(io.Discard, resp.Body) --------- ❶

    return resp.StatusCode, nil
}
```

❶ 응답 바디를 읽는다.

이 코드는 연결을 유지하기 위해 바디를 읽는다. 여기서 주목할 점이 있다. io.ReadAll을 사용하지 않고 io.Copy에 io.Write를 구현한 io.Discard를 사용했다는 점이다. 이 코드는 바디를 읽지만 복제하지 않고 무시한다. 그래서 io.ReadAll로 처리하는 것보다 효율적이다.

누수를 막기 위해 리소스를 닫는 것은 HTTP 바디를 다룰 때만 필요한 것이 아니다. 일반적으로 io.Closer 인터페이스를 구현하는 구조체라면 모두 일정 시점에 닫아야 한다. 이 인터페이스는 다음과 같이 Close 메서드 하나만 정의되어 있다.

```
type Closer interface {
    Close() error
}
```

이번에는 sql.Rows의 경우를 살펴보자.

---

3   https://pkg.go.dev/net/http

10.5.2 sql.Rows

sql.Rows는 SQL 질의 결과를 담는 구조체다. 이 구조체도 io.Closer를 구현하기 때문에 반드시 닫아야 한다. 다음 코드는 행을 깜박 잊고 닫지 않은 경우를 보여준다.

```go
db, err := sql.Open("postgres", dataSourceName)
if err != nil {
    return err
}

rows, err := db.Query("SELECT * FROM CUSTOMERS") --------- ❶
if err != nil {
    return err
}

// rows를 사용한다.

return nil
```

❶ SQL 질의를 실행한다.

행을 깜박 잊고 닫지 않으면 연결 누수가 발생한다. 그러면 데이터베이스 연결을 다시 연결 풀에 반납할 수 없다.

행을 닫는 작업도 다음과 같이 if err != nil 검사 후에 defer 함수로 처리할 수 있다.

```go
// 연결을 연다.

rows, err := db.Query("SELECT * FROM CUSTOMERS") ------------- ❶
if err != nil {
    return err
}

defer func() { ---------------------------------------------- ❷
    if err := rows.Close(); err != nil {
        log.Printf("failed to close rows: %v\n", err)
    }
}()

// rows를 사용한다.
```

❶ SQL 질의를 실행한다.

❷ 행을 닫는다.

Query를 호출하고 나서 반드시 rows를 닫아야 에러를 리턴하지 않을 때 연결 누수가 발생하는 것을 막을 수 있다.

> Note ≡ 앞에서 설명했듯이, db 변수(*sql.DB 타입)는 연결 풀을 표현한다. 이 타입도 io.Closer 인터페이스를 구현한다. 하지만 공식 문서에 나온 것처럼 sql.DB를 닫을 일은 거의 없다. 본래 오래 열어두고 사용하면서 여러 고루틴이 공유하기 위한 것이기 때문이다.

다음으로는 파일을 다루는 동안 리소스를 닫는 문제에 대해 알아보자.

10.5.3 os.File

os.File은 열린 파일에 대한 디스크립터를 표현한다. sql.Rows와 마찬가지로 반드시 닫아야 한다.

```
f, err := os.OpenFile(filename, os.O_APPEND|os.O_WRONLY, os.ModeAppend) -------- ❶
if err != nil {
    return err
}

defer func() {
    if err := f.Close(); err != nil { ---------------------------------------- ❷
        log.Printf("failed to close file: %v\n", err)
    }
}()
```

❶ 파일을 연다.

❷ 파일 디스크립터를 닫는다.

이 코드는 defer를 이용하여 Close 메서드 호출을 지연시킨다. 파일은 os.File이 가비지 컬렉션될 때 자동으로 '닫히므로' os.File을 닫지 '않아도' 누수가 발생하지는 않는다. 하지만 Close를 명시적으로 호출하는 것이 좋다. GC를 직접 실행시키지 않는 한, 언제 구동될지 알 수 없기 때문이다.

Close를 명시적으로 호출하면 좋은 점이 하나 더 있다. 에러가 리턴되는 것을 적극적으로 모니터링할 수 있다. 예를 들어, 쓰기 가능한 파일을 다루는 경우가 그렇다.

파일 디스크립터에 쓰는 동작은 동기식 연산으로 처리되지 않는다. 성능을 위해 데이터는 버퍼를 거친다. close(2)에 대한 BSD 매뉴얼 페이지를 보면 I/O 에러가 발생했을 때 아직 쓰지 않고 버퍼에 있는 상태에서 닫으면 에러가 발생할 수 있다고 한다. 따라서 파일에 쓸 때 그 파일을 닫는 동안 발생한 에러는 모두 전달해야 한다.

```go
func writeToFile(filename string, content []byte) (err error) {
    // 파일 열기

    defer func() { -------------- ❶
        closeErr := f.Close()
        if err == nil {
            err = closeErr
        }
    }()

    _, err = f.Write(content)
    return
}
```

❶ 쓰기 연산이 정상적으로 수행됐다면 closeErr를 리턴한다.

이 코드에서는 이름 있는 인수를 사용하여 쓰기 연산이 정상 처리되면 f.Close의 응답에 에러를 설정했다. 이렇게 하면 클라이언트는 이 함수에 문제가 발생했는지 알 수 있고, 그에 따른 적절한 동작을 수행할 수 있다.

쓰기 가능한 os.File이 정상적으로 닫히더라도 디스크에 파일을 확실히 쓴다고 보장할 수는 없다. 쓸 내용이 여전히 파일 시스템의 버퍼에 남은 채, 디스크로 내보내지(flush) 않은 상태일 수도 있다. 내구성이 중요하다면 Sync() 메서드를 이용하여 변경 사항을 디스크에 쓰게 만든다. 이때 Close에서 발생한 에러는 무시해도 문제없다.

```go
func writeToFile(filename string, content []byte) error {
    // 파일 열기

    defer func() {
        _ = f.Close() -------- ❶
    }()

    _, err = f.Write(content)
    if err != nil {
        return err
```

```
    }

    return f.Sync() ---------- ❷
}
```

❶ 발생 가능한 에러를 무시한다.

❷ 쓸 내용을 디스크로 보낸다.

이번에는 쓰기 함수를 동기식으로 구현했다. 이렇게 하면 함수가 리턴하기 전에 반드시 내용을 디스크에 쓰도록 보장할 수 있다. 하지만 성능이 떨어지는 단점이 있다.

정리하면, 잠시 사용하는 리소스는 반드시 닫아야 누수를 막을 수 있다. 임시 리소스는 주어진 상황에 맞게 올바른 시점에 닫아야 한다. 닫아야 할 대상을 미리 알 수 없는 경우도 있다. 이런 정보는 API 문서를 주의 깊게 읽거나 경험을 통해 알 수 있다. 이때 io.Closer 인터페이스를 구현하는 구조체는 반드시 Close 메서드를 호출해야 한다는 점을 명심한다. 마지막으로 닫기에 실패할 때 처리하는 방법을 잘 알아야 한다. 로그 메시지만 남겨도 되는지, 아니면 에러를 전달해야 하는지 판단해야 한다. 구체적인 처리 방법은 앞에서 본 예제처럼 구현마다 다르다.

다음으로 HTTP 처리와 관련하여 자주 저지르는 실수인 return문 빠뜨리기에 대해 알아보자.

10.6 #80 HTTP 요청에 응답한 후에는 return문을 넣어라

HTTP 핸들러를 작성하다 보면 HTTP 요청에 대해 응답하고 나서 return문을 빠뜨리기 쉽다. 이러면 에러가 발생해서 핸들러를 멈춰야 할 상황에 그러지 못하는 문제가 발생할 수 있다. 예를 들면 다음과 같다.

```
func handler(w http.ResponseWriter, req *http.Request) {
    err := foo(req)
    if err != nil {
        http.Error(w, "foo", http.StatusInternalServerError) -------- ❶
    }
```

```
    // ...
}
```

---

❶ 에러 처리

foo에서 에러를 리턴하면 http.Error로 처리한다. http.Error는 주어진 요청에 대해 foo 에러 메시지와 500 Internal Server Error로 응답한다. 이 코드는 if err != nil 브랜치에 들어서도 애플리케이션이 계속 실행된다는 문제가 있다. http.Error가 핸들러 실행을 멈추지 않기 때문이다.

이런 에러가 발생하면 실제로 어떤 문제가 발생하는지 알아보자. 먼저 HTTP 수준에서 살펴보겠다. 예를 들어, 앞에 나온 HTTP 핸들러에 정상적인 HTTP 응답 바디와 상태 코드를 쓰는 단계를 추가했다고 하자.

```
func handler(w http.ResponseWriter, req *http.Request) {
    err := foo(req)
    if err != nil {
        http.Error(w, "foo", http.StatusInternalServerError)
    }

    _, _ = w.Write([]byte("all good"))
    w.WriteHeader(http.StatusCreated)
}
```

err != nil의 경우의 HTTP 응답은 다음과 같다.

```
foo
all good
```

이 응답에는 에러와 정상 처리 메시지가 모두 담겨 있다.

첫 번째 HTTP 상태 코드만 리턴할 수도 있다. 앞에 나온 코드의 경우 500만 리턴하는 것이다. 하지만 고 언어는 다음과 같이 경고 로그를 출력한다.

```
2023/11/29 16:45:33 http: superfluous response.WriteHeader call
from main.handler (main.go:20)
```

이 경고는 상태 코드를 여러 차례 쓰려고 했지만 그렇게 할 필요가 없다는 뜻이다.

실행 관점에서 볼 때 가장 큰 문제는 멈춰야 할 함수가 계속 실행된다는 것이다. 예를 들어, foo가 에러와 함께 포인터도 리턴하는 경우 계속 실행하면 그 포인터를 사용하고, 그래서 널 포인터를 역참조하게 되어 고루틴에서 패닉이 발생한다.

이런 문제를 해결하려면 http.Error 뒤에 return문을 추가하는 방법을 고려해야 한다.

```go
func handler(w http.ResponseWriter, req *http.Request) {
    err := foo(req)
    if err != nil {
        http.Error(w, "foo", http.StatusInternalServerError)
        return ---------------------------------------------- ❶
    }

    // ...
}
```

❶ return문을 추가한다.

이렇게 return문을 추가하면 if err != nil 브랜치로 빠지면 실행을 멈춘다.

이 에러보다 복잡한 에러가 있을 수 있다. 하지만 이 에러는 자주 깜빡하기 때문에 꽤 자주 발생한다. http.Error는 핸들러 실행을 멈추지 않으므로 반드시 return을 수동으로 추가해야 한다는 사실을 명심하자. 이런 이슈는 커버리지를 적절히 넓게 지정한 테스팅 과정에서 잡아야 한다.

이 장의 마지막 절인 10.7절에서도 HTTP에 대한 이야기를 이어나간다. 다음에는 프로덕션급 애플리케이션에서 HTTP 클라이언트와 서버의 디폴트 구현을 사용하지 않는 이유를 알아보자.

10.7 / #81 디폴트 HTTP 클라이언트와 서버를 사용하지 마라

http 패키지는 HTTP 클라이언트와 서버 구현을 제공한다. 그런데 여기서 제공하는 디폴트 구현을 프로덕션 환경에 배치될 애플리케이션에서 사용하는 실수를 저지르기 쉽다. 어떤 문제가 있고 어떻게 해결하는지 알아보겠다.

10.7.1 HTTP 클라이언트

먼저 디폴트 클라이언트(default client)의 의미부터 정의할 필요가 있다. 이를 위해 GET 요청을 보내는 예제를 살펴보자. http.Client 구조체에서 0에 해당하는 값을 다음과 같이 사용할 수 있다.

```
client := &http.Client{}
resp, err := client.Get("https://golang.org/")
```

아니면 다음과 같이 http.Get 함수를 사용하는 방법도 있다.

```
resp, err := http.Get("https://golang.org/")
```

두 방법은 결국 같다. http.Get 함수는 http.DefaultClient를 사용하는데, 여기서도 http.Client의 0 값을 사용한다.

```
// DefaultClient는 말 그대로 디폴트 클라이언트이며 Get, Head, Post 등에서 사용된다.
var DefaultClient = &Client{}
```

그렇다면 디폴트 HTTP 클라이언트를 사용하면 안 되는 이유가 뭘까?

첫째, 디폴트 클라이언트는 타임아웃을 지정하지 않는다. 타임아웃을 지정할 수 없으면 프로덕션급의 시스템에는 적합하지 않다. 요청이 영원히 끝나지 않으면서 시스템 리소스를 소진해버리는 등의 문제가 발생할 수 있기 때문이다.

요청 과정에서 적용할 수 있는 타임아웃의 종류에 대해 자세히 알아보기 전에, 먼저 HTTP 요청에 관련된 다섯 단계를 가볍게 복습하고 넘어가자.

1. TCP 연결을 시작한다.
2. (사용하도록 설정됐다면) TLS 핸드셰이크(handshake)를 수행한다.
3. 요청을 보낸다.
4. 응답 헤더를 읽는다.
5. 응답 바디를 읽는다.

그림 10-2는 각 단계와 클라이언트의 핵심 타임아웃이 어떻게 연결되는지 보여준다.

다이얼	TLS 핸드셰이크	요청	응답 헤더	응답 바디

```
                          http.Client.Timeout
net.Dialer.Timeout
   http.Transport.TLSHandshakeTimeout
              http.Transport.ResponseHeaderTimeout
```

네 가지 핵심 타임아웃은 다음과 같다.

- **net.Dialer.Timeout**: 완전히 연결될 때까지 기다릴 최대 시간을 지정한다.

- **http.Transport.TLSHandshakeTimeout**: TLS 핸드셰이크를 기다릴 최대 시간을 지정한다.

- **http.Transport.ResponseHeaderTimeout**: 서버의 응답 헤더를 기다릴 최대 시간을 지정한다.

- **http.Client.Timeout**: 요청에 대한 제한 시간을 설정한다. 여기에는 1단계(다이얼)부터 5단계(응답 바디 읽기)까지의 모든 단계를 포함한다.

HTTP 클라이언트 타임아웃

http.Client.Timeout을 지정할 때, 다음과 같은 에러가 발생할 수 있다.

```
net/http: request canceled (Client.Timeout exceeded while awaiting headers)
```

이 에러는 엔드포인트가 응답을 제시간에 보내지 못했다는 뜻이다. 이 에러는 응답을 기다리는 동안 첫 번째 단계로 헤더를 읽기 때문에 발생한다.

HTTP 클라이언트에서 이러한 타임아웃을 설정하는 예는 다음과 같다.

```
client := &http.Client{
    Timeout: 5 * time.Second, --------------------- ❶
    Transport: &http.Transport{
        DialContext: (&net.Dialer{
            Timeout: time.Second, ----------------- ❷
        }).DialContext,
        TLSHandshakeTimeout: time.Second, --------- ❸
        ResponseHeaderTimeout: time.Second, ------- ❹
    },
}
```

❶ 글로벌 요청 타임아웃

❷ 다이얼 타임아웃

❸ TLS 핸드셰이크 타임아웃

❹ 응답 헤더 타임아웃

여기서는 다이얼과 TLS 핸드셰이크, 응답 헤더 읽기에 타임아웃을 각각 1초로 지정하고, 각 요청에 대한 글로벌 타임아웃은 5초로 지정했다.

디폴트 HTTP 클라이언트를 사용하면 안 되는 두 번째 이유는 연결을 처리하는 방식 때문이다. HTTP 클라이언트는 기본적으로 연결 풀을 사용한다. 디폴트 클라이언트는 연결을 재사용한다 (http.Transport.DisableKeepAlives를 true로 지정해서 재사용하지 않게 만들 수 있다). 풀에서 연결을 대기하는 시간을 지정하는 타임아웃(http.Transport.IdleConnTimeout)도 있다. 디폴트 값은 90초로, 이 시간 안에 다른 요청이 들어오면 연결을 재사용한다. 그리고 나서 더 이상 재사용되지 않으면 그 연결을 끊는다.

풀의 연결 수를 설정하려면 http.Transport.MaxIdleConns를 설정한다. 디폴트 값은 100인데, 여기서 한 가지 주목할 점이 있다. 호스트당 한계를 지정하는 http.Transport.MaxIdleConnsPerHost는 디폴트 값으로 2가 설정된다는 점이다. 예를 들어, 동일한 호스트에 대한 요청이 100개라면, 그중 2개에 대해서만 연결이 풀에 남게 된다. 따라서 다시 요청을 100개 보내면, 다시 열어야 할 연결은 최소 98개다. 동일한 호스트에 대한 병렬 요청 수가 상당히 많다면 이 설정 값에 따라 평균 지연 시간이 크게 달라진다.

프로덕션급 시스템에서는 디폴트 타임아웃을 변경하는 것이 좋다. 연결 풀에 관련된 매개변수의 값에 따라 지연 시간도 크게 달라진다.

10.7.2 HTTP 서버

HTTP 서버를 구현할 때도 주의할 점이 있다. 여기서도 마찬가지로 디폴트 서버를 http.Server의 0 값으로 만들 수 있다.

```
server := &http.Server{}
server.Serve(listener)
```

http.Serve, http.ListenAndServe, http.ListenAndServeTLS와 같이 디폴트 http.Server를 사용하는 함수를 이용하는 방법도 있다.

연결된 후에 HTTP 응답은 다음 다섯 단계에 따라 처리된다.

1. 클라이언트가 요청을 보낼 때까지 기다린다.

2. (설정되어 있다면) TLS 핸드셰이크를 수행한다.

3. 요청 헤더를 읽는다.

4. 요청 바디를 읽는다.

5. 응답을 쓴다.

> Note ≡   기존 연결을 사용한다면 TLS 핸드셰이크를 반복할 필요가 없다.

그림 10-3은 서버의 핵심 타임아웃과 각 단계의 관계다. 세 가지 핵심 타임아웃은 다음과 같다.

- `http.Server.ReadHeaderTimeout`: 요청 헤더를 읽는 최대 시간을 지정한다.

- `http.Server.ReadTimeout`: 요청 전체를 읽는 최대 시간을 지정한다.

- `http.TimeoutHandler`: 핸들러가 완료되기까지 기다릴 최대 시간을 지정한다.

❤ 그림 10-3 HTTP 응답을 처리하는 다섯 단계와 각각의 타임아웃

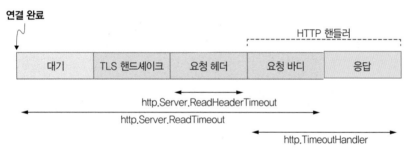

마지막 매개변수는 서버 매개변수가 아니라, 시간을 제한하기 위해 핸들러를 담는 래퍼다. 핸들러가 제시간에 응답하지 못하면 서버는 503 Service Unavailable 응답을 관련 메시지와 함께 보낸다. 그러면 핸들러에 전달된 문맥이 취소된다.

> Note ≡   여기서는 의도적으로 `http.Server.WriteTimeout`을 언급하지 않았다. `http.TimeoutHandler`가 고 1.8부터 제공되면서 필요 없어졌다. `http.Server.WriteTimeout`에는 몇 가지 문제가 있다. 우선 TLS 설정 여부에 따라 동작이 달라진다. 그래서 이해하고 사용하기 복잡하다. 또한 타임아웃이 되면 적절한 HTTP 코드를 리턴하지도 않고 TCP 연결을 끊어버린다. 게다가 핸들러 문맥에 대한 취소를 전달하지 않는다. 그래서 핸들러는 TCP가 끊긴 줄도 모른 채 계속 실행할 수 있다.

엔드포인트를 알 수 없는 클라이언트에게 공개할 때 가장 좋은 방법은 적어도 `http.Server.Read`

HeaderTimeout 필드를 설정하고 http.TimeoutHandler 래퍼 함수를 사용하는 것이다. 그렇지 않으면 클라이언트는 이 결함을 악용하여 영원히 끝나지 않는 연결을 생성하여 시스템 리소스를 소진시키는 것과 같은 악의적인 행동을 할 수 있다.

서버에서 앞에서 소개한 타임아웃을 적절히 설정하는 예는 다음과 같다.

```
s := &http.Server{
    Addr: ":8080",
    ReadHeaderTimeout: 500 * time.Millisecond,
    ReadTimeout: 500 * time.Millisecond,
    Handler: http.TimeoutHandler(handler, time.Second, "foo"), ---------- ❶
}
```

❶ HTTP 핸들러를 포장한다.

http.TimeoutHandler는 주어진 핸들러를 포장한다. 여기서는 handler가 1초 이내에 응답하지 못하면, 서버는 foo라는 HTTP 응답과 503 상태 코드를 리턴한다.

HTTP 클라이언트와 마찬가지로, 서버에서도 keep-alives가 설정됐을 때 다음번 요청이 들어올 때까지 기다리는 최대 시간을 설정할 수 있다. 방법은 다음과 같이 http.Server.IdleTimeout을 사용하면 된다.

```
s := &http.Server{
    // ...
    IdleTimeout: time.Second,
}
```

여기서 http.Server.IdleTimeout을 지정하지 않으면 http.Server.ReadTimeout 값은 대기 타임아웃으로 사용된다. 둘 다 지정하지 않았다면 타임아웃은 전혀 없고, 클라이언트에서 끊을 때까지 모든 연결이 열린 상태로 남아 있게 된다.

프로덕션급 애플리케이션이라면 디폴트 HTTP 클라이언트와 서버를 사용하지 않도록 주의한다. 그러지 않으면 타임아웃이 없어서 요청이 영원히 처리되지 않거나 악의적인 클라이언트가 서버에 타임아웃이 없다는 점을 악용할 수 있다.

10.8 / 요약

- time.Duration을 인수로 받는 함수를 다룰 때 주의한다. 정수 값을 지정해도 되지만, 혼란을 피하도록 가급적 time API를 사용하는 것이 좋다.

- 메모리 사용량이 최대치에 이르지 않기 위해서는 반복 호출되는 함수(예 루프문, HTTP 핸들러)에서 time.After를 호출하지 않는다. time.After에 의해 생성된 리소스는 타이머가 만료된 후에야 해제된다.

- 고 언어의 구조체에서 임베디드 필드를 사용할 때 주의한다. 가령 json.Marshaler 인터페이스를 구현하는 time.Time 필드를 임베디드 필드로 만들면 디폴트 마샬링 동작을 덮어쓰기 때문에 찾기 힘든 버그가 생길 수 있다.

- time.Time 구조체끼리 비교할 때 벽 시계와 단조 시계가 둘 다 있으며, 둘 다 == 연산자로 비교할 수 있다는 사실을 명심한다.

- JSON 데이터를 언마샬링할 때 맵을 제공하는 경우 숫자는 디폴트로 float64로 변환된다는 사실을 명심한다.

- 설정을 테스트해서 데이터베이스에 접속 가능한 상태인지 확인하려면 Ping이나 PingContext 메서드를 호출한다.

- 프로덕션급 애플리케이션에서는 데이터베이스 연결 매개변수를 설정한다.

- 프리페어드 SQL문을 사용하면 질의를 좀 더 효율적이고 안전하게 처리할 수 있다.

- 테이블에 있는 널러블 칼럼을 다룰 때는 포인터나 sql.NullXXX 타입을 사용한다.

- 행 반복 후에는 다음 행을 준비하는 과정에서 발생한 에러를 놓치지 않도록 *sql.Rows의 Err를 호출한다.

- io.Closer를 구현한 구조체는 언젠가는 반드시 닫아야 누수를 방지할 수 있다.

- HTTP 핸들러 구현에서 의도하지 않은 동작이 발생하지 않게 하려면 http.Error가 발생할 때 핸들러를 멈출 필요가 있을 경우 반드시 return문을 작성한다.

- 프로덕션급 애플리케이션에서는 HTTP 클라이언트와 서버의 디폴트 구현을 사용하지 않는다. 디폴트 구현에는 타임아웃이 없으며 프로덕션에는 반드시 있어야 할 동작도 없다.

11장

테스팅

테스팅은 프로젝트 생명주기에서 매우 중요한 영역이다. 애플리케이션을 견고하게 만들고 코드 문서화 역할을 하며 리팩터링하기 쉬워지는 등 그 장점이 무한하다. 고 언어는 테스트 코드 작성에 관련된 기능을 다른 언어보다 풍부하게 지원한다. 이 장에서는 테스팅 프로세스의 효과를 알아보고 정확도와 견고함을 떨어뜨리게 만드는 실수에 대해서도 알아보자.

11.1 / #82 테스트를 분류하라

그림 11-1에 나온 테스팅 피라미드 모델을 보자. 테스트를 세 가지로 분류하고 있는데, 피라미드의 맨 밑에는 단위 테스트가 있다. 테스트는 대부분 단위 테스트다. 작성하는 데 부담 없고 빠르게 실행할 수 있으며 결정론적인 특성이 강하다. 피라미드에서 위로 올라갈수록 테스트 코드를 작성하기 복잡하고 실행 시간도 길고 결정론적 특성도 보장하기 힘들어진다.

▼ 그림 11-1 테스팅 피라미드의 예

일반적으로 실행할 테스트 종류를 명시한다. 예를 들어, 프로젝트 생명주기에서 어느 단계에 있느냐에 따라 단위 테스트만 실행해도 되는 경우가 있고 프로젝트에 있는 모든 테스트를 실행해야 하는 경우도 있다. 테스트를 분류하지 않으면 시간과 노력이 허비되고 테스트 범위에 대한 정확도도 떨어질 수 있다. 이 절에서는 고 언어에서 테스트를 분류하는 대표적인 세 가지 방법을 소개한다.

11.1.1 빌드 태그

테스트를 분류하는 데 가장 많이 사용하는 방법은 빌드 태그(build tag)를 사용하는 것이다. 빌드 태그란 특수한 주석으로 소스 코드의 맨 앞에 적고 뒤에 한 줄을 띄운다.

예를 들어, bar.go 파일에 다음과 같이 적을 수 있다.

```
//go:build foo

package bar
```

이 파일에 foo 태그를 달았다. 참고로 패키지 하나를 여러 파일로 구성하고 각각 빌드 태그를 다르게 지정할 수 있다.

> Note ≡ 고 1.17부터 //+build foo 대신 //go:build foo와 같이 작성하도록 문법이 변경됐다. 고 1.18 기준으로, gofmt는 하위 호환성을 보장하기 위해 두 가지 문법을 모두 지원한다.

빌드 태그의 용도는 주로 두 가지다. 하나는 애플리케이션을 빌드할 때 조건을 지정하는 데 사용한다. 예를 들어, cgo가 켜진 경우에만 소스 파일을 추가하고 싶다면, //go:build cgo와 같이 빌드 태그를 단다(cgo는 고 패키지에서 C 코드를 호출하는 수단 중 하나다). 또 다른 용도로 테스트를 통합 테스트로 분류하고 싶다면, 다음과 같이 integration이란 빌드 태그를 지정한다.

```
//go:build integration

package db

import (
    "testing"
)

func TestInsert(t *testing.T) {
    // ...
}
```

여기서는 integration이란 빌드 태그를 달아서 이 파일을 통합 테스트에 포함시킨다고 표시했다. 이렇게 빌드 태그를 이용하면 실행할 테스트 종류를 선택할 수 있다. 예를 들어, 패키지에 다음과 같이 두 가지 테스트 파일이 있다고 하자.

- 방금 작성한 db_test.go
- 빌드 태그를 지정하지 않은 contract_test.go

이 패키지 안에서 go test를 아무런 옵션도 지정하지 않고 실행시키면 빌드 태그가 없는 테스트 파일(contract_test.go)만 실행된다.

```
$ go test -v .
=== RUN TestContract
--- PASS: TestContract (0.01s)
PASS
```

그러나 integration 태그를 지정해서 go test를 실행시키면 db_test.go도 실행된다.

```
$ go test --tags=integration -v .
=== RUN TestInsert
--- PASS: TestInsert (0.01s)
=== RUN TestContract
--- PASS: TestContract (2.89s)
PASS
```

태그를 지정해서 테스트를 구동하면 태그가 없는 파일과 태그가 있는 파일이 모두 실행된다. 만약 통합 테스트만 실행시키려면 어떻게 해야 할까? 단위 테스트 파일에 반대 태그(negation tag)를 다는 방법을 생각해볼 수 있다. 예를 들어, !integration이라고 지정하면 integration 플래그를 지정하지 않았을 때만 포함시킨다.

```
//go:build !integration

package db

import (
    "testing"
)

func TestContract(t *testing.T) {
    // ...
}
```

이렇게 하면 다음과 같이 실행된다.

- go test에 integration 플래그를 지정하면 통합 테스트만 실행된다.
- go test에 integration 플래그를 지정하지 않으면 단위 테스트만 실행된다.

그럼 파일 단위가 아니라 한 테스트 안에서 옵션을 지정하는 경우를 살펴보자.

11.1.2 환경 변수

고 언어 커뮤니티 멤버인 피터 버곤(Peter Bourgon)에 따르면, 빌드 태그는 테스트가 무시됐다고 알려주는 시그널이 없다는 큰 단점이 있다고 한다[1]. 첫 번째 예제에서는 빌드 플래그를 지정하지 않고 go test를 실행할 때 실행된 테스트 결과만 출력했다.

```
$ go test -v .
=== RUN    TestUnit
--- PASS: TestUnit (0.01s)
PASS
ok db 0.319s
```

태그를 신경 써서 다루지 않으면 기존에 작성했던 테스트를 잊어버릴 수 있다. 이 때문에 테스트 종류를 환경 변수로 검사하는 방식을 선호하기도 한다.

예를 들어, 특정한 환경 변수를 검사해서 그 값에 따라 테스트를 건너뛰는 방식으로 TestInsert 통합 테스트를 구현할 수 있다.

```
func TestInsert(t *testing.T) {
    if os.Getenv("INTEGRATION") != "true" {
        t.Skip("skipping integration test")
    }

    // ...
}
```

INTEGRATION 환경 변수가 true가 아니면 테스트를 건너뛰고 다음과 같이 메시지를 출력한다.

```
$ go test -v .
=== RUN TestInsert
    db_integration_test.go:12: skipping integration test ········· ❶
--- SKIP: TestInsert (0.00s)
=== RUN    TestUnit
--- PASS: TestUnit (0.00s)
PASS
ok        db 0.319s
```

❶ 테스트를 건너뛴다는 메시지를 출력한다.

---

1 http://mng.bz/qYlr

이렇게 하면 테스트를 건너뛰는 이유가 명확히 드러나서 좋다. 빌드 태그를 이용하는 방식보다는 덜 사용되는 방식이지만 방금 설명한 것과 같은 장점이 있기 때문에 알아두면 좋다.

다음으로 테스트를 분류하는 또 다른 방법인 쇼트 모드에 대해 알아보겠다.

11.1.3 쇼트 모드

테스트는 속도에 따라 분류할 수도 있다. 경우에 따라 오래 실행되는 롱 러닝 테스트(long-running test)와 짧게 실행되는 쇼트 러닝 테스트(short-running test)를 구분해야 할 수도 있다.

구체적으로 살펴보기 위해 여러 단위 테스트 중에서 하나가 특히 느린 경우를 생각해보자. 가장 느린 테스트(예 파일 저장 후에 실행되는 것)를 따로 분류해서 매번 실행되지 않게 만들려고 한다. 이럴 때 쇼트 모드(short mode)를 이용하면 된다.

```
func TestLongRunning(t *testing.T) {
    if testing.Short() { ---------------------- ❶
        t.Skip("skipping long-running test")
    }

    // ...
}
```

❶ 롱 러닝 테스트로 분류한다.

testing.Short를 이용하면 테스트를 실행하는 동안 쇼트 모드가 활성화됐는지 확인할 수 있다. 그리고 나서 Skip을 이용하여 테스트를 건너뛴다. 테스트를 쇼트 모드로 실행시키려면 -short를 지정해야 한다.

```
% go test -short -v .
=== RUN TestLongRunning
    foo_test.go:9: skipping long-running test
--- SKIP: TestLongRunning (0.00s)
PASS
ok      foo  0.174s
```

TestLongRunning은 테스트가 실행될 때 건너뛰며 이 사실을 메시지로 알려준다. 그런데 이 방법은 빌드 태그와 달리 파일이 아닌 테스트 단위로 작동한다.

정리하면, 테스트를 제대로 하려면 테스트를 분류하는 것이 바람직하다. 이 절에서는 테스트를 분류하는 세 가지 방법을 소개했다.

- 테스트 파일에 빌드 태그 달기

- 환경 변수로 특정 테스트 표시하기

- 테스트 속도에 따라 쇼트 모드로 나누기

위 세 가지 방법은 적절히 조합할 수도 있다. 예를 들어, 빌드 태그나 환경 변수로 테스트를 분류하고(예 단위 테스트 vs. 통합 테스트) 쇼트 모드로 프로젝트에 롱 러닝 단위 테스트가 있는지 구분하는 것이다.

다음 절에서는 -race 플래그를 지정하는 것이 왜 중요한지, 그 이유에 대해 살펴보자.

11.2 #83 -race 플래그를 켜라

#58 "경쟁 문제에 대해 완전히 이해하라"에서 데이터 경쟁은 고루틴 두 개가 동시에 동일한 변수에 접근하면서 최소한 하나가 그 변수에 쓰기 연산을 수행할 때 발생한다고 정의했다. 또한 고 언어는 데이터 경쟁을 찾아내는 데 도움을 주는 표준 레이스 디텍터를 제공한다고 설명했다. 그런데 흔히 이런 도구가 얼마나 중요한지, 그리고 이를 사용하는 것이 중요하다는 사실을 잊어버리는 실수를 저지른다. 이 절에서는 레이스 디텍터가 어떤 문제를 잡아내는지, 그리고 이를 사용하는 방법과 한계점은 무엇인지 알아보자.

고 언어에서 제공하는 레이스 디텍터는 컴파일 시간에 작동하는 정적 분석 도구(static analysis tool)와 달리, 런타임에 데이터 경쟁을 검사한다. 레이스 디텍터를 사용하려면 테스트를 컴파일하거나 실행시킬 때 -race 플래그를 켠다. 예를 들면 다음과 같다.

```
$ go test -race ./...
```

레이스 디텍터를 켰다면 컴파일러는 데이터 경쟁을 찾아내기 위해 코드 인스트루먼트 작업을 수행한다. 여기서 인스트루먼트(instrument, 계측)란 컴파일러에 인스트럭션을 추가한다는 말이다. -race의 경우, 메모리에 접근하는 동작이 발생하는 시점과 결과를 모두 추적해서 기록한다. 레이스 디텍터는 실행 시간 동안 데이터 경쟁이 발생하지 않는지 감시한다. 이때 레이스 디텍터로 인한 오버헤드가 실행 시간에 발생한다는 사실을 명심해야 한다.

- 메모리 사용량은 다섯 배에서 열 배가량 늘어날 수 있다.
- 실행 시간은 두 배에서 스무 배가량 늘어날 수 있다.

이처럼 오버헤드가 발생하기 때문에 로컬 테스팅이나 연속 통합(CI, Continuous Integration)을 수행할 때만 레이스 디텍터를 사용하는 것이 좋다. 프로덕션 환경에서는 절대 켜면 안 된다(또는 카나리 릴리스와 같은 특별한 경우에만 사용한다).

경쟁 상태가 발견되면 고 런타임은 경고를 발생시킨다. 예를 들어, 다음과 같이 i에 대해 읽기와 쓰기 연산이 동시에 들어와서 데이터 경쟁이 발생할 수 있다.

```
package main

import (
    "fmt"
)

func main() {
    i := 0
    go func() { i++ }()
    fmt.Println(i)
}
```

-race 플래그를 켜고 이 코드를 실행시키면 다음과 같이 데이터 경쟁에 대한 경고 메시지가 출력된다.

```
==================
WARNING: DATA RACE
Write at 0x00c000026078 by goroutine 7: ------------------ ❶
  main.main.func1()
      /tmp/app/main.go:9 +0x4e

Previous read at 0x00c000026078 by main goroutine: ------- ❷
  main.main()
      /tmp/app/main.go:10 +0x88

Goroutine 7 (running) created at: ------------------------ ❸
  main.main()
      /tmp/app/main.go:9 +0x7a
==================
```

❶ 고루틴 7이 쓰기 연산을 수행한다.

❷ 메인 고루틴이 읽기 연산을 수행한다.

❸ 고루틴 7이 생성된다.

이런 메시지가 나오더라도 부담 가질 필요 없다. 고 언어는 다음과 같은 상황을 보면 무조건 메시지를 출력한다.

- 앞의 예에 나온 메인 고루틴과 고루틴 7처럼 동시에 실행되는 고루틴 중에서 의심스러운 것
- 9번과 10번 줄처럼 코드에서 쓰기나 읽기 접근이 발생하는 부분
- 앞의 두 가지 경우에 해당하는 고루틴이 생성되는 경우(예의 고루틴 7이 main( )에서 생성됨)

> Note ≡ 레이스 디텍터는 내부적으로 벡터 클럭(vector clock)을 사용한다. 벡터 클럭은 이벤트의 부분 순서 관계(partial ordering)를 결정하는 데 사용되는 데이터 구조다(데이터베이스와 같은 분산 시스템에서도 사용된다). 고루틴이 생성될 때마다 벡터 클럭도 생성된다. 인스트루먼트 과정에서 메모리 접근과 동기화 이벤트가 발생할 때마다 벡터 클럭을 업데이트한다. 그리고 나서 이 벡터 클럭을 비교해서 데이터 경쟁이 발생했는지 판단한다.

레이스 디텍터는 (데이터 경쟁처럼 보이지만 사실은 아닌) 거짓 양성(false positive)을 걸러내지 못할 수 있다. 따라서 경고 메시지를 받았다고 무조건 데이터 경쟁이 있다고 단정할 수 없다. 또한 (실제로 데이터 경쟁이 발생한 것을 놓치는) 거짓 음성(false negative)이 발생할 수 있다.

테스트와 관련하여 두 가지 사항을 명심해야 한다. 첫째, 레이스 디텍터의 성능은 테스트 코드 수준이 높아야 좋아진다. 따라서 동시성 코드에 데이터 경쟁이 발생하는지 철저히 테스트해야 한다. 둘째, 거짓 음성이 발생할 수 있으므로 데이터 경쟁을 테스트하는 로직을 루프 안에 둔다. 그러면 데이터 경쟁을 찾아낼 가능성을 높일 수 있다.

```
func TestDataRace(t *testing.T) {
    for i := 0; i < 100; i++ {
        // 실제 로직
    }
}
```

또한 특정 파일에 데이터 경쟁을 발생시키는 테스트가 있을 때, !race란 빌드 태그를 이용하여 레이스 디텍터가 그 파일을 건너뛰게 할 수 있다.

```
//go:build !race

package main
```

```
import (
    "testing"
)

func TestFoo(t *testing.T) {
    // ...
}

func TestBar(t *testing.T) {
    // ...
}
```

이 파일은 레이스 디텍터가 꺼졌을 때만 빌드된다. 레이스 디텍터를 켜면 파일 전체가 빌드되지 않으며 이 파일에 있는 테스트도 실행되지 않는다.

정리하면, 동시성 애플리케이션에 -race 플래그로 테스트를 실행하는 것이 필수 사항은 아니지만, 그렇게 하길 강력히 추천한다. 그러면 데이터 경쟁이 발생할 가능성이 있는 부분을 찾아내서 코드 인스트루먼트를 수행한다. 레이스 디텍터를 켜면 메모리와 성능에 상당한 오버헤드가 발생하므로 로컬 테스트나 CI 단계와 같은 특수한 경우에만 사용해야 한다.

다음 절에서는 실행 모드에 관련된 두 가지 플래그인 -parallel과 -shuffle에 대해 알아보자.

11.3 / #84 테스트 실행 모드를 사용하라

테스트를 실행할 때 go 커맨드에 플래그를 설정해서 테스트의 실행 방식을 지정할 수 있다. 이런 플래그가 있는지 몰라서 더 빠르게 실행시키거나 잠재 버그를 더 잘 발견할 기회를 놓치는 경우도 많다. 이 절에서는 이러한 플래그 중에서 -parallel과 -shuffle에 대해 알아보겠다.

11.3.1 -parallel 플래그

병렬 실행 모드를 사용하면 특정한 테스트를 병렬로 실행시킬 수 있어서 유용할 때가 많다(예 롱 러닝 테스트의 속도 높이기). 테스트가 병렬로 실행되게 지정하려면 t.Parallel을 호출하면 된다.

```
func TestFoo(t *testing.T) {
    t.Parallel()
    // ...
}
```

t.Parallel로 테스트를 설정하면, 다른 병렬 테스트와 함께 나란히 실행된다. 그런데 실행 관점에서 볼 때 고 런타임은 순차적인 테스트를 하나씩 차례대로 실행시키는 작업을 먼저 한다. 순차테스트가 모두 끝나면 병렬 테스트를 실행한다.

예를 들어, 다음 코드는 세 가지 테스트로 구성되어 있는데 그중 두 개만 병렬로 지정되어 있다.

```
func TestA(t *testing.T) {
    t.Parallel()
    // ...
}

func TestB(t *testing.T) {
    t.Parallel()
    // ...
}

func TestC(t *testing.T) {
    // ...
}
```

이 파일에 대해 테스트를 실행하면 다음과 같이 로그가 출력된다.

```
=== RUN    TestA
=== PAUSE  TestA ------------- ❶
=== RUN    TestB
=== PAUSE  TestB ------------- ❷
=== RUN    TestC ------------- ❸
--- PASS: TestC (0.00s)
=== CONT   TestA ------------- ❹
--- PASS: TestA (0.00s)
=== CONT   TestB
--- PASS: TestB (0.00s)
PASS
```

❶ TestA를 일시 정지한다.

❷ TestB를 일시 정지한다.

❸ TestC를 실행시킨다.

❹ TestA와 TestB를 이어서 실행시킨다.

TestC가 제일 먼저 실행된다. TestA와 TestB에 대한 로그가 먼저 출력되지만 일시 정지하고 TestC가 끝나길 기다린다. TestC가 끝나면 멈췄던 TestA와 TestB가 병렬로 실행된다.

디폴트 설정에 따르면 동시에 실행할 수 있는 테스트의 최대 개수는 GOMAXPROCS 값에 따른다. 테스트를 순차적으로 실행시키거나 I/O 연산이 많은 롱 러닝 테스트의 문맥에서 최대 실행 테스트 수를 늘리고 싶다면, -parallel 플래그로 이 값을 변경할 수 있다.

```
$ go test -parallel 16 .
```

이렇게 하면 최대 16개까지 테스트가 병렬로 실행된다.

다음으로 또 다른 고 테스트 실행 모드인 -shuffle에 대해 알아보자.

11.3.2 -shuffle 플래그

고 1.17부터 테스트를 무작위 순서로 실행시켜서 벤치마크를 수행하는 기능이 추가됐다. 이 기능은 어떤 경우에 필요할까? 흔히 쓰기 작업을 격리하는 용도로 사용한다. 예를 들어, 실행 순서나 공유 변수와 무관하게 실행되어야 할 때다. 실행 순서에 의존하는 특성이 숨어 있는 경우에는 테스트 에러가 발생하거나, 심한 경우 버그가 테스트 기간 동안에는 드러나지 않고 빠져나가게 된다. 이를 방지하려면 -shuffle(셔플) 플래그를 이용하여 테스트 실행 순서를 무작위로 설정한다. 이 플래그를 on 또는 off로 지정해서 무작위 실행을 켜거나 끌 수 있다(디폴트는 off다).

```
$ go test -shuffle=on -v .
```

그런데 때에 따라 테스트를 일정한 순서로 실행시켜야 할 수 있다. 예를 들어, CI 동안 테스트를 통과하지 못하면 에러를 로컬에서 재현해보는 것이 좋다. 그러기 위해서는 -shuffle 플래그에 on을 지정하지 않고 테스트 실행을 무작위하는 데 사용할 시드(seed)를 대신 지정할 수 있다. 이 시드 값은 셔플 모드로 테스트를 수행할 때 버보스 모드(verbose mode, -v)를 통해 확인할 수 있다.

```
$ go test -shuffle=on -v .
-test.shuffle 1636399552801504000 ---------- ❶
=== RUN   TestBar
--- PASS: TestBar (0.00s)
```

```
=== RUN    TestFoo
--- PASS: TestFoo (0.00s)
PASS
ok        teivah  0.129s
```

❶ 시드 값

테스트를 무작위로 실행했지만 go test에서 1636399552801504000이란 시드 값을 출력했다. 테스트를 일정한 순서로 실행시키려면 이 값을 shuffle에 지정해야 한다.

```
$ go test -shuffle=1636399552801504000 -v .
-test.shuffle 1636399552801504000 ---------- ❶
=== RUN    TestBar
--- PASS: TestBar (0.00s)
=== RUN    TestFoo
--- PASS: TestFoo (0.00s)
PASS
ok        teivah  0.129s
```

❶ 테스트는 이전과 동일한 순서로 TestBar를 실행하고 나서 TestFoo를 실행했다.

일반적으로 기존 테스트 플래그를 주의해서 사용하고 최신 고 언어 버전에 새로 추가된 기능도 항상 알아두는 것이 좋다. 테스트를 병렬로 실행시키면 전체 테스트 구동 시간을 줄이는 데 크게 도움이 될 것이다. 또한, shuffle 모드를 이용하면 동일한 순서로 테스트를 구동할 때는 놓치기 쉬운 버그를 발생시키는 숨어 있던 의존성을 찾는 데도 도움이 된다.

11.4 / #85 테이블 중심 테스트를 사용하라

100 GO MISTAKES

테이블 중심 테스트(table-driven test)는 테스트를 간결하게 작성하는 작업을 효율적으로 처리해주는 기법으로, 보일러플레이트 코드를 줄여 테스팅 로직이라는 본질에 집중하는 데 도움이 된다. 이 절에서는 구체적인 예제를 통해, 고 언어를 사용할 때 테이블 중심 테스트를 알아두면 좋은 이유에 대해 알아보자.

다음 함수는 주어진 스트링의 끝에 나온 줄바꿈(new-line) 문자(\n 또는 \r\n)를 모두 제거한다.

```go
func removeNewLineSuffixes(s string) string {
    if s == "" {
        return s
    }
    if strings.HasSuffix(s, "\r\n") {
        return removeNewLineSuffixes(s[:len(s)-2])
    }
    if strings.HasSuffix(s, "\n") {
        return removeNewLineSuffixes(s[:len(s)-1])
    }
    return s
}
```

이 함수는 재귀적으로 실행되면서 스트링 뒤에 나오는 \r\n 또는 \n을 모두 제거한다. 이제 이 함수를 철저히 테스트한다고 생각해보자. 최소한 다음과 같은 경우는 테스트해야 한다.

- 입력이 공백인 경우

- 입력이 \n으로 끝나는 경우

- 입력이 \r\n으로 끝나는 경우

- 입력이 여러 \n으로 끝나는 경우

- 입력 끝에 줄바꿈 문자가 없는 경우

각각의 경우에 대해 단위 테스트를 작성하면 다음과 같다.

```go
func TestRemoveNewLineSuffix_Empty(t *testing.T) {
    got := removeNewLineSuffixes("")
    expected := ""
    if got != expected {
        t.Errorf("got: %s", got)
    }
}

func TestRemoveNewLineSuffix_EndingWithCarriageReturnNewLine(t *testing.T) {
    got := removeNewLineSuffixes("a\r\n")
    expected := "a"
    if got != expected {
        t.Errorf("got: %s", got)
    }
}
```

```go
func TestRemoveNewLineSuffix_EndingWithNewLine(t *testing.T) {
    got := removeNewLineSuffixes("a\n")
    expected := "a"
    if got != expected {
        t.Errorf("got: %s", got)
    }
}

func TestRemoveNewLineSuffix_EndingWithMultipleNewLines(t *testing.T) {
    got := removeNewLineSuffixes("a\n\n\n")
    expected := "a"
    if got != expected {
        t.Errorf("got: %s", got)
    }
}

func TestRemoveNewLineSuffix_EndingWithoutNewLine(t *testing.T) {
    got := removeNewLineSuffixes("a\n")
    expected := "a"
    if got != expected {
        t.Errorf("got: %s", got)
    }
}
```

각 함수마다 테스트하고 싶은 케이스를 표현하고 있다. 그러나 이 방법에는 두 가지 심각한 단점이 있다. 첫째, 함수 이름이 복잡하다. (TestRemoveNewLineSuffix_EndingWithCarriageReturnNewLine은 55글자나 된다.) 이러면 함수가 뭘 테스트하려는지 한눈에 알아보기 힘들다. 둘째, 구조가 같기 때문에 함수 간에 중복된 코드가 너무 많다. 각각의 구조는 다음과 같이 일정하다.

1. removeNewLineSuffixes를 호출한다.

2. 바람직한 값을 정의한다.

3. 값을 비교한다.

4. 에러 메시지를 로그로 남긴다.

이 단계에서 바꾸고 싶은 부분이 생기면(◱ 바람직한 값을 에러 메시지에 포함시키고 싶다면) 모든 테스트 함수를 수정해야 한다. 테스트 함수가 늘어날수록 코드를 관리하기 힘들어진다.

이럴 때는 테이블 중심 테스트로 작성해서 로직을 한 번만 작성하는 것이 좋다. 테이블 중심 테스트는 부분 테스트(subtest)로 구성되며, 테스트 함수 하나를 여러 부분 테스트로 구성할 수 있다.

예를 들어, 다음 테스트는 부분 테스트 두 개로 구성된다.

```
func TestFoo(t *testing.T) {
    t.Run("subtest 1", func(t *testing.T) { ---------- ❶
        if false {
            t.Error()
        }
    })
    t.Run("subtest 2", func(t *testing.T) { ---------- ❷
        if 2 != 2 {
            t.Error()
        }
    })
}
```

❶ subtest 1이라는 이름의 첫 번째 부분 테스트를 실행시킨다.

❷ subtest 2라는 이름의 두 번째 부분 테스트를 실행시킨다.

TestFoo 함수에는 부분 테스트가 두 개 있다. 이 테스트를 실행시키면 subtest 1과 subtest 2에 대한 결과가 둘 다 출력된다.

```
--- PASS: TestFoo (0.00s)
    --- PASS: TestFoo/subtest_1 (0.00s)
    --- PASS: TestFoo/subtest_2 (0.00s)
PASS
```

-run 플래그를 이용하여 부분 테스트 하나를 따로 실행시킬 수도 있다. 이때 부모 테스트 이름과 부분 테스트를 붙여서 쓴다. 예를 들어, subtest 1만 실행시키려면 다음과 같이 한다.

```
$ go test -run=TestFoo/subtest_1 -v -------- ❶
=== RUN   TestFoo
=== RUN   TestFoo/subtest_1
--- PASS: TestFoo (0.00s)
    --- PASS: TestFoo/subtest_1 (0.00s)
```

❶ -run 플래그로 subtest 1만 실행시킨다.

다시 본래 예제로 돌아가서, 부분 테스트를 이용하여 테스트 로직 코드의 중복을 줄여보자. 핵심 아이디어는 케이스마다 부분 테스트를 하나씩 만드는 것이다. 다양한 방법이 있겠지만 여기서는,

키는 테스트 이름을 표현하고 값은 테스트 데이터(바람직한 입력 값)를 표현하는 맵 데이터 구조를 이용한다.

테이블 중심 테스트를 이용하면 테스트 데이터와 부분 테스트를 함께 담은 데이터 구조를 이용하여 보일러플레이트 코드를 제거할 수 있다. 맵을 이용한 방법을 예로 들면 다음과 같다.

```go
func TestRemoveNewLineSuffix(t *testing.T) {
    tests := map[string]struct {  ---------------------- ❶
        input    string
        expected string
    }{
        `empty`: {  ------------------------------------ ❷
            input: "",
            expected: "",
        },
        `ending with \r\n`: {
            input: "a\r\n",
            expected: "a",
        },
        `ending with \n`: {
            input: "a\n",
            expected: "a",
        },
        `ending with multiple \n`: {
            input: "a\n\n\n",
            expected: "a",
        },
        `ending without newline`: {
            input: "a",
            expected: "a",
        },
    }
    for name, tt := range tests {  --------------------- ❸
        t.Run(name, func(t *testing.T) {  ------------- ❹
            got := removeNewLineSuffixes(tt.input)
            if got != tt.expected {
                t.Errorf("got: %s, expected: %s", got, tt.expected)
            }
        })
    }
}
```

① 테스트 데이터 정의

② 맵의 각 항목은 부분 테스트를 표현한다.

③ 맵에 대해 루프를 돈다.

④ 맵 항목마다 새로운 부분 테스트를 구동한다.

tests 변수는 맵을 담는다. 이 맵의 키는 테스트 이름이고 값은 테스트 데이터다. 예제에서는 입력과 바람직한 스트링으로 구성된다. 각 맵 항목은 검사하려는 새로운 테스트 케이스를 표현한다. 이러한 맵 항목마다 새로운 부분 테스트를 구동한다.

이 테스트는 앞에서 언급한 두 가지 단점을 다음과 같이 해결한다.

- 테스트 이름을 표현할 때 파스칼 언어 스타일의 명명 규칙을 적용하지 않고 그냥 스트링으로 표현해서 읽기 쉬워졌다.

- 로직은 한 번만 작성하고 모든 테스트 케이스가 이를 공유한다. 테스팅 구조를 변경하거나 새로운 테스트를 추가하는 데 드는 노력이 크게 줄었다.

마지막으로 테이블 중심 테스트를 사용할 때도 역시 실수를 할 수 있다는 점을 살펴보고 넘어가자. 앞에서 설명했듯이 t.Parallel을 호출해서 테스트를 병렬로 실행되게 만들 수 있다. 또한 t.Run에 제공된 클로저 안에서 부분 테스트로 실행시킬 수도 있다.

```go
for name, tt := range tests {
    t.Run(name, func(t *testing.T) {
        t.Parallel() ---------------- ①
        // tt를 사용한다.
    })
}
```

① 부분 테스트를 병렬로 실행하도록 설정한다.

그런데 이 클로저는 루프 변수를 사용한다. 클로저에서 tt 변수에 대해 엉뚱한 값을 사용하게 만드는 (#63 "고루틴과 루프 변수를 제대로 다뤄라"에서 설명했던 것과 유사한) 실수를 방지하려면 변수를 따로 만들거나 tt를 가려야 한다.

```go
for name, tt := range tests {
    tt := tt --------------------------- ①
    t.Run(name, func(t *testing.T) {
        t.Parallel()
        // tt를 사용한다.
```

```
        })
    }
```

---

❶ tt를 가리도록 루프문의 로컬 변수로 만든다.

이렇게 하면 각각의 클로저마다 별도의 tt 변수에 접근한다.

정리하면, 여러 단위 테스트가 비슷한 구조로 구성될 경우 테이블 중심 테스트를 이용하여 더 효율적으로 재구성할 수 있다. 이렇게 하면 코드 중복을 제거하기 때문에 테스팅 로직을 변경하거나 새로운 유스케이스를 추가하기가 한결 쉬워진다.

다음으로는 플레이키 테스트 코드를 방지하는 방법에 대해 알아보자.

11.5 #86 단위 테스트에서 Sleep을 사용할 때 주의하라

플레이키 테스트(flaky test)란 코드를 변경하지 않아도 경우에 따라 통과할 수도 있고 그렇지 못할 수도 있는 불안정한 테스트다. 디버깅하기도 힘들고 테스팅 정확도에 대한 신뢰도도 떨어뜨리므로 테스팅 과정에서 상당히 부담스러운 문제다. 고 언어의 테스트 코드에서 time.Sleep을 호출하면 이러한 불안정한 현상이 발생하기 쉽다. 참고로 동시성 코드를 Sleep으로 테스트하는 경우가 많다. 이 절에서는 테스트 코드에서 잠드는 부분을 제거해서 플레이키 테스트를 방지하는 방법을 구체적인 예제를 통해 소개하겠다.

다음과 같이 값 하나를 리턴하고 백그라운드에서 작업을 수행하는 고루틴을 구동하는 함수를 예로 들어보자. 여기서 Foo 구조체로 된 슬라이스를 가져오는 함수를 호출해서 가장 좋은 원소(첫 번째 원소)를 리턴할 것이다. 한편, Publish 메서드에 Foo 원소 n개를 전달하여 호출하는 고루틴을 따로 만든다.

```
type Handler struct {
    n          int
    publisher publisher
}
```

```go
type publisher interface {
    Publish([]Foo)
}

func (h Handler) getBestFoo(someInputs int) Foo {
    foos := getFoos(someInputs) ----------------------- ❶
    best := foos[0] ----------------------------------- ❷
    go func() {
        if len(foos) > h.n { ------------------------- ❸
            foos = foos[:h.n]
        }
        h.publisher.Publish(foos) -------------------- ❹
    }()

    return best
}
```

❶ Foo 슬라이스 하나를 가져온다.

❷ 첫 번째 원소를 저장한다. (간결한 구성을 위해 foos의 길이를 검사하는 부분은 생략함)

❸ Foo 구조체 중에서 첫 번째부터 n-1번째까지(n개)만 저장한다.

❹ Publish 메서드를 호출한다.

Handler 구조체에는 필드가 두 개 있다. 하나는 n 필드고, 다른 하나는 처음부터 n-1번째까지의 Foo 구조체 n개를 게시하는 데 사용되는 의존성을 표현하는 publisher다. 먼저 Foo 슬라이스 하나를 가져온다. 그런데 첫 번째 원소를 리턴하기 전에, foos 슬라이스를 필터링하고 Publish를 호출하는 고루틴을 새로 띄운다.

이 함수를 어떻게 테스트할 수 있을까? 응답을 확인하는 코드는 작성하기 쉽다. 하지만 Publish 에 전달된 값도 검사하려면 어떻게 해야 할까?

publisher 인터페이스에 대한 모형을 만들어서 Publish 메서드를 호출할 때 전달되는 인수를 기록하게 만들 수 있다. 그리고 나서 몇 밀리초 동안 잠들었다가 저장된 인수를 검사하면 된다.

```go
type publisherMock struct {
    mu  sync.RWMutex
    got []Foo
}

func (p *publisherMock) Publish(got []Foo) {
    p.mu.Lock()
```

```
        defer p.mu.Unlock()
        p.got = got
    }

    func (p *publisherMock) Get() []Foo {
        p.mu.RLock()
        defer p.mu.RUnlock()
        return p.got
    }

    func TestGetBestFoo(t *testing.T) {
        mock := publisherMock{}
        h := Handler{
            publisher: &mock,
            n:              2,
        }

        foo := h.getBestFoo(42)
        // foo를 검사한다.

        time.Sleep(10 * time.Millisecond) ---------- ❶
        published := mock.Get()

        // published를 검사한다.
    }
```

❶ 10밀리초 동안 잠들었다가 일어나서 Publish에 전달된 인수를 검사한다.

뮤텍스 기반의 publisher 모형을 만들어서 published 필드에 함부로 접근하지 못하게 했다. 단위 테스트에서 time.Sleep을 호출하면 일정 시간 동안 가만 있다가 Publish로 전달된 인수를 검사한다.

이 테스트는 근본적으로 불안정하다. 10밀리초로 충분한지도 보장할 수 없다. (이 예제에서는 충분하겠지만 그렇다고 확신할 수는 없다.)

이 단위 테스트를 개선하려면 어떻게 해야 할까? 첫째, 주기적으로 특정 조건을 만족하는지 확인하는 어써션(assertion)을 실행하는 재시도 코드를 활용할 수 있다. 예를 들어, 어써션과 재시도 횟수와 대기 시간을 인수로 받아서 비지 루프를 사용하지 않고 주기적으로 검사하는 함수를 다음과 같이 작성할 수 있다.

```
func assert(t *testing.T, assertion func() bool,
```

```
    maxRetry int, waitTime time.Duration) {
    for i := 0; i < maxRetry; i++ {
        if assertion() { ---------------- ❶
            return
        }
        time.Sleep(waitTime) ----------- ❷
    }
    t.Fail() -------------------------- ❸
}
```

❶ 어써션을 검사한다.

❷ 잠시 자다 일어나 재시도한다.

❸ 일정 횟수만큼 재시도해서 안 되면 실패로 판정한다.

이 함수는 주어진 어써션을 검사해서 일정 횟수만큼 재시도해서 안 되면 실패로 판정한다. 이번에 도 time.Sleep을 사용하지만 이전보다 시간을 짧게 지정했다.

예를 들어, TestGetBestFoo 코드를 다시 살펴보자.

```
assert(t, func() bool {
    return len(mock.Get()) == 2
}, 30, time.Millisecond)
```

10밀리초 동안 잠들지 않고 1밀리초씩 자도록 지정하고 최대 재시도 횟수를 설정했다. 이렇게 하 면 대기 시간이 짧아져서 테스트를 통과할 때의 실행 시간을 크게 단축할 수 있다. 따라서 재시도 방식으로 구현하는 것이 수동적으로 잠들기만 하는 이전 방식보다 훨씬 좋다.

> Note ☰　testify와 같은 일부 테스팅 라이브러리는 재시도 기능을 제공한다. 예를 들어, testify의 경우,
> Eventually 함수를 이용하여 언젠가는 통과해야 할 어써션과 에러 메시지 설정 같은 부가 기능을 제공한다.

또 다른 방법은 채널을 이용하여 Foo 구조체를 게시하는 고루틴과 테스팅 고루틴을 동기화시키는 것이다. 예를 들어, 앞에서 본 publisher 모형에서 전달받은 슬라이스를 필드에 복제하지 말고 이 값을 채널로 보낸다.

```
type publisherMock struct {
    ch chan []Foo
}

func (p *publisherMock) Publish(got []Foo) {
```

```
        p.ch <- got ------------------------------- ❶
    }

    func TestGetBestFoo(t *testing.T) {
        mock := publisherMock{
            ch: make(chan []Foo),
        }
        defer close(mock.ch)

        h := Handler{
            publisher: &mock,
            n:         2,
        }
        foo := h.getBestFoo(42)
        // foo를 검사한다.

        if v := len(<-mock.ch); v != 2 { ---------- ❷
            t.Fatalf("expected 2, got %d", v)
        }
    }
```

❶ 전달받은 인수를 채널로 보낸다.

❷ 받은 인수를 비교한다.

publisher는 주어진 인수를 채널로 보낸다. 한편, 테스팅 고루틴은 모형을 만들고 주어진 값을 토대로 어써션을 생성한다. 뭔가 문제가 발생해서 mock.ch를 무한히 기다리는 문제를 방지하고 싶다면 타임아웃 기법으로 구현할 수도 있다. 예를 들어, select에 time.After 케이스를 이용하는 방식을 사용할 수 있다.

지금까지 살펴본 재시도 방식과 동기화 방식 중 어느 것이 더 좋을까? 동기화를 이용하면 대기 시간을 최소화할 수 있으며 제대로만 설계하면 완전히 결정론적인 테스트를 구성할 수 있다.

동기화 기법을 사용할 수 없다면 문제가 발생할 가능성이 있으므로 설계를 다시 검토해야 한다. 도저히 동기화할 수 없다면 재시도 방식을 적용하는 것이 단순히 잠들었다가 일어나는 방식보다는 비결정론적인 동작을 막을 수 있다.

다음 절에서도 불안정한 테스트를 방지하는 방법에 대한 주제를 이어서 살펴보겠다. 이번에는 time API 사용법에 대해 알아보자.

11.6 #87 time API를 효율적으로 다뤄라

time API를 사용할 수밖에 없는 경우가 있다. 가령 현재 시각을 확인하는 함수가 그렇다. 이런 함수에 대해 단위 테스트를 작성하다 보면, 경우에 따라 실패하는 경우가 발생하는 불안정한 테스트가 되기 쉽다. 이 절에서는 이런 문제를 해결하는 다양한 방법을 구체적인 예제를 통해 소개한다. 모든 유스케이스와 기법을 빠짐없이 나열하는 것이 아니라, time API를 활용하는 함수에 대한 테스트를 견고하게 작성하는 방향성을 제시할 것이다.

다음과 같이 이벤트를 받아서 인메모리 캐시에 저장하는 애플리케이션을 생각해보자. 최근 들어온 이벤트는 Cache 구조체에 저장한다. 이 구조체는 다음과 같은 세 가지 동작에 대한 메서드를 제공한다.

- 이벤트 추가

- 모든 이벤트 가져오기

- 주어진 간격에 맞게 이벤트 조정하기(이 메서드를 중심으로 살펴본다.)

각 메서드마다 현재 시각을 확인해야 한다. 그럼 위 메서드 중 세 번째를 time.Now()로 구현하는 첫 번째 버전을 작성해보자(모든 이벤트가 시간순으로 정렬된다고 가정한다).

```go
type Cache struct {
    mu     sync.RWMutex
    events []Event
}

type Event struct {
    Timestamp time.Time
    Data string
}

func (c *Cache) TrimOlderThan(since time.Duration) {
    c.mu.RLock()
    defer c.mu.RUnlock()

    t := time.Now().Add(-since) ---------------- ❶
    for i := 0; i < len(c.events); i++ {
        if c.events[i].Timestamp.After(t) {
            c.events = c.events[i:] ----------- ❷
```

```
            return
        }
    }
}
```

❶ 현재 시각에서 주어진 기간을 뺀다.

❷ 이벤트를 조정한다.

현재 시각에서 주어진 기간을 뺀 값을 t 변수에 저장한다. 그리고 나서 t 시간이 지난 이벤트에 도달하자마자 내부 events 슬라이스를 업데이트한다. 이벤트들이 시간순으로 정렬되어 있기 때문이다.

이 메서드를 어떻게 테스트할 수 있을까? time.Now를 사용해 현재 시각을 기준으로 이벤트를 생성하는 방법이 있다.

```
func TestCache_TrimOlderThan(t *testing.T) {
    events := []Event{ -------------------------------------------- ❶
        {Timestamp: time.Now().Add(-20 * time.Millisecond)},
        {Timestamp: time.Now().Add(-10 * time.Millisecond)},
        {Timestamp: time.Now().Add(10 * time.Millisecond)},
    }
    cache := &Cache{}
    cache.Add(events) ---------------------------------------- ❷
    cache.TrimOlderThan(15 * time.Millisecond) -------------- ❸
    got := cache.GetAll() ----------------------------------- ❹
    expected := 2
    if len(got) != expected {
        t.Fatalf("expected %d, got %d", expected, len(got))
    }
}
```

❶ time.Now()를 이용하여 이벤트를 생성한다.

❷ 생성된 이벤트를 캐시에 추가한다.

❸ 이벤트를 15밀리초 전에 시작한 것으로 조정한다.

❹ 이벤트를 모두 가져온다.

time.Now()를 이용하여 이벤트 슬라이스를 캐시에 저장하고 일정한 기간을 더하거나 뺀다. 그리고 나서 이벤트가 15밀리초를 경과했다고 조정하고 어써션을 실행시킨다.

이 방법에는 한 가지 심각한 단점이 있다. 테스트를 실행시키는 머신이 갑자기 바빠지면 조정되는 이벤트가 예상보다 적어질 수 있다는 것이다. 기간을 늘려서 테스트 실패 가능성을 낮출 수도 있지만 항상 그럴 수 있는 것은 아니다. 예를 들어, timestamp 필드가 이벤트를 추가하는 동안 생성된 익스포트되지 않은 필드라면 특정한 timestamp를 전달할 수 없어서 결국 단위 테스트에 Sleep() 호출을 추가하는 수밖에 없다.

이 문제는 TrimOlderThan의 구현 방식과 관련이 있다. time.Now()를 호출하기 때문에 단위 테스트를 견고하게 만들 수 없다. 그럼 이 테스트를 덜 불안정하게 만들 수 있는 방법 두 가지를 살펴보자.

첫 번째 방법은 현재 시각을 가져오는 방법을 Cache 구조체에 의존하게 만드는 것이다. 프로덕션 환경에서는 제대로 된 코드를 넣어야 하지만 단위 테스트 동안에는 스텁(stub)을 전달하는 방식으로 만들 수 있다.

이러한 의존성은 다양한 방식으로 처리할 수 있다. 인터페이스를 사용할 수도 있고, 함수 타입을 사용할 수도 있다. 여기서는 time.Now()라는 메서드 하나만 의존하기 때문에 함수 타입으로 만들어보자.

```
type now func() time.Time

type Cache struct {
    mu       sync.RWMutex
    events []Event
    now      now
}
```

now 타입은 time.Time을 리턴하는 함수다. 팩토리 함수에서 실제 time.Now 함수를 다음과 같이 전달할 수 있다.

```
func NewCache() *Cache {
    return &Cache{
        events: make([]Event, 0),
        now:    time.Now,
    }
}
```

now 의존성은 익스포트되지 않은 상태로 남아 있기 때문에 외부 클라이언트에서 접근할 수 없다. 게다가 여기서 작성한 단위 테스트 코드에서 미리 지정한 시각을 기반으로 가짜로 구현한 func() time.Time을 주입하여 Cache 구조체를 생성할 수 있다.

```
func TestCache_TrimOlderThan(t *testing.T) {
    events := []Event{ --------------------------------- ❶
        {Timestamp: parseTime(t, "2023-11-01T12:00:00.04Z")},
        {Timestamp: parseTime(t, "2023-11-01T12:00:00.05Z")},
        {Timestamp: parseTime(t, "2023-11-01T12:00:00.06Z")},
    }
    cache := &Cache{now: func() time.Time { ------------------ ❷
        return parseTime(t, "2023-11-01T12:00:00.06Z")
    }}
    cache.Add(events)
    cache.TrimOlderThan(15 * time.Millisecond)
    // ...
}

func parseTime(t *testing.T, timestamp string) time.Time {
    // ...
}
```

❶ 특정한 타임스탬프를 기반으로 이벤트를 생성한다.

❷ 정적 함수를 주입하는 방식으로 시각을 수정한다.

Cache 구조체를 새로 만들 때, 주어진 시각을 기반으로 now 의존성을 주입한다. 이렇게 하면 테스트가 견고해진다. 최악의 경우에도 테스트 결과는 결정론적으로 나온다.

글로벌 변수 사용하기

필드를 사용하는 대신, 글로벌 변수로 현재 시각을 가져오는 방법도 있다.

```
var now = time.Now ----------- ❶
```

❶ now라는 글로벌 변수를 정의한다.

이와 같이 수정 가능한(mutable) 공유(shared) 상태는 가급적 피하는 것이 좋다. 이 예제의 경우 적어도 한 가지 문제, 즉 테스트가 더 이상 격리되지 않는 현상이 발생할 수 있다. 모두 공유 변수 하나에 의존하기 때문이다. 따라서 여기 나온 테스트는 병렬로 실행할 수 없는 등의 문제가 발생한다. 가능하면 이런 케이스를 구조체 의존성의 일부로 처리해서 테스팅을 격리시키는 것이 좋다.

이 방법은 확장할 수도 있다. 예를 들어, time.After를 호출하는 경우를 생각해보자. 이때 after 의존성을 더 추가하거나 두 메서드(Now와 After)를 묶는 인터페이스를 하나 만들 수 있다. 하지만 이렇게 하면 한 가지 큰 단점이 발생한다. 외부 패키지에서 단위 테스트를 생성하는 것을 비롯하

여 now 의존성을 더 이상 사용할 수 없다(이 내용은 #90 "고 언어의 모든 테스팅 관련 기능을 파악하라"에서 자세히 다룬다).

이럴 때는 다른 방법을 사용하면 된다. 시간을 익스포트하지 않은 의존성으로 처리하지 말고 클라이언트가 현재 시각을 제공하게 만들면 된다.

```go
func (c *Cache) TrimOlderThan(now time.Time, since time.Duration) {
    // ...
}
```

여기서 한발 더 나아가 두 가지 인수를 time.Time 하나로 합칠 수 있다. 이 시각은 이벤트를 조정할 시점을 표현한다.

```go
func (c *Cache) TrimOlderThan(t time.Time) {
    // ...
}
```

이 시점을 시간으로 계산하는 작업은 호출하는 측에서 처리한다.

```go
cache.TrimOlderThan(time.Now().Add(time.Second))
```

그리고 테스트 코드에도 이 시각을 전달해야 한다.

```go
func TestCache_TrimOlderThan(t *testing.T) {
    // ...
    cache.TrimOlderThan(parseTime(t, "2023-11-01T12:00:00.06Z").
        Add(-15 * time.Millisecond))
    // ...
}
```

이 방법이 가장 간단하다. 타입과 스텁을 새로 만들 필요가 없기 때문이다.

time API를 이용하는 테스트 코드를 작성할 때는 주의하는 것이 좋다. 자칫하면 테스트 코드가 불안정해지는 플레이키 테스트가 될 수 있기 때문이다. 이 절에서는 플레이키 테스트를 해결하는 두 가지 방법을 살펴봤다. time을 다루는 작업을 의존성의 일부로 유지하여 단위 테스트에서 직접 구현하거나 외부 라이브러리를 이용하여 가짜 구현을 사용할 수 있다. 또는 위 예제처럼 현재 시각과 같은 필수 정보를 클라이언트가 제공하도록 API를 다시 만들 수 있다(구현은 간편하지만 기능은 제한된다).

다음에는 테스팅에 관련된 유용한 고 패키지 두 가지(httptest와 iotest)를 알아보자.

11.7 / #88 테스팅 유틸리티 패키지를 사용하라

표준 라이브러리는 테스팅 관련 유틸리티 패키지도 제공한다. 이 패키지의 존재를 모르고 이와 비슷한 기능 또는 그보다 못한 것을 중복 구현하는 실수를 저지르기 쉽다. 이 절에서는 테스팅 관련 두 가지 패키지를 소개한다. 하나는 HTTP를 다룰 때 유용하고, 다른 하나는 I/O 연산을 수행할 때 io.Reader와 io.Writer를 다루는 부분을 테스트하는 데 유용하다.

11.7.1 httptest 패키지

httptest 패키지[2]는 클라이언트와 서버, 모두를 위한 HTTP 테스팅 기능을 제공한다. 그럼 두 가지 유스케이스를 통해 자세히 알아보자.

먼저 HTTP 서버를 구현할 때 httptest가 얼마나 유용한지 살펴보자. 헤더와 바디에 쓰는 작업을 수행하고 상태 코드를 리턴하는 몇 가지 기본 동작을 수행하는 핸들러를 작성해보겠다. 간결한 구성을 위해 에러 핸들링 코드는 생략했다.

```
func Handler(w http.ResponseWriter, r *http.Request) {
    w.Header().Add("X-API-VERSION", "1.0")
    b, _ := io.ReadAll(r.Body)
    _, _ = w.Write(append([]byte("hello "), b...)) ------- ❶
    w.WriteHeader(http.StatusCreated)
}
```

❶ 요청 바디에 hello를 추가한다.

HTTP 핸들러는 두 가지 인수를 받는다. 하나는 요청이고, 다른 하나는 응답을 쓰는 방법이다. httptest 패키지는 두 가지 모두에 대한 기능을 제공한다. 요청의 경우 httptest.NewRequest를 통해 HTTP 메서드와 URL, 바디로부터 *http.Request를 만들 수 있다. 응답의 경우 httptest.NewRecorder로 핸들러 내부에서 변경된 사항을 기록할 수 있다. 이 핸들러에 대한 단위 테스트를 다음과 같이 작성해보겠다.

---

2 https://pkg.go.dev/net/http/httptest

```go
func TestHandler(t *testing.T) {
    req := httptest.NewRequest(http.MethodGet, "http://localhost", ········· ❶
        strings.NewReader("foo"))
    w := httptest.NewRecorder() ················································· ❷
    Handler(w, req) ··············································· ❸

    if got := w.Result().Header.Get("X-API-VERSION"); got != "1.0" { ······· ❹
        t.Errorf("api version: expected 1.0, got %s", got)
    }

    body, _ := ioutil.ReadAll(wordy) ············································· ❺
    if got := string(body); got != "hello foo" {
        t.Errorf("body: expected hello foo, got %s", got)
    }

    if http.StatusOK != w.Result().StatusCode { ·························· ❻
        t.FailNow()
    }
}
```

❶ 요청을 만든다.

❷ 응답 레코더를 생성한다.

❸ 핸들러를 호출한다.

❹ HTTP 헤더를 검증한다.

❺ HTTP 바디를 검증한다.

❻ HTTP 상태 코드를 검증한다.

httptest로 핸들러를 테스트할 때 전송 계층(HTTP 부분)은 테스트하지 않는다. 이 테스트는 핸들러를 직접 호출하고 요청과 응답 저장 방식을 전달하는 데만 초점을 맞춘다. 그러고 나서 응답 레코더로 HTTP 헤더와 바디와 상태 코드를 검증하는 어써션을 작성한다.

이번에는 HTTP 서버가 아닌 HTTP 클라이언트를 테스트해보자. 여기서는 한 지점에서 다른 지점으로 이동하는 데 걸리는 시간을 계산하는 질의를 HTTP 엔드포인트로 던지는 클라이언트를 작성해보겠다. 코드는 다음과 같다.

```go
func (c DurationClient) GetDuration(url string,
    lat1, lng1, lat2, lng2 float64) (
    time.Duration, error) {
    resp, err := c.client.Post(
        url, "application/json",
```

```
        buildRequestBody(lat1, lng1, lat2, lng2),
    )
    if err != nil {
        return 0, err
    }

    return parseResponseBody(resp.Body)
}
```

이 코드는 주어진 URL에 대해 HTTP POST 요청을 보내서 (JSON과 같은) 파싱된 응답을 받는다.

이 클라이언트를 테스트하려면 어떻게 해야 할까? 한 가지 방법은 미리 정해둔 응답을 리턴하는 모형 서버를 도커(Docker)로 띄우는 것이다. 그런데 이렇게 하면 테스트 실행 시간이 길어진다. 다른 방법은 httptest.NewServer를 통해 별도로 제공한 핸들러에 따라 작동하는 로컬 HTTP 서버를 만드는 것이다. 이렇게 만든 서버가 구동되면 서버 URL로 GetDuration을 전달할 수 있다.

```
func TestDurationClientGet(t *testing.T) {
    srv := httptest.NewServer( ----------------------------------------- ❶
        http.HandlerFunc(
            func(w http.ResponseWriter, r *http.Request) {
                _, _ = w.Write([]byte(`{"duration": 314}`)) --------------- ❷
            },
        ),
    )
    defer srv.Close() --------------------------------------------------- ❸

    client := NewDurationClient()
    duration, err := client.GetDuration(srv.URL, 51.551261, -0.1221146,
                                         51.57, -0.13) ------------- ❹
    if err != nil {
        t.Fatal(err)
    }

    if duration != 314*time.Second { --------------------------------------- ❺
        t.Errorf("expected 314 seconds, got %v", duration)
    }
}
```

❶ HTTP 서버를 구동한다.

❷ 응답을 처리하는 핸들러를 등록한다.

❸ 서버를 닫는다.

❹ 서버 URL을 전달한다.

❺ 응답을 검증한다.

이 테스트는 314초를 리턴하는 정적 핸들러로 서버를 생성한다. 보낸 요청을 토대로 어써션을 만들어도 된다. 또한 GetDuration을 호출할 때, 앞서 구동한 서버 URL을 전달한다. 핸들러를 테스팅할 때와 비교하면, 이 테스트는 실제 HTTP 호출을 수행하지만 몇 밀리초만 실행된다.

httptest.NewTLSServer를 이용하면 TLS를 이용하는 서버를 구동시킬 수 있다. 또한 httptest.NewUnstartedServer를 이용하면 구동하지 않은 상태로 서버를 생성했다가 나중에 구동시킬 수 있다.

HTTP 애플리케이션에 대한 코드를 테스트할 때는 httptest가 유용하다는 사실을 기억하자. 서버나 클라이언트에 상관없이 httptest를 통해 테스트를 효율적으로 만들 수 있다.

11.7.2 iotest 패키지

iotest 패키지[3]는 읽기와 쓰기를 테스트하는 데 필요한 기능을 제공한다. 편리한 기능을 제공하지만 이 패키지를 까먹고 활용하지 않는 고 프로그래머가 많다.

io.Reader를 직접 구현할 때, iotest.TestReader로 테스트할 수 있다. 이 함수는 구현한 읽기 함수가 제대로 작동하는지 테스트한다. 실제로 읽은 바이트 수를 리턴하고, 전달한 슬라이스를 채우는 등 작업을 수행한다. 또한 io.ReaderAt과 같은 다른 인터페이스도 구현했다면 해당 동작도 테스트할 수 있다.

예를 들어, io.Reader로 들어온 입력으로부터 소문자를 스트리밍하는 LowerCaseReader를 직접 만드는 경우를 생각해보자. 이 리더가 제대로 동작하는지 테스트하는 코드를 다음과 같이 작성할 수 있다.

```
func TestLowerCaseReader(t *testing.T) {
    err := iotest.TestReader(
        &LowerCaseReader{reader: strings.NewReader("aBcDeFgHiJ")}, ------ ❶
        []byte("acegi"),                                             ------ ❷
    )
    if err != nil {
```

---

3 https://pkg.go.dev/testing/iotest

```
        t.Fatal(err)
    }
}
```

❶ io.Reader를 지정한다.

❷ 바람직한 결과

iotest.TestReader를 호출할 때 커스텀 LowerCaseReader와 바람직한 결괏값(소문자 acegi)을 전달했다.

iotest 패키지는 읽기와 쓰기를 사용하는 애플리케이션에서 발생하는 에러를 제대로 처리하게 만드는 용도로도 사용할 수 있다.

- **iotest.ErrReader**: 지정한 에러를 리턴하는 io.Reader를 생성한다.
- **iotest.HalfReader**: io.Reader에서 요청한 바이트 수의 절반만 읽는다.
- **iotest.OneByteReader**: io.Reader에서 읽은 것 중에서 공백이 아닌 한 바이트만 읽는다.
- **iotest.TimeoutReader**: 두 번째로 읽을 때 데이터 없이 에러를 리턴하는 io.Reader를 생성한다. 그 뒤에 호출하는 것은 모두 성공한다.
- **iotest.TruncateWriter**: io.Writer에 n바이트만 쓰고 나서 조용히 멈추는 io.Writer를 생성한다.

예를 들어, 리더로부터 들어온 바이트를 모두 읽는 함수를 다음과 같이 구현했다고 하자.

```
func foo(r io.Reader) error {
    b, err := io.ReadAll(r)
    if err != nil {
        return err
    }

    // ...
}
```

이 함수가 주어진 리더를 읽다가 실패하는지 확인한다. 가령 네트워크 에러가 발생한 상황을 만들어볼 수 있다.

```
func TestFoo(t *testing.T) {
    err := foo(iotest.TimeoutReader( ---------- ❶
        strings.NewReader(randomString(1024)),
```

```
    ))
    if err != nil {
        t.Fatal(err)
    }
}
```

❶ 주어진 io.Reader를 io.TimeoutReader로 포장한다.

io.TimeoutReader로 io.Reader를 포장했다. 앞에서 설명했듯이, 두 번째 읽을 때는 실패하게 된다. 이 테스트를 통해 작성한 함수가 에러에 잘 대처하는지 확인해보면 테스트에 실패했다는 결과가 나온다. 참고로 io.ReadAll을 호출하면 발생한 에러를 모두 리턴한다.

이러한 사실을 바탕으로 에러를 최대 n개까지 대처할 수 있는 커스텀 readAll 함수를 다음과 같이 만들 수 있다.

```
func readAll(r io.Reader, retries int) ([]byte, error) {
    b := make([]byte, 0, 512)
    for {
        if len(b) == cap(b) {
            b = append(b, 0)[:len(b)]
        }
        n, err := r.Read(b[len(b):cap(b)])
        b = b[:len(b)+n]
        if err != nil {
            if err == io.EOF {
                return b, nil
            }
            retries--
            if retries<0{  ---------- ❶
                return b, err
            }
        }
    }
}
```

❶ 지정한 한계만큼 재시도한다.

이 코드는 io.ReadAll과 비슷하지만 재시도 횟수를 지정할 수도 있다. 처음 만든 함수에서 io.ReadAll 대신 방금 작성한 커스텀 readAll을 사용하도록 변경하면 다음과 같이 더 이상 실패하지 않게 된다.

```
func foo(r io.Reader) error {
    b, err := readAll(r, 3) --------- ❶
    if err != nil {
        return err
    }

    // ...
}
```

❶ 최대 세 번까지 재시도한다.

지금까지 io.Reader로부터 읽는 동안 발생한 에러를 감당할 수 있는지 확인하는 방법을 살펴봤다. 테스트는 iotest 패키지에서 제공하는 기능을 활용했다.

I/O를 수행하는 과정에서 io.Reader와 io.Writer를 사용할 때는 iotest 패키지를 사용하면 편리하다는 사실을 기억하자. 앞에서 본 것처럼 이 패키지는 커스텀 io.Reader의 동작을 테스트하고 데이터를 읽거나 쓰는 동안 발생한 에러를 애플리케이션이 얼마나 감당할 수 있는지 테스트하는 데 필요한 기능을 제공한다.

다음 절에서는 부정확한 벤치마크로 이어질 수 있는 몇 가지 실수에 대해 알아보겠다.

11.8 / #89 벤치마크를 정확하게 작성하라

일반적으로 성능을 어림짐작하면 안 된다. 최적화 작업을 하는 과정에서 결과에 대해 아무리 확신하더라도 다양한 요인에 영향받을 수 있기 때문에 실제로 테스트해보는 것이 바람직하다. 하지만 이를 위한 벤치마크를 작성하기란 간단하지 않다. 부정확하게 작성하기 쉽고, 이를 바탕으로 결과를 잘못 해석할 가능성도 높다. 이 절에서는 이처럼 벤치마크를 부정확하게 만드는 실수와 함정에 대해 알아보자.

흔히 빠지기 쉬운 함정에 대해 알아보기 전에 먼저 고 언어에서 벤치마크가 작동하는 방식에 대해 가볍게 복습하자. 벤치마크 코드의 골격은 다음과 같다.

```
func BenchmarkFoo(b *testing.B) {
    for i := 0; i < b.N; i++ {
        foo()
```

```
        }
    }
```

함수 이름 앞에 Benchmark란 접두어를 붙인다. 테스트할 함수(foo)는 for 루프 안에서 호출한다. 여기서 b.N은 반복 횟수로, 인수에 따라 달라진다. 벤치마크를 실행할 때 고 런타임은 요청된 벤치마크 시간에 최대한 맞추려고 한다. 벤치마크 시간(benchmark time)의 디폴트 값은 1초이며 -benchtime 플래그로 직접 지정할 수도 있다. b.N은 1부터 시작한다. 벤치마크가 1초 이내에 끝나면 b.N을 증가시켜서 b.N이 대략 benchtime에 일치할 때까지 벤치마크를 반복 실행한다.

```
$ go test -bench=.
cpu: Intel(R) Core(TM) i5-7360U CPU @ 2.30GHz
BenchmarkFoo-4               73          16511228 ns/op
```

여기서 벤치마크는 대략 1초가 걸렸고, foo는 73회 호출되어 평균 실행 시간은 16,511,228나노초가 걸렸다. 벤치마크 시간을 다음과 같이 -benchtime으로 변경할 수 있다.

```
$ go test -bench=. -benchtime=2s
BenchmarkFoo-4              150          15832169 ns/op
```

그러면 foo가 이전보다 대략 두 배 더 호출되었다.

이것으로 복습을 마치고 이제 흔히 저지르는 실수에 대해 살펴보자.

11.8.1 타이머 재설정 또는 일시 정지하지 않기

때로는 벤치마크 루프에 진입하기 전에 몇 가지 연산을 수행해야 할 때가 있다. 이런 연산(예 거대한 데이터 슬라이스를 생성하기 등)은 실행되는 시간이 길어질 수 있고, 그러면 벤치마크 결과에 상당한 영향을 미칠 수 있다.

```
func BenchmarkFoo(b *testing.B) {
    expensiveSetup()
    for i := 0; i < b.N; i++ {
        functionUnderTest()
    }
}
```

이때 루프에 들어가기 전에 ResetTimer 메서드를 사용할 수 있다.

```go
func BenchmarkFoo(b *testing.B) {
    expensiveSetup()
    b.ResetTimer() -------------- ❶
    for i := 0; i < b.N; i++ {
        functionUnderTest()
    }
}
```

❶ 벤치마크 타이머를 재설정한다.

ResetTimer를 호출하면 지금까지 경과된 벤치마크 시간과 테스트 시작부터 기록된 메모리 할당 카운터를 0으로 초기화한다. 그래서 초기 설정 작업이 긴 경우 테스트 결과에 영향을 미치지 않게 만들 수 있다.

그렇다면 다음과 같이 긴 초기 설정 작업이 한 번이 아니라 루프 안에서 매번 수행할 때는 어떻게 해야 할까?

```go
func BenchmarkFoo(b *testing.B) {
    for i := 0; i < b.N; i++ {
        expensiveSetup()
        functionUnderTest()
    }
}
```

여기서는 루프를 돌 때마다 타이머가 실행되기 때문에 타이머를 재설정할 수 없다. 대신 다음과 같이 expensiveSetup을 호출하기 전과 후에 벤치마크 타이머를 잠시 멈췄다가 다시 이어나가는 것은 가능하다.

```go
func BenchmarkFoo(b *testing.B) {
    for i := 0; i < b.N; i++ {
        b.StopTimer() ------------ ❶
        expensiveSetup()
        b.StartTimer() ----------- ❷
        functionUnderTest()
    }
}
```

❶ 벤치마크 타이머를 일시 정지한다.
❷ 벤치마크 타이머를 다시 이어서 실행한다.

이처럼 벤치마크 타이머를 일시 정지한 뒤, 시간이 오래 걸리는 설정 작업을 수행하고, 다시 타이머를 이어서 실행시킬 수 있다.

> Note ≡ 이 방법에는 한 가지 약점이 있다는 것을 명심해야 한다. 테스트할 함수가 설정 함수에 비해 실행 속도가 너무 빠르면 벤치마크가 완료될 때까지 너무 오래 걸릴 수 있다. 그 이유는 benchtime에 도달하기까지 1초 이상 걸리기 때문이다. 벤치마크 시간은 오로지 functionUnderTest의 실행 시간에만 의존한다. 따라서 루프를 돌 때마다 상당한 시간을 기다리면 벤치마크는 1초보다 훨씬 오래 걸리게 된다. 벤치마크를 그대로 유지하고 싶다면 benchtime을 줄이는 방법으로 좀 보완할 수 있다.

벤치마크 정확도를 유지하려면 반드시 타이머 메서드를 사용해야 한다.

11.8.2 마이크로 벤치마크의 결론 잘못 내리기

마이크로 벤치마크(micro-benchmark)는 매우 작은 연산 단위로 측정하기 때문에 이 과정에서 결론을 잘못 내리기 쉽다. 예를 들어, atomic.StoreInt32와 atomic.StoreInt64 중에서 어느 것이 적합한지 확인하기 위해 다음과 같이 두 함수를 비교하는 벤치마크를 작성했다고 가정해보자(여기서 값을 항상 32비트로 처리할 수 있다고 가정한다).

```
func BenchmarkAtomicStoreInt32(b *testing.B) {
    var v int32
    for i := 0; i < b.N; i++ {
        atomic.StoreInt32(&v, 1)
    }
}

func BenchmarkAtomicStoreInt64(b *testing.B) {
    var v int64
    for i := 0; i < b.N; i++ {
        atomic.StoreInt64(&v, 1)
    }
}
```

이 벤치마크를 실행한 결과는 다음과 같다.

```
cpu: Intel(R) Core(TM) i5-7360U CPU @ 2.30GHz
BenchmarkAtomicStoreInt32
BenchmarkAtomicStoreInt32-4      197107742              5.682 ns/op
BenchmarkAtomicStoreInt64
```

```
BenchmarkAtomicStoreInt64-4          213917528                    5.134 ns/op
```

이 결과를 그대로 믿고 atomic.StoreInt64를 사용하는 것이 좋다고 판단할 수 있다. 현재 결과를 보면 더 빨라 보이기 때문이다. 여기서 좀 더 공정하게 벤치마크를 수행하기 위해 순서를 바꿔서 atomic.StoreInt64를 먼저 테스트한 뒤 atomic.StoreInt32를 테스트해보자. 그러면 다음과 같은 결과가 나온다.

```
BenchmarkAtomicStoreInt64
BenchmarkAtomicStoreInt64-4          224900722                    5.434 ns/op
BenchmarkAtomicStoreInt32
BenchmarkAtomicStoreInt32-4          230253900                    5.159 ns/op
```

이번에는 atomic.StoreInt32가 더 좋게 나왔다. 왜 그럴까?

마이크로 벤치마크에서는 결과에 영향을 미치는 요인이 많다. 예를 들어, 벤치마크를 수행하는 동안 머신의 동작, 전원 관리, 발열 수준, 인스트럭션 순서에 대한 캐시 정렬 수준 등에 따라 결과가 달라질 수 있다. 이처럼 다양한 요인, 심지어 고 프로젝트의 외부 요인에 따라 결과가 달라질 수도 있다는 사실을 명심해야 한다.

> Note ≡ 벤치마크를 수행하는 머신은 다른 일을 하지 않아야 한다. 그런데 외부 프로세스가 백그라운드로 구동되어 벤치마크 결과에 영향을 미칠 수 있다. 이러한 이유로 perflock과 같은 도구는 벤치마크가 사용할 CPU 양을 제한하기도 한다. 예를 들어, 벤치마크가 사용할 총 CPU 가용량의 70%만 사용하고 나머지 30%는 OS나 다른 프로세스가 사용하게 해서 머신 활동이 결과에 미치는 영향을 최소화할 수 있다.

한 가지 대안은 -benchtime 옵션을 이용하여 벤치마크 시간을 늘리는 것이다. 확률 이론의 '큰 수의 법칙(law of large numbers)'처럼, 벤치마크를 실행하는 횟수가 많을수록 기댓값에 가까워진다(이때 인스트럭션 캐싱과 같은 장치의 효과는 무시한다).

또 다른 방법은 기존 벤치마크 도구에 외부 도구를 함께 사용하는 것이다. 예를 들어, golang.org/x 리포지터리에서 제공하는 benchstat이란 도구는 벤치마크 실행에 대한 통계를 계산하고 비교하는 기능을 제공한다.

-count 옵션으로 벤치마크를 10번 수행하도록 지정하고 그 결과를 파이프를 통해 지정된 파일로 보내보자.

```
$ go test -bench=. -count=10 | tee stats.txt
cpu: Intel(R) Core(TM) i5-7360U CPU @ 2.30GHz
BenchmarkAtomicStoreInt32-4          234935682                    5.124 ns/op
```

```
BenchmarkAtomicStoreInt32-4      235307204                 5.112 ns/op
// ...
BenchmarkAtomicStoreInt64-4      235548591                 5.107 ns/op
BenchmarkAtomicStoreInt64-4      235210292                 5.090 ns/op
// ...
```

이렇게 만든 stats.txt 파일에 대해 benchstat을 실행하면 결과는 다음과 같다.

```
$ benchstat stats.txt
name                  time/op
AtomicStoreInt32-4   5.10ns  ± 1%
AtomicStoreInt64-4   5.10ns  ± 1%
```

두 함수의 평균 실행 시간이 5.10나노초로 똑같다고 나온다. 주어진 벤치마크의 실행 시간의 오차 범위가 1%라는 것도 알려준다. 이를 통해 두 벤치마크가 안정적이어서 결과로 나온 평균 시간을 신뢰할 수 있다고 판단할 수 있다. 따라서 atomic.StoreInt32가 더 빠르거나 더 느린 것이 아니라 (특정한 머신에서 특정한 고 버전으로) 테스트한 두 함수의 실행 시간은 서로 비슷하다고 결론을 내릴 수 있다.

일반적으로 마이크로 벤치마크를 수행할 때는 주의해야 한다. 결과에 영향을 미치는 요인이 너무 많아서 잘못된 결론을 내릴 수 있다. 벤치마크 시간을 늘리거나 벤치마크를 여러 번 실행해서 benchstat과 같은 도구로 통계를 구하면 외부 요인에 의한 영향을 최소화하고 결과의 정확도를 높여서 올바른 결론을 내릴 수 있다.

추가로 강조하고 싶은 사실은 다른 머신에서 마이크로 벤치마크를 수행할 결과를 토대로 프로덕션 환경에 애플리케이션을 배치하는 경우를 주의해야 한다는 점이다. 프로덕션 시스템은 마이크로 벤치마크를 수행한 머신과 크게 다를 수 있기 때문이다.

11.8.3 컴파일러 최적화 동작에 주의하지 않기

벤치마크 작성 과정에서 흔히 저지르는 또 다른 실수로 컴파일러 최적화에 속아 벤치마크 결과를 잘못 해석하는 것이다. 이 절에서는 자주 사용하는 카운트 함수(값이 1인 비트 수를 세는 함수)에 대한 이슈 14813[4]에 대해 알아보겠다.

---

4   https://github.com/golang/go/issues/14813, 고 프로젝트 멤버인 데이브 체니

```
const m1 = 0x5555555555555555
const m2 = 0x3333333333333333
const m4 = 0x0f0f0f0f0f0f0f0f
const h01 = 0x0101010101010101

func popcnt(x uint64) uint64 {
    x -= (x >> 1) & m1
    x = (x & m2) + ((x >> 2) & m2)
    x = (x + (x >> 4)) & m4
    return (x * h01) >> 56
}
```

이 함수의 인수와 리턴 타입은 uint64다. 이 함수를 벤치마크하는 함수를 다음과 같이 작성할 수 있다.

```
func BenchmarkPopcnt1(b *testing.B) {
    for i := 0; i < b.N; i++ {
        popcnt(uint64(i))
    }
}
```

하지만 이 벤치마크를 실행하면 다음과 같이 놀라울 정도로 결과가 작게 나온다.

```
cpu: Intel(R) Core(TM) i5-7360U CPU @ 2.30GHz
BenchmarkPopcnt1-4      1000000000                    0.2858 ns/op
```

0.28나노초란 시간은 대략 한 클럭 사이클에 해당할 정도로 엄청나게 작은 값이다. 이렇게 나온 원인은 컴파일러 최적화를 고려하지 않았기 때문이다. 이 예제에서 테스트 대상 함수는 인라이닝이 적합할 정도로 간단하다. 인라이닝(inlining)이란 함수 호출문을 그 함수의 본문으로 교체해서 함수 호출로 인한 메모리 사용량을 줄이는 최적화 기법을 말한다. 이 함수를 인라이닝했다면 컴파일러는 그 함수에 대한 호출문에 부작용이 없다고 판단해서 앞에 나온 벤치마크 코드를 다음과 같이 바꿔버린다.

```
func BenchmarkPopcnt1(b *testing.B) {
    for i := 0; i < b.N; i++ {
        // 비어 있다.
    }
}
```

벤치마크 코드가 빈껍데기가 됐다. 그래서 한 클럭 사이클에 가까운 실행 시간이 나온 것이다. 이런 문제가 발생하지 않게 하려면 다음 패턴에 따르는 것이 바람직하다.

1. 루프를 돌 때마다 결과를 로컬 변수에 저장한다(여기서 로컬이란 벤치마크 함수의 문맥에서 로컬임을 말한다).

2. 최신 결과를 글로벌 변수에 저장한다.

이 패턴에 따라 위 예제를 다시 작성하면 다음과 같다.

```
var global uint64 --------------------- ❶

func BenchmarkPopcnt2(b *testing.B) {
    var v uint64 ----------------------- ❷
    for i := 0; i < b.N; i++ {
        v = popcnt(uint64(i)) ---------- ❸
    }
    global=v --------------------------- ❹
}
```

❶ 글로벌 변수를 정의한다.

❷ 로컬 변수를 정의한다.

❸ 결과를 로컬 변수에 저장한다.

❹ 결과를 글로벌 변수에 저장한다.

global은 글로벌 변수인 반면, v는 로컬 변수라서 스코프가 벤치마크 함수다. 루프를 돌 때마다 popcnt의 결과를 로컬 변수에 저장한다. 그리고 나서 최신 결과를 글로벌 변수에 저장한다.

> Note ☰ popcnt 호출 결과를 global에 직접 저장하면 테스트 코드를 더 간결하게 만들 수 있지 않을까? 글로벌 변수에 쓰는 동작은 로컬 변수에 쓰는 동작보다 느리다(이 내용은 #95 "스택과 힙의 차이에 대해 완전히 이해하라"에서 자세히 설명한다). 따라서 루프를 돌 때마다 나오는 결과를 로컬 변수에 저장해서 메모리 사용량을 줄여야 한다.

두 벤치마크를 실행해보면, 다음과 같이 결과가 크게 다르다는 것을 알 수 있다.

```
cpu: Intel(R) Core(TM) i5-7360U CPU @ 2.30GHz
BenchmarkPopcnt1-4      1000000000              0.2858 ns/op
BenchmarkPopcnt2-4       606402058              1.993 ns/op
```

BenchmarkPopcnt2가 정확한 버전이다. 이 코드는 인라이닝 최적화로 인해 실행 시간이 과도하게 적게 나오거나 테스트 대상 함수에 대한 호출문을 제거하는 일이 발생하지 않는다.

BenchmarkPopcnt1의 결과는 잘못된 해석으로 이어질 위험이 있다.

정리하면, 벤치마크 결과를 잘못 해석하게 만드는 컴파일러 최적화가 발생하지 않도록 테스트 대상 함수의 결과를 로컬 변수에 저장하고 나서 최신 결과를 글로벌 변수에 저장한다. 앞에서 작성한 이 패턴을 기억해두자. 이렇게 하면 결과를 잘못 해석할 여지를 줄일 수 있다.

11.8.4 관측자 효과에 속기

물리학에서 관측자 효과(observer effect)란 관측 행위로 인해 관측계가 교란되는 현상을 말한다. 이 효과는 벤치마크에서도 나타나며 잘못된 결론을 내리게 만들기도 한다. 구체적인 예를 통해 이런 문제를 최대한 방지하는 방법에 대해 알아보겠다.

int64 타입 원소로 구성된 행렬 하나를 받는 함수를 만들어보자. 이 행렬의 열은 512개로 고정되어 있고, 첫 여덟 열의 합을 계산하려고 한다(그림 11-2).

▼ 그림 11-2 첫 여덟 열의 합 계산하기

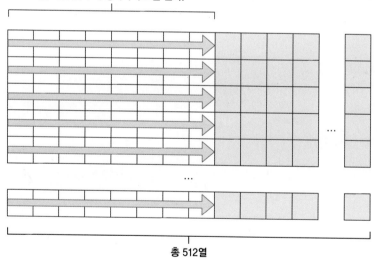

첫 여덟 열의 각 행마다 루프를 돈다.

총 512열

최적화를 위해 열의 수가 성능에 어떤 영향을 미치는지 확인하고 싶다. 이를 알아보기 위해 513열로 구성된 두 번째 함수를 구현한다.

```
func calculateSum512(s [][512]int64) int64 {
    var sum int64
```

```
    for i := 0; i < len(s); i++ {  ----------- ❶
        for j := 0; j < 8; j++ {  ----------- ❷
            sum += s[i][j]  ------------------ ❸
        }
    }
    return sum
}

func calculateSum513(s [][513]int64) int64 {
    // 코드는 calculateSum512와 같다.
}
```

❶ 행에 대해 루프를 돈다.

❷ 첫 여덟 열에 대해 루프를 돈다.

❸ sum을 증가시킨다.

행을 기준으로 루프를 돌고, 그 안에서 다시 여덟 번째 열까지 루프를 돌면서 리턴할 sum 값을 증가시킨다. calculateSum513의 구현 코드는 이전과 같다.

이 함수에 벤치마크를 실행해서 주어진 행 수에 대해 가장 성능이 좋은 것을 알아내보자.

```
const rows = 1000

var res int64

func BenchmarkCalculateSum512(b *testing.B) {
    var sum int64
    s := createMatrix512(rows)  ---------------- ❶
    b.ResetTimer()
    for i := 0; i < b.N; i++ {
        sum = calculateSum512(s)  -------------- ❷
    }
    res = sum
}

func BenchmarkCalculateSum513(b *testing.B) {
    var sum int64
    s := createMatrix513(rows)  ---------------- ❸
    b.ResetTimer()
    for i := 0; i < b.N; i++ {
        sum = calculateSum513(s)  -------------- ❹
    }
}
```

```
        res = sum
}
```

❶ 512열로 구성된 행렬을 만든다.

❷ 합을 계산한다.

❸ 513열로 구성된 행렬을 만든다.

❹ 합을 계산한다.

결과에 사용되는 메모리 양을 최소화하도록 행렬은 단 한 번만 만들려고 한다. 그래서 create Matrix512와 createMatrix513을 루프 밖에서 호출한다. 결과가 첫 여덟 열에 대해 반복한 것과 비슷할 것으로 기대했지만 실제로는 (내 컴퓨터에서는) 그렇게 나오지 않았다.

```
cpu: Intel(R) Core(TM) i5-7360U CPU @ 2.30GHz
BenchmarkCalculateSum512-4          81854          15073 ns/op
BenchmarkCalculateSum513-4         161479           7358 ns/op
```

513열에 대한 두 번째 벤치마크는 50%가량 더 빠르다. 이번에도 역시 여덟 번째 열까지만 반복했기 때문에 상당히 놀라운 결과가 나왔다.

이 차이에 대해 이해하려면 CPU 캐시의 기본 메커니즘을 알아야 한다. 간략히 설명하면, CPU는 L1, L2, L3 같은 다양한 캐시로 구성된다. 이러한 캐시는 메인 메모리에 접근하는 평균 비용을 줄여준다. 경우에 따라 CPU는 메인 메모리로부터 데이터를 가져와서 L1에 복사한다. 이때 CPU는 calculateSum에 필요한 데이터(즉, 각 행의 여덟 번째 열까지)를 L1으로 가져오려고 한다. 하지만 이 행렬은 513열에 대해서는 메모리에 넣을 수 있지만, 512열에 대해서는 넣을 수 없다.

> Note ≣   구체적인 이유는 이 책에서 설명하지 않지만, 이와 관련된 문제에 대해 #91 "CPU 캐시에 대해 완전히 이
> 해하라"에서 살펴본다.

다시 벤치마크로 돌아와서, 여기서 발생하는 가장 큰 문제는 두 경우 모두 동일한 행렬을 재사용한다는 데 있다. 이 함수는 수천 번 반복되기 때문에 일반 행렬을 새로 받을 때는 함수의 실행 시간을 측정하지 않고 셀의 일부가 캐시에 이미 있는 행렬을 받는 함수를 측정한다. 그래서 calculateSum513에서 캐시 미스가 더 적게 발생하기 때문에 실행 속도가 더 빠르다.

이런 게 바로 관측자 효과다. 반복 호출되는 CPU 중심 함수를 계속 관측하기 때문에 CPU 캐시가 결과에 큰 영향을 미친다. 예제에서 관측자 효과를 제거하려면 행렬을 재사용하지 말고, 테스트할 때마다 새로 만들어야 한다.

11

테스트

```
func BenchmarkCalculateSum512(b *testing.B) {
    var sum int64
    for i := 0; i < b.N; i++ {
        b.StopTimer()
        s := createMatrix512(rows) ········· ❶
        b.StartTimer()
        sum = calculateSum512(s)
    }
    res = sum
}
```

❶ 루프를 시작할 때마다 행렬을 새로 만든다.

이렇게 하면 루프를 시작할 때마다 행렬을 새로 만든다. 이 벤치마크를 나중에 다시 실행하면 (그리고 실행 시간이 너무 길어지지 않도록 benchtime 값을 조정하면) 두 결과가 좀 더 비슷해진다.

```
cpu: Intel(R) Core(TM) i5-7360U CPU @ 2.30GHz
BenchmarkCalculateSum512-4          1116                33547 ns/op
BenchmarkCalculateSum513-4          998                 35507 ns/op
```

행렬을 새로 받도록 수정하면 calculateSum513이 더 빠른 것이 아니라 두 벤치마크 결과가 비슷해진다는 것을 알 수 있다.

이 절에서 본 것처럼 행렬을 재사용하면 CPU 캐시가 결과에 큰 영향을 미치게 된다. 이를 방지하려면 루프를 시작할 때마다 행렬을 새로 만들어야 한다. 일반적으로 테스트 대상 함수를 관측하면 결과가 크게 달라지는데 특히 저수준의 최적화가 큰 영향을 미치는 CPU 연산 중심의 함수에 대해 마이크로 벤치마크를 수행할 때 더욱 두드러진다. 반복문을 실행할 때마다 데이터를 새로 만들어서 벤치마크하게 만들면 이런 관측자 효과를 최소화할 수 있다.

다음은 이 장의 마지막 절이며 고 언어로 테스팅을 수행하는 데 유용한 팁을 소개하겠다.

11.9 #90 고 언어의 모든 테스팅 관련 기능을 파악하라

테스트를 작성할 때는 고 언어에서 제공하는 테스팅 기능과 옵션을 알고 있어야 한다. 그렇지 않으면 테스팅 프로세스의 정확도뿐만 아니라 효율성마저 떨어질 수 있다. 이 절에서는 고 언어로 테스트 코드를 쉽게 작성하는 방법에 대해 소개한다.

11.9.1 코드 커버리지

개발하는 동안에 테스트 코드가 커버하는 부분을 시각적으로 볼 수 있으면 편리하다. 이 정보는 -coverprofile 플래그로 볼 수 있다.

```
$ go test -coverprofile=coverage.out ./...
```

그러면 coverage.out이란 파일이 생성되는데, go tool cover로 열어볼 수 있다.

```
$ go tool cover -html=coverage.out
```

이 커맨드를 실행하면 웹 브라우저가 열리면서 코드 커버리지(code coverage)를 라인 단위로 보여준다.

디폴트 설정에 따르면 코드 커버리지는 현재 테스트 중인 패키지에 대해서만 분석한다. 예를 들어, 패키지가 다음과 같이 구성된 경우를 생각해보자.

```
/myapp
  |_ foo
    |_ foo.go
    |_ foo_test.go
  |_ bar
    |_ bar.go
    |_ bar_test.go
```

디폴트 설정에 따라 bar_test.go에서 foo.go 파일의 일부만 테스트했다면 커버리지 리포트에 나오지 않는다. 이를 포함시키려면 myapp 폴더에 있는 상태에서 -coverpkg 플래그를 지정해야 한다.

11

테스팅

```
go test -coverpkg=./... -coverprofile=coverage.out ./...
```

이 기능을 잘 기억해뒀다가 현재 코드 커버리지를 보고 어느 부분을 더 테스트할지 판단할 때 활용하면 좋다.

Note ≡ 코드 커버리지를 따라서 분석할 때 항상 주의하는 것이 좋다. 테스트 커버리지가 100%라고 해서 버그가 없는 것이 아니다. 현재 테스트가 커버하는 영역에 대해 적절히 분석하는 것이 어떠한 절대적인 기준치보다 중요하다.

11.9.2 다른 패키지에서 테스트하기

단위 테스트를 작성할 때, 내부보다는 겉으로 드러나는 동작에 집중하는 방법이 있다. 가령 클라이언트에게 제공할 API를 생각해보자. 테스트 코드를 작성할 때 내부 메커니즘이 아닌, 외부에 드러나는 부분에 집중하는 것이 좋다. 그래야 구현 코드가 변경되더라도(예 어떤 함수 하나를 두 개로 리팩터링하더라도) 테스트는 변경할 필요 없이 그대로 사용할 수 있기 때문이다. 또한, 그렇게 하는 것이 API의 사용법이 드러나기 때문에 이해하기도 쉽다. 이러한 방식을 준수하게 하려면 다른 패키지에서 수행하는 것이 좋다.

고 언어는 폴더에 든 모든 파일이 반드시 동일한 패키지에 속하게 된다. 단, 한 가지 예외가 있다. 테스트 파일은 _test 패키지에 속한다는 것이다. 예를 들어, 다음과 같이 작성된 counter.go 파일이 counter 패키지에 속한다고 해보자.

```
package counter

import "sync/atomic"

var count uint64

func Inc() uint64 {
    atomic.AddUint64(&count, 1)
    return count
}
```

테스트 파일을 동일한 패키지에 두면 counter 변수 같은 내부 요소에 접근할 수 있다. 또는 다음과 같이 작성된 counter_test.go처럼, counter_test 패키지에 속하게 할 수도 있다.

```
package counter_test
```

```
import (
    "testing"

    "myapp/counter"
)

func TestCount(t *testing.T) {
    if counter.Inc() != 1 {
        t.Errorf("expected 1")
    }
}
```

여기서는 테스트 코드를 외부 패키지에 작성했기 때문에 counter 같은 내부 요소에 접근할 수 없다. 이렇게 하면 테스트 코드에서 내부 요소를 사용하는 일을 방지할 수 있으므로, 겉으로 드러나는 동작만 테스트하게 할 수 있다.

11.9.3 유틸리티 함수

테스트 코드를 작성할 때 에러를 처리하는 방식을 프로덕션 환경과 다르게 할 수 있다. 예를 들어, Customer 구조체를 인수로 받는 함수를 테스트하는 경우를 생각해보자. Customer 생성 코드는 재사용되기 때문에 테스트를 쉽게 하도록 createCustomer 함수로 만들 것이다. 이 함수는 생성한 Customer 구조체와 함께 그 과정에서 발생한 에러도 함께 리턴한다.

```
func TestCustomer(t *testing.T) {
    customer, err := createCustomer("foo") ---------------- ❶
    if err != nil {
        t.Fatal(err)
    }
    // ...
}

func createCustomer(someArg string) (Customer, error) {
    // Customer 구조체를 생성한다.
    if err != nil {
        return Customer{}, err
    }
    return customer, nil
}
```

❶ Customer 구조체를 생성하고 그 과정에서 에러가 발생했는지 확인한다.

Customer 구조체는 createCustomer라는 유틸리티 함수(utility function)로 생성한다. 그리고 나서 나머지 테스트를 수행한다. 그런데 테스팅 함수 문맥에서 *testing.T 변수를 이 유틸리티 함수로 전달하면 에러 처리 과정을 훨씬 간결하게 만들 수 있다.

```go
func TestCustomer(t *testing.T) {
    customer, err := createCustomer(t, "foo") -------------------- ❶
    // ...
}

func createCustomer(t *testing.T, someArg string) (Customer) {
    // Customer 구조체를 생성한다.
    if err != nil {
        t.Fatal(err) --------------------------------------------- ❷
    }
    return customer
}
```

❶ 유틸리티 함수를 호출할 때 t를 전달한다.

❷ Customer 구조체를 생성할 수 없으면 곧바로 테스트를 실패로 만든다.

Customer를 생성할 수 없을 때 에러를 리턴하지 않고 createCustomer가 테스트를 실패하게 만든다. 그러면 TestCustomer의 코드 양도 적을 뿐만 아니라 이해하기도 쉬워진다.

이 기법을 잘 기억해뒀다가 에러 관리와 테스트 코드를 개선할 때 활용하면 좋다.

11.9.4 설정과 해제

때로는 테스팅 환경을 마련해야 할 경우도 있다. 예를 들어, 통합 테스트 단계에서 특정한 도커 컨테이너를 구동했다가 멈춰야 할 때는 테스트나 패키지마다 설정(setup)과 해제(teardown) 함수를 호출할 수 있다. 다행히 고 언어는 두 함수를 모두 제공한다.

테스트 단위로 호출하려면 사전 동작(preaction)으로 설정 함수를 호출하고 defer로 해제 함수를 호출한다.

```go
func TestMySQLIntegration(t *testing.T) {
    setupMySQL()
```

```
        defer teardownMySQL()
        // ...
    }
```

테스트 마지막에 실행할 함수를 등록할 수도 있다. 예를 들어, TestMySQLIntegration에서 데이터베이스에 연결할 때 createConnection을 호출해야 한다고 하자. 이 함수가 해제 부분도 포함하게 만들려면 t.Cleanup으로 클린업 함수를 등록한다.

```
func TestMySQLIntegration(t *testing.T) {
    // ...
    db := createConnection(t, "tcp(localhost:3306)/db")
    // ...
}

func createConnection(t *testing.T, dsn string) *sql.DB {
    db, err := sql.Open("mysql", dsn)
    if err != nil {
        t.FailNow()
    }
    t.Cleanup( ------------------- ❶
        func() {
            _ = db.Close()
        })
    return db
}
```

❶ 테스트 마지막에 실행될 함수를 등록한다.

테스트가 끝날 무렵 t.Cleanup에 등록했던 클로저가 실행된다. 이렇게 하면 나중에 단위 테스트를 작성하기가 더 쉬워진다. db 변수를 정리할 필요가 없기 때문이다.

참고로 클린업 함수는 여러 개 등록할 수 있다. 이때 동작은 마치 defer로 지정한 것처럼 가장 마지막 것이 먼저 실행된다.

패키지 단위로 설정과 해제를 수행하려면 TestMain 함수를 사용해야 한다. 간단한 구현 예는 다음과 같다.

```
func TestMain(m *testing.M) {
    os.Exit(m.Run())
}
```

테스트

이 함수는 모든 테스트를 수행하는 Run 메서드 하나만 외부에 공개하는 *testing.M을 인수로 받는다. 따라서 이 함수 호출을 설정과 해제 함수로 감쌀 수 있다.

```
func TestMain(m *testing.M) {
    setupMySQL() ---------- ❶
    code := m.Run() ------ ❷
    teardownMySQL() ------ ❸
    os.Exit(code)
}
```

❶ MySQL을 설정한다.

❷ 테스트를 실행한다.

❸ MySQL을 해제한다.

이 코드는 모든 테스트를 실행하기 전에 MySQL을 구동했다가 다 끝나면 해제한다.

이러한 방식으로 설정과 해제 함수를 추가하면 복잡한 환경에서 테스트를 구동하도록 설정할 수 있다.

11.10 요약

- 빌드 플래그, 환경 변수, 쇼트 모드 등으로 테스트를 분류하면 테스팅 프로세스를 더욱 효율적으로 만들 수 있다. 테스트 분류는 빌드 플래그나 환경 변수로 만들고(예 단위 테스트와 통합 테스트로 나누고), 롱 러닝 테스트와 쇼트 러닝 테스트로 나눠서 실행할 테스트를 구분할 수 있다.

- 동시성 애플리케이션을 작성할 때는 -race 플래그를 사용하는 것을 강력 추천한다. 소프트웨어 버그로 이어지는 잠재적인 데이터 경쟁을 찾아낼 수 있기 때문이다.

- -parallel 플래그를 이용하면 테스트 실행 속도를 높일 수 있다. 롱 러닝 테스트일수록 그 효과가 두드러진다.

- -shuffle 플래그를 이용하면 테스트 스위트의 결과를 잘못 해석해서 버그가 드러나지 않고 남게 되는 문제를 방지할 수 있다.

- 테이블 중심 테스트는 비슷한 테스트끼리 묶어서 코드 중복을 방지하고 향후 업데이트를 쉽게 할 수 있다.

- sleep 호출 대신 동기화를 사용하면 테스트 코드의 불안정성을 줄여서 견고하게 만들 수 있다. 동기화 방식을 적용할 수 없다면 재시도 방식을 고려하자.

- time API로 함수를 처리하는 방법도 테스트 불안정성을 줄이는 데 도움이 된다. 시간을 숨은 의존성으로 처리하거나 클라이언트가 제공하게 만드는 것과 같은 표준 기법을 사용할 수 있다.

- httptest 패키지는 HTTP 애플리케이션을 다루는 데 유용하다. 클라이언트와 서버를 모두 테스트하는 데 유용한 기능을 제공한다.

- iotest 패키지는 io.Reader를 작성하고, 애플리케이션이 에러에 잘 대응하는지 테스트하는 데 유용하다.

- 벤치마크와 관련하여 다음과 같이 배웠다.

  - time 메서드를 이용하여 벤치마크 정확도를 유지할 수 있다.

  - benchtime을 높이거나 benchstat 같은 도구를 활용하면 마이크로 벤치마크를 다루는 데 도움이 된다.

  - 최종 애플리케이션을 구동하는 시스템과 마이크로 벤치마크를 실행한 시스템이 다르면 마이크로 벤치마크의 결과를 해석할 때 주의한다.

  - 테스트 대상 함수에 부작용이 발생하지 않고 컴파일러 최적화의 영향을 받아서 나온 벤치마크 결과를 잘못 해석하지 않도록 주의한다.

  - 관측자 효과를 방지하려면 벤치마크에서 CPU 중심 함수에서 사용할 데이터에 대해서는 매번 새로 생성하게 만든다.

- -coverprofile 플래그로 코드 커버리지를 확인하면 코드에서 어느 부분을 집중적으로 살펴봐야 하는지 쉽게 파악할 수 있다.

- 단위 테스트를 다른 패키지에 두면 테스트 코드가 내부 메커니즘이 아닌, 외부 동작에 집중하게 만들 수 있다.

- 고전적인 if err != nil 패턴 대신, *testing.T 변수로 에러를 처리하면 코드를 더욱 간결하고 이해하기 쉽게 작성할 수 있다.

- 설정과 해제 함수로 복잡한 환경을 구성할 수 있다. 통합 테스트 등에서 유용하다.

11

테스트

memo

12장

최적화

이 장을 본격적으로 시작하기 앞서 한 가지 전제가 필요하다. 대부분의 경우 최적화되어 있지만 이해하기 힘들고 복잡한 코드보다는 이해하기 쉽고 명료한 코드가 좋다. 최적화(optimization)에는 대가가 따르기 마련이다. 그래서 소프트웨어 엔지니어인 웨스 다이어(Wes Dyer)의 다음과 같은 유명한 말을 지지한다.

정확하게 만들고 명료하게 만들고 간결하게 만들고 나서 빠르게 만들어라.

속도와 효율을 위한 최적화를 하지 말라는 뜻이 아니다. 예를 들어, 코드에서 최적화가 필요한 실행 경로를 분석하는 작업은 필요한 이유(예 고객을 만족시키거나 비용을 줄이거나)가 있을 때 하는 것이다. 이 장에서는 널리 사용되는 최적화 기법을 소개할 것이다. 그중에서는 고 언어에 특화된 것도 있고 그렇지 않은 것도 있다. 또한, 생각 없이 작업하지 않도록 병목지점을 찾아내는 기법도 소개한다.

12.1 #91 CPU 캐시에 대해 완전히 이해하라

기계 공감(mechanical sympathy)이란 말은 3연속 F1 세계 챔피언을 달성한 재키 스튜어트(Jackie Stewart)가 지어낸 용어다.

레이싱 드라이버가 되기 위해 엔지니어가 될 필요까지는 없지만 기계 공감 능력은 있어야 한다.

한 마디로 F1 경주용 자동차, 비행기, 컴퓨터 등 어떠한 시스템이라도 설계 철학을 제대로 이해하면 최적의 성능을 낼 수 있다는 의미다. 이 절에서는 구체적인 예제를 통해 CPU 캐시의 작동 원리에 대한 기계 공감이 고 애플리케이션을 최적화하는 데 어떻게 도움이 되는지 살펴보겠다.

12.1.1 CPU 아키텍처

우선 CPU 아키텍처의 기본부터 이해하고 CPU 캐시가 왜 중요한지 알아보자. 여기서는 인텔 코어 i5-7300을 기준으로 소개한다.

최신 CPU는 메모리 접근 속도를 높이기 위해 캐시를 사용한다. 대부분 세 단계(L1, L2, L3)로 구성된다. i5-7300의 세 가지 캐시 크기는 다음과 같다.

- **L1**: 64KB

- **L2**: 256KB

- **L3**: 4MB

i5-7300의 경우 물리 코어는 두 개, 논리 코어(또는 가상 코어/스레드)는 네 개다. 인텔 계열 프로세서는 물리 코어를 논리 코어 여러 개로 나누는데 이를 하이퍼스레딩(Hyper-Threading)이라 부른다.

그림 12-1은 인텔 코어 i5-7300을 개략적으로 나타낸 것이다(여기서 Tn은 스레드 n을 의미한다). 물리 코어(코어 0과 코어 1)마다 논리 코어가 두 개씩(스레드 0과 스레드 1) 있다. L1 캐시는 데이터를 위한 L1D와 인스트럭션을 위한 L1I라는 두 개의 부분 캐시로 나뉘고, 각 부분 캐시의 크기는 32KB다. 캐싱은 데이터만을 위한 것이 아니다. CPU가 애플리케이션을 실행하는 동안 인스트럭션도 캐시에 저장하는데, 그 이유는 데이터와 마찬가지로 전반적인 속도를 높이기 위해서다.

논리 코어가 메모리에 가까울수록 접근 속도도 빨라진다.[1]

- **L1**: 약 1ns

- **L2**: L1에 비해 4배가량 느리다.

- **L3**: L1보다 10배가량 느리다.

이러한 차이는 CPU 캐시의 물리적 위치와도 관련 있다. L1과 L2를 온다이(on-die)라고 부르는데, 프로세서의 다른 부분과 동일한 실리콘에 있기 때문이다. 반면 L3는 따로 떨어져 있어서 오프다이(off-die)라고 부르며, 그 때문에 L1과 L2에 비해 지연 시간이 길다.

▼ 그림 12-1 i5-7300에는 캐시가 세 단계로 구성되어 있다. 물리 코어는 두 개, 논리 코어는 네 개다.

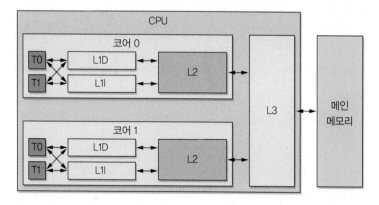

---

1 http://mng.bz/o29v

메인 메모리(RAM)의 평균 접근 속도는 L1에 비해 50에서 100배가량 느리다. 메인 메모리의 한 지점에 접근할 시간에 L1에 저장된 변수를 100개나 접근할 수 있다. 따라서 고 프로그래밍 과정에서 성능을 높이기 위한 주요 방법 중 하나는 애플리케이션의 CPU 캐시 활용도를 최대한 높이는 것이다.

12.1.2 캐시 라인

캐시 라인(cache line)이란 개념은 반드시 이해해야 한다. 캐시 라인이 무엇인지 설명하기 전에, 왜 캐시 라인이 필요한지부터 알아보자.

어떤 메모리 지점에 접근할 때(예 변수를 읽을 때) 머지 않아 다음 중 하나가 발생할 가능성이 높다.

- 동일한 지점을 다시 참조한다.

- 그 주변 지점을 참조한다.

전자는 시간 지역성(temporal locality)을, 후자는 공간 지역성(spatial locality)을 의미한다. 둘 다 참조 지역성(locality of reference)이란 원칙에 해당한다.

예를 들어, int64 타입 슬라이스의 합을 계산하는 함수를 살펴보자.

```go
func sum(s []int64) int64 {
    var total int64
    length := len(s)
    for i := 0; i < length; i++ {
        total += s[i]
    }
    return total
}
```

이 코드에서 시간 지역성은 여러 변수에 적용된다(i, length, total). 루프를 돌 때마다 해당 변수에 접근한다. 공간 지역성은 코드 인스트럭션과 슬라이스 s에 적용된다. 슬라이스는 메모리에 연속적으로 저장된 배열로 구현되기 때문에, s[0]에 접근한다는 건, s[1]과 s[2]에도 접근한다는 의미다.

CPU 캐시가 필요한 이유 중 하나는 시간 지역성 때문이다. 반복적으로 접근하는 변수의 접근 속도를 높이기 위해서다. 하지만 공간 지역성 때문에 CPU는 메인 메모리에서 캐시로 복사할 때 변수 하나만 가져오지 않고 캐시 라인을 가져온다.

캐시 라인이란 연속적으로 이어진 메모리 덩어리로 크기는 대체로 64바이트(int64 변수 8개 크기)로 고정되어 있다. CPU가 RAM에 있는 블록을 캐시에 저장할 때마다 해당 메모리 블록을 캐시 라인에 복제한다. 메모리는 계층 구조로 되어 있기 때문에 CPU가 특정 메모리에 접근하려면 먼저 L1, L2, L3순으로 확인하고, 그래도 없으면 메인 메모리로 간다.

메모리 블록을 가져오는 과정을 구체적인 예를 통해 살펴보자. sum 함수를 호출해서 int64 원소 16개를 처음으로 가져오는 경우를 생각해보자. sum이 s[0]에 접근할 때, 이 메모리 주소에 대해서는 아직 캐시에 저장된 것이 없다. CPU가 이 변수를 캐시에 저장하기로 결정하면 해당 메모리 블록 전체를 복제한다(그림 12-2). CPU가 캐시에 저장할지 결정하는 방법은 뒤에서 소개한다.

▼ 그림 12-2 s[0]에 접근하면 0x000 지점에 있는 메모리 블록을 복제한다.

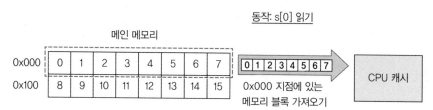

처음에는 s[0] 주소가 캐시에 없기 때문에 캐시 미스(cache miss)가 발생한다. 이런 종류의 캐시 미스를 필수 미스(compulsory miss)라고 한다. 그런데 CPU가 0x000 메모리 블록을 가져온 뒤부터는, 원소를 1부터 7까지 접근할 때 캐시 미스가 발생하지 않는다(캐시 히트(cache hit) 발생). 그리고 나서 s[8]에 접근할 때도 이와 동일한 원리가 적용된다(그림 12-3).

▼ 그림 12-3 s[8]에 접근하면 0x100 지점에 있는 메모리 블록을 복제한다.

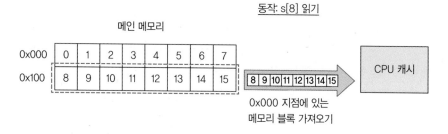

s[8]에 접근할 때도 필수 미스가 발생한다. 하지만 0x100 메모리 블록이 캐시 라인에 복제되고 나면, 원소 9부터 15까지 접근하는 속도는 빨라진다. 결국 16개 원소에 대해 반복하는 동안 두 번의 필수 미스가 발생하고, 14번의 캐시 히트가 발생한다.

그럼 구체적인 예제를 통해 CPU 캐시가 얼마나 빠른지 알아보자. 여기서는 int64 타입 원소로 구성된 슬라이스에 대해 루프를 돌면서 총합을 계산하는 함수 두 개를 구현한다. 하나는 루프를 돌 때 2개마다 1개의 원소에 접근하고, 다른 하나는 8개마다 1개의 원소에 접근한다.

```go
func sum2(s []int64) int64 {
    var total int64
    for i := 0; i < len(s); i+=2 {  --------- ①
        total += s[i]
    }
    return total
}

func sum8(s []int64) int64 {
    var total int64
    for i := 0; i < len(s); i += 8 {  ------- ②
        total += s[i]
    }
    return total
}
```

① 루프를 돌 때마다 원소 두 개씩 접근한다.

② 루프를 돌 때마다 원소 여덟 개씩 접근한다.

반복 주기를 제외한 나머지 동작은 동일하다. 두 함수에 대해 벤치마크해보면 두 번째가 네 배가량 빨라야 할 것 같다. 한 번에 접근하는 원소 수가 네 배나 많기 때문이다. 하지만 실제로 내 컴퓨터에서 벤치마크를 돌려보면 sum8이 10% 정도 빠른 것을 확인할 수 있었다. 빠르긴 하지만 10%에 불과했다.

이렇게 나오는 이유는 캐시 라인 때문이다. 앞에서 캐시 라인은 대부분 64바이트로 구성된다고 했다. int64 변수 여덟 개가 들어갈 수 있는 공간이다. 그래서 예제의 루프를 실행하는 시간 중 대다수는 메모리 접근이 차지하고, 값을 증가시키는 연산은 미미하다. 첫 번째 함수(증가치가 2인 함수)에서 메모리에 접근할 때 네 번 중 세 번은 캐시 히트가 발생한다. 따라서 두 함수의 실행 시간은 거의 차이 나지 않는다. 이 예제를 통해 캐시 라인이 왜 중요한지, 그리고 기계 공감(여기서는 CPU가 데이터를 캐시하는 메커니즘에 대한 공감)이 뒷받침되지 않는 감각적 판단이 얼마나 부정확한지 알 수 있다.

그럼 계속해서 참조 지역성에 대해 알아보자. 이번에는 공간 지역성에 대한 예제를 살펴보겠다.

12.1.3 구조체 슬라이스와 슬라이스 구조체

다음은 두 함수의 실행 시간을 비교하는 예제다. 첫 번째 함수는 구조체 슬라이스를 인수로 받아서 모든 a 필드를 더한다.

```go
type Foo struct {
    a int64
    b int64
}

func sumFoo(foos []Foo) int64 { ----------- ❶
    var total int64
    for i := 0; i < len(foos); i++ { ------- ❷
        total += foos[i].a
    }
    return total
}
```

❶ Foo 타입 슬라이스를 받는다.

❷ 각각의 Foo 타입 원소에 대해 루프를 돌면서 a 필드를 더한다.

sumFoo는 Foo 타입 슬라이스를 인수로 받아서 각 구조체의 a 필드 값을 읽은 뒤 total에 더한다.

두 번째 함수도 합을 구하지만 여러 슬라이스로 구성된 구조체 하나를 인수로 받는다.

```go
type Bar struct {
    a []int64 ----------------------------- ❶
    b []int64
}
```

```
func sumBar(bar Bar) int64 {  ·············· ❷
    var total int64
    for i := 0; i < len(bar.a); i++ {  ······ ❸
        total += bar.a[i]  ················ ❹
    }
    return total
}
```

❶ 이번에는 a와 b가 슬라이스다.

❷ 구조체 하나를 인수로 받는다.

❸ a의 모든 원소에 대해 루프를 돈다.

❹ total에 추가한다.

sumBar는 Bar 타입 구조체 하나를 인수로 받는다. 이 구조체에는 a와 b라는 슬라이스가 있다. 이 함수는 a의 모든 원소에 대해 루프를 돌면서 각각의 a 값을 total에 더한다.

두 함수의 실행 속도에 차이가 있을까? 벤치마크를 돌려보기 앞서, 두 함수가 받는 인수의 메모리 레이아웃이 어떻게 다른지 살펴보자(그림 12-4). 둘 다 16칸으로 크기는 같다. 슬라이스의 경우 Foo 타입 원소가 16개고, Bar 타입 구조체는 슬라이스 원소가 16개다. 검은색 부분은 int64 타입 으로서 합을 구하는 데 사용되고, 회색 부분은 건너뛰는 int64다.

❤ 그림 12-4 슬라이스 구조체의 값이 조금 더 모여 있으므로 루프를 돌 때 사용되는 캐시 라인이 더 적다.

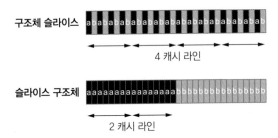

sumFoo는 두 필드(a, b)로 구성된 구조체 슬라이스를 받았다. 따라서 a와 b가 메모리에 번갈아 나 온다. 반면 sumBar는 두 슬라이스(a, b)로 구성된 구조체를 받는다. 따라서 a에 속한 모든 원소가 메모리에 연속적으로 할당된다.

이러한 차이로 메모리 압축 최적화와 관련된 문제는 발생하지 않는다. 하지만 두 함수의 동작이 모든 a에 대해 루프를 도는 것이기 때문에 한 함수는 캐시 라인이 네 개가 필요하고, 다른 함수는 두 개만 있어도 된다.

두 함수에 대해 벤치마크를 돌려보면 sumBar가 더 빠르다(내 컴퓨터에서는 20%가량 빨랐다).

주된 이유는 공간 지역성이 더 좋아서 CPU가 메모리에서 캐시 라인으로 가져오는 양이 더 적기 때문이다.

이 예제를 통해 공간 지역성이 성능에 얼마나 영향을 미치는지 확인했다. 애플리케이션을 최적화할 때 반드시 각각의 캐시 라인에 있는 값을 최대한 활용하도록 데이터를 구성해야 한다.

그런데 CPU 효율을 높이는 데 공간 지역성만으로 충분할까? 아직 예측 가능성이라는 중요한 속성이 하나 더 있다.

12.1.4 예측 가능성

예측 가능성(predictability)이란 CPU가 애플리케이션의 다음 동작을 예측해서 실행 속도를 높이는 능력을 말한다. 예측 가능성이 부족하면 애플리케이션 성능에 얼마나 부정적인 영향을 미치는지 구체적인 예제를 통해 알아보겠다.

이번에도 역시 여러 원소로 구성된 리스트의 값을 더하는 함수를 두 버전으로 만들어보자. 첫 번째 함수는 링크드 리스트에 대해 루프를 돌면서 모든 원소를 더한다.

```go
type node struct { ------------------ ❶
    value int64
    next  *node
}

func linkedList(n *node) int64 {
    var total int64
    for n != nil { ------------------ ❷
        total += n.value ----------- ❸
        n = n.next
    }
    return total
}
```

❶ 링크드 리스트 데이터 구조

❷ 모든 노드에 대해 루프를 돈다.

❸ total에 값을 더한다.

이 함수는 링크드 리스트를 받아서 루프를 돌며 total을 증가시킨다.

이번에는 슬라이스에 대해 루프를 도는 sum2라는 함수를 만들어보자. 여기서는 원소를 하나씩 건너뛰며 돈다.

```go
func sum2(s []int64) int64 {
    var total int64
    for i := 0; i < len(s); i+=2 { --------- ❶
        total += s[i]
    }
    return total
}
```

❶ 원소를 두 개씩 증가하면서 루프를 돈다.

링크드 리스트가 메모리에 연속적으로 할당됐다고 가정해보자. 예를 들어, 함수 하나로 할당했다고 하면, 64비트 아키텍처에서 한 워드는 64비트. 그림 12–5는 예제 함수가 받는 두 가지 데이터 구조(링크드 리스트와 슬라이스)를 비교한 것이다(검은색 부분이 total에 합산할 int64 원소다).

▼ 그림 12–5 링크드 리스트와 슬라이스가 메모리에 압축되는 방식은 비슷하다.

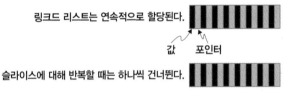

이번에도 앞에서와 비슷한 압축 문제가 발생한다. 링크드 리스트는 값이 연속적으로 나열되며 64비트 포인터 원소로 구성되어 있기 때문에 합산하는 루프를 돌 때 두 칸 중 하나만 합산에 사용한다. 반면 sum2는 원소를 하나씩 건너뛰면서 읽는다.

두 데이터 구조의 공간 지역성은 같기 때문에 실행 시간이 비슷할 거라고 생각하기 쉽다. 하지만 슬라이스에 대해 루프를 도는 함수가 훨씬 빠르다(내 컴퓨터에서는 70%가량 빨랐다). 왜 그럴까?

그 이유를 이해하려면 스트라이딩(striding)이란 개념부터 알아야 한다. 스트라이딩은 CPU가 데이터를 다루는 방식에 대한 것이다. 스트라이드(stride)에는 크게 세 종류가 있다(그림 12–6).

- **단위 스트라이드**(unit stride): 접근하려는 값이 모두 연속적으로 할당되어 있다. 예를 들어, int64 타입 원소로 구성된 슬라이스가 그렇다. 이 스트라이드는 CPU 입장에서 예측 가능하기 때문에 최소한의 캐시 라인만으로 모든 원소를 탐색할 수 있어서 가장 효율적이다.

- **상수 스트라이드**(constant stride): 역시 CPU 입장에서 예측 가능하다. 예를 들어, 두 원소마다 반복하는 슬라이스가 있을 때, 더 많은 캐시 라인이 필요하므로 단위 스트라이드보다 효율이 떨어진다.
- **비단위 스트라이드**(non-unit stride): CPU가 예측할 수 없는 스트라이드다. 예를 들어, 링크드 리스트나 포인터로 구성된 슬라이스가 그렇다. CPU 입장에서 데이터가 연달아 저장됐는지 알 수 없기 때문에 캐시 라인에서 가져오지 못하는 경우가 발생한다.

▼ 그림 12-6 세 가지 스트라이드

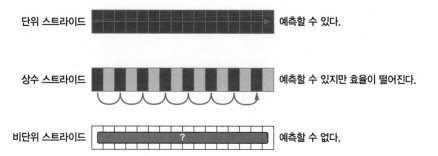

sum2의 경우 상수 스트라이드가 발생한다. 반면, 링크드 리스트의 경우 비단위 스트라이드가 발생한다. 데이터가 연달아 저장됐다는 사실을 우리는 알지만 CPU는 알 수 없다. 따라서 링크드 리스트를 연속적으로 탐색할 때 다음 메모리 지점을 예측할 수 없다.

스트라이드가 다르고 공간 지역성은 비슷하기 때문에 링크드 리스트에 대해 루프를 도는 것이 여러 값으로 구성된 슬라이스에 대해 루프를 도는 것보다 훨씬 느리다. 공간 지역성이 더 좋으므로 상수 스트라이드보다는 단위 스트라이드가 일반적으로 바람직하다. 하지만 비단위 스트라이드는 데이터의 할당 형태에 관계없이 CPU 입장에서 예측할 수 없기 때문에 성능에 좋지 않은 영향을 미친다.

앞에서 설명했듯이 CPU 캐시는 빠르지만 메인 메모리보다 공간이 적다. 따라서 CPU는 메모리 블록을 캐시 라인에 가져올 때 일정한 전략에 따라 처리해야 한다. 이를 캐시 교체 정책(cache placement policy)이라고 부르며, 성능에 상당한 영향을 미친다.

12.1.5 캐시 교체 정책

#89 "벤치마크를 정확하게 작성하라"에서 처음 여덟 번째 열의 총합을 구하는 행렬 예제를 살펴봤다. 그때 열의 개수를 변경하면 벤치마크 결과가 달라지는 이유에 대해서는 설명하지 않았는데

뭔가 직관에 어긋나 보일 수 있다. 여덟 번째 열까지만 읽으면 되는데 전체 열 개수가 왜 실행 시간에 영향을 미칠까? 이 절에서 자세히 알아보자.

행렬 예제에서 사용했던 코드는 다음과 같다.

```go
func calculateSum512(s [][512]int64) int64 { ---------- ❶
    var sum int64
    for i := 0; i < len(s); i++ {
        for j := 0; j < 8; j++ {
            sum += s[i][j]
        }
    }
    return sum
}

func calculateSum513(s [][513]int64) int64 { ---------- ❷
    // 코드는 calculateSum512와 같다.
}
```

❶ 512열로 구성된 행렬을 받는다.

❷ 513열로 구성된 행렬을 받는다.

행마다 루프를 돌면서 각 행마다 첫 번째부터 여덟 번째 열까지 값을 더한다. 앞에 나온 두 함수에 대해 매번 새로운 행렬로 벤치마크를 돌려보면 차이가 없다. 하지만 동일한 행렬을 재사용할 때는 calculateSum513의 실행 속도가 내 컴퓨터에서 50%가량 빨랐다. 그 이유는 CPU 캐시와 메모리 블록이 캐시 라인에 복제되는 방식 때문이다. 이렇게 차이가 나는 이유에 대해 자세히 알아보자.

CPU가 메모리 블록을 복제해서 캐시로 가져올지 판단할 때는 특정한 전략을 따른다. 32KB 크기의 L1D 캐시와 64바이트 캐시 라인이 있다고 가정하면, 메모리 블록을 무작위로 L1D로 가져올 때 CPU는 변수를 읽기 위해 최악의 경우 512 캐시 라인에 대해 루프를 돌아야 한다. 이런 캐시를 완전 연관 캐시(fully associative cache)라고 한다.

CPU 연구자들은 캐시로부터 주소를 가져오는 속도를 높이기 위해 캐시 교체를 위한 전략을 다양하게 연구해왔다. 지난 역사는 생략하고 현재 가장 널리 쓰이는 전략인, 캐시 분할 기반으로 작동하는 집합 연관 캐시(set-associative cache)에 대해 알아보자.

개념을 명확하게 이해할 수 있도록 그림 12-7과 같이 축소된 문제를 토대로 살펴보겠다.

- L1D 캐시는 512바이트(캐시 라인 8개)로 구성된다.

- 행렬은 4행, 32열로 구성되며 첫 여덟 열만 읽는다.

그림 12-7은 이 행렬을 메모리에 저장하는 형태를 보여준다. 메모리 블록 주소는 이진수로 표현했다. 또한, 회색 블록은 첫 번째부터 여덟 번째 열에 해당하는 지점으로서 int64 타입이며 이 원소에 대해 루프를 돈다. 나머지 블록은 루프를 돌 때 건너뛴다.

각각의 메모리 블록은 64바이트로 구성되며 int64 타입 원소가 8개에 해당한다. 첫 번째 메모리 블록은 0x0000000000000에서 시작하고, 두 번째 블록은 (512의 이진수에 해당하는) 0x0001000000000에서 시작한다. 또한, 캐시가 여덟 라인으로 구성된 것을 볼 수 있다.

> Note ≡   #94 "데이터 정렬을 인지하라"에서 설명하겠지만, 슬라이스는 반드시 블록 시작 지점에서 시작하는 것은 아니다.

❤ 그림 12-7 메모리에 저장된 행렬과 실행 전 비어 있는 캐시

	메모리 주소		캐시
s[0][0] ... s[0][7]	0000000000000		
s[0][8] ... s[0][15]	0001000000000		
s[0][16] ... s[0][23]	0010000000000		
s[0][24] ... s[0][31]	0011000000000		
s[1][0] ... s[1][7]	0100000000000		
s[1][8] ... s[1][15]	0101000000000		
s[1][16] ... s[1][23]	0110000000000		
s[1][24] ... s[1][31]	0111000000000		
s[2][0] ... s[2][7]	1000000000000		
s[2][8] ... s[2][15]	1001000000000		
s[2][16] ... s[2][23]	1010000000000		
s[2][24] ... s[2][31]	1011000000000		
s[3][0] ... s[3][7]	1100000000000		
s[3][8] ... s[3][15]	1101000000000		
s[3][16] ... s[3][23]	1110000000000		
s[3][24] ... s[3][31]	1111000000000		

집합 연관 캐시 정책에 따르면 캐시는 여러 집합으로 분할된다. 여기서 2-웨이 집합 연관 캐시(2-way set associative cache)로 가정한다. 즉, 각 집합마다 라인이 두 개씩 있다는 뜻이다. 메모리 블록은 어느 한 집합에만 속할 수 있으며, 메모리 주소를 토대로 어느 집합인지 결정된다. 이 메커니즘을 이해하려면 메모리 블록 주소를 다음과 같이 세 부분으로 분해해야 한다.

- 블록 옵셋(bo, block offset)은 블록 크기를 기반으로 정한다. 여기서는 블록 크기가 512바이트인데, 512는 2^9에 해당한다. 따라서 주소에서 첫 9비트는 블록 옵셋(bo)을 표현한다.

- 집합 인덱스(si, set index)는 특정 주소가 속한 집합을 가리킨다. 여기서 캐시가 2-웨이 집합 연관 캐시고, 8라인으로 구성되어 있으므로 집합은 8/2=4개다. 또한, 4는 2^2이므로, 그 뒤에 나오는 두 비트는 집합 인덱스(si)를 가리킨다.
- 주소의 나머지 부분은 태그 비트(tb, tag bit)다. 그림 12-7에서는 주소를 간단히 13비트로 표현했다. 태그 비트(tb)를 계산하려면 13-bo-si를 구한다. 즉, 나머지 두 비트가 태그 비트인 것이다.

함수는 s[0][0]부터 읽기 시작한다. 이 원소의 주소는 0000000000000로 아직 캐시에 없기 때문에 CPU는 이 원소에 대한 집합 인덱스를 계산하고, 해당 캐시 집합으로 복제한다(그림 12-8).

▼ 그림 12-8 메모리 주소 0000000000000는 집합 0으로 복제된다.

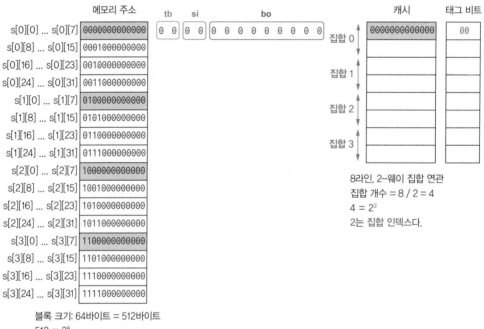

블록 크기: 64바이트 = 512바이트
512 = 2^9
9는 **블록 옵셋**이다.

앞에서 설명했듯이, 9비트는 블록 옵셋을 나타내며, 각각의 메모리 블록 주소에 대한 최소한의 공통 접두어에 해당한다. 다음 두 비트는 집합 인덱스다. 주소가 0000000000000라면 집합 인덱스는 00이다. 따라서 이 메모리 블록은 0번 집합에 복제된다.

함수가 s[0][1]에서 s[0][7]까지 읽을 때는 데이터가 이미 캐시에 있는 상태다. 그렇다면 CPU는 이 사실을 어떻게 알 수 있을까? CPU는 이 메모리 블록의 시작 주소를 계산해서, 집합 인덱스와 태그 비트를 구하고, 00이 집합 0인지 검사한다.

그러고 나서 함수는 s[0][8]을 읽는데, 이 주소는 아직 캐시에 없다. 따라서 앞에서 설명했던 것과 동일한 연산을 통해 메모리 블록 0100000000000을 복제한다(그림 12-9).

이 메모리의 집합 인덱스는 00이다. 따라서 집합 0에 속한다. 캐시 라인은 집합 0의 다음 번 라인에 복제된다. 그러면 이전과 마찬가지로 s[1][1]부터 s[1][7]까지는 캐시에 있게 된다.

이제부터 좀 재미있다. 함수가 s[2][0]를 읽을 때 이 주소는 캐시에 없어서 이전처럼 복제하는 작업을 수행한다(그림 12-10).

이번에도 집합 인덱스가 00이지만, 집합 0은 이미 가득 찬 상태다. 이럴 때 CPU는 어떻게 해야할까? 메모리 블록을 다른 집합에 복제해야 할까? 아니다. CPU는 메모리 블록 1000000000000을 복제해서 기존 캐시 라인 중 하나와 교체한다.

캐시 교체 정책은 CPU마다 다르지만, 대부분 가상-LRU(Least Recent Used) 정책을 사용한다(실제 LRU는 너무 복잡해서 다루기 힘들다). 여기서 첫 번째 캐시 라인인 0000000000000을 교체하는 경우를 생각해보자. 이 경우는 3번째 행에 대해 루프를 돌 때 반복적으로 발생한다. 메모리 주소 1100000000000도 집합 인덱스는 00으로 동일하다. 그래서 기존 캐시 라인을 교체하게 된다.

❤ 그림 12-9 메모리 주소 0100000000000이 집합 0으로 복제된다.

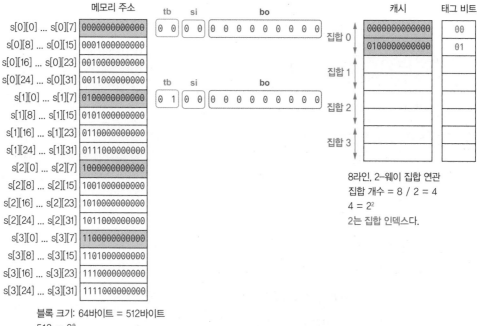

블록 크기: 64바이트 = 512바이트
$512 = 2^9$
9는 블록 옵셋이다.

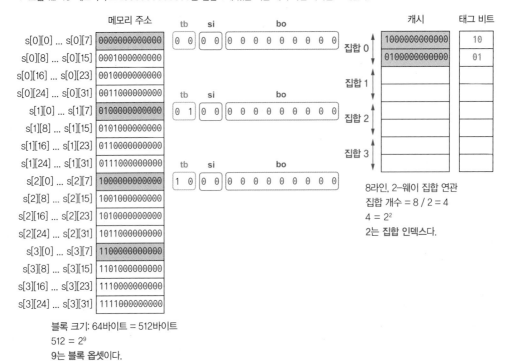

▼ 그림 12-10 메모리 주소 1000000000000은 집합 0에 있는 기존 캐시 라인 하나를 교체한다.

블록 크기: 64바이트 = 512바이트
$512 = 2^9$
9는 블록 옵셋이다.

이 상태에서 벤치마크가 앞에서 본 것과 같은 0x0000000000000 지점에서 시작하는 행렬을 가리키는 슬라이스에 대해 함수를 실행하는 경우를 생각해보자. 함수가 s[0][0]을 읽을 때, 해당 주소는 캐시에 없다. 이미 교체됐기 때문이다.

매번 실행할 때 CPU 캐시를 사용하지 못해서 캐시 미스가 더 많이 발생하게 된다. 이런 유형의 캐시 미스를 충돌 캐시 미스(conflict cache miss)라고 한다. 즉, 캐시가 분할되지 않았다면 일어나지 않을 미스다. 루프를 돌 모든 변수는 집합 인덱스가 00인 메모리 블록 하나에 속해 있다. 따라서 캐시 전체에 분산되지 않고 캐시 집합 하나만 사용한다.

앞에서 스트라이딩의 개념을 CPU가 데이터를 탐색하는 방식이라고 정의했다. 위 예제에서 본 스트라이드는 동일한 집합 인덱스의 메모리 주소에 접근하여 결과적으로 동일한 캐시 집합에 저장되는 크리티컬 스트라이드(critical stride)다.

다시 calculateSum512와 calculateSum513이란 두 함수에 대해 벤치마크하는 예제로 돌아오자. 이 벤치마크는 32KB 8-웨이 집합 연관 L1D 캐시에서 실행되어 총 집합 수가 64개다. 캐시 라인 하나가 64바이트이므로, 크리티컬 스트라이드는 $64 \times 64 = 4KB$가 된다. int64 타입 원소는 4KB에 512개가 들어갈 수 있다. 따라서 512열로 구성된 행렬은 크리티컬 스트라이드에 도달하게 되어 캐시 분포가 나빠진다. 반면, 513열 행렬은 크리티컬 스트라이드에 도달하지 않는다. 그래서 두 벤치마크의 차이가 크게 나온 것이다.

정리하면, 최신 캐시는 분할되어 있다는 사실을 명심하자. 스트라이딩에 따라 어느 한 집합만 사용할 경우, 애플리케이션 성능에 치명적인 영향을 미쳐서 충돌 미스가 발생할 수 있다. 이런 스트라이드를 크리티컬 스트라이드라고 한다. 성능이 중요한 애플리케이션이라면 크리티컬 스트라이드를 피해야 CPU 캐시를 최대한 활용할 수 있다.

> Note ☰ 앞에서 본 예제들을 통해 프로덕션 환경이 아닌 시스템에서 실행한 마이크로 벤치마크의 결과를 조심해서 해석해야 하는 이유도 알 수 있다. 프로덕션 시스템에서 사용하는 캐시 아키텍처와 다르면, 성능도 다르게 나오기 때문이다.

CPU 캐싱에 대한 주제를 이어가보겠다. 다음에는 동시성 코드를 작성할 때 미치는 영향에 대해 알아보자.

12.2 #92 거짓 공유가 발생하는 동시성 코드를 작성하지 마라

지금까지 CPU 캐싱에 대한 기본 개념을 살펴봤다. 또한, L1과 L2 같은 캐시는 물리 코어에 종속되어 있어서 모든 논리 코어가 공유할 수 없다고 배웠다. 이러한 특성은 동시성과 거짓 공유(false sharing) 등에 영향을 미치면서 성능을 크게 떨어뜨릴 수 있다. 그럼 구체적인 예를 통해 거짓 공유가 무엇이고, 이를 방지하기 위한 방법은 무엇인지 알아보자.

예제에서는 Input과 Result란 두 가지 구조체를 사용한다.

```
type Input struct {
    a int64
    b int64
}

type Result struct {
    sumA int64
    sumB int64
}
```

이제 Input 타입 슬라이스를 하나 받아서 다음과 같이 계산하는 count 함수를 만들어보자.

- 모든 Input.a 필드를 더해서 Result.sumA에 저장한다.

- 모든 Input.b 필드를 더해서 Result.sumB에 저장한다.

여기서는 다음과 같이 sumA를 계산하는 고루틴과 sumB를 계산하는 고루틴이 동시에 실행되게 만들었다.

```go
func count(inputs []Input) Result {
    wg := sync.WaitGroup{}
    wg.Add(2)

    result := Result{} ------------------------- ❶

    go func() {
        for i := 0; i < len(inputs); i++ {
            result.sumA += inputs[i].a --------- ❷
        }
        wg.Done()
    }()

    go func() {
        for i := 0; i < len(inputs); i++ {
            result.sumB += inputs[i].b --------- ❸
        }
        wg.Done()
    }()

    wg.Wait()
    return result
}
```

❶ 결과 구조체를 초기화한다.

❷ sumA를 계산한다.

❸ sumB를 계산한다.

모든 a 필드에 대해 루프를 도는 고루틴과 모든 b 필드에 대해 루프를 도는 고루틴을 구동한다. 이 예제는 동시성 관점에서는 문제가 없다. 예를 들어, 각 고루틴마다 자체 변수를 증가시키기 때문에 데이터 경쟁이 발생하지 않는다. 하지만 기대 성능을 떨어뜨리는 거짓 공유가 발생한다.

그림 12-11에 나온 메인 메모리 상태를 살펴보자. sumA와 sumB가 연달아 할당되어 있기 때문에 대부분의 경우(8번 중 7번 정도는), 두 변수가 동일한 메모리 블록에 있게 된다.

▼ 그림 12-11 sumA와 sumB가 동일한 메모리 블록에 있다.

이제 머신에 코어가 두 개 있다고 가정하자. 대부분의 경우, 각 코어에 대해 스케줄링되는 스레드 두 개로 구성될 것이다. 따라서 CPU에서 이 메모리 블록을 캐시 라인으로 복제할 때 복제 연산이 두 번 실행된다(그림 12-12).

▼ 그림 12-12 각 블록은 코어 0과 코어 1의 캐시 라인에 모두 복제된다.

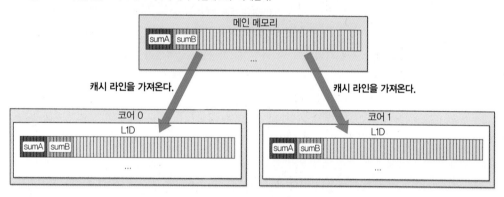

두 캐시 라인의 내용은 동일하다. L1D(L1 데이터)는 코어마다 있기 때문이다. 이때 두 루틴은 자체 변수(하나는 sumA, 다른 하나는 sumB)를 업데이트한다는 점을 명심하자.

▼ 그림 12-13 고루틴마다 자체 변수를 업데이트한다.

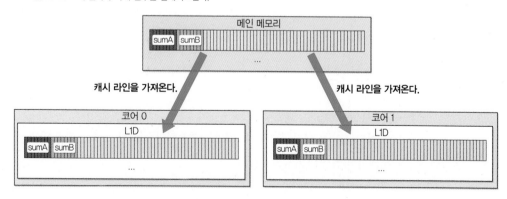

두 캐시 라인이 똑같이 복제되기 때문에 CPU는 캐시 일관성(cache coherence)을 보장해야 한다. 예를 들어, 한 고루틴이 sumA를 업데이트하고, (특정한 동기화 작업을 거친 후) 다른 고루틴이 sumA를 읽으면 최신 값을 받을 거라고 예상한다.

그러나 이 예제는 항상 그렇지 않다. 두 고루틴이 공유 변수가 아닌 자체 변수에 접근한다. CPU도 이 사실을 알고 충돌이 아님을 이해하면 좋겠지만 그럴 수 없다. 캐시에 있는 변수에 쓰기 연산을 할 때, CPU가 추적하는 단위는 변수가 아니라 캐시 라인이다.

한 캐시 라인을 여러 코어가 공유하고, 적어도 한 고루틴이 쓰기 작업을 수행하면 캐시 전체가 무효가 된다. 이런 현상은 업데이트가 논리적으로 독립적일 때(예 sumA와 sumB)도 발생한다. 이런 문제를 거짓 공유(false sharing)라고 부르며, 성능을 크게 떨어뜨린다.

> Note ≡ 내부적으로 CPU는 MESI 프로토콜을 이용하여 캐시 일관성을 보장한다. 각 캐시 라인을 추적하면서 수정(Modified), 독점(Exclusive), 공유(Shared), 무효(Invalid) 등을 표시한다(각각의 앞 글자를 따서 MESI라고 한다).

메모리와 캐싱에 대해 반드시 기억해야 할 특성 중 하나는, 코어끼리 공유하는 메모리는 진짜가 아니라 일종의 허상이라는 점이다. 이러한 사실은 컴퓨터를 블랙박스로 보지 않고 기계 공감을 통해 내부를 들여다볼 수 있어야 알 수 있다.

그렇다면 거짓 공유 문제는 어떻게 해결할 수 있을까? 크게 두 가지 방법이 있다.

첫 번째 방법은 앞에서 본 것과 동일한 방법을 이용하는 것이다. 다만 이번에는 sumA와 sumB가 동일한 캐시 라인에 있지 않도록 보장한다. 예를 들어, Result 구조체를 업데이트할 때, 필드 사이에 패딩을 추가한다. 패딩(padding)이란 부가 메모리를 할당하는 기법이다. Int64는 8바이트를 할당해야 하는데 캐시 라인이 64바이트이므로 64 - 8 = 56바이트만큼 패딩을 추가해야 한다.

```go
type Result struct {
    sumA int64
    _    [56]byte -------- ❶
    sumB int64
}
```

❶ 패딩

그림 12-14는 메모리 할당 상태를 나타낸 것이다. 패딩을 이용하면 sumA와 sumB는 항상 다른 메모리 블록에 할당되어 캐시 라인도 다르게 보장할 수 있다.

❤ 그림 12-14 sumA와 sumB가 서로 다른 메모리 블록에 있다.

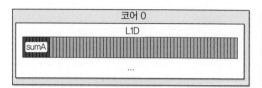

두 방법(패딩을 사용하는 방법과 사용하지 않는 방법)에 대해 벤치마크를 돌려보면 패딩을 사용한 방법이 훨씬 (내 컴퓨터를 기준으로 40%가량) 빠른 것을 확인할 수 있다. 두 필드 사이에 패딩을 추가함으로써 거짓 공유를 방지하여 성능을 크게 향상시킨 것이다.

두 번째 방법은 알고리즘의 구성을 바꾸는 것이다. 예를 들어, 두 고루틴이 동일한 구조체를 공유하게 만들지 말고, 채널을 통해 각자의 로컬 결과를 서로 통신하게 만드는 것이다. 이렇게 만들어서 벤치마크를 돌려보면 패딩을 사용할 때와 거의 비슷하게 나온다.

정리하면, 고루틴끼리 공유하는 메모리는 저수준에서 볼 때 허상에 불과하다. 거짓 공유는 캐시 라인이 두 코어에 걸쳐 공유된 상태에서 최소한 한 고루틴이 쓰기 연산을 수행할 때 발생한다. 동시성 애플리케이션을 최적화할 때는 애플리케이션 성능을 크게 떨어뜨리는 거짓 공유가 있는지 확인해야 한다. 거짓 공유는 패딩을 사용하거나 고루틴끼리 통신하는 방식으로 방지할 수 있다.

다음 절에서는 CPU에서 인스트럭션을 병렬로 실행하는 방법과 이 기능을 최대한 활용하는 방법에 대해 알아보겠다.

12.3 #93 인스트럭션 수준의 병렬성을 고려하라

100 GO MISTAKES

인스트럭션 수준의 병렬성(instruction-level parallelism) 역시 성능을 크게 떨어뜨리는 요인 중 하나다. 이 개념을 정의하기 전에, 먼저 구체적인 예제를 통해 최적화하는 방법부터 알아보자.

12

최적화

두 개의 int64 원소로 구성된 배열 하나를 받는 함수를 만든다. 이 함수는 일정한 (고정된) 횟수만큼 루프를 돈다. 루프를 돌 때마다 다음과 같은 작업을 수행한다.

- 배열의 첫 번째 원소 값을 증가시킨다.

- 첫 번째 원소 값이 짝수면 두 번째 원소 값을 증가시킨다.

이를 고 프로그램으로 표현하면 다음과 같다.

```
const n = 1_000_000

func add(s [2]int64) [2]int64 {
    for i := 0; i < n; i++ { ------- ❶
        s[0]++ -------------------- ❷
        if s[0]%2 ==0{ ------------ ❸
            s[1]++
        }
    }
    return s
}
```

❶ n번 반복한다.

❷ s[0]을 증가시킨다.

❸ s[0]이 짝수면 s[1]을 증가시킨다.

이 루프 안에서 실행되는 동작을 인스트럭션 수준으로 표현하면 그림 12-15와 같다(증가 연산은 읽기 연산 후 쓰기 연산으로 구성된다). 인스트럭션은 순차적으로 실행된다. 먼저 s[0]을 증가시킨 뒤, s[1]을 증가시키기 전에 s[0]을 다시 읽어야 한다.

▼ 그림 12-15 세 가지 주요 단계: 증가, 검사, 증가

Note ☰   여기 나온 인스트럭션 순서는 어셈블리 인스트럭션과 일치하지 않는다. 그러나 이 절에서는 개념을 명확하게 설명하기 위해 간소화된 단계로 설명한다.

여기서 잠시 인스트럭션 수준 병렬성(ILP, instruction-level parallelism)의 기반 이론에 대해 살펴보

456

고 넘어가자. 이미 몇 년 전부터 CPU 설계자는 더 이상 클럭 속도를 기반으로 CPU 성능을 높이지 않기 시작했다. 그보다는 ILP처럼 순차적인 명령을 최대한 병렬화할 수 있는 다양한 최적화 기법을 고안했다. 단일 가상 코어에서 ILP를 지원하는 프로세서를 수퍼스칼라 프로세서(superscalar processor)라고 부른다. 예를 들어, 그림 12-16은 CPU가 I1, I2, I3라는 세 가지 인스트럭션으로 구성된 애플리케이션을 실행하는 과정이다.

순차적으로 구성된 인스트럭션을 실행시킬 때는 여러 단계를 거친다. 간단히 설명하면 CPU는 먼저 인스트럭션을 해석한 뒤에 실행시킨다. 실행 단계는 다양한 연산을 수행하는 실행 유닛에서 처리한다.

그림 12-16을 보면 CPU는 세 연산을 병렬로 실행시킨다. 여기서 모든 인스트럭션이 반드시 한 클럭 사이클에 끝나야 하는 것은 아니다. 예를 들어, 레지스터에 이미 들어 있는 값을 읽는 인스트럭션은 한 클럭 사이클에 끝나겠지만 메인 메모리의 특정 주소에서 읽어야 하는 인스트럭션은 몇 사이클에 걸쳐 실행된다.

▼ 그림 12-16 본래 순차적으로 구성된 인스트럭션이 병렬로 실행된다.

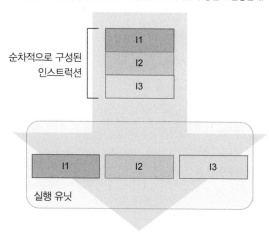

여기 나온 인스트럭션을 순차적으로 실행시킬 때의 실행 시간은 다음과 같다(여기서 함수 t(x)는 CPU가 x라는 인스트럭션을 실행하는 데 걸리는 시간을 의미한다).

```
total time = t(I1) + t(I2) + t(I3)
```

ILP를 이용하면 총 실행 시간은 다음과 같다.

```
total time = max(t(I1), t(I2), t(I3))
```

ILP는 이론상으로는 환상적이다. 하지만 해저드(hazard, 위험)라고 부르는 문제가 발생할 수 있다.

예를 들어, I3가 변수 값을 42로 설정했는데, I2가 조건부 인스트럭션(예 if foo == 1)이면 어떻게 될까? 이론상으로는 I2와 I3를 병렬로 실행시키면 안 된다. 이를 제어 해저드(control hazard) 또는 분기 해저드(branching hazard)라고 부른다. 실전에서 CPU 설계자는 컨트롤 해저드를 분기 예측(branch prediction)으로 해결했다.

예를 들어, CPU가 조건문 횟수를 세 보니 100번 중 99번은 참이었다면, I2와 I3를 병렬로 실행시킨다. 잘못 예측한 경우(예 I2가 거짓이 되는 경우) CPU는 현재의 실행 파이프라인을 비워서 일관성을 유지한다. 이렇게 비우는 작업으로 10에서 20 클럭 사이클을 손해 보게 된다.

인스트럭션을 병렬로 실행시키는 데 방해가 되는 해저드는 여러 가지가 있다. 소프트웨어 엔지니어는 여기에 대해 잘 알아두어야 한다. 예를 들어, (연산을 실행하는 데 이용되는 임시 저장 공간인) 레지스터(register)를 업데이트하는 인스트럭션이 다음과 같이 두 개 있다고 하자.

- **I1**: A와 B 레지스터에 있는 숫자를 C에 더한다.
- **I2**: C와 D 레지스터에 있는 숫자를 D에 더한다.

I2는 C 레지스터의 값을 결정하는 I1의 결과에 의존하기 때문에, 두 인스트럭션은 동시에 실행될 수 없다. I1은 반드시 I2보다 먼저 끝나야 한다. 이를 데이터 해저드(data hazard)라 부른다. 데이터 해저드를 해결하기 위해 CPU 설계자는 레지스터에 쓰는 작업을 우회하는 포워딩(forwarding)이란 기법을 고안했다. 이 기법은 문제를 근본적으로 해결하기보다는 피해를 줄이는 기법이다.

> Note ☰　파이프라인에 있는 인스트럭션 중에서 최소한 두 개가 동일한 리소스를 사용할 때 발생하는 구조적 해저드(structural hazard)라는 것도 있다. 고 프로그래머 입장에서 이 해저드에 의한 피해를 입는 경우는 없기 때문에 여기서 설명하지 않는다.

이제 ILP의 기본 이론에 대해 어느 정도 알았으니, 다시 앞에서 설명하던 문제로 돌아가서 루프를 처리하는 과정을 살펴보자.

```
s[0]++
if s[0]%2 == 0 {
    s[1]++
}
```

앞에서 설명했듯이 데이터 해저드가 발생하면 인스트럭션을 동시에 실행할 수 없다. 인스트럭션이 그림 12-17과 같이 구성된 경우를 생각해보자. 이번에는 인스트럭션 사이에 발생하는 해저드를 표시해보겠다.

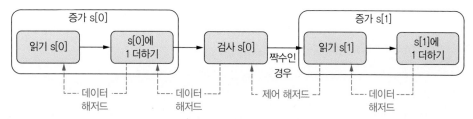

위 그림을 보면 if문에 의해 제어 해저드가 발생하는 것을 알 수 있다. 그런데 앞에서 설명했듯이 CPU는 어느 브랜치로 분기할지 예측해서 실행 과정을 최적화한다. 이때 다른 종류의 해저드도 발생할 수 있다. 앞에서 설명한 데이터 해저드는 ILP를 방해해서 인스트럭션을 병렬로 실행시킬 수 없게 방해한다. 그림 12-18은 ILP 관점에서 인스트럭션이 실행되는 과정이다. 여기서 s[0]을 검사하고 s[1]을 증가시키는 인스트럭션만 독립적이므로, 분기 예측을 통해 이러한 두 가지 인스트럭션 집합은 병렬로 실행시킬 수 있다.

◆ 그림 12-18 증가 연산 두 개는 순차적으로 실행된다.

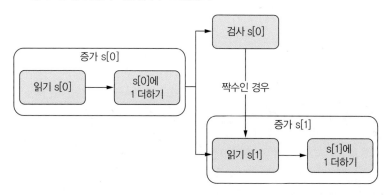

그렇다면 병렬이 불가능한 증가 연산은 어떨까? 데이터 해저드를 최소화하도록 코드를 개선시킬 수 있을까?

이번에는 임시 변수를 사용하는 버전(add2)을 만들어보자.

```
func add(s [2]int64) [2]int64 { --------- ❶
    for i := 0; i < n; i++ {
        s[0]++
        if s[0]%2 == 0 {
            s[1]++
        }
    }
```

```
        return s
    }

    func add2(s [2]int64) [2]int64 {  ------- ❷
        for i := 0; i < n; i++ {
            v := s[0]  --------------------- ❸
            s[0] =v+1
            if v%2 != 0 {
                s[1]++
            }
        }
        return s
    }
```

❶ 첫 번째 버전

❷ 두 번째 버전

❸ 변수 하나를 새로 추가해서 s[0] 값을 수정한다.

이 버전에는 v라는 새 변수에 s[0] 값을 고정시켰다. 이전처럼 s[0]을 증가시키고 나서 결과가 짝수인지 확인하는 동작을 만들기 위해 s[1]을 증가시킨 후 s[0]이 담긴 v 값이 홀수인지 검사했다.

그림 12-19는 해저드 관점에서 비교한 이전과 현재 버전의 차이다. 단계의 개수는 같지만 데이터 해저드와 관련한 부분이 크게 달라졌다. 즉, s[0]을 증가시키고 나서 v를 검사하는 단계가 모두 동일한 (s[0]을 읽어서 v에 저장하는) 인스트럭션에 의존하게 됐다.

▼ 그림 12-19 가장 큰 차이는 v를 검사하는 과정에서 발생하는 데이터 해저드에 있다.

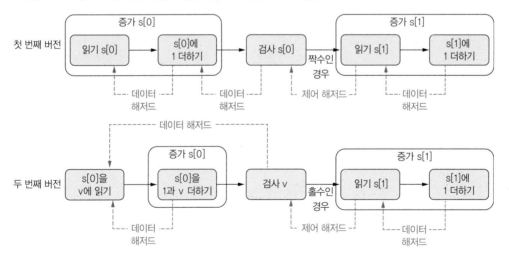

460

이렇게 해야 하는 이유는 CPU의 병렬성을 높일 수 있기 때문이다(그림 12-20).

두 번째 버전은 이전과 단계 수는 같지만 병렬로 실행될 수 있는 단계가 두 개에서 세 개로 늘어났다. 한편, 실행 시간도 최적화해야 한다. 가장 긴 경로가 줄어들었기 때문이다. 이렇게 만든 두 함수를 벤치마크해보면 두 번째 버전의 속도가 (내 컴퓨터 기준으로 대략 20%가량) 높아진 것을 알 수 있다. 대부분 ILP에 관련된 부분 때문이다.

❤ 그림 12-20 두 번째 버전에서 증가 단계를 병렬로 실행할 수 있게 됐다.

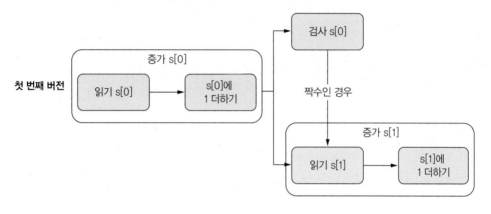

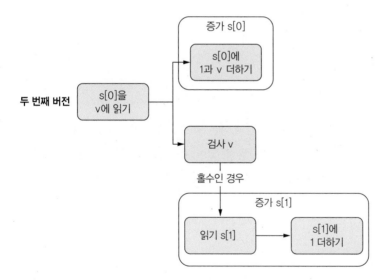

지금까지 설명한 내용을 정리해보자. 먼저 최신 CPU는 인스트럭션의 실행 속도를 높이기 위해 병렬 실행시킨다. 이 과정에서 인스트럭션의 병렬 실행을 방해하는 데이터 해저드에 대해 살펴봤다. 그리고 병렬 실행 가능한 인스트럭션 수를 늘려서 데이터 해저드를 줄이는 예제도 살펴봤다.

고 컴파일러가 어셈블리로 컴파일하는 과정과 ILP와 같은 CPU 최적화 방법을 이해한다면 성능을 더욱 높일 수 있다. 이때 임시 변수를 이용하여 성능을 크게 높이는 예제를 살펴봤는데, 이를 통해 기계 공감을 갖추고 있으면 고 애플리케이션을 최적화하는 데 도움이 된다는 사실을 알 수 있었다.

참고로 마이크로 최적화를 수행할 때는 주의해야 한다는 점을 잊지 말자. 고 컴파일러는 계속 진화하고 있고, 언어 버전에 따라 애플리케이션에서 생성하는 어셈블리도 얼마든지 달라질 수 있다.

다음 절에서는 데이터 정렬에 관련된 문제를 살펴보자.

12.4 #94 데이터 정렬을 인지하라

데이터 정렬(data alignment)은 CPU의 메모리 접근 속도를 높이기 위해 데이터를 정렬하는 방식을 말한다. 이 개념을 제대로 이해하지 못하면 메모리 소비량이 필요 이상으로 늘어나서 성능이 떨어질 수 있다. 이 절에서는 데이터 정렬에 대한 개념을 소개하고, 이로 인해 최적화가 안 된 부분이 없도록 만드는 방법을 소개한다.

데이터 정렬이 어떻게 작동하는지 이해하기 위해, 먼저 데이터 정렬을 하지 않으면 어떻게 되는지부터 살펴보자. 다음과 같이 int32(32바이트) 변수와 int64(64바이트) 변수가 있다고 가정해보자.

```
var i int32
var j int64
```

64비트 아키텍처에서 데이터를 정렬하지 않으면 앞에 나온 두 변수가 그림 12-21과 같이 할당될 가능성이 있다. 여기서 j는 두 워드에 걸쳐서 할당될 수 있다. CPU가 j를 읽기 위해서는 메모리를 한 번이 아닌 두 번 접근해야 한다.

▼ 그림 12-21 두 워드에 걸쳐 할당된 j

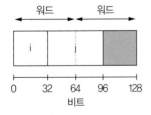

이렇게 할당되지 않게 하려면 변수의 메모리 주소를 크기의 배수로 만들면 된다. 이를 데이터 정

렬이라고 한다. 고 언어에서는 다음과 같이 데이터 정렬을 지원한다.

- `byte`, `uint8`, `int8`: 1바이트

- `uint16`, `int16`: 2바이트

- `uint32`, `int32`, `float32`: 4바이트

- `uint64`, `int64`, `float64`, `complex64`: 8바이트

- `complex128`: 16바이트

여기 나온 타입에 대해 정렬을 보장한다. 다시 말해 주소가 크기의 배수가 되게 만들어준다. 예를 들어, int32 타입 변수의 주소는 모두 4의 배수다.

그럼 다시 실전 문제로 돌아가보자. 그림 12-22는 i와 j에 대해 두 가지 메모리 할당 방식을 나타낸 것이다.

❤ 그림 12-22 두 경우 모두 j는 크기에 대해 정렬된다.

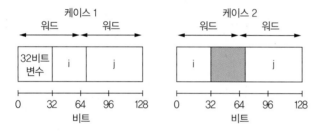

첫 번째 케이스는 32비트 변수가 i 바로 앞에 할당됐다. 그래서 i와 j가 연달아 할당됐다. 두 번째 케이스는 i 앞에 32비트가 할당되어 있지 않다(가령 64비트 변수일 수도 있다). 따라서 i가 워드의 시작 지점에 할당됐다. 데이터 정렬을 보장하려면(주소가 64의 배수가 되게 하려면), j를 i에 연달아 할당하지 말고 64의 배수가 되게 만들어야 한다. 그림에서 회색 박스 부분은 32비트 패딩이다.

그렇다면 이런 패딩이 문제가 되는 경우를 살펴보겠다. 다음과 같이 필드 세 개로 구성된 구조체를 생각해보자.

```
type Foo struct {
    b1 byte
    i  int64
    b2 byte
}
```

이 구조체는 byte 타입(1바이트) 하나, int64(8바이트) 하나, byte 타입(1바이트) 하나로 구성되

어 있다. 64비트 아키텍처에서 구조체는 그림 12-23과 같이 할당된다. 여기서 b1이 가장 먼저 할당됐다. i가 int64 타입이기 때문에, 주소가 8의 배수가 되어야 한다. 따라서 i를 b1의 바로 다음 지점인 0x01에 할당할 수 없다. 그래서 그다음 8의 배수가 되는 지점인 0x08에 할당한다. b2는 1의 배수가 되는 다음 지점인 0x10에 할당된다.

▼ 그림 12-23 이 구조체는 총 24바이트 공간을 차지한다.

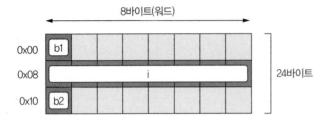

구조체의 크기가 워드 크기(8바이트)의 배수가 되어야 하기 때문에, 총 주소 공간이 17바이트가 아닌 24바이트가 된다. 컴파일 과정에서 고 컴파일러는 데이터 정렬을 보장하기 위해 패딩을 추가한다.

```
type Foo struct {
    b1 byte
    -  [7]byte  ------- ❶
    i  int64
    b2 byte
    -  [7]byte  ------- ❶
}
```

❶ 컴파일러가 추가한 필드

Foo 구조체가 생성될 때마다 메모리에 24바이트 공간을 확보해야 한다. 그런데 실제 데이터는 그중에서 10바이트만 차지한다. 나머지 14바이트는 패딩이다. 구조체는 원자 단위이기 때문에 다시 정렬될 일이 없다. 심지어 가비지 컬렉션(GC)이 실행된 후라도 그렇다. 항상 메모리에 24바이트를 차지한다. 참고로 컴파일러는 필드 순서도 변경하지 않는다. 데이터 정렬을 위해 패딩만 추가할 뿐이다.

그렇다면 이렇게 할당된 메모리를 최소화하려면 어떻게 해야 할까? 널리 알려진 경험칙에 의하면 필드가 타입 크기에 대해 내림차순이 되도록 순서를 조정하는 것이 좋다. 위 예제의 경우, int64 타입을 가장 먼저 할당하고, 이어서 byte 타입 두 개를 할당하는 것이다.

```
type Foo struct {
    i  int64
    b1 byte
    b2 byte
}
```

그림 12-24는 이렇게 변경된 Foo가 메모리에 할당된 모습이다. i가 가장 먼저 할당되어 한 워드를 완전히 차지하고 있다. 이전과 가장 큰 차이는 b1과 b2가 한 워드 안에 나란히 붙어 있다는 것이다.

▼ 그림 12-24 이제 구조체가 메모리를 차지하는 공간이 16바이트다.

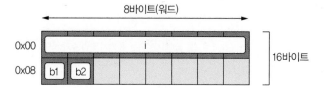

이번에도 역시 구조체는 워드 크기에 비례하는 지점에 할당되어야 한다. 하지만 이전처럼 24바이트가 아닌, 16바이트만으로 충분하다. i를 맨 앞으로 옮김으로써 메모리 공간을 33%가량 절약했다.

방금 본 16바이트 버전이 아닌, 24바이트를 차지하는 첫 번째 버전의 Foo 구조체를 사용하면 구체적으로 어떤 현상이 발생할까? Foo 구조체가 그대로 남아 있다면(예 인메모리 캐시에 있다면) 애플리케이션에서 필요 이상의 메모리를 사용하게 된다. 하지만 Foo 구조체를 유지하지 않는다 해도 다른 효과가 발생할 수 있다. 예를 들어, Foo 타입 변수를 자주 생성하고 (다음 절에서 설명하는) 힙에 할당한다면 GC가 더 빈번하게 작동하면서 애플리케이션의 전반적인 성능이 떨어지게된다.

성능과 관련하여 공간 지역성에도 영향을 미칠 수 있다. 예를 들어, 다음과 같이 Foo 구조체 타입 슬라이스를 인수로 받는 sum 함수를 보자. 이 함수는 주어진 슬라이스에 대해 루프를 돌면서 (int64 타입인) i 필드를 모두 더한다.

```
func sum(foos []Foo) int64 {
    var s int64
    for i := 0; i < len(foos); i++ {
        s += foos[i].i ----------------- ❶
    }
    return s
}
```

❶ i 필드를 모두 더한다.

슬라이스는 내부적으로 배열로 구현되어 있기 때문에 Foo 구조체는 메모리에 연속적으로 할당된다.

그럼 두 가지 버전의 Foo에 대해 내부 배열을 살펴보고, 각각의 데이터 캐시 라인(128바이트)을 살펴보자. 그림 12-25에서 회색 막대는 8바이트 데이터를 표현하고, 검은색 막대는 (더할 대상인 필드) i 변수를 나타낸다.

여기서 볼 수 있듯이, 두 번째 버전의 Foo에서 각 캐시 라인이 더 활용도가 높다. i 변수가 평균 33%가량 많기 때문이다. 따라서 Foo 슬라이스에 대해 루프를 돌면서 int64 원소를 더하는 것이 훨씬 효율적이다.

▼ 그림 12-25 각 캐시 라인에 i 변수가 더 많기 때문에 Foo 슬라이스에 대해 루프를 돌 때 사용되는 총 캐시 라인 수가 적다.

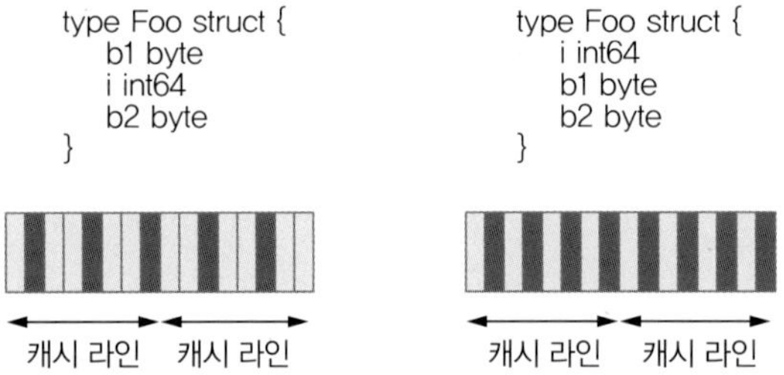

```
type Foo struct {              type Foo struct {
    b1 byte                        i int64
    i int64                        b1 byte
    b2 byte                        b2 byte
}                              }
```

캐시 라인   캐시 라인   캐시 라인   캐시 라인

벤치마크를 돌려보면 정말 그런지 확인할 수 있다. 두 가지 Foo 버전에 대해 각각 원소가 10,000개인 슬라이스로 벤치마크를 돌려보면, 두 번째 버전의 Foo 구조체가 내 컴퓨터에서 15%가량 빨랐다. 구조체에서 필드 하나의 위치를 바꾼 것만으로 성능이 15%나 향상된 것이다.

따라서 데이터 정렬을 항상 신경 써서 구현하자. 이 절에서 살펴본 것처럼 고 언어에서 구조체의 필드 순서를 크기에 대해 내림차순으로 정렬하면 패딩을 줄일 수 있다. 패딩을 줄인다는 말은 구조체를 메모리에 더욱 효율적으로 할당할 수 있다는 뜻이며, 이렇게 함으로써 GC 실행 빈도를 줄이고 공간 지역성을 높여서 더욱 최적화할 수 있다.

다음 절에서는 스택과 힙의 근본적인 차이점에 대해 알아보고, 차이점을 왜 알아야 하는지 그 이유에 대해 살펴보겠다.

12.5 #95 스택과 힙의 차이에 대해 완전히 이해하라

고 언어에서 변수는 스택과 힙 중 하나에 할당된다. 이 두 가지 메모리는 근본적인 차이가 있으며, 데이터 처리 위주의 애플리케이션에서는 그 차이에 큰 영향을 받는다. 두 가지 메모리 타입에 대해 살펴보고 컴파일러가 변수를 어디에 할당하는 것이 적합한지 판단하는 기준이 되는 규칙에 대해 알아보자.

12.5.1 스택과 힙

먼저 스택과 힙의 차이점에 대해 알아보자. 스택(stack)은 기본 메모리 타입으로, 마지막에 들어온 것이 먼저 나가는 LIFO(Last-In, First-Out) 구조로 되어 있으며, 고루틴에 있는 모든 로컬 변수가 여기에 저장된다. 고루틴이 구동되면, 2KB의 연속된 메모리 공간을 스택으로 할당받는다. 이 크기는 실행하는 동안 고정되어 있지 않고 늘어나거나 줄어들 수 있다(단, 데이터의 지역성을 보장하도록 메모리 공간에 연속되어 있는 점은 변하지 않는다).

프로그램을 실행하는 과정에서 함수 호출을 만나면, 현재 함수만 접근할 수 있는 메모리 구간을 표현하는 스택 프레임이 생성된다. 그럼 구체적인 예를 통해 스택에 대해 알아보자. 여기 나온 main 함수는 sumValue 함수의 결과를 출력한다.

```go
func main() {
    a := 3
    b := 2

    c := sumValue(a, b) ---------- ①
    println(c) ------------------ ②
}

//go:noinline ------------------- ③
func sumValue(x, y int) int {
    z := x + y
    return z
}
```

12

최적화

❶ sumValue 함수를 호출한다.

❷ 결과를 출력한다.

❸ 인라이닝을 끈다.

여기서 주목할 부분은 두 가지다. 첫째, fmt.Println 대신 println이란 내장 함수를 사용하여 변수 c가 힙에 저장되게 만들었다. 둘째, sumValue 함수에 대해 인라이닝이 적용되지 않게 했다. 이렇게 하지 않으면 sumValue가 호출되지 않을 수 있다(인라이닝 관련 실수에 대해서는 #97 "인라이닝에 의존하지 않지 마라"에서 자세히 설명한다).

그림 12-26을 보면 a와 b 뒤에 스택이 할당되어 있다. main이 실행되면서 전용 스택 프레임이 생성됐고, 그래서 변수 a와 b는 이 스택에 할당됐다. 저장된 변수는 모두 유효한(valid) 주소를 갖고 있기 때문에 얼마든지 참조하거나 접근할 수 있다.

✔ 그림 12-26 스택에 할당된 a와 b

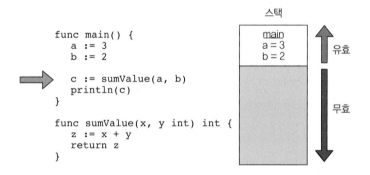

그림 12-27은 sumValue 함수에 진입한 후, return문에 다다를 때까지 일어나는 일을 나타낸 것이다. 고 런타임은 현재 고루틴 스택 안에 스택 프레임을 새로 만든다. x와 y는 현재 스택 프레임에서 z와 나란히 할당된다.

✔ 그림 12-27 sumValue를 호출하면 스택 프레임이 새로 생성된다.

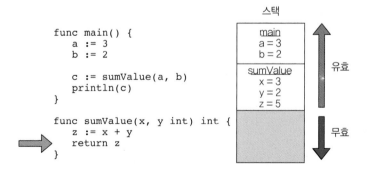

앞서 생성된 스택 프레임(main)의 주소는 여전히 유효하다. a와 b에는 직접 접근할 수 없지만, a에 대한 포인터를 만드는 것은 가능하다(포인터에 대해서는 잠시 후 설명할 것이다).

다음으로 main의 마지막 문장인 println을 살펴보자. sumValue 함수를 빠져나온 후의 스택 프레임은 그림 12-28과 같다.

▼ 그림 12-28 sumValue 스택 프레임이 삭제되고 main의 변수로 대체됐다. 이 예제에서 x는 c에 의해 지워졌지만 y와 z는 여전히 메모리에 할당된 상태이나 접근할 수는 없다.

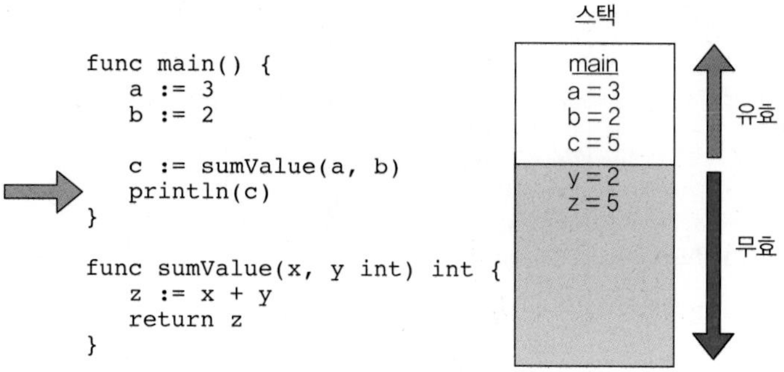

```
func main() {
    a := 3
    b := 2

    c := sumValue(a, b)
    println(c)
}

func sumValue(x, y int) int {
    z := x + y
    return z
}
```

스택

main
a = 3
b = 2
c = 5

유효

y = 2
z = 5

무효

sumValue의 스택 프레임은 메모리에서 완전히 지워지지 않았다. 함수가 리턴되면 고 런타임은 앞서 할당됐던 변수를 해제하여 여유 공간(free space)으로 확보하는 작업을 하지 않는다. 대신 이전에 할당했던 변수에 더 이상 접근할 수 없고, 부모 함수에서 새 변수를 스택에 할당하면 이전 내용을 덮어쓴다. 스택은 GC와 같은 부가적인 메커니즘이 필요 없기 때문에 저절로 청소된다고 볼 수 있다.

그럼 스택의 한계를 살펴보기 위해 예제를 살짝 바꿔보자. int 타입 값을 리턴하지 말고 포인터를 리턴하게 만들어보자.

```
func main() {
    a := 3
    b := 2

    c := sumValue(a, b)
    println(*c) ----------------- ❶
}

//go:noinline
func sumValue(x, y int) *int {
    z := x + y
    return &z
}
```

❶ 포인터를 리턴한다

main에 있는 변수 c는 이제 *int 타입이다. 이 함수의 마지막 문장인 println은 sumPtr 호출문 바로 다음에 나온다. 이때 (여기서 그럴 일은 없지만) z가 계속 스택에 할당된 상태로 남아 있다면 어떻게 될까? 그림 12-29를 보자.

▼ 그림 12-29 변수 c는 더 이상 유효하지 않은 주소를 참조한다.

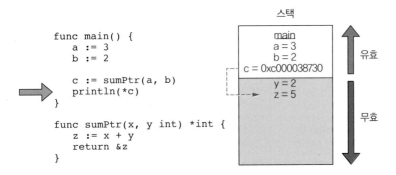

c가 변수 z의 주소를 참조하고 있고 z가 스택에 할당된 상태였다면 큰 문제가 발생했을 것이다. 이 주소는 더 이상 유효하지 않을뿐더러 main의 스택 프레임이 계속 커져서 변수 z를 지워버린다. 그 때문에 스택은 적합하지 않고 힙이란 다른 타입의 메모리가 필요하다.

힙(heap)은 모든 고루틴이 공유하는 메모리 풀(pool)이다. 그림 12-30을 보자. G1, G2, G3이라는 세 고루틴은 각각 스택을 가지고 있지만, 힙은 공유한다.

▼ 그림 12-30 스택은 각자 갖고 힙은 공유하는 세 고루틴

앞에 나온 코드에서는 변수 z를 스택에 생성할 수 없었다. 그래서 힙으로 **빠져나온** 것이다. 함수가 리턴된 후에 변수를 참조하지 않는다는 것을 컴파일러가 증명할 수 없다면 변수는 힙에 할당된다.

그렇다면 스택과 힙의 차이점에 대해 왜 알아야 할까? 성능 측면에서 큰 영향을 받기 때문이다.

앞에서 말했듯이 스택은 저절로 청소되고 한 고루틴에서만 접근한다. 반면, 힙은 GC라는 외부 시

스템에서 정리해야 한다. 힙에 할당된 것이 많을수록 GC의 부담이 커진다. GC가 구동될 때 가용 CPU 용량의 25%가량을 소비하며 (애플리케이션 전체가 일시 정지하는) "멈춤 현상(stop the world)"에 의한 지연 시간이 밀리초 단위로 발생한다.

또한, 고 런타임 입장에서는 스택에 할당하는 것이 훨씬 빠르다는 사실도 명심해야 한다. 다음 번째 가용 메모리 주소를 가리키도록 포인터를 조정하기만 하면 되기 때문에 처리 과정이 훨씬 간단하다. 반면, 힙에 할당하기 위해서는 적합한 지점을 검색해야 하는데, 이 작업은 시간이 걸리기 마련이다.

이러한 차이를 확인하기 위해 sumValue와 sumPtr을 벤치마크해보자.

```go
var globalValue int
var globalPtr *int

func BenchmarkSumValue(b *testing.B) {
    b.ReportAllocs() ----------------------- ❶
    var local int
    for i := 0; i < b.N; i++ {
        local = sumValue(i, i) ------------ ❷
    }
    globalValue = local
}

func BenchmarkSumPtr(b *testing.B) {
    b.ReportAllocs() ----------------------- ❸
    var local *int
    for i := 0; i < b.N; i++ {
        local = sumPtr(i, i) -------------- ❹
    }
    globalValue = *local
}
```

❶ 힙 할당을 리포트한다.

❷ 값을 더한다.

❸ 힙 할당을 리포트한다.

❹ 포인터로 더한다.

이 벤치마크를 (여전히 인라이닝을 끈 상태로) 실행하면 다음과 같은 결과를 볼 수 있다.

```
BenchmarkSumValue-4    992800992    1.261 ns/op    0 B/op    0 allocs/op
BenchmarkSumPtr-4      82829653     14.84 ns/op    8 B/op    1 allocs/op
```

sumPtr은 sumValue보다 열 배가량 느리다. 스택이 아닌 힙을 사용했기 때문에 그렇다.

> Note ≡ 이 예제를 통해 포인터를 사용하여 복제 연산을 줄인다고 해서 반드시 빨라지는 것은 아니라는 점을 알수 있다. 상황에 따라 얼마든지 달라지기 때문이다. 지금까지 이 책에서는 의미론(semantics) 관점에서 값과 포인터를 비교했다. 즉, 값을 공유할 필요가 있다면 포인터를 사용했다. 대부분의 경우 이 원칙에 따르는 것이 바람직하다. 또한, 최신 CPU는 데이터 복제 성능이 매우 높아졌다. 특히 동일한 캐시 라인에 있을 때 두드러진다. 따라서 어설픈 최적화는 지양하고 가독성과 의미론에 집중하는 것이 좋다.

벤치마크 결과에서 한 가지 더 주목할 부분은 b.ReportAllocs()를 호출했다는 것이다. 이 함수는 힙 할당 현황을 간략히 보여준다(스택 할당은 나오지 않는다).

- **B/op**: 연산마다 할당된 바이트 수
- **allocs/op**: 연산마다 할당된 양

다음으로는 변수가 힙으로 빠져나오는 조건에 대해 알아보겠다.

12.5.2 탈출 분석

탈출 분석(escape analysis)이란 주어진 변수를 스택과 힙 중에서 어디에 할당하는 것이 바람직한지 컴파일러가 결정하는 작업을 말한다. 주요 규칙을 살펴보자.

스택에 할당할 수 없을 때는 힙에 할당한다. 굉장히 단순한 규칙 같지만 반드시 기억해야 하는 중요한 규칙이다. 예를 들어, 함수가 리턴된 후에 변수를 참조하지 않는다는 것을 컴파일러가 증명할 수 없으면 이 변수는 힙에 할당된다. 앞에서 함수의 스코프 안에서 생성했던 변수의 포인터를 리턴하는 sumPtr 함수에서 이 규칙이 적용됐다. 일반적으로 공유 수준이 높아지면 힙으로 보낸다.

그렇다면 반대의 경우는 어떨까? 다음과 같이 포인터를 받는 함수를 생각해보자.

```go
func main() {
    a := 3
    b := 2
    c := sum(&a, &b)
    println(c)
}

// go:noinline
func sum(x, y *int) int { ---------- ❶
```

```
    return *x + *y
}
```

❶ 포인터를 인수로 받는다.

sum은 부모에서 생성된 두 변수에 대한 포인터를 인수로 받는다. sum 함수의 return문이 실행될 때의 스택 상태는 그림 12-31과 같다.

▼ 그림 12-31 변수 x와 y는 유효한 주소를 참조하고 있다.

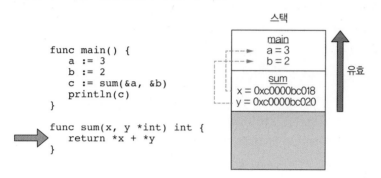

x와 y는 main과 다른 스택 프레임에 속해 있지만 유효한 주소를 참조하고 있다. 따라서 a와 b는 빼낼 필요가 없다. 동일한 스택에 있기 때문이다. 이처럼 공유 수준이 낮으면 그대로 스택에 둔다.

그 외 변수를 힙으로 빼내는 경우는 다음과 같다.

- 글로벌 변수: 여러 고루틴이 접근하기 때문에 빼낸다.

- 채널로 보내는 포인터: 여기서 foo는 힙으로 빼낸다.

  ```
  type Foo struct{ s string }
  ch := make(chan *Foo, 1)
  foo := &Foo{s: "x"}
  ch <- foo
  ```

- 채널로 보낸 값이 참조하는 변수: Foo는 s를 주소로 참조하기 때문에 이런 상황에서는 힙으로 빼낸다.

  ```
  type Foo struct{ s *string }
  ch := make(chan Foo, 1)
  s := "x"
  bar := Foo{s: &s}
  ch <- bar
  ```

- 로컬 변수가 스택에 들어갈 수 없을 정도로 큰 경우

- 로컬 변수 크기를 알 수 없는 경우: 예를 들어, s := make([]int, 10) 같은 경우에는 힙으로 빼낼 수 없지만 s := make([]int, n)은 변수에 따라 크기가 달라지기 때문에 빠져나온다.

- 슬라이스의 내부 배열이 append에 의해 재할당된 경우

이러한 규칙은 컴파일러의 판단 과정을 전반적으로 파악하는 데 도움이 되지만, 여기에 나오지 않은 규칙도 있고 향후 고 언어 버전에 따라 달라질 수도 있다. 다음과 같이 -gcflags를 이용하면 컴파일러의 판단 기준을 확인할 수 있다.

```
$ go build -gcflags "-m=2"
...
./main.go:12:2: z escapes to heap:
```

확인 결과 컴파일러가 변수 z를 힙으로 빼낸다고 알려주고 있다.

힙과 스택의 근본적인 차이를 이해하는 건 고 애플리케이션의 최적화 방법을 이해하는 데 반드시 필요하다. 앞에서 본 것처럼 고 런타임 입장에서 힙의 할당 과정이 훨씬 복잡하며 이를 해제하는 과정도 GC라는 외부 시스템이 필요하다. 힙 관리 작업을 수행할 때 총 CPU 시간의 20%가량 필요하고, 데이터 작업이 많은 애플리케이션의 경우 30%가량 사용된다. 반면, 스택은 스스로 정리되며 고루틴 하나의 로컬 공간이기 때문에 할당 시간이 훨씬 짧다. 따라서 메모리 할당 부분을 최적화하면 상당히 큰 효과가 얻을 수 있다.

탈출 분석에 관련된 규칙을 알아두는 것도 코드 효율을 높이는 데 중요하다. 일반적으로 공유 수준이 낮으면 스택에 두고, 공유 수준이 높으면 힙으로 빼낸다. 이러한 사실을 알고 있으면 '복제를 줄이기 위해' 포인터를 리턴하게 만드는 것처럼 섣불리 최적화하는 실수를 줄일 수 있다. 우선 가독성과 의미론에 집중하고 할당 부분을 최적화하는 작업은 꼭 필요한 경우에만 한다.

이어지는 절에서는 할당을 줄이는 방법을 소개하겠다.

12.6 #96 할당을 줄이는 방법을 배워라

할당(allocation) 줄이기는 고 애플리케이션의 속도를 높이는 데 흔히 사용하는 최적화 기법이다.

앞에서 힙 할당을 줄이는 기법을 이미 여러 차례 소개한 적이 있다.

- 최적화가 덜 된 스트링 결합(#39): + 연산자로 스트링을 결합하지 말고 strings.Builder 사용하기
- 의미 없는 스트링 변환(#40): 가능하면 []byte를 스트링으로 변환하지 말기
- 비효율적인 슬라이스와 맵 초기화(#21과 #27): 길이를 미리 알 수 있다면 슬라이스와 맵 미리 할당하기
- 데이터 구조체 정렬을 잘 해서 구조체 크기 줄이기(#94)

이 절에서는 할당을 줄이는 데 흔히 사용되는 세 가지 방법을 소개하겠다.

- API 변경하기
- 컴파일러 최적화 활용하기
- sync.Pool과 같은 도구 활용하기

12.6.1 API 변경

첫 번째 방법은 제공할 API를 신중하게 구현하는 것이다. 그럼 구체적인 예로 io.Reader 인터페이스에 대해 살펴보자.

```
type Reader interface {
    Read(p []byte) (n int, err error)
}
```

Read 메서드는 슬라이스 하나를 받아서 읽은 바이트 수를 리턴한다. 여기서 읽어야 할 바이트 수를 표현하는 int 값을 인수로 받아서 슬라이스를 리턴하도록 인터페이스를 다르게 설계한 경우를 생각해보자.

```
type Reader interface {
    Read(n int) (p []byte, err error)
}
```

의미상으로는 문제가 없어 보인다. 하지만 리턴된 슬라이스는 자동으로 힙으로 빠져나오게 된다. 앞 절에서 본 공유 수준이 높은 경우에 해당한다.

고 언어 설계자는 공유 수준을 낮추는 기법으로 슬라이스가 자동으로 힙으로 빠져나가는 현상을 방지했다. 따라서 슬라이스를 제공하는 것은 호출하는 측에 달렸다. 그렇다고 해서 이 슬라이스가 빠져나올 수 없다는 말은 아니다. 컴파일러는 이 슬라이스가 더 이상 스택에 머물 수 없다고 판단했을 수도 있다. 그런데 이를 처리하는 것은 호출하는 측에 달렸다. Read 메서드를 호출해서 발생한 제약 사항에 달려 있지 않다.

때로는 API를 살짝 변경해서 할당에 긍정적인 효과를 줄 수 있다. API를 설계할 때, 앞 절에서 소개한 탈출 분석 규칙을 감안하여, 필요 시 -gcflags를 이용하여 컴파일러가 어떻게 결정하는지 확인하자.

12.6.2 컴파일러 최적화

고 컴파일러의 목적 중 하나는 코드를 최대한 최적화하는 것이다. 맵을 이용하는 코드를 통해 구체적으로 알아보자.

고 언어에서는 슬라이스를 키 타입으로 사용하는 맵을 정의할 수 없다. 애플리케이션에서 I/O를 수행하는 경우처럼 가끔은 [ ]byte 타입 데이터를 키로 사용하도록 받을 수 있다. 이러한 데이터는 먼저 스트링으로 변환해야 하므로 다음과 같이 코드를 작성한다.

```
type cache struct {
    m map[string]int ---------------------------------------- ❶
}

func (c *cache) get(bytes []byte) (v int, contains bool) {
    key := string(bytes) ------------------------------------- ❷
    v, contains = c.m[key] ----------------------------------- ❸
    return
}
```

❶ 스트링 타입 맵을 담는다.

❷ [ ]byte를 스트링으로 변환한다.

❸ 스트링 값으로 맵을 조회한다.

get 함수는 [ ]byte 슬라이스를 인수로 받기 때문에, 이를 key 스트링으로 변환해서 맵을 조회해야 한다.

그런데 고 컴파일러는 string(bytes)로 맵을 조회하는 데 최적화되어 있다.

```go
func (c *cache) get(bytes []byte) (v int, contains bool) {
    v, contains = c.m[string(bytes)] ------------------------- ❶
    return
}
```

❶ string(bytes)를 이용하여 맵을 직접 조회한다.

(변수를 전달하지 않고 string(bytes)를 직접 호출한다는 점을 제외하면) 코드는 거의 같지만 컴파일러는 바이트를 스트링으로 변환하는 작업을 하지 않는다. 따라서 두 번째 버전이 첫 번째 버전보다 더 빠르다.

이 예제는 겉으로 보기에는 비슷하지만 고 컴파일러가 어셈블리 코드를 생성하는 결과는 달라지는 두 가지 버전의 함수를 보여준다. 여기서 애플리케이션을 컴파일러가 최적화할 때 어떤 기법을 적용하는지도 알아둘 필요가 있다. 또한, 향후 고 버전에 어떤 최적화 기법이 추가되는지도 지켜봐야 한다.

12.6.3 sync.Pool

할당 수를 줄이는 데 활용되는 또 다른 기법은 sync.Pool을 사용하는 방법이다. sync.Pool은 캐시가 아니므로 크기가 고정되어 있지도 않고 최대 크기를 지정할 수도 없다. 일반 오브젝트를 재사용하는 풀일 뿐이다.

예를 들어, 다음과 같이 함수 호출로 받은 []byte 슬라이스를 인수로 받은 io.Writer로 쓰는 write 함수를 구현하는 경우를 생각해보자. 코드는 대략 다음과 같다(개념 설명에 집중하도록 에러 처리 부분은 생략했다).

```go
func write(w io.Writer) {
    b := getResponse() ----------- ❶
    _, _ = w.Write(b) ----------- ❷
}
```

❶ []byte 타입 응답을 받는다.

❷ io.Writer에 쓴다.

getResponse는 호출될 때마다 새 [ ]byte 슬라이스를 리턴한다. 이때 슬라이스를 재사용하여 할당 수를 줄이려면 어떻게 해야 할까? 모든 응답은 최대 1,024바이트라고 가정한다. 이럴 때는 sync. Pool을 활용할 수 있다.

sync.Pool을 생성하려면 func( ) any라는 팩토리 함수를 사용해야 한다(그림 12-32). sync.Pool 은 두 가지 메서드를 제공한다.

- **Get( ) any**: 풀에서 오브젝트를 가져온다.
- **Put(any)**: 풀에 오브젝트를 리턴한다.

▼ 그림 12-32 호출될 때마다 오브젝트를 새로 생성하는 팩토리 함수를 정의한다.

```
func factory( ) any {
    return ◯
}
```

Get을 이용하면 풀이 비어 있는 경우 오브젝트를 새로 만들고, 그렇지 않은 경우 기존 오브젝트 를 재사용한다. 그러고 나서 오브젝트를 이용하고 나면 Put을 사용해 다시 풀에 반납한다. 그림 12-33은 앞에서 정의한 팩토리를 사용하는 예시다. 풀이 비어 있을 때 Get을 호출한 다음, Put으 로 반납하고, 비어 있지 않은 풀에 호출한다.

▼ 그림 12-33 Get은 오브젝트를 새로 만들거나 풀에서 하나 가져와서 리턴한다. Put은 풀에 오브젝트를 반납한다.

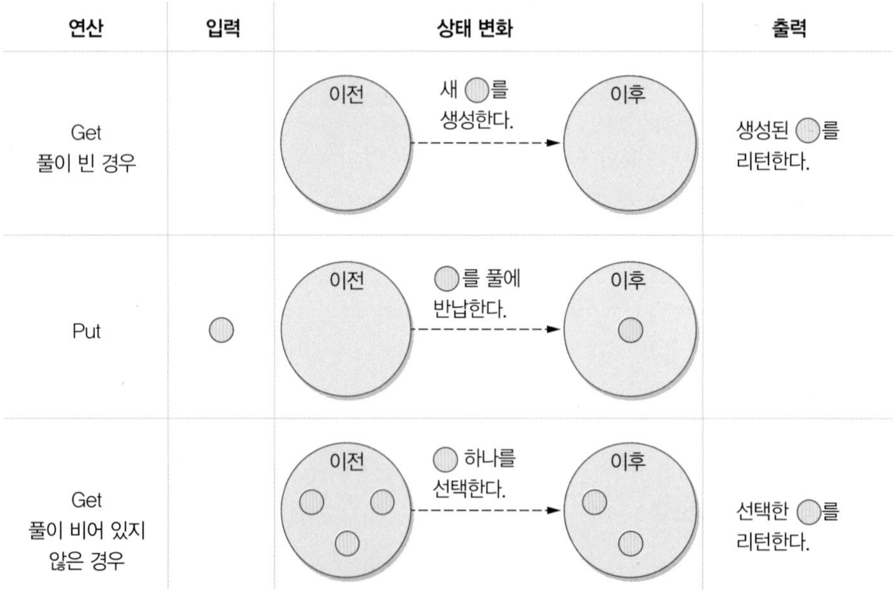

풀에서 오브젝트는 언제 제거될까? 특별히 정해진 것은 없다. GC에 따라 달라진다. 매번 GC가 실행된 후에는 풀에 있던 오브젝트가 제거된다.

다시 예제로 돌아가서, getResponse 함수가 슬라이스를 새로 만들지 않고, 주어진 슬라이스에 데이터를 쓰도록 수정하는 경우를 생각해보자. 이때 풀을 사용하는 write 메서드를 다음과 같이 작성할 수 있다.

```go
var pool = sync.Pool{
    New: func() any {  ------------------- ❶
        return make([]byte, 1024)
    },
}

func write(w io.Writer) {
    buffer := pool.Get().([]byte)  ------- ❷
    buffer = buffer[:0]  ---------------- ❸
    defer pool.Put(buffer)  ------------- ❹

    getResponse(buffer)  ---------------- ❺
    _, _ = w.Write(buffer)
}
```

❶ 풀을 생성하고 팩토리 함수를 설정한다.

❷ []byte 하나를 풀에서 꺼내거나 새로 하나 만든다.

❸ 버퍼를 재설정한다.

❹ 버퍼를 풀에 반납한다.

❺ 주어진 버퍼에 응답을 쓴다.

sync.Pool 구조체를 사용하도록 풀을 새로 정의하고, 길이가 1,024인 []byte를 새로 생성하도록 팩토리 메서드를 설정했다. write 함수에서는 풀에서 버퍼 하나를 가져오려고 한다. 풀이 비어 있다면 버퍼를 새로 만들고, 그렇지 않으면 풀에서 임의로 하나 골라서 리턴한다. 여기서 중요한 부분은 buffer[:0]으로 버퍼를 재설정하는 것이다. 이 슬라이스는 이미 사용했을 가능성이 있기 때문이다. 그리고 나서 Put을 defer로 호출하여 슬라이스를 풀에 반납한다.

이렇게 수정된 버전에서 write를 호출하더라도 []byte 슬라이스가 새로 만들어지지 않고 기존에 할당된 슬라이스를 재사용할 수 있다. 최악의 경우, 가령 GC가 실행된 후에 이 함수는 버퍼를 새로 만들지만 평균 할당 비용은 이전보다 줄어든다.

정리하면, 동일한 타입으로 된 오브젝트를 여러 차례 할당한다면 sync.Pool을 사용하는 방법을 고려하자. sync.Pool은 임시 오브젝트 집합으로서 동일한 타입의 데이터를 반복적으로 할당하는 일을 줄이는 데 도움이 된다. 또한, sync.Pool은 여러 고루틴이 동시에 사용할 때도 안전하다.

다음 절에서는 알아두면 좋은 최적화 기법 중 하나인 인라이닝이란 개념에 대해 알아보자.

12.7 / #97 인라이닝에 의존하지 마라

인라이닝(inlining)이란 함수 호출문을 함수 본문으로 대체하는 것을 말한다. 요즘 최신 컴파일러는 인라이닝을 알아서 처리해준다. 인라이닝의 기본 원리를 알고 있으면 애플리케이션 코드 중에서 특정한 실행 경로에 대해 최적화하는 데 도움이 된다.

그럼 두 int 타입을 더하는 sum 함수를 통해 인라이닝에 대해 구체적으로 알아보자.

```
func main() {
    a := 3
    b := 2
    s := sum(a, b)
    println(s)
}

func sum(a int, b int) int {  -------- ❶
    return a + b
}
```

❶ 이 함수를 인라이닝한다.

go build를 실행할 때 -gcflags를 지정하면 컴파일러가 이 sum 함수를 어떻게 처리했는지 알 수 있다.

```
$ go build -gcflags "-m=2"
./main.go:10:6: can inline sum with cost 4 as:
    func(int, int) int { return a + b }
...
./main.go:6:10: inlining call to sum func(int, int) int { return a+b }
```

컴파일러는 sum 호출문을 인라이닝한 것을 알 수 있다. 따라서 앞에 나온 코드는 다음과 같이 변경된다.

```
func main() {
    a := 3
    b := 2
    s := a + b ········ ❶
    println(s)
}
```

❶ sum 호출문을 본문으로 대체했다.

인라이닝은 함수의 복잡도가 일정 수준 이하일 때만 적용할 수 있다. 이를 인라이닝 예산(inlining budget)이라 부른다. 기준을 넘어서는 함수에 대해서는 다음과 같이 너무 복잡해서 인라이닝하지 못한다는 메시지를 출력한다.

```
./main.go:10:6: cannot inline foo: function too complex:
    cost 84 exceeds budget 80
```

인라이닝은 두 가지 장점이 잇다. 첫째, 함수 호출에 의한 오버헤드를 줄일 수 있다(물론 고 1.17부터 레지스터 기반의 호출 변환이 적용되어 오버헤드가 상당히 줄었다). 둘째, 컴파일러가 좀 더 최적화할 여지가 많아진다. 예를 들어, 함수를 인라이닝하면 본래는 힙으로 빠져나올 변수를 그대로 스택에 유지할 수 있다.

컴파일러가 알아서 인라이닝해주는데 굳이 신경 써야 하는 이유는 뭘까? 바로 미드-스택 인라이닝이란 개념 때문이다.

미드-스택 인라이닝(mid-stack inlining)이란 다른 함수를 호출하는 함수를 인라이닝하는 것을 말한다. 고 1.9 이전에는 말단 함수만 인라이닝할 수 있었다. 지금은 미드-스택 인라이닝을 통해 다음 코드의 foo()처럼 말단이 아닌, 다른 함수를 호출하는 함수도 인라이닝할 수 있다.

```
func main() {
    foo()
}

func foo() {
    x := 1
    bar(x)
}
```

foo 함수는 그리 복잡하지 않기 때문에 컴파일러는 인라이닝으로 처리할 것이다.

```go
func main() {
    x := 1 -------- ❶
    bar(x)
}
```

❶ foo의 본문으로 대체한다.

미드-스택 인라이닝 덕분에 고 프로그래머는 빠른 경로와 느린 경로를 구분하는 빠른 경로 인라이닝(fast-path inling)이란 개념을 사용하여 애플리케이션을 최적화할 수 있다. sync.Mutex 구현 코드를 통해 이 개념의 작동 원리를 구체적으로 알아보자.

미드-스택 인라이닝이 적용되기 전에는 Lock 메서드가 다음과 같이 구현됐다.

```go
func (m *Mutex) Lock() {
    if atomic.CompareAndSwapInt32(&m.state, 0, mutexLocked) {
        // 뮤텍스가 잠기지 않았다.
        if race.Enabled {
            race.Acquire(unsafe.Pointer(m))
        }
        return
    }

    // 뮤텍스가 이미 잠긴 상태다.
    var waitStartTime int64
    starving := false
    awoke := false
    iter := 0
    old := m.state
    for {
        // ... ------------------------- ❶
    }
    if race.Enabled {
        race.Acquire(unsafe.Pointer(m))
    }
}
```

❶ 복잡한 로직

실행 경로를 다음과 같이 크게 두 가지로 구분할 수 있다.

- 뮤텍스가 잠기지 않은 경우(atomic.CompareAndSwapInt32가 참인 경우), 빠른 경로

- 뮤텍스가 이미 잠긴 경우(atomic.CompareAndSwapInt32가 거짓인 경우), 느린 경로

하지만 어느 경로가 선택되더라도 이 함수는 너무 복잡해서 인라이닝되지 않는다. 미드-스택 인라이닝이 적용되도록 느린 경로가 특정 함수 안에 들어가도록 Lock 메서드를 리팩터링했다.

```go
func (m *Mutex) Lock() {
    if atomic.CompareAndSwapInt32(&m.state, 0, mutexLocked) {
        if race.Enabled {
            race.Acquire(unsafe.Pointer(m))
        }
        return
    }
    m.lockSlow() -------------------- ❶
}

func (m *Mutex) lockSlow() {
    var waitStartTime int64
    starving := false
    awoke := false
    iter := 0
    old := m.state
    for {
        // ...
    }

    if race.Enabled {
        race.Acquire(unsafe.Pointer(m))
    }
}
```

❶ 뮤텍스가 이미 잠겨 있는 경로

이렇게 변경하면 Lock 메서드가 인라이닝될 수 있다. 이렇게 하면 잠겨 있지 않은 뮤텍스가 잠기면서 함수를 호출하는 오버헤드를 줄일 수 있다(속도는 대략 5% 향상된다). 여기서 뮤텍스가 이미 잠겨 있는 느린 경로는 변하지 않는다. 앞에서는 이 로직을 실행하려면 함수 호출을 한 번 해야 했는데, 이번에는 (여전히 함수를 한 번 호출해야 하지만) lockSlow면 된다.

방금 소개한 최적화 기법은 빠른 경로와 느린 경로를 구분한다. 빠른 경로는 인라이닝될 수 있지만 느린 경로는 인라이닝될 수 없는 상황에서, 느린 경로를 특정 함수 내부로 추출해낼 수 있다.

그러면 인라이닝 예산을 초과하지 않기 때문에 함수가 인라이닝되게 만들 수 있다.

인라이닝은 컴파일러가 알아서 최적화하기 때문에 우리가 신경 쓰지 않아도 되는 최적화 기법이라고 단정할 수는 없다. 지금까지 본 것처럼 인라이닝의 작동 과정과 컴파일러의 최적화 결정 과정을 알고 있으면 빠른 경로 인라이닝 기법을 적용하여 최적화할 기회를 얻을 수 있다. 느린 경로를 특정 함수로 추출함으로써 빠른 경로가 실행될 경우에 발생할 함수 호출을 줄일 수 있다.

다음 절에서는 고 애플리케이션에서 최적화해야 할 부분을 찾는 데 도움이 되는 진단 도구에 대해 알아보겠다.

12.8 / #98 고 진단 도구를 활용하라

고 언어는 애플리케이션 성능 분석에 도움이 되는 뛰어난 진단 도구(diagnostics tool)를 여럿 제공한다. 이 절에서는 그중에서도 중요한 도구인 프로파일러(profiler)와 실행 추적기(execution tracer)를 소개한다. 두 도구 모두 너무나 중요해서 최적화에 관심 있는 고 프로그래머라면 반드시 갖춰야 할 핵심 도구에 속한다. 그럼 프로파일링부터 알아보자.

12.8.1 프로파일링

프로파일링(profiling)은 애플리케이션의 실행 특성을 수집하는 것을 말한다. 프로파일링을 수행하면 성능 문제를 해결하고 경쟁 상태를 감지하고 메모리 누수 지점을 찾아내는 등 다양하게 도움을 받을 수 있다. 이러한 문제점은 다음과 같이 여러 프로파일을 통해 수집할 수 있다.

- **CPU**: 애플리케이션이 어느 곳에 시간을 소비할지 결정한다.
- **Goroutine**: 현재 실행 중인 고루틴의 스택 트레이스를 보여준다.
- **Heap**: 힙 메모리 할당 상태를 보여준다. 이를 통해 현재 메모리 사용 현황을 모니터링하고 메모리 누수 발생 가능성을 검사할 수 있다.
- **Mutex**: 잠금 경쟁 상태를 보여준다. 이를 통해 코드에서 사용하는 뮤텍스 동작을 보고 애플리케이션이 호출 잠금 작업에 시간을 과도하게 쓰는 것은 아닌지 확인할 수 있다.

- **Block**: 고루틴이 동기화 기본 요소를 기다리기 위해 멈추는 지점을 보여준다.

프로파일링은 고 언어에서 제공하는 pprof와 같은 프로파일러(profiler)라는 도구로 계측(instrumentation)하는 방식으로 수집한다. 먼저 pprof를 사용하는 방법과 필요한 시점에 대해 알아보고 나서 가장 중요한 프로파일 타입에 대해 살펴보자.

pprof 켜기

pprof를 켜는 방법은 다양하다. 예를 들어, net/http/pprof 패키지를 통해 HTTP로 데이터를 프로파일링할 수 있다.

```
import (
    "fmt"
    "log"
    "net/http"
    _ "net/http/pprof" ---------------------------------------------------- ❶
)

func main() {
    http.HandleFunc("/", func(w http.ResponseWriter, r *http.Request) { ---- ❷
        fmt.Fprintf(w, "")
    })
    log.Fatal(http.ListenAndServe(":80", nil))
}
```

❶ pprof를 임포트한다.

❷ HTTP 엔드포인트를 외부에 공개한다.

net/http/pprof를 임포트하면 pprof URI[2]에 접근할 수 있는 부작용이 발생한다. 참고로 pprof는 프로덕션 환경에서도 안심하고 켜도 된다.[3] 디폴트 설정에 따르면 CPU 프로파일링처럼 성능에 영향을 미치는 프로파일은 켜지지 않고 연속해서 실행되지도 않는다. 항상 주어진 기간 동안만 활성화된다.

이제 pprof 엔드포인트를 외부에 공개하는 방법을 알았으니 가장 널리 사용되는 프로파일에 대해 알아보자.

---

2 [역주] http://호스트명/debug/pprof 이때 '호스트명'은 사용자 환경에 따라 달라진다.

3 https://go.dev/doc/diagnostics#profiling

CPU 프로파일링

CPU 프로파일러는 OS와 시그널에 의존한다. CPU 프로파일러가 켜지면 애플리케이션은 SIGPROF 시그널을 통해 (디폴트 값인) 10ms마다 인터럽트하도록 OS에 요청한다. 애플리케이션이 SIGPROF를 받으면, 현재 활동을 일시적으로 멈추고 실행 권한을 프로파일러에 넘긴다. 그러면 프로파일러가 현재 고루틴 활동과 실행 통계 등을 수집한다. 그리고 나서 프로파일러가 멈추면, 다음 번 SIGPROF가 들어올 때까지 다시 실행을 이어나간다.

/debug/pprof/profile 엔드포인트를 통해 CPU 프로파일링을 켤 수 있다. 이 엔드포인트에 접근하면 CPU 프로파일링을 (디폴트 값인) 30초 동안 실행한다. 30초 동안 애플리케이션은 10ms 단위로 인터럽트되는 것이다. 참고로 여기 나온 두 가지 디폴트 시간은 얼마든지 다른 값으로 변경할 수 있다. 엔드포인트에 seconds 매개변수를 전달하면(예 /debug/pprof/profile?seconds=15) 프로파일링 수행 시간과 인터럽트 주기를 지정할 수 있다. 인터럽트 주기는 10ms 이하로도 지정할 수 있지만 대부분의 경우에는 10ms만으로 충분하며, 그보다 적으면(주기를 짧게 하면) 성능에 지장을 줄 수 있다. 30초가 지나면 CPU 프로파일러의 수행 결과를 다운로드한다.

> **벤치마크하는 동안의 CPU 프로파일링**
>
> CPU 프로파일러는 -cpuprofile 플래그로도 켤 수 있다. 예를 들어, 다음과 같이 벤치마크를 수행할 때 이렇게 할 수 있다.
>
> ```
> $ go test -bench=. -cpuprofile profile.out
> ```
>
> 이 커맨드로 나온 결과 파일은 /debug/pprof/profile로 다운로드한 것과 같다.

이렇게 받은 파일에서 프로파일링 결과를 살펴보려면, 다음과 같이 go tool 커맨드를 이용하면 된다.

```
$ go tool pprof -http=:8080 <파일>
```

이 커맨드를 실행하면 다음과 같은 콜 그래프(call graph)를 보여주는 웹 UI가 뜬다. 그림 12-34는 한 애플리케이션에서 가져온 예다. 화살표가 클수록 실행 시간이 길다는 의미다. 이렇게 나온 그래프를 살펴보면서 실행 상태를 분석할 수 있다.

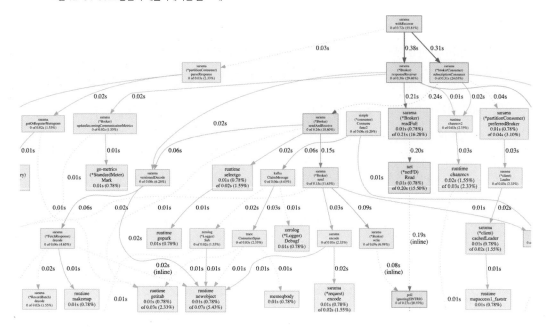

예를 들어, 그림 12-35에 나온 30초 동안의 그래프를 보면 0.06초가 (*FetchResponse의 리시버인) decode 메서드에 사용된 것을 알 수 있다. 그중에서 0.02초는 RecordBatch.decode에, 0.01초는 (맵을 생성하는) makemap에 사용됐다.

▼ 그림 12-35 콜 그래프 예

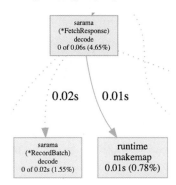

이런 정보는 웹 UI에서도 다른 형태로 볼 수 있다. 예를 들어, 탑(Top) 뷰는 실행 시간을 기준으로 함수를 정렬해서 보여주고, 플레임 그래프(Flame Graph)는 실행 시간의 계층 구조를 시각적으로 보여준다. 심지어 실행 시간을 많이 차지하는 부분을 소스 코드 한 줄 단위로 보여준다.

Note ≡　커맨드 라인을 통해서도 실행 시간을 분석할 수 있다. 하지만 이 절에서는 웹 UI를 기준으로 설명한다.

이 데이터를 참고하면 애플리케이션의 동작을 개략적으로 파악할 수 있다.

- runtime.mallogc 호출이 너무 많으면 줄여야 할 자잘한 힙 할당이 너무 많아질 수 있다.

- 채널 연산이나 뮤텍스 락에 쓰는 시간이 너무 많으면 경쟁이 과도하게 발생하여 애플리케이션 성능에 악영향을 미칠 수 있다.

- syscall.Read나 syscall.Write에 쓰는 시간이 너무 많으면 애플리케이션이 커널 모드에 머무는 시간이 많다는 뜻이다. I/O 버퍼링을 살펴보면 개선점을 찾을 수 있다.

CPU 프로파일러로부터 이러한 힌트를 받을 수 있다. 가장 시간을 많이 쓰는 실행 경로와 병목 지점을 파악하는 것은 매우 중요하다. 하지만 설정된 속도 이상으로 알아낼 수는 없다. CPU 프로파일러는 고정된 속도(디폴트 값은 10ms)로만 작동하기 때문이다. 더 세밀하게 들여다보고 싶다면 뒤에서 소개할 트레이싱(tracing)을 사용한다.

Note ≡　함수마다 레이블을 다는 방법도 있다. 예를 들어, 여러 클라이언트가 호출하는 함수에 대해 클라이언트에 게 사용하는 시간을 추적하고 싶다면 pprof.Labels를 사용하면 된다.

힙 프로파일링

힙 프로파일링을 이용하면 현재 힙 사용 현황에 대한 통계치를 알 수 있다. CPU 프로파일링과 마찬가지로 힙 프로파일링도 샘플링 기반이다. 샘플링 주기를 변경할 수 있지만 너무 짧게 잡으면 속도가 줄수록 힙 프로파일링 과정에서 데이터를 수집하는 데 들어가는 오버헤드가 커진다. 프로파일링을 위한 샘플링 주기의 디폴트 값은 512KB의 힙을 할당할 때마다 한 번이다.

/debug/pprof/heap에 접근하면 원본 데이터를 확인할 수 있는데 쉽게 알아보기 힘들 것이다. 대신 /debug/pprof/heap/?debug=0으로 힙 프로파일 데이터를 다운로드해서 (앞에서 본 것처럼) go tool로 열면 웹 UI를 통해 데이터를 탐색할 수 있다.

그림 12-36은 힙 그래프의 예다. MetadataResponse.decode를 호출하면 힙 데이터 1536KB를 할당한다(총 힙 용량의 6.32%에 해당한다). 하지만 이 함수가 직접 할당하는 부분은 1536KB 중에서 0이다. 따라서 두 번째 호출을 자세히 들여다봐야 한다. TopicMetadata.decode 메서드는 1536KB 중에서 512KB를 할당하고, 나머지 1024KB는 다른 메서드에서 할당한다.

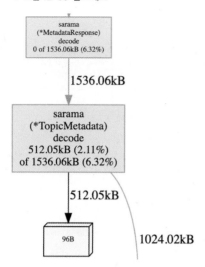

이런 식으로 콜 체인을 탐색하여 애플리케이션에서 힙 할당이 많이 일어나는 부분을 파악할 수 있다. 뿐만 아니라 다른 샘플 타입을 살펴볼 수도 있다.

- **alloc_objects**: 할당된 오브젝트의 총합
- **alloc_space**: 할당된 메모리의 총량
- **inuse_objects**: 할당된 후 아직 해제되지 않은 오브젝트 개수
- **inuse_space**: 할당된 후 아직 해제되지 않은 메모리 양

힙 프로파일링의 또다른 용도는 메모리 누수를 추적하는 것이다. GC 기반 언어에서 수행하는 절차는 다음과 같다.

1. GC를 실행시킨다.
2. 힙 데이터를 다운로드한다.
3. 몇 초/몇 분 동안 기다린다.
4. 다시 GC를 실행시킨다.
5. 다시 힙 데이터를 다운로드한다.
6. 두 데이터를 비교한다.

데이터를 다운로드하기 전에 강제로 GC를 실행시키면 잘못 해석하는 일을 방지할 수 있다. 예를 들어, GC부터 구동하지 않은 상태에서 회수된 오브젝트의 최고 사용량을 살펴보면 누수가 발생한 것인지 아니면 다음 GC에서 회수할 오브젝트인지 불분명하다.

pprof를 사용하면 힙 프로파일을 다운로드하고 그동안에 GC를 강제로 실행시킬 수 있다.

고 언어에서는 다음과 같은 절차에 따라 수행한다.

1. /debug/pprof/heap?gc=1(GC를 구동하고 힙 프로파일을 다운로드한다)에 접속한다.

2. 몇 초/몇 분 동안 기다린다.

3. /debug/pprof/heap?gc=1에 다시 접속한다.

4. go tool로 두 힙 프로파일을 비교한다.

   $ go tool pprof -http=:8080 -diff_base 〈파일2〉 〈파일1〉

그림 12-37은 접근 가능한 데이터 종류를 보여준다. 예를 들어, (좌측 상단의) newTopicProducer 메서드가 사용하는 힙 메모리는 (-513KB만큼) 줄었다. 이에 반해 (우측 하단의) updateMetadata 가 사용하는 양은 (+512KB만큼) 늘었다. 증가 속도는 느린 것이 정상이다. 가령 두 번째 힙 프로파일은 서비스 호출 도중에 계산된 것일 수 있다. 이 과정을 반복하거나 더 오래 기다릴 수 있다. 이 과정에서 중요한 것은 특정 오브젝트에 대한 할당이 서서히 늘어나는지 살펴보는 것이다.

▼ 그림 12-37 두 힙 프로파일의 차이

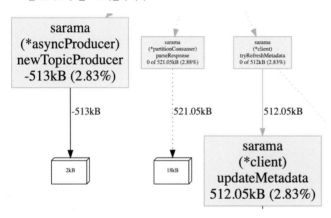

Note ≡ allocs는 힙과 관련된 또 다른 프로파일링 유형으로 할당 정보를 보여준다. 힙 프로파일링은 현재 힙 메모리 상태를 보여준다. 애플리케이션이 구동된 이후 지금까지 할당된 메모리를 살펴보려면 할당 프로파일링 (allocations profiling)을 사용한다. 앞에서 설명했듯이 스택 할당은 오버헤드가 적기 때문에 프로파일링의 대상이 아니며 힙에만 집중한다.

고루틴 프로파일링

goroutine 프로파일은 현재 애플리케이션에 있는 모든 고루틴의 스택 트레이스를 보여준다. /debug/pprof/goroutine/?debug=0을 통해 파일로 다운로드할 수 있으며, go tool로도 볼 수 있다. 여기서 보여주는 정보의 종류는 그림 12-38과 같다.

▼ 그림 12-38 고루틴 그래프

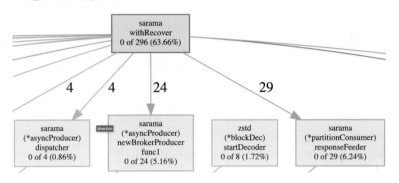

애플리케이션의 현재 상태와 함수당 고루틴이 몇 개나 생성됐는지 확인할 수 있다. 여기서 withRecover는 고루틴을 296개나 생성해서 진행 중이고(63%), 그중 29개는 responseFeeder 호출과 관련이 있다.

이런 정보는 고루틴 누수를 검사하는 데도 유용하다. 고루틴 프로파일러 데이터를 보면 시스템에서 어느 부분이 의심스러운지 파악할 수 있다.

블록 프로파일링

block 프로파일은 동기화 기본 요소를 기다리기 위해 멈춘 상태인 고루틴의 정보를 보여준다. 예를 들어, 다음과 같은 상황에서 고루틴은 대기 상태가 된다.

- 버퍼를 사용하지 않는 채널에 보내거나 받는 경우
- 가득 찬 채널에 보내는 경우
- 빈 채널에서 받는 경우
- 뮤텍스 경쟁이 발생한 경우
- 네트워크나 파일 시스템을 기다리는 경우

block 프로파일링은 고루틴이 대기하는 데 걸린 시간을 기록한다. 이 정보는 /debug/pprof/block을 통해서도 확인할 수 있다. 이 프로파일은 특히 호출 대기 상태로 인해 성능이 크게 떨어지는지 검사하는 데 굉장히 도움이 된다.

block 프로파일은 디폴트 설정에 따르면 꺼져 있기 때문에 runtime.SetBlockProfileRate를 호출해서 직접 켜줘야 한다. 이 함수는 대기 중이라고 알려진 고루틴의 비율을 제어한다. block 프로파일을 켰다면, 프로파일러는 debug/pprof/block 엔드포인트를 호출하지 않아도 백그라운드에서 데이터를 계속 수집한다. 따라서 짧은 주기로 설정할 때는 성능에 지장을 주지 않도록 주의한다.

고루틴 스택 전체 덤프하기

고루틴이 대기(block) 또는 데드락 상태에 빠졌다면, (/debug/pprof/goroutine/?debug=2로 접근해서) 고루틴 스택 전체를 덤프해서 분석한다. 예를 들어, 다음과 같이 덤프하면 Sarama 고루틴이 1,420분 동안 채널 받기 연산에서 대기 중인 것을 알 수 있다.

```
goroutine 2494290 [chan receive, 1420 minutes]: github.com/Shopify/sarama.(*syncPr
➥oducer).SendMessages(0xc00071a090, {0xc0009bb800, 0xfb, 0xfb})
    /app/vendor/github.com/Shopify/sarama/sync_producer.go:117 +0x149
```

뮤텍스 프로파일링

마지막으로 살펴볼 프로파일 타입은 뮤텍스에 대해서만 대기 상태인(blocking) 경우다. 애플리케이션이 뮤텍스 잠금에 너무 오래 기다려서 성능이 떨어진다는 의심이 들면, 뮤텍스 프로파일링을 해본다. /debug/pprof/mutex 엔드포인트로 접근할 수 있다.

이 프로파일은 대기 상태(blocking)와 비슷한 방식으로 작동하며 디폴트로 꺼져 있으므로 runtime.SetMutexProfileFraction을 호출해서 켜야 한다. 이 함수로 뮤텍스 경쟁 이벤트를 알려주는 주기를 조절할 수 있다.

프로파일링과 관련하여 몇 가지 사항을 덧붙이면 다음과 같다.

- threadcreate 프로파일에 대해서는 설명하지 않았다. 2013년부터 망가진 상태에 있기 때문이다.[4]

- 프로파일러는 한 번에 하나씩만 켠다. 예를 들어, CPU 프로파일링과 힙 프로파일링을 동시에 수행하면 안 된다. 비정상적인 동작이 발생할 수 있다.

- pprof는 확장할 수 있다. 따라서 pprof.Profile을 통해 커스텀 프로파일을 제작할 수 있다.

---

4 https://github.com/golang/go/issues/6104

지금까지 애플리케이션의 성능을 파악하고 최적화 기회를 찾는 데 대표적으로 손꼽히는 프로파일에 대해 알아봤다. 일반적으로 pprof를 켜는 것을 권장한다. pprof에 의한 성능 오버헤드에 비해 그로부터 얻을 수 있는 정보의 가치가 높기 때문에 프로덕션 환경이라도 켜는 것이 좋다. CPU 프로파일을 비롯한 일부 프로파일은 성능이 악영향을 미치지만 켰을 때만 그렇다.

다음으로 실행 트레이서에 대해 알아보자.

12.8.2 실행 트레이서

실행 트레이서(execution tracer)는 go tool을 이용하여 다양한 런타임 이벤트를 수집해서 시각화할 수 있게 해주는 도구로서 다음과 같은 용도로 활용된다.

- GC 작동 현황 같은 런타임 이벤트 파악

- 고루틴 실행 형태 파악

- 어설픈 병렬 실행 코드 분석

#56 "동시성이 무조건 빠르다고 생각하지 마라"에서 소개했던 예제를 이용하여 구체적으로 살펴보겠다. 앞에서는 병합 정렬 알고리즘에 대한 코드를 두 가지 버전으로 만들었다. 첫 번째 버전은 병렬화가 제대로 되지 않아서 고루틴이 너무 많이 생성되는 문제가 발생했다. 정말 그런지 트레이서를 이용하여 확인해보자.

첫 번째 버전에 대한 벤치마크를 작성하고 --trace 플래그로 실행 트레이서를 켠 상태로 벤치마크를 돌려보자.

```
$ go test -bench=. -v -trace=trace.out
```

> Note ≡ pprof의 엔드포인트인 /debug/pprof/trace?debug=0를 통해서도 트레이스 파일을 다운로드할 수 있다.

이 커맨드를 실행시키면 trace.out 파일이 생성된다(이 파일은 다음과 같이 go tool로 열 수 있다).

```
$ go tool trace trace.out
2023/11/26 21:36:03 Parsing trace...
2023/11/26 21:36:31 Splitting trace...
```

2023/11/26 21:37:00 Opening browser. Trace viewer is listening on
    http://127.0.0.1:54518

그러면 웹 브라우저 화면이 뜬다. 여기서 View Trace를 클릭하면 지정한 타임프레임 동안의 트레이스를 모두 볼 수 있다. 예를 들어, 그림 12-39는 대략 150ms 동안의 트레이스를 나타낸 것이다. 고루틴 수, 힙 크기 등과 같은 유용한 정보를 다양하게 보여준다. 힙 크기는 GC가 실행될 때까지 지속적으로 증가한다. 또한, CPU 코어 당 애플리케이션의 활동도 볼 수 있다. 여기 나온 타임프레임은 유저레벨 코드에서 시작해서 멈춤 현상(stop the world)이 실행된다. 그러면 CPU 코어 네 개는 대략 40ms를 차지하게 된다.

▼ 그림 12-39 GC 단계와 같은 런타임 이벤트와 고루틴 활동을 보여준다.

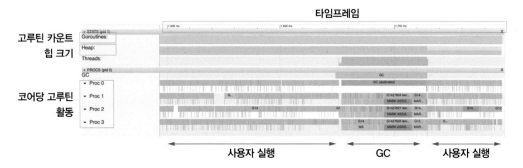

첫 번째 버전 코드의 동시성 특성을 살펴보면, 현재 컴퓨터에서 사용할 수 있는 CPU 코어를 모두 사용하는 것을 확인할 수 있다. 그런데 그림 12-40처럼 1ms 구간을 자세히 들여다보면, 실행 중인 고루틴 하나에 대응하는 막대들이 너무 잘게 나눠져 있다. 바람직하지 않은 상태. 병렬화가 제대로 되지 않았을 때 작은 막대가 너무 많이 나타나기 때문이다.

▼ 그림 12-40 막대가 너무 잘게 나눠져 있다면 병렬화가 제대로 안 됐다는 뜻이다.

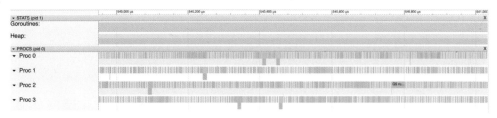

그림 12-41은 여기서 더 자세히 들어가서 고루틴이 어떻게 조율되는지를 보여준다. CPU 시간의 50%가량이 애플리케이션 실행에 투입되지 않고 있다. 여기 나온 빈 공간은 고루틴이 구동하여 새로운 고루틴을 조율하는 시간을 의미한다.

❤ 그림 12-41 대략 CPU 시간의 50%가량이 고루틴 전환에 소비되고 있다.

❤ 그림 12-42 CPU 점유율이 높아져서 빈 공간의 수가 크게 줄었다.

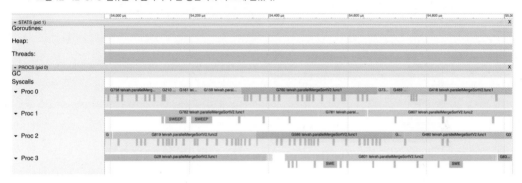

그림 10배 이상 빠른 두 번째 버전 코드와 비교해보자. 그림 12-42는 1ms 단위의 타임프레임이다.

고루틴마다 실행 시간이 증가했다. 그래서 빈 공간의 수가 크게 줄었다. 따라서 애플리케이션 코드 실행에 CPU가 투입되는 시간이 첫 번째 버전보다 크게 증가했다. 이제 1ms의 CPU 시간을 더욱 효율적으로 사용하게 된 것을 벤치마크 결과를 통해 확인할 수 있다.

그런데 트레이스는 고루틴 단위로 보여준다. CPU 프로파일링처럼 함수 단위로 출력하지 않는다. 물론 runtime/trace 패키지를 이용하여 함수 그룹 또는 함수 하나 단위로 특성을 살펴보기 위해 유저 레벨 태스크를 정의할 수 있다.

예를 들어, 피보나치 수를 계산해서 글로벌 변수에 atomic으로 쓰는 함수를 생각해보자. 다음과 같이 두 가지 작업을 정의할 수 있다.

```
var v int64
ctx, fibTask := trace.NewTask(context.Background(), "fibonacci") ---- ❶
trace.WithRegion(ctx, "main", func() {
    v = fibonacci(10)
})
fibTask.End()
ctx, fibStore := trace.NewTask(ctx, "store") ------------------------- ❷
trace.WithRegion(ctx, "main", func() {
    atomic.StoreInt64(&result, v)
```

```
})
fibStore.End()
```

❶ fibonacci 태스크를 생성한다.

❷ store 태스크를 생성한다.

go tool을 이용하면 여기서 정의한 두 태스크의 실행 정보를 더 자세히 알아낼 수 있다. 앞에 나온 트레이스 UI(그림 12-42)에서는 두 태스크를 고루틴 단위로 볼 수 있었다. 유저레벨 태스크에서는 다음과 같이 실행 기간에 대한 분포도 볼 수 있다(그림 12-43).

▼ 그림 12-43 유저레벨 태스크의 분포

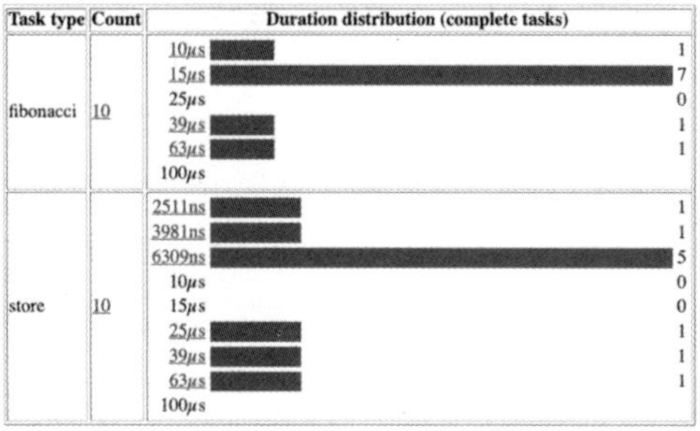

Task type	Count	Duration distribution (complete tasks)	
fibonacci	10	10μs	1
		15μs	7
		25μs	0
		39μs	1
		63μs	1
		100μs	
store	10	2511ns	1
		3981ns	1
		6309ns	5
		10μs	0
		15μs	0
		25μs	1
		39μs	1
		63μs	1
		100μs	

이 그림을 보면 대부분의 경우 fibonacci 태스크가 15μs 이내에 실행되는 반면, store 태스크는 6309ns 이내에 실행되는 것을 알 수 있다.

앞 절에서는 CPU 프로파일링을 통해 얻을 수 있는 정보의 종류에 대해 살펴봤다. 유저레벨 트레이스에서 얻은 데이터와 비교했을 때 크게 다른 점은 뭘까?

- CPU 프로파일링
  - 샘플 기반
  - 함수 단위
  - 샘플링 주기(디폴트 값은 10ms) 이하로 낮출 수 없음
- 유저레벨 트레이스
  - 샘플 기반 아님
  - (runtime/trace 패키지를 사용하지 않는 경우) 고루틴 단위
  - 시간 단위에 제한 없음

정리하면, 실행 트레이서는 애플리케이션의 성능을 파악하는 데 매우 유용한 도구다. 앞에서 본 병합 정렬 예제를 이용하여 어설픈 병렬화 문제를 확인할 수 있다. 그런데 트레이서의 정밀도는 CPU 프로파일링 때와 달리, runtime/trace로 커스터마이즈하지 않는 한 고루틴 단위로만 볼 수 있다. 프로파일링과 실행 트레이서를 모두 동원하여 표준 고 진단 도구를 최대한 활용하여 애플리케이션을 최적화할 수 있다.

다음 절에서는 GC의 작동 방식과 튜닝 방법에 대해 알아보자.

12.9 #99 GC 작동 방식에 대해 완전히 이해하라

가비지 컬렉터(GC, garbage collector)는 개발자의 수고를 크게 덜어주는 굉장히 중요한 고 언어의 구성 요소다. GC는 더 이상 사용하지 않는 힙 할당을 찾아서 해제한다. 모든 힙 할당을 스택 할당으로 전환할 수 없기 때문에, 고 애플리케이션을 최적화하기 위해서는 GC의 작동 방식을 제대로 이해해야 한다.

12.9.1 개념

GC는 오브젝트 참조 트리를 관리한다. 고 언어의 GC는 표시 후 쓸기 알고리즘(mark-and-sweep algorithm)을 기반으로 작동하며, 다음과 같이 크게 두 단계로 구성된다.

- **표시 단계**(mark stage): 힙에 있는 모든 오브젝트를 탐색해서 현재 사용 여부를 표시한다.
- **쓸기 단계**(sweep stage): 참조 트리의 루트부터 탐색해서 더 이상 참조하지 않는 오브젝트 블록을 해제한다.

GC가 구동되면, 가장 먼저 멈춤 현상(stop the world)을 수행한다(엄밀히 말하면 GC당 두 가지 멈춤 현상이 수행된다). 다시 말해 현재 모든 가용 CPU 시간이 GC에 투입되기 때문에 애플리케이션 실행이 멈추게 된다. 그리고 나서 다시 애플리케이션으로 CPU 시간이 투입되면서 실행을 다

12
최적화

시 이어가고 동시성 단계도 실행된다. 그래서 고 언어의 GC의 작동 방식을 동시에 표시 후 쓸기 (concurrent mark-and-sweep)라고 한다. GC 사이클마다 멈춤 현상을 최대한 줄이면서 애플리케이션 실행의 동시성을 높이는 방식이다.

고 언어의 GC는 최대 소비량에 도달하면 메모리를 해제하는 수단도 제공한다. 예를 들어, 애플리케이션이 다음과 같은 두 단계로 구성됐다고 하자.

- **초기 단계**: 잦은 힙 할당과 큰 덩어리의 힙을 사용한다.
- **런타임 단계**: 적절한 할당과 작은 덩어리의 힙을 사용한다.

그렇다면 고 언어는 애플리케이션 구동 초기에만 큰 덩어리의 힙이 도움이 되고, 그 이후에는 그렇지 않다는 사실을 어떻게 처리할 수 있을까? 이 부분은 GC 중에서 주기적 청소부(periodic scavenger)라 부르는 모듈이 처리한다. 일정한 시간이 지나면 GC는 큰 덩어리 힙이 더 이상 사용되지 않는다는 것을 발견하고 메모리 일부를 해제하여 OS에 반납한다.

> Note ≡ 이 청소부의 동작 속도가 만족스럽지 않다면 debug.FreeOSMemory()를 이용하여 수동으로 OS에 메모리를 반납하게 만들 수 있다.

여기서 중요한 부분은 GC가 구동되는 시점이다. 자바와 같은 다른 언어와 달리, 고 언어의 설정은 다소 단순하게 GOGC라는 환경 변수 하나만 사용하고 있다. 이 변수는 최근 GC가 구동된 이후, 다음 번 GC가 구동되기 전까지의 힙 증가율을 정의한다. 디폴트 값은 100%다.

그럼 구체적인 예제를 통해 알아보자. GC가 방금 구동됐고, 현재 힙 크기는 128MB라고 하자. GOGC=100일 때, 다음 번 GC는 힙 크기가 256MB에 도달할 때 구동된다. 디폴트 설정에 의하면 GC는 힙 크기가 두 배가 될 때마다 실행된다. 또한, GC가 최근 2분 동안 실행되지 않았다면 고 런타임이 GC를 강제로 구동한다.

프로덕션 환경에서 애플리케이션을 프로파일링하면, GOGC를 좀 더 세밀하게 조정할 수 있다.

- GOGC 값을 줄이면 힙 증가 속도가 떨어져서 GC 부담이 늘어난다.
- GOGC 값을 늘리면 힙 증가 속도가 높아져서 GC 부담이 줄어든다.

> **GC 트레이스**
>
> GODEBUG 환경 변수를 이용하여 GC 트레이스를 출력할 수 있다. 예를 들어, 다음과 같이 벤치마크를 실행할 때 출력할 수 있다.
>
> ```
> $ GODEBUG=gctrace=1 go test -bench=. -v
> ```
>
> gctrace를 켜면 GC가 구동할 때마다 stderr로 트레이스를 출력한다.

그럼 몇 가지 구체적인 예제를 통해 부하가 증가할 때의 GC 동작을 살펴보겠다.

12.9.2 예제

이번에는 몇 가지 서비스를 사용자에게 공개한 경우를 생각해보자. 낮 12시 피크타임에 사용자 백만 명이 접속했다. 그런데 연결된 사용자 수는 꾸준하게 증가한다. 그림 12-44는 GOGC를 100으로 유지한 상태에서 GC 구동 시점과 평균 힙 크기를 나타낸 것이다.

GOGC를 100으로 설정했기 때문에, GC는 힙 크기가 두 배가 될 때마다 구동된다. 이런 상태에서 사용자 수가 서서히 증가하기 때문에 하루 동안 GC 구동 횟수는 적절한 수준을 유지할 수 있다(그림 12-45).

▼ 그림 12-44 연결된 사용자 수가 서서히 증가한다.

12
최적화

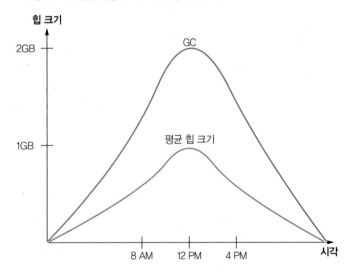

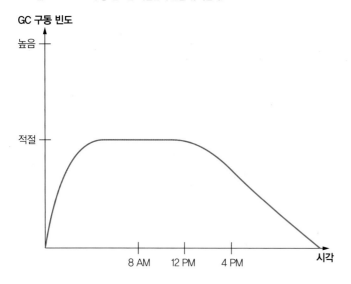

❤ 그림 12-45 GC 구동 빈도는 적절한 수준을 유지한다.

하루를 시작하는 시점에도 GC 구동 빈도는 적절한 수준을 유지해야 한다. 낮 12시에 이르러 사용자 수가 감소하기 시작하면, GC 구동 횟수도 서서히 줄어든다. 이런 시나리오에서는 GOGC를 100으로 유지해도 된다.

이번에는 백만 사용자 중 대다수가 한 시간 이내에 접속하는 경우를 생각해보자(그림 12-46). 아침 8시의 평균 힙 크기는 급격히 증가해서 한 시간 만에 정점에 도달한다.

❤ 그림 12-46 급격한 사용자 증가

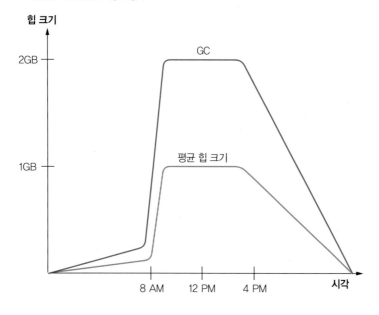

GC 구동 빈도는 이 시간 동안 크게 증가한다(그림 12-47). 힙이 급격히 증가하기 때문에, GC 구동 빈도가 짧은 기간에 증가한다. 고 언어의 GC가 동시성을 지원하는데도, 이런 상황에서는 멈춤 현상의 빈도가 크게 늘어나서 사용자의 평균 지연 시간이 길어지는 등, 전반적인 성능에 지장을 주게 된다.

▼ 그림 12-47 한 시간 동안 GC 구동 빈도가 최고조에 도달한다.

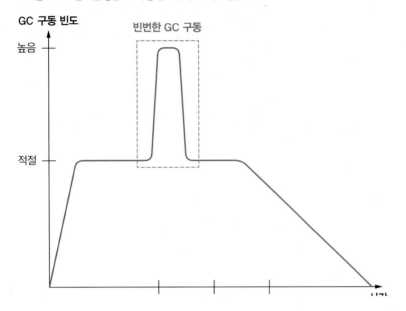

여기서 GOGC 값을 크게 설정해서 GC 구동 부담을 줄이는 방법도 고려해야 한다. 참고로 GOGC의 값에 비례해서 효과가 나타나는 것은 아니다. 힙이 클수록 정리하는 데 걸리는 시간은 길어진다. 따라서 프로덕션 환경에서는 GOGC를 신중하게 설정한다.

사용자 몰림이 더욱 심해지는 상황이라면 GOGC 값 조정만으로는 충분하지 않을 수 있다. 예를 들어, 사용자가 0명에서 백만 명까지 증가하는 기간이 한 시간이 아닌 단 몇 초인 경우라면, GC 수가 임계 상태에 도달하면서 애플리케이션 성능이 크게 떨어질 수 있다.

힙 사용량의 정점을 알고 있다면, 힙의 안정성을 높이기 위해 메모리를 강제로 크게 할당하면 된다. 예를 들어, main.go에서 글로벌 변수를 통해 1GB 메모리를 강제로 할당한다.

```
var min = make([]byte, 1_000_000_000) // 1GB
```

이렇게 할당하면 뭐가 좋을까? GOGC는 그대로 100으로 두면 (이런 특수한 상황에서 흔히 굉장히 자주 나타나는 현상인) 힙이 두 배가 될 때마다 GC가 구동되는 것이 아니라, 힙이 2GB에 도달할 때만 GC가 구동된다. 그러면 모든 사용자가 접속한 상태에서도 GC 실행 빈도를 줄여서 평균 지연 시간에 미치는 악영향을 줄일 수 있다.

힙 크기가 줄어들 때 이 기법을 적용하면 메모리 낭비가 심할 거라고 생각할 수 있다. 하지만 그렇지 않다. 대다수의 OS에서는 min 변수 값을 크게 설정한다고 해서 애플리케이션이 메모리 1GB를 사용하지 않는다. make를 호출하면 시스템 콜인 mmap()이 호출되는데, 지연 할당(lazy allocation) 방식으로 작동한다. 예를 들어, 리눅스에서는 메모리 가상화 기법을 적용해서 페이지 테이블에 매핑된다. mmap()을 호출하면 물리 메모리가 아닌, 가상 주소 공간에 1GB를 할당하는 것이다. 그래서 읽기나 쓰기 연산 도중 페이지 폴트(page fault)가 발생할 때만 실제 물리 메모리에 할당하게 된다. 따라서 애플리케이션이 처음 구동될 때는 접속한 클라이언트가 없으면 물리 메모리를 1GB만큼 사용하지 않는다.

> Note ≡ 유닉스의 ps 명령어와 같은 도구를 통해 이 동작을 확인할 수 있다.

GC 동작을 최적화하려면 기본 메커니즘을 제대로 이해하는 것이 필수다. 고 프로그래머라면 GOGC 값을 설정해서 GC 구동 주기를 조절할 수 있다. 대부분의 경우, 기본 값인 100만으로도 충분하다. 하지만 요청이 폭주하여 애플리케이션에서 GC 구동과 지연 시간 증가 현상이 빈번하게 발생한다면, 이 값을 높이는 것이 좋다. 마지막으로 요청이 최고조에 도달하는 특수한 상황이라면 가상 힙 크기를 최소로 설정하는 방법도 있다.

다음은 이 장의 마지막 절로 도커와 쿠버네티스 환경에서 고 프로그램을 구동할 때의 성능 변화에 대해 알아보겠다.

12.10 · 100 GO MISTAKES

#100 도커와 쿠버네티스 환경에서 고 프로그램을 구동할 때 미치는 영향을 이해하라

2021년 고 프로그래머를 대상으로 설문 조사한 결과[5]에 따르면, 고 언어는 서비스를 구현하는 경

---

5 https://go.dev/blog/survey2021-results

우에 가장 흔히 사용된다고 한다. 쿠버네티스(Kubernetes) 또한 이런 서비스를 배치하는 데 가장 널리 사용되는 플랫폼이다. 그래서 고 프로그램을 도커와 쿠버네티스에 구동할 때 미치는 영향을 알아두어야 CPU 스로틀링(CPU throttling)과 같은 흔한 문제를 방지하는 데 좋다.

#56 "동시성이 무조건 빠르다고 착각하지 마라"에서 설명했듯이, GOMAXPROCS 변수는 유저 레벨 코드를 동시에 실행하는 OS 스레드의 최대 개수를 설정한다. 디폴트 값은 OS에서 인식하고 있는 논리 CPU 코어 개수다. 그렇다면 이 값이 도커와 쿠버네티스 환경에서 어떤 영향을 미칠까?

예를 들어, 코어 여덟 개짜리 노드에 구성된 쿠버네티스 클러스터 환경을 생각해보자. 쿠버네티스에 컨테이너 한 개를 배치할 때, CPU 리밋을 지정하여 애플리케이션이 시스템 리소스를 모두 사용하지 않게 만들 수 있다. 예를 들어, 다음과 같이 설정하면 CPU 사용량이 4,000밀리 CPU(millicpu)(또는 밀리코어(millicores)), 즉 CPU 코어 네 개를 넘지 않게 할 수 있다.

```
spec:
    containers:
    - name: myapp
      image: myapp
      resources:
        limits:
          cpu: 4000m
```

그러면 애플리케이션이 배치될 때 이 한계를 감안하여 GOMAXPROCS는 4가 된다고 예상할 것이다. 하지만 그렇지 않다. 호스트의 논리 코어 개수인 8로 지정된다. 왜 그럴까?

쿠버네티스는 프로세스 스케줄러로 CFS(Completely Fair Scheduler)를 사용한다. CFS는 포드 리소스를 CPU 한계까지 사용하게 만드는 데도 사용된다. 쿠버네티스 클러스터를 운영할 때 다음과 같이 두 가지 매개변수를 설정할 수 있다.

- cpu.cfs_period_us (글로벌 설정)
- cpu.cfs_quota_us (포드별 설정)

전자는 기간을, 후자는 할당량을 지정한다. 디폴트 설정은 기간은 100ms로, 할당량은 그 기간 동안 애플리케이션이 사용할 수 있는 CPU 시간이다. CPU 한계가 코어 네 개로 설정되므로, 400ms(4 × 100ms)가 된다. 따라서 CFS는 애플리케이션 서버가 100ms 동안 CPU 시간 400ms 이상을 사용하지 않도록 보장한다.

이번에는 여러 고루틴이 서로 다른 네 스레드에 실행되는 경우를 생각해보자. 각 스레드는 서로 다른 코어(1, 3, 4, 8)에 할당된다고 하자(그림 12-48).

첫 100ms 동안은 네 스레드가 모두 실행되어 400ms 중 400ms를 사용한다. 즉, 할당량 100%를 사용한다. 두 번째 주기에는 400ms 중에서 360ms만 사용하고, 이런 식으로 계속 진행된다. 애플리케이션이 주어진 용량을 초과하지 않는다면 아무런 문제없이 실행된다.

▼ 그림 12-48 100ms마다 애플리케이션이 사용하는 시간은 400ms 이하다.

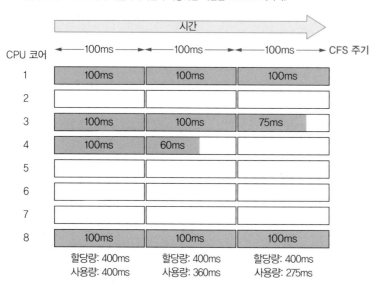

하지만 GOMAXPROCS가 8로 설정되어 있다. 그래서 최악의 경우 스레드가 여덟 개나 실행되고, 각 스레드가 서로 다른 코어에 스케줄링될 수 있다(그림 12-49).

100ms마다 할당량은 400ms로 지정된다. 여덟 개의 스레드가 모두 고루틴을 실행한다면 50ms가 지나면 할당량의 한계인 400ms(8×50ms)에 도달하게 된다. 그러면 어떻게 될까? CFS는 CPU 리소스 사용량을 조절한다. 그래서 다음 주기가 시작되기 전에는 CPU 리소스가 할당되지 않는다. 다시 말해 애플리케이션은 50ms로 고정된다.

▼ 그림 12-49 100ms 주기 중에서 50ms가 지나면 CPU 사용량은 억제된다.

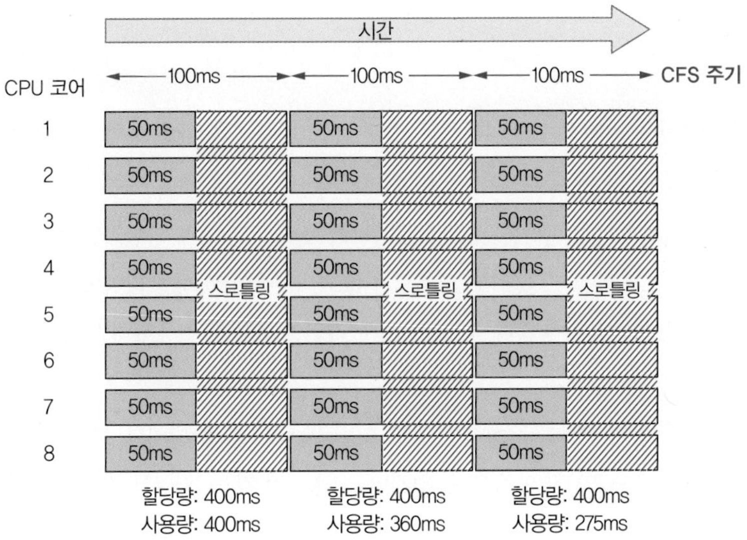

예를 들어, 서비스의 평균 지연 시간이 50ms일 경우, 실행 완료까지 최대 150ms가 걸린다. 지연 시간이 거의 300%가량 늘어난다.

이를 어떻게 해결할 수 있을까? 먼저 고 언어 깃허브에 올라온 이슈 33803[6]을 살펴보자. 어쩌면 고 언어의 다음 버전에서는 GOMAXPROCS가 CFS를 인지하도록 변경될지도 모른다.

현재로서는 우버(Uber)에서 만든 라이브러리인 automaxprocs[7]를 이용해서 해결할 수 있다. 이 라이브러리를 main.go에 빈 임포트문으로 go.uber.org/automaxprocs에 추가하면, GOMAXPROCS가 자동으로 리눅스 컨테이너의 CPU 할당량에 맞게 설정된다. 앞에서 본 예제에서 이 라이브러리를 적용하면 GOMAXPROCS가 8이 아닌 4가 설정된다. 따라서 CPU 사용이 억제되는 스로틀링이 발생하지 않는다.

정리하면, 현재 고 런타임은 CFS를 인지할 수 없다는 사실을 명심하자. GOMAXPROCS는 주어진 CPU 한계가 아닌, 호스트 머신을 기준으로 설정된다. 따라서 CPU 스로틀링이 발생할 수 있다. 그러면 지연 시간이 아주 길어지는 등의 부정적인 현상이 발생한다. 고 언어에서 CFS를 인지할 수 있게 되기 전에는 automaxprocs를 이용하여 GOMAXPROCS를 주어진 할당량 한계에 맞게 자동으로 설정하는 방식으로 해결할 수 있다.

---

6 https://github.com/golang/go/issues/33803

7 http://github.com/uber-go/automaxprocs

12.11 요약

- CPU 중심 애플리케이션을 최적화하기 위해서는 CPU 캐시 사용법을 반드시 알고 있어야 한다. L1 캐시는 메인 메모리보다 대략 50에서 100배 빠르기 때문이다.

- 데이터 중심 애플리케이션에서 데이터를 제대로 구성하기 위해서는 캐시 라인이란 개념을 다뤄야 한다. CPU는 메모리를 워드 단위로 가져오지 않고, 64바이트 캐시 라인에 블록을 복제하는 방식으로 처리하는 경우가 많다. 각각의 캐시 라인을 최대한 활용하려면 공간 지역성을 이용해야 한다.

- CPU 입장에서 예측하기 쉽게 코드를 작성하는 것도 효율적인 최적화 방법이다. 예를 들어, 단위가 일정한 스트라이드는 CPU가 예측할 수 있지만, 고정되지 않은 (링크드 리스트와 같은) 스트라이드는 예측할 수 없다.

- 크리티컬 스트라이드 발생을 줄여 캐시에서 매우 작은 영역만 활용하게 하려면, 캐시가 파티션되어 있다는 사실을 명심한다.

- CPU 캐시의 로우레벨 동작이 모든 코어에 대해 공유되지 않는다는 사실을 알고 있으면 동시성 코드를 작성할 때 거짓 공유와 같은 성능 저하 패턴을 피하는 데 도움이 된다. 메모리 공유는 허상이다.

- 인스트럭션 수준 병렬성(ILP)을 통해 코드의 특정 부분을 최적화하면 CPU의 인스트럭션 실행에 대한 병렬 수준을 높일 수 있다. 이때 데이터 해저드를 찾는 것이 중요하다.

- 고 언어에서 기본 타입은 자신의 크기에 맞게 정렬된다. 이 사실을 잘 이해하고 있어야 흔히 저지르는 실수를 피할 수 있다. 예를 들어, 구조체의 필드가 크기에 내림차순으로 재구성하면 구조체가 간결해진다는 (메모리 할당을 줄여 공간 지역성을 높이게 된다는) 사실을 명심한다.

- 힙과 스택의 근본적인 차이도 고 애플리케이션을 최적화하는 데 반드시 알아야 한다. 스택 할당은 부담이 거의 없지만 힙 할당은 느린데다 GC를 통해 정리해야 하는 부담이 있다.

- 할당 횟수를 줄이는 것도 애플리케이션 최적화에서 중요한 요소다. 방법은 다양하다. 공유를 줄이도록 API를 재구성할 수도 있고, 고 컴파일러의 주요 최적화 기능을 잘 이해하는 것도 있고, sync.Pool을 활용하는 방법도 있다.

- 빠른 경로 인라이닝 기법을 이용하면 함수 호출에 걸리는 평균 시간을 간편하게 줄일 수 있다.

- 애플리케이션의 성능 특성을 파악하고 최적화 지점을 찾는 데 프로파일링과 실행 트레이서를 활용한다.
- GC를 튜닝하는 방법을 알아두면 급격한 로드 증가와 같은 문제를 효율적으로 처리하는 등 장점이 많다.
- 도커와 쿠버네티스 환경에 배치할 때 CPU 스로틀링이 발생하지 않게 하기 위해서는 고 언어는 CFS를 인지하지 못한다는 사실을 명심한다.

12.12 마지막으로 남기는 말

드디어 〈Go 100가지 실수 패턴과 솔루션〉의 끝에 다다랐다. 이 책이 유익하고 개인적으로나 업무적으로나 큰 도움이 되길 진심으로 바란다.

서문에서도 밝혔듯이 실수는 배움의 과정이며, 이 책을 집필할 수 있었던 큰 원동력이었다. 결국 중요한 것은 실수로부터 배울 수 있는 우리의 역량이다.

이 책의 주제에 대해 더 깊이 이야기하고 싶다면 내 트위터 계정(@teivah)으로 연락하기 바란다.

12

최적화